关羽大传

田福生◎著

中国文史出版社

河北保定关岳行宫关公塑像（田福生提供）

山西运城解州关帝庙崇宁殿（田福生提供）

河北涿州三义宫正殿（王文运摄）

湖北当阳关陵（田福生提供）

河南洛阳关林（王文运摄）

湖北荆州古城（关志杰摄）

福建东山关帝庙（关志杰摄）

北京历代帝王庙中的关帝庙（王文运摄）

台湾日月潭文武庙（引自王志远、康宇著《关公文化学》）

《关帝诗竹》拓片（引自王树村编著《关公百图》）

画面以竹叶组成五绝："不谢东君意，丹青独立名。莫嫌孤叶淡，终久不凋零。"印文为"汉寿亭侯之印"。

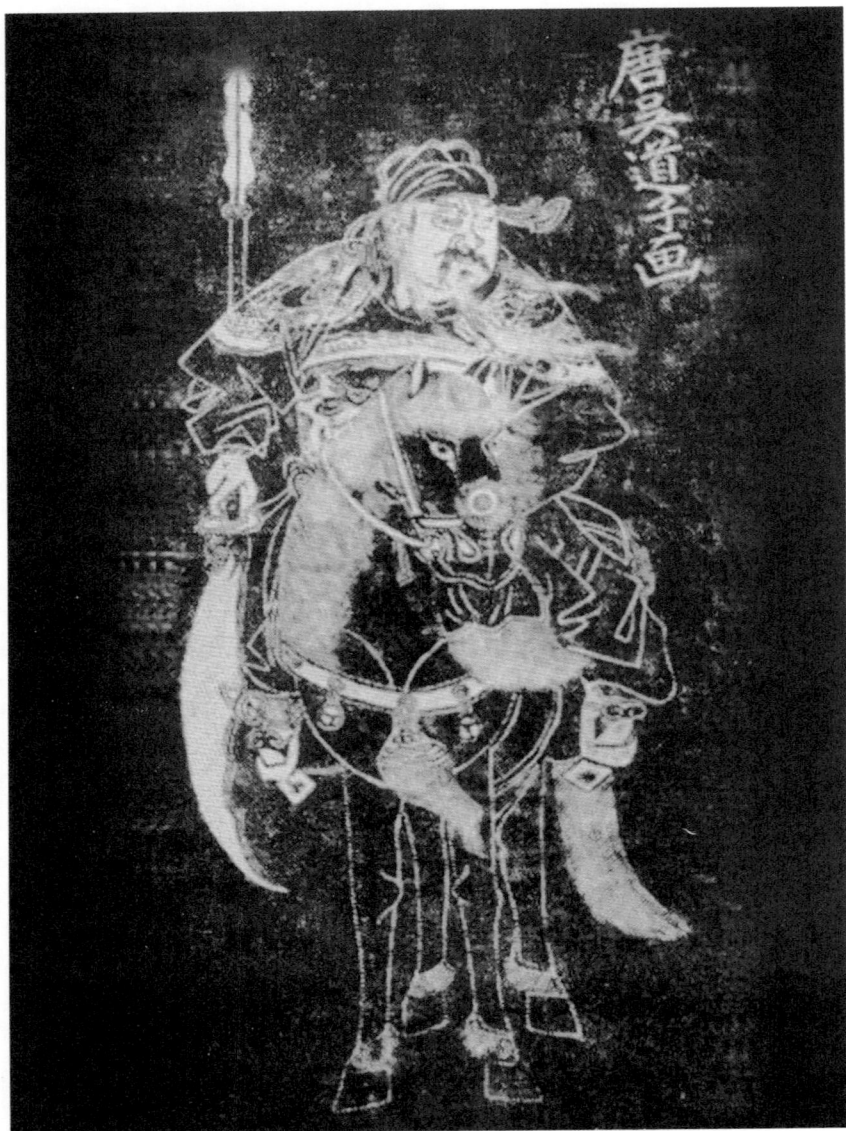

相传唐代吴道子所画关公像（田福生提供）

宋代 泥制 红陶关公塑像 现藏于——荆州博物馆
高约8厘米

明代 关公 铜造像 现藏于——新乡市博物馆
高172厘米，宽118厘米，重578公斤

明代 泥塑 彩绘关羽立像 现藏于——故宫博物院
高168厘米，宽82厘米

明代 重彩水陆 关圣帝君图轴 现藏于——古浪县博物馆
长256厘米，宽108厘米

博物馆珍藏的关公像（田福生提供）

宋金时期平阳木版年画《义勇武安王位》（田福生提供）

　　此图为 1909 年俄国探险家科兹洛夫在我国西夏黑水城遗址（今内蒙古自治区阿拉善盟额济纳旗境内）盗掘时发现，现藏于俄罗斯圣彼得堡艾尔米塔什博物馆。"义勇武安王"，为北宋宣和五年（1123 年）徽宗赵佶赐给关羽的封号。图中右上角回文边栏内有"平阳府徐家印"字样。平阳府即今山西临汾，为金代的雕版印刷中心。

明代商喜作《关羽擒将图》(北京故宫博物院藏)

　　此图描绘的是关羽水淹七军、生擒庞德的故事。图中关羽神态威严，气宇轩昂。画面人物间互有呼应，庞德掉头不理，一裨将扭其头颅逼他听审，增强了冲突感。画法带有壁画特色，尺幅宏大，可能为壁画粉本。

神威能奮武，儒雅更知文
天日心如鏡，春秋義薄雲

古吳雙松館主人謹摹

清代石印插图《关壮穆》（引自王树村编著《关公百图》）

此图为清光绪十六年（1890 年）上海广百宋斋据毛宗岗本《三国演义》排印的《图像三国志演义》卷首图。画面上题："神威能奋武，儒雅更知文。天日心如镜，春秋义薄云。"

清代天津杨柳青年画《关帝财神》（引自王树村编著《关公百图》）

德配天地

歲次庚寅吉月 穀旦

錢元章沐手題

清代書畫家錢元章題"德配天地"（田福生提供）

初 版 序

胡小伟 *

关羽是中华民族家喻户晓、妇孺皆知的人物，不过那印象绝大多数是三国小说、戏曲、电视或者流传各地形形色色的传说、谚语中得来的。《三国志·蜀书·关羽传》不过九百多字，敷衍为长篇传记，则需要增衍数百倍文字。这些内容由何而来？想来只有两种办法：

一种是揉面方式，"水多加面，面多加水"，用后世神话传说添补增益，甚至替代历史故实。近年台湾出版了两种关公传记：一种是南怀瑾主编的《关帝大传》，实际上是清代康熙年间卢湛编著的《关帝圣迹图志》的翻版；一种是颜清洋编著的《关公全传》，也是将关羽后世成神的传说敷衍成文，以弥补史实之不足。而今年（2007 年）9 月内地新推出的另一种《关公全传》，则是申新意、杨焕育合著的长篇章回小说，由河东大地有关关公的传说故事加工而成，可惜已与史学毫无关联了。

另一种则是从三国史实中提要钩玄，凡是涉及关羽的人物、事件，包括地理故事等，其由来始末、发展变迁都一一考析辩证，以求其真。不过三国历史一向是中国史的最大"热门"，自从范晔著述了与三国几乎同时的《后汉书》，裴松之又为陈寿《三国志》添加大量注语以来，有关三国历史的辩证、注疏、考论之作，便代有增添，千余年来，几若汗牛。这项工作的繁难艰巨，加之著述人需要通盘考量和独立见解，敢于发为宏论，也就是所谓

* 胡小伟（1945—2014），生前为中国社会科学院文学研究所研究员、中国通俗文艺研究会副会长、中国民间文艺家协会关公文化专业委员会主任。

"史识""史胆"。"热门史学"加上"独特见解",等于"熟地生金""顶上开花"。其要求之高,可想而知。

尽管北宋欧阳修、王安石、苏轼等大家开始议论重修《三国志》的问题,南宋也有人付诸实践,如萧常、谢陛《续后汉书》等,但迄今为止,只有一部《续后汉书》得到过后世称誉,这就是由金入元的陵川人郝经(1223—1275)在奉忽必烈命往南宋和谈期间,被权相贾似道私自扣押十六年期间撰述的,辑入《四库全书》。其中卷十六《关羽列传》增补了倍余文字,不但特意增加了"羽仪状雄伟,岳岳尚义,俨若神人"的描述,并在传后议赞中寄予极为浓重的感情:

> 羽、飞从昭烈喋血起义,凤定君臣之分,期复汉室,百折兴王。阚如两虎啸风从龙,夹之以飞,雄猛震一世,号称"万人敌"。羽报效于操,致书而去。飞瞋目横矛,而与操决。矫矫义烈,上通于天,汉于是乎不亡。及羽禽于禁,飞败张郃,犄角荆梁,蟠亘万里,示天下形势,贼不足平也。羽威震许、洛,权操堕胆,枭权鼠伏,阴谋掩袭。壮哉乎!为汉家一死,无憾也。羽以死事昭烈,昭烈与飞以死报羽,君臣三人,始终不渝,共死一义,古所未有也。

算是彻底颠覆了陈寿《三国志》关羽、张飞评语中"然羽刚而自矜,飞暴而无恩,以短取败,理数之常也"的结论,也为后世三国故事大力铺叙"桃园结义"以及关羽"义薄云天"等故事奠定了史学方面的基础。《四库全书》提要介绍郝氏《续后汉书》时言:

> 使萧常《续后汉书》尚未行于北方,故经未见其本,特著此书,正陈寿帝魏之谬。即《三国志》旧文重为改编,而以裴注之异同、《通鉴》之去取,参校刊定……升昭烈为本纪,黜魏、吴为列传,其诸臣则以汉、魏、吴别之,又别为儒学、文艺、行人、义士、死国、死虐、技术、狂士、叛臣、篡臣,取汉、平吴、列女、四夷诸传,复以寿书无志,作《八录》以补其阙。各冠以序,而终以议赞。别有义例,以申明大旨。

介绍还说，《续后汉书》虽然也有"记载冗沓，失于限断"的缺点，但是特别赞誉郝经提倡忠义节烈时的人、文一致：

> （郝）经尚气节，学有本原，故所论说多有裨于世教，且经以行人被执，困苦艰辛，不肯少屈其志，故于气节之士，低回往复，致意尤深。读其书者，可以想见其为人，又非萧常、谢陛诸家徒推衍紫阳绪论者比也。

乾隆尝诗兴大发，有《御题郝经〈续后汉书〉》五首，冠于《四库全书》郝经书前：

> 身充信使被拘留，两国恰逢奸计投。
> 愿附鲁连未遂志，空言思托著书酬。
>
> 陈寿宁称史笔人？续之尊汉见诚醇。
> 独嫌董卓仍列传，即未叛臣亦乱臣。
>
> 褒贬从来不可诬，要公千载赏和诛。
> 篡臣仲达只篡魏，篡汉宁非孟德乎！
>
> 福华编撰鄂功陈，羁绊江南十六春。
> 未免南方君子笑，笑他不叛北方人。
>
> 帛诗或者假前提，学术忠诚孰可齐？
> 设使子卿达地下，著书差胜娶胡妻。

最后一句是拿苏武（字子卿）作对比。诗不算佳，但词义显豁。这里乾隆认定并抒发的正统史观，也同时表现在他厘定的京师历代帝王庙的牌位取舍上。历代帝王忠臣均为木制牌位，不分民族，济济一堂，但在大殿前面还特意建了一座塑像庄严的关帝庙。其中蕴含的深长意味，着实值得史家好生咂摸。

今年5月突然接到一个陌生人打来的电话，说是中国三国魏晋南北朝史学会的朋友介绍他来的。几天以后的一个清早，田福生便风尘仆仆地敲我门了，并带来了他厚厚的书稿。拜读之下，颇有感触。第一是他二十多年来所下的功夫，搜求资料，寻访遗址，其间爬剔搜罗，访察精研，几多艰辛迷惘，几度觅踪寻疑，恐怕只有他自己知道。第二是他文稿中论证的问题，很多是逸出历代史家视野，却又是历史人物关羽行踪里不得不诘难辨析的问题，读后令人信服。第三是他业余从事，二十年来远离尘嚣，寻幽探微，专意孤诣的雅趣。尤其是这二十年正值中国社会经历巨大转型，物质条件发生根本变化，趋名获利成为正当诉求，捷径短途成为竞逐目标之际。即使象牙塔中士都汲汲功名，方外域中人亦竞相趋利，谁复青灯古卷，潜心沉志，以历史追寻为人生情怀，以埋头著述为平素消遣之人？两相对比，虽不能简单訾评高下雅俗，但忘怀得失，有进取但又有所不为的那份心襟，还是非常宝贵的。"物以稀为贵"，其此之谓乎？！

我自己也花了二十年研究关公文化，但是趋易避难，选择了后世关公何以为神的题目，也在前两年衷辑成册，在香港出版了《中国文化史研究·关公信仰系列》丛书五册二百余万字，但与田君所述侧重点大有不同。这部《关羽传》体现出来的心血功力，读者当能自己领会，不劳烦言。我想借用丛书自序一段文字，为田君之作结语：

> 陈寅恪在《邓广铭〈宋史职官志考正〉序》中曾离开正论说了一段意味深长的话："噫！先生（按指邓广铭）与稼轩身同乡土，遭际国难，间关南渡，尤复似之。然稼轩本功名之士，仕宦颇显达矣，仍郁郁不得志，遂有'斜阳烟柳'之句。先生则始终殚力竭智，以建立新宋学为务，不屑同于假手功名之士，而能自至于不朽之域。故身历目睹，有所不乐者，辄以'达观'遣之。然则今日即有稼轩所感之事，岂必遽兴稼轩当日之叹哉？寅恪承先生之命，为是篇弁言，惧其羁泊西南，胸次或如稼轩之郁郁，因并论古今世变及功名学术之同异，以慰释之。"

此言固然表扬邓氏于抗战时期的艰难竭蹶之中，以学术"自至于不朽之域"的不易，也是借题发挥的"夫子自道"。扩而言之，国难当头之际当然亟须一大批辛弃疾那样渴望"上马击贼"、复土还疆的志士，去力行"功名"之业；亦须一小批潜心沉志、殚精竭虑的仁人，从事学术文化建设的长远事业。以今日而言，世界变幻，风起云涌，当然需要大批有胆有识者奋不顾身，获取新时代的新功名；亦须有人持钱锺书"大抵学问是荒江野老屋中，二三素心人商量培育之事"之心境，从容向学，为中华文化存亡绝续作出个人的努力。两行不悖，各自称尊。

当然，我更希望这部书能有更多读者赏识评议，共同构建中华民族伟大复兴所必需的学术氛围。

2007 年 10 月 7 日，京西木也堂

初版前言

田福生

中国是一个崇拜英雄的国度。《三国志通俗演义》卷之五云："夫英雄者，胸怀大志，腹隐良谋，有包藏宇宙之机，吞吐天地之志者也。"对英雄的概括可谓入木三分。纵观中华民族几千年文明史，产生了灿若群星的英雄人物，他们都有传奇的一生。然而，对后世影响时间之久远，震撼之强烈，范围之广泛，非关羽莫属。

关羽作为东汉末年驰骋疆场的猛将，作为刘备集团的核心成员，作为蜀汉基业的创始人之一，由于他身上闪耀出忠肝义胆的伟大品格，被后代封建统治者所推崇，也因为这种品格与劳动人民维护自己权益的意愿相合拍，关羽成为中华民族海内外儿女一致崇敬的大英雄。可以说，关羽身上表现出的对主之忠、克己之正、处世之义、作战以勇，已成为中华传统优秀文化的一笔宝贵精神财富，在形成中华民族精神和鼓励后人注重品行、舍利取信、舍生取义等社会公德方面显示了巨大的感召力和凝聚力。

关羽的一生是叱咤风云的一生。他生于古解梁地，发轫于涿郡，战于徐州，殁于荆州，威武不屈，富贵不淫，贫贱不移，彰显了巨大的人格魅力。一生追随刘备，戎马生涯，转战南北，忠君报国，为义而动，为天地正气抛家，困苦面前不皱须眉。他从出生地解县杀恶霸亡命出走，先到卢奴贩粮度日，后到涿郡三杰相识，投在刘备麾下。在参与围剿黄巾军时历经涿郡、巨鹿郡、南阳郡，因匡扶汉室立功，在中山国安熹县任职；又先后在北海国下密县、平原国高唐县、平原县暂时驻足；在诸侯兼并割据期间，辗转于青州、豫州、幽州、兖州、徐州、冀州、扬州，最后功败垂成在荆州。他执掌荆州帅印六年，发动襄樊战役达到一生为之奋斗事业的鼎盛时期，创造了辉煌的战绩，显示了文韬武略的超群绝伦风姿。遗憾的是惨遭魏、吴两大巨头的南北夹击，在内忧迭起、盟友毁盟偷袭下，败走麦城；英雄末路，战殁于南郡临沮章乡。可以说关羽一生戎马倥偬，踏遍了今山西、陕西、河北、山东、河南、江苏、安徽、湖北、四川、湖南十省。论武勇，为三国时顶尖上将；论智谋，让被世人称为智慧化身的诸葛亮称赞。特别是其忠于刘备不二，在事业最低潮时，面对曹操的金钱、美女、爵位，不为所动，与刘备的君臣契合，与同僚的肝胆相照，危难困苦时恒心不泯，确实感人至深。当然，他参与围剿农民的历史局限性，性格上的弱点也暴露得非常充分。他执掌荆州帅印而痛失荆州，使刘备失去一统天下的机会。但千百年来人们没有挑剔这位英雄人物，而是溢美之词一浪高过一浪，成为后来的武圣，并演绎了许多神话故事，以至清朝关羽庙宇遍布海内外华人生活的地方。

评论历史人物应该采取正确的态度。我认为应坚持两个标准：一是唯物史观标准，即所处时代的局限及对历史和社会的贡献；二是道德标准，政治家们往往从宏观品评人物，黎民百姓则喜欢从微观透视人心。因此，最恰当的方法是两者兼而有之。否则，历史上曹操、秦桧就会是大赢家了。因此，对关羽人格必须肯定，并大张旗鼓地宣扬。否则没有是非美丑，真假善恶，混淆视听，有悖数千年中华民族的优秀道德文化，对这位近两千年的古人也是不公道的。

在诸多研究关羽的史料和素材中，一些文章就英雄人物弱点妄加贬损，迎合世俗心理，这是与中华民族传统优良道德不相容的，是与历史的真实性不相容的，也是与我们应持的历史唯物主义态度格格不入的。历史是不容抹杀的。对关羽身上所体现的中华民族崇高道德情操进行总结，对其人格魅力进行剖析，在有限的历史素材中客观真实地再现关羽的品格特征，使正义的精神、崇高的品德能够发扬，使不利于社会进步、事业发展、人们厌恶的一面能够给后人以借鉴，这是笔者撰著《关羽传》的基本目的。

河北保定与山西运城在中国历史上有深厚的渊源。尧帝生于兹，长于兹，而最后流落河东，成就伟业。关羽生于河东，长于河东，而流落保定涿州。二人秉性不同，但都是有口皆碑的伟人。

笔者祖籍古燕赵田光故里，少年时期便受诸多刘、关、张英雄故事的熏陶，对他们崇敬之余更多了一份热爱。特别是他们身上反映出的崇尚信义、行侠仗义品格与燕赵大地古朴民风一脉相承，让自己倍加尊崇，这是撰著《关羽传》的主要动力。

此外，葬送东汉王朝的桓、灵二帝均为保定这块黄土地上出生的人，他们执政荒唐，殃及百姓，丢失江山，贻误子孙，也应该引以为鉴，是笔者关注并写下去的一个因素。

在我国历史上对关羽的研究，最早的还属《三国志·蜀书·关羽传》，较集中、简约、生动地再现了关羽的一生，此后到宋、元、明、清渐次达到高潮，清代《关帝全书》是集大成者，今人中亦不乏佳作名著。但史料的单薄、历史的悠长给我们研究造成了极大的困难。尽管相关资料浩繁，但重复者多，臆断推测者间杂有之，对关键事件的翔实史料匮乏，如何还原历史上真实的关羽，是自己苦苦求索的夙愿。本书植根于历史，兼及思想、知识于一炉，努力给读者提供一个历史上真实而鲜活的关羽。

步入学堂，涉猎了有关书籍，积累了素材。嗣后，又留意各种线索。近几年，几次到关羽战斗生活过的地方寻觅历史遗珍，又获得了弥足珍贵的史料。本着求实的态度，对所有素材连缀剖析，以求达到伐石采玉、探渊索珠之效。

在本书撰著过程中，得到诸多专家的鼓励、指导，还参考和吸收了当今研究关羽的最新成果，在此一并致以谢意。如有史料疏漏，观点偏颇，或得粗而弃精之处，还就教于方家及读者。

2007 年 10 月

新 版 序

孟繁仁 *

    山西太原人罗贯中所著《三国演义》，是风行世界的中国古典小说"四大名著"之一。它描写了东汉末年、三国时期以刘（备）、关（羽）、张（飞）为主的"桃园弟兄"为实现"安黎庶、济苍生"的崇高社会理想，与曹（操）魏、孙（权）吴集团奋力逐鹿、殊死抗争的艰苦斗争历史，讴歌了刘、关、张"不求同年同月同日生，但求同年同月同日死"的无私无畏献身精神，体现了中华民族光荣祖先所向往追求的高尚道德情操。毋庸置疑的事实是：《三国演义》中的关羽，既是这部作品全力塑造、讴歌、赞颂的主要艺术形象，也是古代社会生活中真实存在的、鲜活生动的历史人物。

    千百年来，在关羽身上集中体现的"富贵不能淫、贫贱不能移、威武不能屈"的光辉道德精神，一直浸润流淌在千千万万中华儿女的灵魂和血液当中，鼓舞着他们为人民、为民族的自由幸福进行不屈不挠的斗争！

    我曾经一度致力于《三国演义》研究，对刘备、关羽、张飞、张辽、王允、貂蝉、吕布等的"本事"进行了认真的追踪、考察，小有斩获。后来由于"缺粮乏草""马疲力尽"，只好转移课题，心中留下无限、无止的悬念、惋惜！

    有幸的是，素昧平生的同道之友田福生君所著大作《关羽大传》，弥补了我和广大读者心中的悬念和遗憾：他以全面翔实的考证，真实可信的史料

---

* 孟繁仁（1942—2024），亚圣孟子第七十四代后裔，生前为山西省社会科学院研究员、山西省古典文学学会副会长。

记载，生动具体的叙述，复原展示了那个风云壮阔、诡谲莫测的时代，揭示了那些英雄、奸邪们或者高尚、或者丑恶的灵魂世界，和他们或者始终如一、或者机辩巧诈的伎俩手段，让广大善良的读者认识了社会生活的无限奥秘和复杂。

中国古话说："天之道，利而不害；人之道，为而不争。"人生的理想是什么？其实就是对义和利的选择。

田福生君的《关羽大传》告诉我们：关羽也是一位有血、有肉、有感情、有志气的"真人"，他在荣华、富贵、金钱、美女的诱惑面前，作出的"挂印封金""挑袍辞曹"的义无反顾的选择，生动逼真地体现出千百年来中华儿女继承和弘扬的"富贵不能淫、贫贱不能移、威武不能屈"的伟大精神！

俗话说"时变境不迁"，不管时代如何进步，我们仍然是世世代代居住、生活在中华大地上的中国人。身为中华儿女，认真读一读这本沉甸甸、内容翔实、可信的《关羽大传》，定会对你把握自我，认识人生、社会，开拓事业天地，产生无穷的助益！

感谢田福生君以忘我的劳动，为读者贡献出这部好书！

新版前言：我的关羽情怀

田福生

　　我的老祖宗田光是齐国贵族。燕昭王二十八年（前284年），燕国上将军乐毅率赵、楚、韩、魏、燕五国联军伐齐，田氏宗亲四散逃亡。先祖田光一支先逃到邢台新河县西千家庄，辗转定居古燕国腹地的范阳田村铺。1969年，据给老家盖房的一位田村铺田姓瓦匠说，高林村田姓就是从田村铺迁过来的。

　　当年的秦国，虎狼之师，横扫六合，席卷八荒，灭韩赵吞魏楚，公元前227年兵临燕界。在故国生死存亡之际，智深勇沉的田光受聘于燕太子丹，终因年老佝偻、无法完成刺秦大任，不得已推荐了好友荆轲。为激励荆卿完成报国之志，田光决意以身殉国，咬舌自尽（一说磕树桩、磕车轮、拔剑），英气冲天，显示了一位节侠处士的万丈忠义豪情。我身上流淌着老祖宗的相同基因和血液，忠义情怀是自己撰著关羽这一顶天立地英雄人物的不竭动力。

　　《关羽传》成书经历过四次大的跨越。

　　我的家乡高林村距离刘备、关羽、张飞桃园结盟故里——涿州市楼桑庙三义官近百里。小时候，常听大人们讲刘关张的传闻趣事，心灵深处矗立着三位大英雄神一般的形象，对听、读他们的故事着迷。

　　新中国成立前，伯父、父亲在北平做生意，伯父与人合伙开滚珠行，父亲赶大车拉脚。北京熟人多，两位姑姑就在北京安了家。新中国成立初期，家里分田分地，爷爷奶奶就让两个儿子回家分地务农，返回了故里。

　　高林村东北距古范阳固城十里，北距南庄头万年古人类遗址三里，东距田村铺五里，这些都是远近闻名的大村，民风淳朴，古风浓郁。我认识字后，尤其喜欢看《三国演义》连环画。本村和县新华书店买不到时，借到北京看望大姑老姑的机会买。几年跋涉，全套《三国演义》六十本连环画都买齐了，放在一个属于自己的抽屉里。刚买了新书，痴迷英雄们搏杀斗智的情节，常常废寝忘食。记得初中时，一次上几何课，老师王德正步入教室，同学们"刷"地一下起立，目视老师，等老师站在讲台前，点头还礼，大家再坐下。我个子矮，在第一排老师眼皮底下，正佯装低头用桌堂作掩护，全神贯注地看《虎牢关》，"刘关张三英战吕布"的细节吸引着自己。"啪"一个板擦飞到我的课桌上，老师扭头就走了。几位班干部不知啥事，忙去找，王老师说去问田福生！结果在教室外被罚站了一节课。久而久之，三国人物成了自己的必读课，刘、关、张伟大、果敢、豪侠的形象深深植根在幼小的心灵深处。这是对三国文化学读、印记的第一次大跨越。

　　后来，历经"文化大革命"风雨，国家恢复高考，自己有幸从保定胶片厂工人岗位考入河北大学中文系。每每想起能徜徉在书卷的大海中，汲取一勺三国文化之水，无限快慰。

　　课余时间，大量用在三国知识的积累上。年轻时的自己不爱交往，不爱课外活动，一有空就往图书馆钻，读书与兴趣找到了最佳结合点。翻阅资料，做笔记。书目，观点，大幅度搜索各类线索，博览群书。购买了毛宗岗本《三国演义》、罗贯中嘉靖本《三国志通俗演义》和《资治通鉴》。从大学一年级起就琢磨毕业论文。按照个人爱好，大四时题目确定为《毛宗岗本〈三国演义〉对于罗贯中本〈三国志通俗演义〉正统思想的发展》，指导教师是中文系副主任李离。学术界还没有两个版本正统思想对比的论文。我将两个版本一段段一句句对照，凡是涉及此类问题的诗词、论、述评、情节的增删都一一记载下来，排列对比，条分缕析，提炼观点。李老师阅后评价说，"我还没看到过这么好的三国论文"。步入理性研究三国文化阶段，是第二次大跨越的标识。

　　从历史角度看，原来的读书都是铺垫，第三个阶段追逐的直接目的，写《关羽传》。

大学毕业分配到保定市政协，几年后担任办公室秘书科科长，市政协一位副主席退休时将书柜里《三国志》《后汉书》等书交由机关处理，重新引起我对三国的兴趣，一发而不可收。边精读细研，边考察，边采购书籍。公休日时跑北京图书馆，边阅读，边复印资料，住在附近地下室，以提高效率。利用节假日到关羽生前战斗生活过的地方考察，先后到过涿州刘备故里、张飞故里、三义宫，运城解州关帝庙、关帝祖宅和祖茔，荆州古城，襄阳古城，水淹七军处，麦城遗址，当阳关陵，洛阳关林等数十个地方，边考察边回味史书脉络，钻进去探究历史烟云。心之悟之，思之辨之，联类无穷，理出头绪，发微采撷。

开始时，仅限于史料钩沉，明白历史真相。雏形和目标是分几十个专题，发掘历史上真实的关羽。久而久之，资料日多，也更系统，才萌生了写历史人物传记的想法。

当时思忖，中国这么多书，一定要让人看进去，有所斩获。有价值才有意义，价值越大意义越大。古人有云："太上有立德，其次有立功，其次有立言。虽久不废，此之谓不朽。"不写则已，写就要填补空白！如何填补空白？必须站在两个高度：其一，站在所有与关羽有关史料的高度；其二，站在所有对关羽正确评价的高度。做到两个信服：使专家信服，让读者信服。为此必须下苦功夫、笨功夫。所有能看到的书籍、资料都要看到、最好买到，才能把握关羽的内心世界、才能落笔。为此先后添置了上百部相关书籍。

撰著过程也是再认识、再提高、校正观点的过程。这是第四次大跨越。自己把握四个重点。

一是史料缺失如何处理。我国史学家们对如何运用史料有不少经典论述。要着眼于历史的真实，就必须探寻诸多分散在不同书籍、篇章的论述或细节，弄准其脉络和底蕴。有的则需要对口碑史料、传说进行深入细致的辨析，使人信服。关羽到达涿郡前的历史阶段，大体采取这种方法。

二是把握史料的不同层次，探微取真。分辨信史与地理学著述、与方志的不同价值。着眼历史真实，必须以信史为底片。部分重要历史典籍几种版本都要买到，相互印证，以便明察历史烟云。写作本书时，用到了六种版本的《三国志》和《资治通鉴》《后汉书》《通鉴纪事本末》《华阳国志》《后汉书三国志补表三十种》《三国志补注》《三国地理志》《三国志集解》《后汉书集解》《七家后汉书》《水经注疏》《汉晋春秋》《续后汉书》《通鉴纲目》等重要史籍。

三是双向互动，拾遗补阙。既要善于在繁杂资料中伐石采玉，也要肯于按照时间线索大海寻针。比如，刘、关、张何时投奔公孙瓒，历史线索一片茫然。自己就按第一手史料所表述公孙瓒当时的职务变动，追寻历史真谛。再如，关、张之勇与吕布之勇谁更胜一筹。通过《三国志平话》与明清《三国志演义》诸多版本变迁，与三国典籍比较，追踪历史原貌，理出思绪。检索出罗贯中老先生有意识颠覆张飞与吕布单挑的描写，着实委屈了关、张两位熊虎将、万人敌。

四是旁征博引，拨开迷雾。比如，关索其人到底有无？兄妹排行如何？若干年前就留意过这类问题，终于在国家图书馆出版社出版的《日本藏夏振宇刊本三国志传通俗演义》"孔明六出祁山"一节补注及中华书局《诸葛亮集》后附"诸葛篇"第158页记载《杂记》中，获取到有价值信息。蜀汉亡后，刘禅欲往洛阳，关索与刘禅之子刘恂、诸葛瞻之子诸葛质欲南奔南中的内容。又如，证明曹操篡汉的最早记载，在《太平御览》舌部引《英雄记》载，"曹操有图国之意，（刘）备泄于袁绍，操自咋其舌，流血，以失言诚后世"，等等。撰著准备阶段特别留意别人没有发现和使用过的史料、资料，努力获取第一手高价值信息，以提高书籍的含金量。

《关羽传》初稿出来后，选择不同角度，修改了三十五遍。除三餐外，天天忙碌到深夜。书籍常常同时展开数十种，不知疲倦，从不间断，整整一年。最后想拜请中国社科院历史所朱大渭研究员审查。朱老师说，文学所胡小伟是专门研究关公的，推荐我到了胡小伟研究员处。胡老师百忙中推荐作序，给以高度评价："他文稿中论证的问题，很多是逸出历代史家视野，却又是历史人物关羽行踪里不得不诘难辨析的问题，读后令人信服。"在胡小伟老师推介及鼓励引导下，数十次参加全国的大型活动与研讨，在活跃关公文化方面得到国内同行的肯定。书籍的刊行，也为厘清关羽的真实足迹提供了借鉴、佐证。

　　《关羽传》面世后，受到海内外读者的欢迎，也得到业界专家学者的肯定。这些年，通过多次参加国内三国文化、关公文化的学术研讨、交流以及收集、查阅一些新发现的资料，对历史人物关羽的家世、行踪、评价和关公文化的弘扬，有了新的认识和收获。于是，集中精力对原《关羽传》的部分章节进行了调整、修改，在内容、细节方面做了增删、考订，如对传主青少年情况压缩改写，对"三英战吕布"按照有关资料进行辩证，考订了关羽子女庚序，充实了"历史上的关羽之谜"一章的内容，删减了叙述拖沓重复之处，增加了关公文化的价值和时代意义的阐释，等等。新版增订、修改二百余处，全书更臻完善、充实。根据出版社的建议，将书名修改为《关羽大传》。

　　念兹在兹，不废时日，终成新卷，将此修订本奉献给钟爱中华武圣关公的广大读者。

2021 年 10 月

目录

上编

第一章

忠烈传家，儒学渊源

关羽，字云长，本字长生，今山西省运城市盐湖区解州镇常平村人。关羽是真实的历史人物，是名震敌国的大英雄、大丈夫，是中华民族的道德楷模，是忠义的化身。根据史料记载，成年的关羽身材长大，雄壮威猛，说话梗亮有雄气。中年后，美须髯，稀疏满颐，面部有七痣，鼻准二痣尤大。①宋徽宗宣和时《历代名臣册》中绘有关羽像："系长目隆准，耸颧阔颊，美髭髯，面有黑子数点，朗若列星。"②关羽喜欢读《左氏春秋》，有些章节都能背诵。史学家陈寿称他善待卒伍而骄于士大夫。关羽骁勇善战，东汉末年称雄。曹操曾欲迁都以避其锐，孙权为子求婚以固其盟，孔明称其绝伦逸群。被敌对方的曹操、孙权两政治集团公认为"熊虎将""万人敌"。

对关羽面部肤色有两种说法：其一，《王世贞弇洲续集》载："髯而美姿，观白皙色。"③元吴渊颖题画诗乃称"紫金焰眼赪玉面"④。《解州志》载：圣容"面瘦长而白"⑤。其二，《关夫子志》云："都城旧有帝像，丹青家言，先朝从大内传出者，面色正赤。"⑥综合各说可得出，关羽年轻时白皙而泛红，五十余岁后，面色才红赤。至于罗贯中笔下的关羽"身长九尺三寸，髯长一尺八寸，面如重枣，唇若抹朱，丹凤眼，卧蚕眉，相貌堂堂，威风凛

① ［清］张镇撰，宋万忠、武建华标注：《解梁关帝志》，山西人民出版社1992年版，第5页。
② 陈长安著：《关林》，中州古籍出版社1994年版，第6页。
③④ ［清］周广业、崔应榴纂辑：《关帝事迹征信编》卷十九，国家图书馆藏，第52页。
⑤ ［清］周广业、崔应榴纂辑：《关帝事迹征信编》卷十九，国家图书馆藏，第60页。
⑥ ［清］周广业、崔应榴纂辑：《关帝事迹征信编》卷十九，国家图书馆藏，第47页。

凛"，其基本轮廓与史书相类，不过是小说家的形象渲染之词了。

关羽的一生是扬威立万、彪炳史册的一生，也是悲壮的一生。他身上体现出的恪守封建伦理道德，尚义、善良、磊落、百折不挠和儒雅风度，以及视死如归的品格，与特殊的地域环境和家庭背景有千丝万缕的联系。

一、出生背景

关羽，生于东汉桓帝延熹三年六月二十四日（公元 160 年 8 月 13 日），到汉献帝建安二十四年十二月二十二日（公元 220 年 2 月 13 日）遇害，享年六十一岁。① 关羽之所以名播海内外，除民间传说的润色增饰，元杂剧中三国剧目、《三国志平话》、《三国志演义》等文学作品的渲染及宋朝以来的造神运动外，他作为英雄人物，义薄云天的忠义精神，雄壮威猛的武勇技艺，鄙视利禄的人格特征，坦荡磊落的博大胸怀，这些往往蕴含着人民大众对于社会生活的追求和寄托。关羽一个个、一串串不同凡响的举止及人民群众理想主义心理的交互作用，使他成为一个不朽的神话。

关羽出生的时代，正值东汉王朝呈江河日下、土崩瓦解之势。常言道："大厦将倾，非一木可支。"无论当时的政治家还是后人，在探究东汉颓败、分析原因时都得出一致看法。诸葛亮在《前出师表》中曾大发感慨地表达了这一共识："先帝（刘备）在时，每与臣论此事，未尝不叹息痛恨于桓、灵也。"② 历史表明，一个朝代的倾覆，必然要葬送在一两个昏君的手里，东汉的灭亡就是一个典型的例子。

宫廷倾轧

在中国数千年的封建社会里，同一朝代皇权的更替，关系社稷江山的永久传续，关系最高统治者意志、利益的继承，因此为历代最高统治者格外关注。从秦始皇作为中国历史上第一位封建皇帝开始，便有了传位于嫡长子的传统。然而把持后宫的皇妃、宦官及朝廷重臣出于权欲和自身利益的需要，

---

① 详见后文考证。
② ［蜀汉］诸葛亮撰，［清］张澍编：《诸葛亮集》，中华书局 1960 年版，第 5 页。

凭借特权或结为私党，改变皇帝的旨意，也是常有的事。为防止老皇帝死后这些人不按遗旨办事，又有托孤大臣或设立储君——太子的做法。东汉末年，皇帝年幼，母权过重，舅权突出，嫡庶不辨，造成外戚干政，太后专权，皇位继承无序。在皇位继承中，反映出的腐败后宫和宦官制度导致宫廷几次政变，动摇了东汉王朝的大厦基础，加速了其衰败和灭亡。

这一现象在东汉可追溯到汉安帝。宦官和后宫在干预皇权、争宠方面无所不用其极。汉安帝元初二年（115年），立贵人阎姬为皇后，然而阎皇后无子，皇妃李氏生皇子刘保（后来的顺帝），阎皇后性格嫉妒，怕日后失宠，于是鸩杀了李氏。等到确立刘保为太子后，阎皇后又怕日后刘保登基报复自己，就与安帝乳母王圣及宦官江京、樊丰等勾结，向安帝进谗言。安帝在延光三年（124年）又废掉了十岁的太子刘保。待安帝去世后，太后想长期把持朝政，一心要立年龄幼小的人当皇帝，就与其兄、掌管禁兵的阎显商议，拥立汉章帝刘炟之孙、济北惠王刘寿之子、北乡侯刘懿为皇帝，阎太后临朝。谁知天有不测风云，刚刚继位二百多天的刘懿病死，引发了新一轮对皇权的争夺与控制。受阎太后压制的宦官孙程[①]、王康、黄龙等十九人发誓立刘保为皇帝。趁阎太后、阎显等还没决定新皇帝人选，杀死江京等，拥立十一岁的刘保为皇帝，史称汉顺帝。孙程等又矫诏杀死手握军权的阎显等人，夺得玉玺，迁阎太后于离宫。因为匡扶社稷的功劳，汉顺帝封这十九人为侯，为宦官专权开了先河。

此后，在最高权力的竞技场上又加入了皇亲国戚，并且有愈演愈烈之势。阳嘉三年（134年），二十岁的汉顺帝选梁商女梁妠为皇后。梁妠为恭怀皇后的侄孙女。恭怀皇后即汉章帝刘炟的贵人，其子刘肇为汉和帝。章帝建初八年（83年），将其第四子刘肇立为太子。梁家私下庆贺，窦皇后因此忌恨梁贵人，指使家人联合写匿名信，诬陷其父梁竦有谋反罪，其父死在狱中，家属被流放九真，梁贵人与其同为贵人的姐姐都忧伤而死。汉和帝刘肇永元九年（97年），皇太后窦氏去世，冬十月追尊其生母梁贵人为恭怀太后。梁商被任为大将军，处理朝政事务还算忠正清廉。永和六年（141年），

---

① 孙程，字稚卿，涿郡新城（今保定市徐水区漕河镇）人。其墓在保定市望都县所药村，墓中壁画珍贵，有较高文献价值，2006年被列入全国重点文物保护单位。

梁商死，顺帝以梁商之子，河南尹、乘氏侯梁冀为大将军。这一任命，导致汉朝历史上的灾难性后果。史学家司马光在评价顺帝用人重大失误造成汉室倾荡时一语中的："顺帝援大柄，授以后族，梁冀顽嚣凶暴，著于平昔，而仗之继父之位，终成悖逆，荡覆汉室。"[1] 梁冀执政，导致桓、灵二帝上台，把东汉王朝推向了深渊。

顺帝建康元年（144年），立皇子刘炳为太子。当年，年仅三十岁的顺帝刘保病逝，两岁的太子刘炳继位，梁太后临朝。未及十个月，冲帝刘炳又病死。围绕皇位继承，宫中倾轧更加残酷。大将军梁冀与梁太后定策禁中，立章帝曾孙、千乘贞王刘伉之孙、勃海孝王刘鸿之子刘缵为帝，是为质帝。刘缵时年仅八岁，聪颖贤惠。由于梁冀立意控制朝政，行举张狂蛮横。次年，质帝在朝会时指斥梁冀为"跋扈将军"。一个九岁的孩童哪里懂得政治，哪里有执政经验，一句话招致杀身之祸。因为封建社会严格的等级制度，梁冀受到皇帝严厉斥责，深感不安，唯恐质帝长大于己不利，指使亲信给质帝送去毒饼，逼迫九岁的质帝吃下，这样继位刚刚一年半的质帝就被杀害了。汉质帝本初元年（146年），梁冀又与朝中大臣商议拥立章帝曾孙、河间孝王刘开之孙、蠡吾侯刘翼之子、十五岁的刘志为新皇帝，这就是中国历史上以荒唐、昏聩、腐败著称的东汉桓帝。蠡吾故址在今河北省保定市博野县西北蠡村。[2] 前汉时属涿郡，后汉时属河间国。

桓帝以梁冀有拥立之功，可以赞拜不名，入朝不趋，剑履上殿，礼仪比萧何。梁冀秉政达二十年，威行内外，天子拱手。其一门前后有七人封侯，出三位皇后、六位贵人、二位大将军，夫人、女食邑称君者七人，尚公主三人，其余卿、将、尹、校五十七人，"权倾朝野，于是专擅威柄，凶恣日积，宫卫近侍，并树所亲，横行无忌"[3]。这样，加剧了与皇权的矛盾。矛盾的积怨是梁冀依仗手握军权，阻止居住蠡吾博园（在今保定市蠡县、博野县交界处）的汉桓帝母亲匽明迁居洛阳，而爆发点是梁冀派人刺杀桓帝贵人、自己的干女儿梁猛之母刘宣。二十八岁的桓帝已经具有一定的执政经验和智慧，

---

① ［宋］司马光撰：《资治通鉴》卷五十二，中华书局1956年版，第1691页。

② 保定地区文物管理所编：《保定地区文物资料汇编》，内部资料。

③ ［宋］司马光撰：《资治通鉴》卷五十三，中华书局1956年版，第1706页。

不甘怯懦的桓帝在延熹二年（159年），即关羽出生前一年，依靠宦官单超等诛杀了梁冀一门，连及卿、列校、刺史二千石官，死者数十人，依附梁冀的重臣减死一等，贬为庶人。其故吏、宾客被免黜者达三百多人，朝廷为之一空。

应该讲，桓帝诛杀梁冀是正确决策，但走到了另一个反面，助长了宦官势力。在政治角逐中得胜的宦官集团把持朝政，凶顽恣肆，任用亲人，残害百姓，鲸吞朝廷资财，迫害不同政见者，与朝廷重臣矛盾升级。后来出现何进欲诛宦官反而被杀，何进部下袁绍、袁术追杀宦官，宦官挟持皇帝，皇帝四处流浪，董卓被召进京，妄行废立，滥杀无辜，天下英雄讨伐董卓，群雄割据，东汉灭亡。

荒唐执政

从某种意义上讲，桓、灵二帝是东汉王朝的掘墓人。

他们在走上皇位之初，还算聪颖卓拔，纳谏理政，一些决策兼顾各方利益，能够驾驭局面，一度政局平和。由于是破格当上皇帝，加上封建专权制度，特别是缺少宏图大略优秀帝王的气质、智能。不是遵从祖训，正确运用手中权力，而是以浓厚的占有欲、荒唐的执政观作践祖宗的遗产，其不良嗜好都暴露出来，使朝政危机四伏。

官职是治国理政为民的上层建筑，桓、灵二帝别出心裁，把官职作为增加财富的商品来买卖，不但使许多奸佞小人进入官场，更助长了这些人任职后对百姓的横征暴敛。

据掌握的资料，汉安帝时，首开卖官先例。永初三年（109年）四月，三公认为国家开支太大，上奏请求命令官吏交纳钱和谷，可以买官。如想得到关内侯（爵位名。秦汉通置，为二十等爵位的第十九级，位在彻侯之次）、虎贲（皇宫宿卫侍从）、羽林郎（皇宫宿卫侍从）、五大夫（爵位名。秦汉二十等爵位的第九级）、官府吏、缇骑（掌导从）、营士（五校营士）等职位，分别交纳不同份额的钱和谷。[①]

---

① ［南朝宋］范晔撰：《后汉书》卷五，中华书局2007年版，第59页。

东汉桓、灵二帝卖官又有新发展。一是公开拍卖，二是卖官范围扩大到公、卿，三是所得钱用于挥霍。汉灵帝则把钱入私囊。延熹四年（161 年），即关羽出生第二年。《后汉书·桓帝纪》载，这年八月，"占卖关内侯、虎贲、羽林、缇骑、营士、五大夫钱各有差"①。这里的占卖，属于拍卖，公开标价，所得钱入官库。而汉灵帝则是标出官职价位，所得钱归自己。《山阳公载记》载："时卖官二千石二千万，四百石四百万，其以德次应选者半之，或三分之一，于西园立库以贮之。"亦载："初开西邸卖官，自关内侯、虎贲、羽林，入钱各有差。私令左右卖公卿，公千万，卿五百万。"又载："是岁（187 年），卖关内侯，假金印紫绶，传世，入钱五百万。"《后汉书·崔骃传》载："灵帝时，开鸿都门榜卖官爵。"② 榜卖即张榜告示天下卖官。《资治通鉴纲目》载："令、长随县丰约有是。富贵先入，令者到官倍输。"即县令、长随县的大、小、贫富，收入多少亦有不同价格。有钱的就先交钱，交不起的到位后加倍交纳。《傅子》载："灵帝时榜门卖官，于是太尉段颎、司徒崔烈、太尉樊陵、司空张温之徒，皆入钱上千万下五百万以买三公。颎数征伐有大功，烈有北州重名，温有杰才，陵能偶时，皆一时显士，犹以货取位，而况于刘嚣、唐珍、张颢之党乎！"③ 即，汉灵帝的时候，在鸿都门张榜公开卖官。就连太尉段颎、司徒崔烈、太尉樊陵、司空张温等都出钱，多则上千万，少则五百万买三公。段颎多次出征打仗，立有大功，崔烈在北方名气很大，张温有杰出的才能，樊陵善于抓住机遇，这几个人全是当时公认的知识分子，或战功卓著的将领，还要凭借花钱买取高位，何况刘嚣、唐珍、张颢之流呢？其中刘嚣是司隶校尉，"以党诸常侍，至位公辅"。唐珍和张颢分别是中常侍唐衡、张奉的兄弟。亦载："灵帝榜门卖官，崔烈入钱五百万，取司徒。"④ 崔烈，先为司徒，后为太尉，是诸葛亮好友崔州平之父，博陵人，故址在今保定蠡县。后曹操父亲曹嵩贿赂宦官及给西园送钱一万亿，因

---

① ［南朝宋］范晔撰：《后汉书·孝桓帝纪》卷七，中华书局 2007 年版，第 90 页。

② ［南朝宋］范晔撰：《后汉书·崔骃传》卷五十二，中华书局 2007 年版，第 510 页。

③ ［晋］陈寿撰，［南朝宋］裴松之注，陈乃乾校点：《三国志·魏书·董卓传》注引《傅子》，中华书局 1959 年版，第 179 页。

④ ［宋］李昉编纂，夏剑钦校点：《太平御览》卷八百二十八，河北教育出版社 1994 年版，第 656 页。

此由大司农转为太尉。①

这样，导致好端端一个朝廷政纪松弛，政声狼藉。刚被任命的官员，几十天或几个月后，就会被另一个高价的官员所代替。官场上买官卖官成风，每个官员都有随时被罢黜，为出钱多人顶替的威胁。各级官吏无心理政，把巧取豪夺作为当官的第一要务。

穷奢极欲

《后汉书·皇后纪》载："桓帝多内幸，博采宫女多达五六千人，再加上驱车役马时的随从侍女，更是数倍于此。"② 汉灵帝也是这样。《后汉书·宦官传》载：中常侍吕强是个好宦官，为人清廉，忠诚奉公无私，他上书灵帝，陈述对时政的看法："我又听说，后宫女有数千人，仅仅衣食一项的费用，每天都要耗费数千金。"由于桓、灵二帝纵欲，导致桓帝三十六岁、灵帝三十四岁就驾崩了。

汉灵帝的荒唐行为要超过汉桓帝，在中国历史上臭名昭著。他不但通过卖官收天下珍宝于皇家，还大肆挥霍。

黄巾起义前二年，公元182年八月，灵帝在京都永安宫建起四百尺高的楼观，亦名候台，实瞭望台，用于乘风赏月游观。黄巾起义第二年，公元185年，灵帝在西园修建万金堂，把大司农所管国库的金银、铜钱及丝绸都搬到万金堂中，堆得满满的。在他当皇帝前的所在地河间解渎亭（今河北省保定市安国市东北九里的门东村）购买田地，修建住宅。并把钱存在小黄门、中常侍家中，每家各存数千万枚钱币。次年，又命钩盾令（俸禄六百石，宦官，负责附近池苑囿的游历活动）宋典在南宫修玉堂殿。使掖庭令（俸禄六百石，宦官，掌管后宫贵人、宫女之事）毕岚铸四大铜人，列于苍龙、玄武门外；铸黄钟四个，悬于玉堂及云台殿前；还铸天禄、辟邪吐水于平门外。关于天禄为何物，宋沈括《梦溪笔谈》中有记载："至和中，交趾献麟，如牛而大，身皆大鳞，首有一角。考之记传，与麟不类，诏欲谓之麟，则虑夷獠见欺，不谓之麟，未有以质之，止谓之异兽。今以予观之，殆天禄也。"据清

---

① ［南朝宋］范晔撰：《后汉书·宦者列传》卷七十八，中华书局2007年版，第738页。

② ［南朝宋］范晔撰：《后汉书·皇后纪》卷十下，中华书局2007年版，第130页。

俞樾《茶香室四抄》卷二十九载：又制造翻车、渴乌，作为抽水引水机械，放在平门桥西，用来浇洒南北大道。

在后宫兴建许多店铺，让宫女们做买卖。汉灵帝自己也穿上商人服装，混入店铺东游西逛，饮酒作乐。汉灵帝可谓异想天开，在西园玩狗时，给狗戴上官员们的帽子，系上官员们才能使用的绶带。灵帝还亲自驾驶四匹白色驴子拉的车四处奔走。他还非常喜欢胡服胡饭，京城官员和富豪们竞相仿效。[①] 更有甚者，据《古今情海》转《文海披沙》载：汉灵帝在西园弄狗与人交配。[②]《拾遗记》载："灵帝初平（应为中平）三年（186 年）游于西园，起裸游馆千间，采绿苔而被阶，引渠水以绕砌。周流澄澈，乘船以游漾，使宫人乘之。选玉色轻体者，以执篙楫，摇漾于渠中。"又奏《招商》之歌，以来凉气也。歌曰："凉风起兮日照渠，青荷昼偃叶夜舒。惟日不足乐有余，清丝流管歌玉凫，千年万岁喜难逾。"灵帝命十四至十八岁宫女浓妆艳抹，脱衣与他一起裸浴，西域进献茵墀香，灵帝命人煮成汤，让宫女沐浴，把沐浴后溶着脂粉的水倒入河渠中，人称为"流香渠"。[③]

桓帝之初，天下童谣唱道："小麦青青大麦枯，谁当获者妇与姑。丈人何在西击胡，吏买马，君具车，请为诸君鼓咙胡。"[④] 意为：小麦青青的，大麦却枯死了，谁在那里收获呢？只有妇人和她的小姑子。丈夫和男人们到哪里去了呢？他们在西边讨击胡人。官吏们买马，君主驾车，请为各位君子鼓吹这些事啊！桓帝之末，京都童谣唱道："茅田一顷中有井，四方纤纤不可整。嚼复嚼，今年尚可后年铙。"[⑤] 意为：长茅草的一顷田中间有井，井的四方都长满了细密的草，田已经不能够整理了。咀嚼呀咀嚼呀，今年还可以，后年就不行了。这些童谣对当时的黑暗社会进行了讽刺和抨击。

---

① ［南朝宋］范晔撰：《后汉书·孝灵帝纪》卷八，中华书局 2007 年版，第 101 页。

② ［民国］曹绣君原辑，刘玉瑛、梅敬忠主编：《古今情海》转《文海披沙》，吉林文史出版社 1994 年版，第 1084 页。

③ ［晋］王嘉撰，［梁］肖绮录，齐治平校注：《拾遗记》卷六，中华书局 1981 年版，第 144 页。

④ ［南朝宋］范晔撰：《后汉书·五行志第十三》，中华书局 2007 年版，第 968 页。

⑤ ［南朝宋］范晔撰：《后汉书·五行志第十三》，中华书局 2007 年版，第 969 页。

摧折忠良

在统治阶级的执政理念上，东汉朝廷依然是以儒家经典治国。刘秀中兴汉室后，喜欢经书，每到一地，就去拜访儒雅之士，搜求补充失缺遗漏的文章典籍，饱学之士都被吸引到京城，于是朝廷设立《诗》《书》《礼》《易》《春秋》的五经博士。上有所好，下必甚焉。那些穿儒服、言必古者，进学校、到学舍的人，遍布全国各州、郡。博士所住的地方，前来求学的往往从很远的地方而来。有时学舍刚刚建好，背粮求学的就有成千上万人。最终能达到高深造诣和境界的，却如凤毛麟角；而迂腐、不能与时俱进的就多了。

当时社会上谈仁义，传的是圣贤的法则，对上知道君臣父子的纲常，对下则懂改邪归正之途。因此，在朝廷上仍然有一批忠于王室、恪尽职守的官员，也产生了一批大儒，如马融、郑玄、卢植等。同时朝廷不定期对熟悉《尚书》等儒家经典的人委以重用。这些人甚至把维系皇权统治作为自己的使命。他们坚持封建礼教，不满官场上龌龊的官员和宦官，对皇帝敢犯颜直谏，这就产生了"清流派"与"浊流派"的斗争，东汉末年表现得最残酷、最激烈。"浊流派"人物和宦官不得已依靠蒙蔽皇上，借助皇权，狠狠打击威胁自己地位利益的对立面，这就产生了中国历史上著名的四次党锢之祸。

灾害频仍

从中国几千年封建社会发展的历史看，政治清明，风调雨顺，一般不会造成社会的动荡。政治黑暗与天灾人祸并行而至，封建统治者的地位就非常危险了。

受两千年前生产力和科学技术发展水平所限制，当时人们常把各种天灾归咎于执政的疏漏。各种天灾的接踵而至，不但在生活上给劳动人民造成极大的不幸、痛苦，也在人们思想上产生了深深的震撼，觉得是改朝换代的时候了。

东汉末年，天灾连续不断。《后汉书》载，仅桓帝执政二十二年就发生大的火灾十四起，水灾、冰雹八起，地震、地裂、山崩、陨石二十三起，瘟疫三起，大面积旱灾三次，蝗灾三次。[1]建和元年（147年），桓帝继位第一年，荆、扬二州有许多人饿死。又载，元嘉元年（151年），京师、九江、庐江发生大规模传染病。任城、梁国发生饥荒，饥民吃人肉。永兴元年（153年）秋七月，三十二个郡、国发生蝗灾。黄河涨水。百姓饥寒交迫，四处流浪，流民多达数十万户，冀州的流民特别多。永寿元年（155年）二月，洛阳、冀州发生饥荒，饥民吃人肉充饥。延熹九年（166年），关羽七岁时，司隶、豫州民众饿死者多达百分之四五十，不少地方全家饿死。关羽的家乡属司隶校尉部，可见百姓生存何等艰难。汉灵帝建宁三年（170年），河内（郡名，治所在今河南省武陟县西南二十里）饥民中发生妻子吃丈夫的事，河南饥民中发生丈夫吃妻子的事。[2]虽然灾害时朝廷也能采取一些赈济措施，对于大面积灾害，或是连续不断地出现的灾情，朝廷无能为力，等待的只能是人民的死亡或反抗、起义。

社会动荡

汉朝开国时期，国力强盛，屡屡对疆域以外的边陲部族动兵，版图也得到拓展。

东汉末年，与汉王朝毗邻的几个主要少数民族都没有强大起来，只是趁中原政治崩析、民心不稳、国力日衰而趁火打劫。据粗略统计，汉桓帝执政的二十二年间，主要是西部各羌人的扰边，多达十八次。汉灵帝执政十七年，到黄巾起义时，边患主要是北方鲜卑的犯扰，计有十三次之多。这使汉朝统治者在军事上分散了兵力，倾尽了国库积蓄，加重了劳动人民的经济负担。

农民暴动、起义不断。汉安帝以后，东汉王朝上层倾轧加剧，几代太后执政，皇帝年幼，皇权错位畸形，政治越加混乱。朝廷里的皇帝、外戚、宦官刻剥官民，郡县牧守令长及边郡将帅为巩固地位，转而剥削百姓，"公赋既重，私敛又深。牧守长吏，多非德选。贪聚无厌，遇民如虏""上至皇室，下至郡县亭，无不贪残"。加上天灾不断，边患迭起，统治者与广大农民的矛盾，统治集团内部忠正清流一派与邪恶宦官之间的矛盾，后宫与执政大臣

---

① ［南朝宋］范晔撰：《后汉书·孝桓帝纪》卷七，中华书局2007年版，第83页。

② ［南朝宋］范晔撰：《后汉书·孝灵帝纪》卷八，中华书局2007年版，第96页。

的矛盾，多种矛盾交织在一起，整个社会越发动荡不安。处于最底层的、在生死线上挣扎的农民的起义、暴动，此起彼伏，连续不断，没有一年停止过。汉桓帝在位二十二年间，较大的农民暴动、起义多达二十四起。汉灵帝执政至黄巾大起义的十七年间，也有八起。这些起义多则几万人，少则几千人，有的杀县令郡守，有的自封为"太上皇帝""上皇帝""黑帝"等，朝廷对农民军的围剿，都付出了相当沉重的代价。

灵帝光和七年（184年）春二月，冀州巨鹿人张角、张宝、张梁兄弟领导的黄巾起义爆发。相传张角起义在河北省邢台市西北七十里的凌霄山上，这里地势险要，崇山峻岭，张角开始于此建立大本营，称中央寨。

张角兄弟三人以创立太平道作掩护，在河北一带传道。道徒手执九节杖画符诵咒，替人治病。经过十多年秘密串联策划，青、徐、幽、冀、荆、扬、兖、豫八州信徒发展至数十万人。张角分信徒为三十六方，大方万余人，小方六七千人，设将帅统领。又收买一些宦官做内应，预定甲子岁（184年）三月五日于京师内外同时起义。口号为"苍天已死，黄天当立，岁在甲子，天下大吉"，因内奸唐客（此依《后汉纪》，《后汉书》为唐周）告密，内应遭捕杀，被迫提前起义。起义者头裹黄巾，称为"黄巾军"。以黄天泰平、恢复上古黄帝时的社会为号召，张角自称天公将军，角弟张宝称地公将军，宝弟张梁称人公将军，率各方一时并起。杀贪官郡守，劫掠富豪，抢占城池，一时天下震动，民心摇荡，义军风起云涌，东汉王朝处于风雨飘摇之中。

二、尧舜故都

关羽的家乡地处晋西南，位于古都长安、洛阳的中线偏北。西、南两侧不远便是孕育中华民族文明的黄河。这是块神奇的土地。

莽莽大河，流经万年，从新石器时代的仰韶文化、龙山文化，这里率先跨入文明时代。在黄河由北向南再由西向东拐弯处，上古时期，先人们在这里兴起，用最原始的刀耕火种、睿智辛劳书写着中华民族的文明史。在这里，诞生了几代影响中国几千年文化、道德的圣贤。

女娲始祖

传说中的女娲是炎黄子孙的始祖，是上古三皇之一。她炼五色石补天及创造人的传说流传至今。女娲为风姓，死后葬于风陵，即陕西、山西、河南三省交界点黄河拐弯处的风陵渡。在风陵渡附近赵村东南，有女娲墓，冢高二米，周边三十米。墓前原有明万历三十八年（1610年）重建风后祠及碑记，今毁。清代著名史学家、文学家赵翼在《陔余丛考》引唐代司马贞《三皇本纪》说："女娲本风姓，代宓牺立，号为女希氏，是上古时帝王中之圣贤者。"台湾易经姓名学协会祭拜女娲的碑文写道："志载风后生于解而葬于蒲（风陵渡古为蒲州境内），故后世以陵为名，改河曲之地为风陵。五千年沧桑，其陵尤在。煌煌大德，不可磨灭。千禧龙年，台胞寻访。炎黄子孙，同祭风陵。感荒冢颓圮，念神明伟业。爰立贞石，以昭来者。条山苍苍，大河汤汤，文明之光，万世其昌。"传说归传说，女娲的圣德贤明应该讲是符合历史真实的。这里东距关羽诞生地仅百里。

尧舜故都

数千年前这块黄土地上还活跃着被中华民族世代称颂的圣贤尧、舜、禹。

尧名放勋，生于唐，即今河北省保定市顺平县、望都县、唐县一带。后迁徙山西。是古代传说中炎黄之后部落联盟的最高首领，五帝中第一个由家天下相传改为选贤人接班。《史记》称他仁德如天，智慧如神。《通典》记载："尧旧都在蒲。"《水经注》中记载："《尚书》所谓壶口雷首者也。俗亦谓之尧山，山上有故城，世又曰尧城。"[1] 阚骃《十三州志》中记载："蒲坂，尧都，盖尧帝亦都此，后迁平阳（今山西省临汾市西南）。尧定历法，倡五德：父义、母慈、兄友、弟恭、子孝，施教天下。"尧禅让给舜。

"尧立七十年得舜，二十年而老，令舜摄行天子之政，荐之于天。"[2] 尧把帝位传给舜后，舜充分利用自然环境，"耕历山，渔雷泽，陶河滨。"舜定

---

[1] ［后魏］郦道元原著，陈桥驿、叶光庭、叶扬译注：《水经注全译》卷四，贵州人民出版社1996年版，第113页。

[2] ［汉］司马迁撰，［南朝宋］裴骃集解，［唐］司马贞索隐，［唐］张守节正义：《史记·五帝本纪第一》，上海古籍出版社2011年版，第21页。

都蒲坂（今山西省蒲州镇）。他在位期间，咨询"四岳"，聘用贤人，惩顽凶，重教化，天下大治。他还立谤木，任人评议；设进谏之鼓，听取人们的谏言。舜从善如流，疾恶如仇，鞠躬尽瘁，体恤民情。"四海之内，咸戴帝舜之功。"[①] 舜在位四十九年，将帝位让于大禹。

禹都安邑（今山西省夏县）。当时天下洪水滔滔，为治理洪水大禹三过家门而不入，成为后世佳话。

祖宅位置

一代名将关羽就诞生在这块圣贤迭出、道德高尚、文明久远的土地上。

东汉时，关羽家乡河东郡属司隶校尉部。时汉族中原政权史称东汉，辖十二个刺史部及司隶校尉部、西域都护府。其管辖地区相当于现在：

幽州：包括河北省北部、辽宁省西部，还包括朝鲜半岛北部。

冀州：河北省中南部。

并州：山西省的大部分、陕西省的北部及河北、内蒙古部分。

凉州：大略相当甘肃、宁夏两省（区）。

青州：山东省的东北部。

兖州：山东省的西部和河南省的东北部。

豫州：河南省的东南部和安徽省的江北。

徐州：山东省的东南部和江苏省的江北。

扬州：江苏、安徽省的江南和江西、浙江、福建三省。

荆州：河南省的西南部和湖南、湖北两省。

益州：陕西省的南部和四川、云南、贵州三省。

交州：广东、广西两省（区），还包括现在的越南中部以北地区。

司隶校尉部：河南省的西北部、山西省的西南部、陕西省的中部。

西域都护府：主要是新疆维吾尔自治区，还包括一些中亚国家部分。

关羽籍贯隶属司隶校尉部。司隶校尉是官名，负责纠察百官，上至诸侯、外戚、三公，下至地方郡守，并统领畿辅地区，职权显赫。司隶校尉部

---

① ［汉］司马迁撰，［南朝宋］裴骃集解，［唐］司马贞索隐，［唐］张守节正义：《史记·五帝本纪第一》，上海古籍出版社 2011 年版，第 29 页。

所辖京畿附近地域，包括河南郡、河内郡、河东郡、弘农郡、京兆尹、左冯翊、右扶风。《后汉书·志第十九·郡国一》载："司隶校尉部，郡七，县、邑、侯国百六。"[1] 而河东郡为秦时置，三十六郡之一。汉承秦制，顾名思义，位置在黄河东岸、北岸地区。相当于现在的河南中部、山西南部、陕西中部地区。东汉桓帝延熹三年（160年）农历六月二十四日，关羽出生于河东郡解县宝池里五甲一个有文化教养的殷实小康之家。

关羽祖宅北距尧都平阳三百里，西距舜都蒲坂一百里，北距禹都安邑七十里，东距汉都洛阳三百里，西距长安三百六十里。上古天下为公，仁、义、礼、智、信的儒家伦理道德传承浓厚，人们思想上受封建意识和封建礼教束缚较多，对关羽品格的形成产生了重大的影响。

三、解县故里

按史界较认可的观点，关羽本人及上溯两代都在这里生生息息。其高祖、远祖是否生活在宝池里，抑或解县，不详。

中条山脉位于山西省西南部，黄河和涑河、沁河之间。东北—西南走向。东北起自山西绛县，山脉走向成弧形，西南至黄河拐弯处。全长三百二十里，宽二十至三十里。中条山出名主要因为舜曾在历山耕耘。

历山亦名雷首山，是中条山的主峰之一。《水经注·河水》载："历山谓之历观，舜所耕处也，有舜井、妫、汭二水出焉。"[2]《括地志》载："雷首山亦名历山。"[3] 历山是中条山脉的西南端。这一带人文历史悠远。远古时不但舜在这里从事劳作，女娲、尧都在这一带活动过。加之处于特殊地理位置，历山、雷首山伴着中华民族先贤们的足迹，就成了远古名山。此山别名较多，《水经注》称其为尧山。《括地志》《通典》记载了诸多名称：历山、雷首山、蒲山、襄山、甘枣山、猪山、渠猪山、独头山、薄山、吴山、中条山

---

① ［南朝宋］范晔撰：《后汉书·志第十九·郡国一》，中华书局2007年版，第996页。

② ［后魏］郦道元原著，陈桥驿、叶光庭、叶扬译注：《水经注全译》卷四，贵州人民出版社1996年版，第113页。

③ ［唐］李泰等著，贺次君辑校：《括地志辑校》卷二，中华书局1980年版，第51页。

等。中条山群峰交拥，势驰万马，绵亘数百里，与黄河一起养育了数代先贤先民。关羽家乡就在中条山中段偏西，距历山近百里，其祖宅在北山脚下。

关羽故里规范的地名

关羽家乡东汉时的地名，规范的叫法推测为司隶校尉部河东郡解县常平乡下封亭宝池里五甲。州、郡（国）、县、乡、亭、里是东汉时行政单位。里是最基层行政单位，相当于现在的村。各里设里魁，里魁负责管理一里中的百户人家。里下边是什、伍。属于户籍编制单位，相当于村民小组。一说里下设甲，每甲十户，设甲长一人。十户设什，五户设伍，用以相互检查。里之上设亭，十里一亭。亭有亭长，主管抓捕盗贼，接受县尉的领导。亭之上设乡，十亭一乡。乡里设有秩、三老、游徼。有秩由郡守任用，负责管理一个乡。如果是小乡，县设啬夫一人，负责分配劳役的先后，了解民众的贫困与富裕，分配赋税的多少，平衡等级。三老负责教化。凡是有孝子贤孙、贞女义妇、让财救灾，以及学士能成为民众榜样的，都在门上挂匾，以提倡美好行为。游徼掌管巡逻，查禁奸党盗贼。乡之上设县，万户以上的县设县令，不满万户的设县长。各县设丞一人，辅佐县令处理行政事务。另有尉、诸曹、五官等，各有职责。县之上设郡，郡之上是州。至今我们也无法确认关羽籍贯规范称谓。查相关资料，东汉时最基层称里、聚等，还没有村的叫法。有些资料村、里统属混杂，既有历史变迁造成的，也有后人搞混的，姑且提出一个现有史料基础上的推断。①

关羽故里地名的变迁

由于关羽生活年代距今近两千年，跨越十几个朝代，因此，对关羽故里的称谓较多而混杂。《三国演义》中的表述与历史记载是一致的。《三国演义》第一回写关羽出场时，自报家门，称是"河东解良人"。《三国志·蜀书·关羽传》载："关羽，字云长，本字长生，河东解人。""解""解良""解梁"，实际是一样的。解为春秋晋国地，当时称解梁。晋与秦是姻亲，公元

---

① ［南朝宋］范晔撰：《后汉书·志第二十八·百官五》，中华书局 2007 年版，第 1034 页。

前645年，晋惠公用黄河以南五座城贿赂秦穆公，东边至虢略，南边至华山，北边至晋国的内地解梁城。解县为秦时置，两汉时沿袭秦朝体制。东汉时的解县城，在今山西临猗县临晋镇东南城东、城西二村之间。

汉时解县有桑泉城、臼城、解城、瑕城四城，这块地域里排列设置四座城市，表明这一带远古时工商经济较发达，人烟稠密。

三国魏、西晋仍称解县，属司州；北魏改为北解县，又置南解县（今解州镇），北解县距南解县五十里。古解县故城即北魏的北解县。隋大业二年（606年）取消解县，九年移虞乡县于废解县地。唐武德元年（618年）由虞乡县恢复为解县。宋时解县又称虞乡县，南解县称为解州。元、明以后取消虞乡县。随着不同朝代版图、行政区划及政治中心的转移，古解县便逐渐湮灭在岁月的尘埃中，南解县即今解州镇，偷梁换柱成了一些人错觉的古解县。

关羽祖宅就在古解梁城东六十里的宝池里。下封村的叫法见于金大定十七年（1177年）丁酉三月十五日所立《汉关大王祖宅塔记》，落款为"本州律学张开谨言。直下封村柳园社王兴立石、朱上安刊"。这表明金统辖时的关羽故里称下封村柳园社。而常平村、常平里的叫法见于明嘉靖四十四年（1565年）五月初四日所立《常平村重修关王故里祠墓碑记》。关于宝池里五甲的叫法出自清康熙十九年（1680年）所立《汉前将军壮缪侯关圣帝君祖墓碑铭》，称关羽祖父关审"居解梁常平村宝池里五甲"。

至于世人及小说等文学作品中把解县称为解州，或称为蒲州，那都是打上了不同朝代的印记。蒲州，秦代以前称为长原、长坂、蒲邑，秦代称蒲坂，为县治。南北朝时期，北魏改名为秦州，西魏改泰州。北周明帝二年（558年）改泰州为蒲州，在今山西省永济市西蒲州镇。解州是五代后汉乾祐元年（948年）置，即今运城市解州镇，地点在北魏所置南解县。关羽家乡在不同朝代分别隶属蒲州、解州。

家庙、祖庙、祖墓

关羽祖宅清乾隆年间立有"关圣故宅"石碑。

这里建有家庙，是隋以后历代封建统治者和推崇关羽的士人百姓建造的。关羽家庙西距解州镇二十里，北邻著名的盐池，西北距运城市二十二里。关羽遇难后，家乡父老因感慕他的英武和盛德，便在这里建了一座祠堂，作为每年祭祀的场所。据文献记载，关羽家庙创建于隋朝初期，距今已有一千四百年的历史，到金代形成庙宇群，人们称之为关帝家庙，亦称关帝祖祠。

今解州镇西关的关帝祖庙，是隋以来历代最高封建统治者祭祀关羽的地方，创建于隋朝初年（589年）。这是一组宫殿式庙宇建筑群，由庙堂、寝宫、东宫、西宫、结义园组成。其规格之高、建筑之华丽、规模之宏伟，在全国关帝庙中独此一家。

关帝祖祠南四里的中条山腰石磐沟内有关帝祖茔。方圆数千平方米的山中圣地，地势平坦。四围群峰环绕，西侧沟内流水淙淙，清澈见底。笔者曾去凭吊，由其祖宅起，行两千余步，蜿蜒崎岖，拾级而上，清幽僻静，关羽祖父墓及碑在松柏掩映之中。

四、儒雅家世

从汉、晋以来近两千年的史料中，对关羽家世情况未作交代。到唐、宋、元时期，随着封建统治者政治的需要，对关羽追加封号，直接影响了整个社会对关羽的评价。无论官方，还是民间，对关羽崇拜迅速升温，参与关羽家世研究的既有关羽生活、战斗过地方的官吏，还有学者及民间士人。伴着关羽热而不断深入。

祖先之疑

最早讲到关羽家世的是《新唐书》，称"关氏出自商（夏）大夫关龙逄之后。蜀前将军汉寿亭侯羽，生侍中兴，其后世居信都。裔孙播，相德宗"。明、清两代关羽崇拜者及研究者对关羽祖先之事做了大量研究工作，仍不甚详。清乾隆二十一年（1756年）刊印的《解梁关帝志·谱系考辨》载："胡琦曰：关氏之先，出夏大夫关龙逄。一云关令尹喜之后也。"经查，胡琦的说法来自应劭《风俗通演义》。

《史记·老子伯夷列传》亦载："老子修道德，其学以自隐无名为务。居

19

周久之，见周之衰，乃遂去，至关，关令尹喜曰：'子将隐矣，强为我著书。于是老子乃著书上下篇，言道德之意五千余言而去，莫知其所终。'"其索隐李尤《函谷关铭》云："尹喜要老子留作二篇，而崔浩以尹喜又为散关令是也。"清研究关羽学者周广业考证关尹喜时，否定了关尹喜是关氏之祖的说法。周文引《汉书·艺文志》载："关尹子，名喜，为关吏。老子过关，喜弃吏而从之。"又引刘向《列仙传》载："关令尹喜者，周大夫也。与老子同游流沙化胡莫知所终。尹喜自著书九篇，号关尹子。据此则关令其官，尹其姓，喜其名也，莫知所终，似不应有后。"[①] 按周广业考证，关尹子，姓尹，名喜，关不是其姓，而是其官的名称。因此否定了关尹喜是关羽始祖的说法。

关龙逢是夏朝君主桀手下的一位大臣。当时，桀彻夜饮酒作乐，龙逢引黄图以谏，说："古之人君，躬行礼仪，爱民节财，故国安而身寿，今君用财若无穷，杀人若恐弗胜，天殃必降，而诛必至，君其革之。"意为古代的君王亲自奉行礼仪，爱护百姓，而且节约开支，因此国家太平，自己也长寿。现在君王您花钱无尽，杀人随便，天必然降下灾殃，而个人也会遭到惩罚，君王您应该改掉。立而不去。桀大怒："你又在说妖言。"于是焚黄图，杀龙逢。《博物志》记载的大体与此相同，夏桀的时候，在深山谷里建造了一座长夜宫，男女混杂着住在宫内，桀一连三十天不上朝治理政事。上天便刮起一阵大风，扬起沙土，一夜之间把长夜宫所在的山谷给填平了。桀又在岩洞里用玉石砌起了一座华丽的台，大臣关龙逢进行规劝，桀说："我拥有百姓，就像天上有个太阳一样，是天经地义的，只有当太阳消亡的时候，我才会灭亡。"他把关龙逢的规劝视为妖言，便杀了他。后来，桀又在山谷下筑宫殿，老人们好言相劝，桀又认为是妖言，把他们杀了。[②]

到了元朝泰定元年（1324年），冀州关氏后裔将家族世系刊刻于《关氏世系碣》碑上，碑高五尺，碑文正书篆额，系曾担任中书左丞的吕思诚撰文。碑文称"夫关氏之姓，孟颛顼之苗裔也。夏时龙逢以谏死□。周□为□□□以老子著名。汉昭烈将羽，左右厥辟，有国士风"。[③]

---

① ［清］周广业、崔应榴纂辑：《关帝事迹征信编》卷二十一，国家图书馆藏，第122页。

② ［晋］张华原著，祝鸿杰译注：《博物志全译》，贵州人民出版社1992年版，第167页。

③ 蔡东洲、文廷海著：《关羽崇拜研究》，巴蜀书社2001年版，第102页。

文中缺佚文字概为关尹子。这则记载，把关氏之源上溯到黄帝之孙、五帝之一的颛顼，都为了表明关氏根基之正，品行之端。

由于以上这些记载，全国各地包括台湾等地各种版本《关氏祖谱》，众口一词写明夏朝的关龙逄是关氏始祖。

从现存内地关氏族谱看，按地域可分为三类：第一类，山西祖籍家谱。有两种：一是运城市前安邑县古村关谱；二是运城市前解县小曲村关谱。这是关羽祖籍后人自关羽成名后始编的。第二类，河南许昌关谱。许昌关谱在关龙逄之后记有一名关敝的人，概出自王朱旦《帝祖墓碑记》，载关敝为汉谏议大夫。这一支是关平后人编修。据有关资料，关羽、关平自麦城兵败被杀，关平之妻赵云的女儿赵氏携儿子关樾，在安乡民家避难，改姓门。直到西晋灭吴后赵氏才带儿子出来恢复关姓。清雍正年间朝廷确定由关樾一支后裔世袭五经博士。第三类，其他族谱。现在上海图书馆藏有五种。地方分别是杭州和广东南海、番禺、新会，山东省兖州档案馆也收藏一部。这些都是从宋以后开始记载的，属于分支的关氏族谱。

把关龙逄作为关姓始祖的各种说法，无法确知其依据。清一些学者对关龙逄进一步进行考证：一曰，《山西通志》载，关龙逄为解州人，"安邑（今山西省运城市）东北二里有墓"。明吕柟有碑记之。二曰，《陕州志》亦载，关龙逄墓在"灵宝县南十里孟村之西，有唐碑，大书夏直臣关公之墓，春秋祠祀"。亦未审出其始末来。关龙逄敢言直谏，刚正不阿，与关羽性格吻合。

祖父、父亲之疑

对关羽父、祖父等家庭情况从清朝时开始有了一些线索，目前学界有较大争议。盖源于清康熙十七年（1678年），解州州守王朱旦撰写的《汉前将军壮缪侯关圣帝君祖墓碑铭》。兹摘录于下：

> 帝祖石磐公，讳审，字问之，以汉和帝永元二年庚寅生。居解梁常平村宝池里五甲，冲穆好道，研究《易》，传《春秋》，见汉政蛊，戚豌长秋，互窃枋柄，火德灰寒，外枯中竭。绝意进取，去所居之五里许，得芬场一片净土，诛茅绚诵，以《春秋》《易》训子，数十年绝尘

市轨迹，至桓帝永寿三年丁酉，终正寝。寿六十八。子讳毅，字道远，笃孝有至性，仍先志，具窀穸，于所著读书处，不知洯吉徇福泽为子孙祈者。而其地适当条之至中，群峰交拥，势驰万马，咸整整列，无乱颜行。左壁象旗幡，右塾萧鼓萧台，俯瞰解池，悬盘鉴，着襟带，间乘烈日熏风，熬波飞素，仿佛肝肠雪洁，虽曝阳濯汉不翘也。道远公庐墓号踊，终丧归村居，已为桓帝延熹二岁。①

由于关公崇拜的不断升温，社会各界人士更加关注相关史料，也不排除基层一些追名逐利的人臆造。王朱旦撰墓志铭的主要内容，得于康熙十七年（1678 年）常平文人于昌。于昌在关羽旧宅发现浚井者得墓砖，将碎砖合并，上边是关羽祖父、父名讳。为核实内容，五年后，即康熙二十三年（1684 年），专管盐务的长官，转运使张鹏翮亲到解州关帝庙考察，作《关帝祖茔辨》，对此事提出质疑。又十年后，康熙三十三年（1694 年），解州州守江闿调查、研究关羽先世及祖墓发现经过，作《汉寿亭侯父祖辨》：

予于康熙壬申（1692 年）冬来守是邦，越二年甲戌（1694 年）八月，公事稍闲，作崇宁宫碑及常平寝殿记。因考公之先世，先是康熙戊午年（1678 年）州守王朱旦以于昌一梦一砖，遂执残砖所见字，指为公之父祖讳甲子乙丑间，张运使鹏翮诣庙辨之详矣。予乃传至于昌，问其故，昌曰：戊午夏，昌昼梦关某手书"大易"二字，且云汝视殿西为何物，既觉殿西适浚井得碎砖，砖有字划，拼凑验之，左偏字五，曰："生于永元二"；右偏字三，曰："永寿三"；中十七字，曰："先考石磐易麟隐士关公，讳审，字问之灵位。"傍有字三，曰："男毅供。"砖背字二，曰："道远。"昌因州吏目致之王州守，守指届年号谓：即关祖。若父云，其砖楷书，守挟之去。今盐池巡检王闰久官兹土并传至备询之，闰曰：王州守在官，闰犹未至，闰至自庚申比奉张参议大本修石磐沟墓，掘地得旧碑于墓所，碑亦楷书刊"汉寿亭侯关公祖考石磐公之

---

① ［清］黄启曙汇辑：《关帝全书》卷一，国家图书馆藏，第 59 页。

墓"。但无建碑岁月，建碑人姓氏。潘州守天植书"关圣帝君祖墓"，参议公闻而非之，寻复如旧。夫发砖者于昌也。当其面予去，当时已十有七年，年且七十矣。发碑者王闰也。当予问答时，去当日亦十有五年。按永元、永寿，汉和帝、桓帝年号，石磐字砖与碑合是关氏，实有其人。即疑道远，字为毅之字似矣。独残砖上初无关某祖、关某父之说。及碑出亦未备载某代某年几世孙立石，安知同姓中别无其人？安知所遗楷书无岁月一碑，不由于后世之穿凿附会者造作哉？辄臆断为某之父若祖，其谬实甚。且石磐沟口犹存明崇祯元年张参议法孔碑，碑书"关圣祖宗神道碑"使确有可考。前人何不大书特书某讳某字，但书神宗，不竟书祖，不书名字，可谓有识者矣。盖自汉迄今，若而年前贤，概未之及，一旦引无稽之名讳，而实之考古者，固如是乎。君子曰：缺文可也，存疑可也，可杜撰乎？[1]

江闿不但调查了于昌，还备询了王闰，可谓用心至真至诚。当时人们怀疑墓砖字为什么是楷书，而且关姓就不可能是别人的祖墓砖吗？由此产生争议。

与江闿同时的盐池巡检（以镇压暴乱为职责）王闰在康熙十九年庚申（1680年）受山西参议张大本之命，修复石磐沟关帝祖墓，掘得旧碑于墓所，用楷书写着"汉寿亭侯关公祖考石磐公之墓"，但无建碑岁月和建碑人姓名。

由此可得出以下几点：

其一，砖之楷书与后所掘墓碑楷书为同一朝，不能以当时有无楷书作为肯定和否定事件的依据。从中国书法史可知，秦为小篆，汉为隶书，魏为楷书。东汉末年，楷书已非常流行，属于隶楷交替使用时期。我国楷书之祖钟繇就是魏相国，其早关羽九年出生，晚关羽十一年去世。此时正值东汉末、三国时期，抑或稍晚，由关氏亲族安葬或改葬，出现楷书是符合历史实际的。

---

[1] ［清］张镇撰，宋万忠、武建华标注：《解梁关帝志》卷二，山西人民出版社1992年版，第127页。

其二，江阎讲，为什么明崇祯元年（1628 年）张法孔在石磐沟所立"关圣祖宗神道碑"上不写其名字？此问于理不通。五十年前没发现的史料，五十年后就不能填补空白吗？况且，张鹏翮在《关帝祖茔辨》中也承认"耆老传有关圣祖茔，芟辟荆榛，创置祀田，每清明遣教官致祭"[①]。至于砖上并未讲是关羽祖父，倒是一个存疑的问题。

其三，据《清朝文献通考》卷一〇五《群祀》载，雍正三年（1725 年），清廷在讨论给事中李蓝提出的追封关帝祖父爵号议案时，礼部官员否定了卢湛《圣迹图志》依据"古碑（应为砖）"提供的关帝祖考讳字的可靠性。其理由是："尊崇正神，理宜详慎，亚圣孟子之父未详名讳，止称先贤，孟孙氏所以阙疑也。应照此例追封。关帝三人俱为公爵，牌止书追封爵号，不著名氏。"[②] 由此也产生两种结论：一是廷议没通过，就是否认了"古砖"的说法；二是清廷认为证据不足，而持审慎态度。笔者认为，从所发掘砖、碑都有"石磐易麟""石磐公"的一致性可知，刻有关羽祖父、父名讳的古砖不大可能是伪造，大抵是魏晋时关氏宗族重埋葬关羽祖父墓的原物。

儒雅家世

无论从有关资料记载的关羽祖父、父亲两辈研究《易》《春秋》，还是多处史料所记其本人对《左氏春秋》非常熟悉，表明关羽家庭出身应该是一个儒学世家。

《后汉书·儒林列传》记载：东汉朝廷对《易》《尚书》《诗》《礼》《春秋》的学习研究非常重视，至桓、灵二帝以后才大大削弱了。东汉前中期，每代皇帝都亲自参加学习，并推出一系列学习研究五经的措施。在朝廷设立各主要学派的博士，下边广置学校，聘用有专长的人讲解，特别是对学有所长的人给以重用。东汉前中期产生官吏主要是两条途径：一是各州、郡每年推举孝廉和秀才，作为提拔官员的人选；二是从学习五经的优秀人才中给予选用。这种导向促使社会上形成了宏大的学习研究风气。比如，有一次光武

---

① ［清］张镇撰，宋万忠、武建华标注：《解梁关帝志》卷二，山西人民出版社 1992 年版，第125 页。

② 蔡东洲、文廷海著：《关羽崇拜研究》，巴蜀书社 2001 年版，第 175 页。

帝刘秀下诏大会三公、九卿，百官群臣都入席，只有一名叫戴凭的人站着。刘秀问他原因，他说："在座的博士讲经都比不上我，而座次却排在我前面，所以不能入座。"[①]《东观汉记校注》亦载："戴凭，字次仲，为侍中，正旦朝贺，百僚毕会，帝令群臣能说经者，更相难诘，义有不通，辄夺其席，以益通者。凭遂重坐，五十余席。"[②] 光武帝就召集他与博士们对问对答，得到刘秀赏识，立即任用为侍中、虎贲中郎将。可见当时朝廷对学习经史多么重视。到桓、灵二帝时，公开买官卖官，学经讲经士人的前途一塞，大大降温了学习研究五经的社会风气。

在五经研究中，对《春秋》的学习研究学派众多，每个学派创始人都聚众讲学，大为朝廷鼓励，多者数千人，少则几百人。许多有造诣的名士研习《春秋》不理家事，嗜好学问，代代相传。

从关羽祖父传《春秋》看，大约是汉安帝、顺帝时在地方较著名的儒士。靠传授《春秋》带生徒作为家庭生活来源。其父处于桓帝、灵帝时，当时社会淡漠五经，关羽家庭也中落了。

从上边断断续续的资料中可得出如下结论：

1. 关羽家庭是一个有文化教养传承的知识分子家庭。祖父、父亲两辈对《易》《春秋》有深入的研究。封建士人那种清高自负、门第观念、等级观念、传统意识、孝悌观念根深蒂固。

2. 家庭生活先富后贫。关羽祖父、父亲两辈都曾隐居和守孝，主要靠研习《左氏春秋》，生员们送物养家。关羽父亲时，社会上学习五经风气降温，其家庭生活也逐渐步入贫困。

3. 关羽家族性格刚烈。关羽祖父数十年绝尘世轨迹，其父守墓三年，以及后部将论及关羽仗义杀人、其父母投井，这些动作都不是一般人所能想象的。

---

① ［南朝宋］范晔撰：《后汉书·儒林列传》卷六十九上《戴凭传》，中华书局 2007 年版，第 748 页。

② ［东汉］刘珍等撰，吴树平校注：《东观汉记校注》卷十八，中华书局 2008 年版，第 828 页。

五、身世考辨

由于史料的单薄,几千年来对关羽出身莫衷一是,许多关键问题没有定论。本书揽前人各说,揣之各种史料线索进行探究。

姓氏之辨

本来关羽姓氏不应该成为问题,但三个方面的原因冲击较大:

一是关羽因亡命涿郡过程中,隐姓埋名,给世人以许多合情合理的想象空间。

二是名人造势,使这种冲击波愈演愈烈。清梁章钜《归田琐记》摘《关西故事》载:

> 蒲州解梁关公本不姓关,少时力最猛,不可检束,父母怒而闭之后院空室。一夕,启窗越出,闻墙东有女子啼哭甚悲,有老人相向而哭。怪而排墙询之。老者诉云:"我女已受聘,而本县舅爷闻女有色,欲娶为妾,我诉之尹,反受叱骂,以此相泣。"公闻大怒,仗剑径往县署,杀尹并其舅而逃。至潼关,闻关门图形捕之甚急,伏于水旁,掬水洗面,自照其形,颜色变苍赤,不复认识,挺身至关,关主诘问,随口指"关"为姓,后遂不易。[①]

毛泽东同志的祖籍湖南,三国初创时大体相当荆州长沙郡,关羽董督荆州管辖这一带,三国大事亦引起他的关注。1954年初春,毛泽东在杭州跟当时浙江省公安厅厅长王芳谈到关羽姓氏时,他让去查《中国古代历史小说考》,指出那里讲过"曹操并不姓曹,关羽并不姓关"。

三是关羽确曾变易过名字,原先取名长生,后为云长,在社会传言中连同姓氏都一并混淆在一起了,给改姓之说以口实。

---

① 孔另境辑录:《中国小说史料》,上海古籍出版社1982年版,第46页。

　　由此而来的关羽原先姓氏之说便产生，最典型的有三种：一种讲关羽姓冯，名贤字寿长。《陈常关公考》载："解州冯家村乃关与冯两姓子孙守之家。司农牧河东昭询其故云，侯本姓冯，少年杀人潜逃，为关吏所诘，因指'关'为姓。"①其他传说类同梁章钜的《归田琐记》所载。二种讲关羽姓常，是解州镇常平村常铁匠在蒲州普救寺的山门洞捡来的。其父母因家贫养活不起偷偷放下的。长大后取名长生，随父打铁，因解梁熊员外霸占水井，抢占一名杏姑的姑娘，而杀死熊员外和家丁，亡命途中变姓变脸，在涿郡城门指"关"为姓。三种讲关羽姓崔。山西龙潭寺深水潭黄龙黑龙争斗，黄龙化为一个白胖小子，由卖豆腐的崔老汉收养，官府打死崔老汉，关羽用柴刀杀死官府八十三口，逃亡过程中，变脸变姓，其他内容与前边故事雷同。这几则故事顺应人们相信关羽逃亡中变易姓名的心理，由其出生地东汉时下封村、常平村化来的。

　　应该肯定地讲，关羽就姓关，正史有明载。《三国志·蜀书·关羽传》根本没有提到关羽变姓之事。裴松之所注，博采群书一百四十余种，以补缺、备异、惩妄、论辩等为宗旨，保存大量史料，亦无此说。这表明在三国、晋时期，没有关羽易姓的传说，当时野史也没有记载。如果关羽易姓，作为东汉三国时期重要人物，历史一般不会失记，重要人物涉及姓氏变易问题必载入。如蜀志载，马忠少养外家，姓狐名笃，后复姓，改名忠。王平，本养外家何氏后，复姓王。吴、魏志亦载，张燕本姓褚，朱然本姓施，张辽本聂壹之后，以避怨变姓等。关羽如有姓氏之变，岂能王、马、朱、张载而不载关羽呢？假如历史失记，三国、晋两朝野史中均无蛛丝马迹就可想而知了。从关羽个性上去分析，关羽家传至孝，亡命过程易姓，功业有所成就时不可能不恢复父姓，而轻易埋真姓于一生中。《陈常关公考》评论分析得很有道理："史臣于本字长生，尚追记其始，岂本姓冯，而反略之不载，有是理乎？"②且东汉末年，魏、季汉、吴三方对立时，亦没有因关羽姓氏相诘难的，也可备一证。

　　这就是说，关羽名字的更改都书于正史，如果其姓改动，难道会省略不记载？可谓一语中的！

────────────

　　①② ［清］周广业、崔应榴纂辑：《关帝事迹征信编》卷二十一，国家图书馆藏，第119页。

生辰之辨

关羽的生辰年月在权威史料上没有记载。相关史料及传说大体有四种：

其一，生于六月六日。宋孟元老《东京梦华录》载："是日崇宁真君生。"但未注明为哪一年。

其二，东汉桓帝延熹三年（160年）六月二十四日。元朝巴郡胡琦所编《关羽年谱》率先提出关羽生于桓帝延熹三年六月二十四日，享年六十岁。据元人普颜花所立《关王庙碑》载：

> 绍圣三年（1096年）五月赐庙显烈，东庙昭贶，即侯子平。荆楚之人相传显烈六月二十四日生，昭贶五月十三日生。是日，朝拜祭赛者远近辐辏焉。[①]

胡琦当阳玉泉寺《显烈庙记》所记与此大体一致。

这就是说，早在宋朝的荆湘地区就长期流传关羽生于六月二十四日，关平生于五月十三日之说。康熙十九年（1680年）《汉前将军壮缪侯关圣帝君祖墓碑铭》明确载："明年庚子六月二十四日生圣帝。"清康熙三十二年（1693年）刊行的《关圣帝君圣迹图志》载："关羽生于东汉延熹三年（160年）六月二十四日。"光绪十三年（1887年）付印的《山西通志》也依此说。山西解州关公故里的民众大都认定六月二十四日为关羽生辰，沿袭至今，每年这一天关帝庙要举行盛大的祭祀活动。

其三，延熹三年六月二十二日。清张镇《解梁关帝志》序称："关帝，亦称关公，字云长，号长生。河东解梁人氏。东汉延熹三年（160年）六月二十二日出生。弱冠之年奔涿郡与刘备、张飞结为义兄弟。"《文化关羽》在考论关羽生平中记："明崇祯二年（1629年）立于石磐沟关羽祖墓的《祀田碑记》和清乾隆二十一年（1756年）编修的《关帝志》，均说关羽生于桓帝延熹三年六月二十二日。……比较，考证几种资料，较为可信且成公论的是关羽生于延熹三年六月二十二日。"

---

① 蔡东洲、文廷海著：《关羽崇拜研究》注引《清嘉录》款五《关帝生日》，巴蜀书社2001年版，第117页。

其四，五月十三日。周广业《关帝事迹征信编》卷十九载，《燕都游览志》、郭茂泰《荆州府志》、赵衍《东阳新志》、秦氏《修身立命戒期》均讲五月十三日关帝诞辰。明、清两代均以五月十三日为关羽祭奠日期。元代郝经在蒙古初入中原时作《汉义勇武安王庙碑》描绘当时祭祀关羽的盛况说："夏五月十三日，秋九月十有三日，则大为祈赛，整仗盛仪，旌甲旗鼓，长刀赤骥，俨如王牛，千载之下景仰向慕而犹若是，况汉季遗民乎。"[①] 元人同恕所作巩昌府仁寿山《关侯庙记》进一步证实，金朝中期已有五月十三祭关公之俗。至于金、元时期为何要以五月十三日为祭日？祭日是否与关羽生辰有关？不得而知。推测把关羽、关平生辰搞混而造成的。《解梁关帝志·祀典》载："明嘉靖年间，朝廷定京师祀典，每岁五月十三日，遇关帝生辰，用牛一、羊一、猪一，果品五、帛一、遣太常官行礼，四孟及岁暮，遣官祭。"[②] 清人研究《三国志》学者梁章钜《归田琐记》明确说："今时以五月十三日为关帝生日。"《玉匣记》也载五月十三日为关帝生日。

考察四种说法，以延熹三年六月二十四日较为可信。原因是：一是确定为六月二十四日之说最早，在宋时已提出此说，且见于最早有文字记载的碑刻。二是关羽出生地和卒地民俗均持此说，有相同的群众基础，而不是人为传言。三是五月十三日说有了明确、让人信服的答案，即五月十三日为关羽子关平生日。四是六月六日说既没有社会认可度，又不为官方采纳。据四川《蓬溪县续志》载，六月六日为秦蜀守李冰诞辰日，应为世代流传中转到关羽身上。

出身之辨

对关羽身世的交代，史料中没有一字。综合有关资料，民间传说中传达了有价值的信息。

先讲关羽的学力。从上边研究中得知，其祖父、父两辈皆研究《易》《春秋》，在这样一个封建儒士家庭熏陶下，关羽有较好的学习环境。从关羽

---

① ［清］周广业、崔应榴纂辑：《关帝事迹征信编》卷十九，国家图书馆藏，第77页。
② ［清］张镇撰，宋万忠、武建华标注：《解梁关帝志》卷一，山西人民出版社1992年版，第78页。

谈吐和戎马生涯的历程也可佐证他小时候读过书、习过武。从后来关羽与张飞、张辽、曹操、陆逊等书信来往及当时人评价他对《春秋》诵读略皆上口等记载，表明关羽有勤学、善思的特点。

关键是关羽成年后以何为生涯。笔者认为以打铁为职业较接近历史真实。著名史学家郭沫若 1965 年 11 月 25 日在解州关帝庙题词中，也曾讲"传说关羽是铁匠出身"。理由有二：

其一，传说是历史的影子。关键是何种传说，荒诞的不可取，不符合人物特点的亦不可取，完全是以讹传讹的也不可取。关羽亡命前在解城或邻近乡里打铁的传说，在运城一带较为普遍。解城自春秋时就是工商发达的城邑。冶铁是当时社会较普遍的行业。解城距离关羽出生地下封亭宝池里六十里，从社会背景和地域上符合条件。

其二，史料可佐证。这就是对造刀剑的记载。刘、关、张三人驰骋沙场一生，对武器的选择尤为重视。史载，刘备命人为七剑，分赐心腹之人和诸王子；南朝梁陶弘景《古今刀剑录》对关、张造刀有明确记载："关羽为先主所重，不惜生命自采都山铁，为二刀，铭曰：万人。及羽败，惜刀投入水中。"① "张飞初拜新亭侯，自命匠炼赤朱山铁为一刀，铭曰：新亭侯蜀大将也。后被范强所杀，强将此刀入吴。"② 从对比中可以看出，张飞是命匠炼刀，而关羽是不惜生命自采都山铁。关羽亲自涉险采铁，这表明对选矿冶铁、打制兵器有丰富的经验和实践。

东汉时冶铁有三种形式：一是用马拉排吹风，每炼一炉铁需用一百匹马；二是用人排，拉巨型风箱，非常费力；三是用水排，既省力，利润又大。分析一般冶铁靠人，用橐鼓风。关羽人高体大，应是冶铁中人力鼓风者。不明都山为何处。南朝梁时距东汉末年仅二百余年。离关羽生活年代越近，史料可信度越高。关羽从事过铁的冶炼等应是不争的事实。

东汉末年，朝野崩析，人们普遍舍文习武，以防不测，加之农业劳作的需要，打铁收益是略高于农业的手工业劳动。东汉时从总量看，人口不少，

① ［清］韩祖康著：《关壮缪侯事迹》卷二，国家图书馆藏，第 89 页。
② ［清］梁章钜撰，杨耀坤校订：《三国志旁证》卷二十三，福建人民出版社 2000 年版，第 587 页。

但密度不大，因此，关羽打铁应在解县城内。

概括起来，关羽出身在一个封建儒士家庭，从小勤于学习，练习武艺，成年后在解县县城冶铁、打铁为生，处于社会底层，没有显赫的家庭门第，属于自食其力的、有一定文化造诣、有较好武艺的手工业者。

娶妻之辨

《三国志》等史书中均没有关羽娶妻的记载。由于相关史料非常匮乏，必须几种资料相互印证，才能找到历史的真迹。很赞成史学家吕思勉先生关于引用分析史料的一番精辟论述："历史上的事实，所传的总不是一个外形，有时连外形都靠不住，全靠我们根据事理去推测他、考证他、解释他。"关于关羽妻子，大体有以下几种说法：

1. 《圣迹图志》中有零星记载。《圣迹图志》是清代研究关羽的学者卢湛综合史料和传说，参阅《三国演义》等，编纂的一部反映关羽生平事迹的图文集成，其中不少符合历史，也有传说的成分，里边有所谓关羽妻、子的简单交代，但没有其妻姓氏。

2. 目前见到最早的资料载于康熙戊午年（1678 年）王朱旦撰写的《帝祖墓碑记》。称关羽稍长，娶胡氏，十九岁生子关平，二十岁仗义杀豪霸。

3. 山西运城一带民间传说。关羽少年时在一位姓胡的私塾先生家里读书，名字叫胡斌或胡守约，后来娶其掌上明珠胡金婵为妻。关羽杀人后，其妻回湖村母家避难。

由此推测，关羽结发妻子叫胡金婵，有的称胡金定、胡玥。

从诸多的史料研究中可知，关羽不但有妻，而且有妾。从以下分析可证。

其一，依当时社会婚姻制度，封建士大夫有妾均属正常。

1. 诸葛亮虽然娶了黄承彦之女，另有小妾，四十七岁才有诸葛瞻。因其原配黄夫人近三十年不生育，四十余岁再生育属罕见，推测诸葛瞻为其妾所生。《诸葛亮集》载《又与李严书》称："吾受赐八十万斛，今蓄财无余，妾无副服。"[1] 可明证。

———————

[1] ［蜀汉］诸葛亮撰，［清］张澍编：《诸葛亮集》卷一《又与李严书》，中华书局 1960 年版，第 20 页。

2.《三国志·吴书·诸葛瑾传》引《吴书》载:"瑾才略虽不及弟,而德性尤纯。妻死不改娶,有所爱妾,生子不举,其笃慎皆如此。"①

3. 吴步骘代陆逊为丞相后,史书称其为"然门内妻妾服饰奢绮,颇以此见讥"。

4. 魏国夏侯尚因妾被杀而得病更是明于正史。《三国志·魏书·夏侯尚传》载,夏侯尚是夏侯渊的侄子,魏文帝曹丕与他特别亲密友善。曹操定冀州,夏侯尚为军司马;魏国初建,迁黄门侍郎;后多次参与征战。曹操死,封平陵亭侯,迁中领军。曹丕继位,被封为平陵乡侯,迁征南将军,领荆州刺史。夏侯尚有一个爱妾,很受嬖爱宠幸,其受宠程度超过了正妻。他的正妻是曹真之妹,向曹丕哭诉了这些情况。魏文帝曹丕就派人把夏侯尚的这个爱妾给绞杀了。夏侯尚因此悲痛感愤而引发大病,经常精神恍惚。爱妾已经埋葬,又不胜眷恋想念,于是又把她挖出来看看,次年,得病去世。②

5. 魏元帝曹奂在咸熙元年(264年)冬十月丁亥下的诏书中亦有"(徐)绍等所赐妾及男女家人在此者,悉听自随"。表明当时官方都把大臣有妾作为寻常事。

6.《三国志·魏书·董卓传》载,董卓凶残暴虐,率兵任意屠杀掠夺集社的百姓,"以妇女与甲兵为婢妾"。这表明普通士兵亦可靠赏赐得到妾。③

7.《三国志·魏书·臧洪传》载,臧洪在被袁绍围困时,城中无粮,"杀其爱妾以食将士"。④

8.《三国志·吴书·蒋钦传》载,荡寇将军蒋钦,身居高位却坚持节俭,他的母亲使用粗劣的帐子和浅青色的被子,妻妾都身穿布裙。孙权见到后,马上命令御府给他母亲做锦绣的被子,改换帷帐,给他的妻妾也全都换

① [晋]陈寿撰,[南朝宋]裴松之注,陈乃乾校点:《三国志·吴书·诸葛瑾传》注引《吴书》,中华书局1959年版,第235页。

② [晋]陈寿撰,[南朝宋]裴松之注,陈乃乾校点:《三国志·魏书·夏侯尚传》,中华书局1959年版,第294页。

③ [晋]陈寿撰,[南朝宋]裴松之注,陈乃乾校点:《三国志·魏书·董卓传》,中华书局1959年版,第174页。

④ [晋]陈寿撰,[南朝宋]裴松之注,陈乃乾校点:《三国志·魏书·臧洪传》,中华书局1959年版,第236页。

上锦绣的衣服。①

9.《三国志·吴书·陈武传》载，偏将军陈武，亦有妻妾。陈武卒时，权命以其爱妾殉葬。亦载，其妻生长子陈修，妾生次子陈表。陈修死后，陈表的母亲不肯侍奉陈修的母亲，陈表就对母亲说："哥哥不幸提前去世，我统理家务，应当侍奉嫡母。母亲如果能为我委屈自己，侍奉顺从嫡母的话，这应当是我最大的意愿，如果不行，只能搬出去，分开住。"陈表在大义面前如此公正，他的两个母亲都很受感动，也领会到他的心意，因而关系融洽。②

其二，当时社会风气如此。

1. 前几年在重庆綦江发现的光和四年（181年）汉末跳舞裸女石刻，可证当时社会风气侈靡。女性袒胸露乳跳舞可登大雅之堂。这一年关羽二十二岁，正亡命途中，孔明是年出生。

2.《三国志·魏书·杨阜传》载，曹洪在建安二十三年汉中争夺战中，击斩蜀将吴兰、雷铜后，"置酒大会，令女倡着罗縠之衣，蹋鼓，一座皆笑"。这是指穿着透明的纱，踏鼓点跳舞。被曹魏益州刺史杨阜责为"男女之别，国之大节，何有于广座之中，裸女人形体！虽桀、纣之乱，不甚于此"。

其三，《三国志·蜀书·关羽传》载，关羽孙子关统官至虎贲中郎将，娶了刘禅女儿为妻。死后无子，而以关羽之子关兴庶子关彝续封。表明关兴亦有妾。

据《春秋公羊传》称，"诸侯聘九女"。讲的是诸侯可以娶九个女人。在西汉"功成受封，得备八妾"。而东汉史学家蔡邕称"卿大夫一妻二妾"。

由此看来东汉末年士大夫们有妾是常有的事。诸葛瑾有妾没公开迎娶，生子不举，还被社会认为德性尤纯。以上所举几人大多地位与关羽相当，因之，关羽娶妾亦是正常逻辑。

其四，清梁章钜《三国志旁证》引《华阳国志》记载，在吕布行将破灭

---

① ［晋］陈寿撰，［南朝宋］裴松之注，陈乃乾校点：《三国志·吴书·蒋钦传》，中华书局1959年版，第1287页。

② ［晋］陈寿撰，［南朝宋］裴松之注，陈乃乾校点：《三国志·吴书·陈武传》，中华书局1959年版，第1289页。

时，"羽启公，妻无子，下城乞纳秦宜禄妻。'启公'下有'妻无子'三字，较明晰"[1]。笔者认为此关键之史料应成立。

因此可得出结论：关羽有妾。关羽以"妻无子"为由公开要求娶别的女人，虽然没娶成秦宜禄弃妇杜夫人，但表明关羽另娶别的女人，是其所要求的，因而也是可能的。明刘蓝生撰《双忠孝》杂剧中称关羽在荆州时夫人为平夫人，如果是一种传说，而非杜撰，那应是可信的，即后来关羽娶杜夫人不成而娶的妾。[2]因此根据所见到史料的底蕴推测，关羽亡命前娶妻胡金婵。因建安三年（198年）关羽三十九岁跟随曹操、刘备攻灭吕布时称"妻无子"。这可得出两个结论：一是当时其妻已到身边却无子，二是逃亡时"妻无子"，当时其妻还未到身边，是以关羽不知。但无论如何关羽逃亡时妻子未生育较接近历史。

※　　　※　　　※　　　※

关羽作为东汉末年及三国初创时期一代名将，其家世和少年时经历也丰富多彩。由于蜀汉不置史官，到陈寿采集成书时已是晋惠帝元康七年（297年），距关羽生活战斗年代已过去八十年。加之陈寿所撰《蜀书》比较简略，因之关羽某些史料奇缺。经过一千八百多年的挖掘和研究，人们开始对关羽家世及少年时经历有了粗线条了解，不少是从第二手资料中推论而来，这是关羽一生历史最大的难点和盲区。因之，在现有资料基础上，对关羽家世和少年时经历仅能勾勒一个轮廓。

---

① ［清］梁章钜撰，杨耀坤校订：《三国志旁证》卷二十三，福建人民出版社2000年版，第583页。

② 朱一玄、刘毓忱编：《三国演义资料汇编》引《曲海总目提要》卷三十四，南开大学出版社2003年版，第741页。

第二章

亡命涿郡，海角天涯

在关羽辉煌而悲壮的一生中，有几个大的转折点，干出了几件轰轰烈烈的大事，"亡命奔涿郡"是史书开宗明义第一件大事。而亡命涿郡的缘由就是打抱不平、杀豪强恶霸。

一、仗义挥剑

《三国志·蜀书·关羽传》仅说关羽"亡命奔涿郡"。为何亡命历史缺佚。在《三国演义》中亦是空白。清代《关圣帝君圣迹图志》记载相关内容较为社会认可，在《图志·诣郡陈言》中写道：

> 圣帝生而英奇，及长，臂力敌万夫，忠孝性生，读书明《易传》，尤好《左氏春秋》，以古今事为己任，及戊午生子平，次年己未，圣帝二十岁，遂谢父母曰："儿已有后，足奉祖祢，今汉室将尽！谁为扶红日照人心者！"遂诣郡陈时事，不报。[①]

接着在《图志·悯冤除豪》中写道：

> 圣帝止旅舍，闻邻人哭甚哀，叩之，乃韩守义也，遭郡豪吕熊荼

---

① ［清］黄启曙著：《关圣帝君圣迹图志》之《诣郡陈言》，国家图书馆藏，第144页。

毒，吕党连七姓，黜猾事玛，蔑职纪，圣帝眦裂发竖，命守义导致七所，悉斩刈之。①

这两段话的本意是，关羽生来体格魁伟雄壮，长大后，臂力过人敌万人，从小养成至忠至孝的性情，喜欢读《易传》，尤好《左氏春秋》，以古今事为己任，戊午年（178年）生子关平，第二年告辞父母说，他已有后，足可以继承关氏香火。现在汉朝气数将尽，正期待伸张正义、解民倒悬、重振纲纪和社稷的人。辞别父母后，关羽从宝池里到解县署衙，想见太守，陈述自己的报国志向，可是，太守拒不接见。当晚，住在县城旅舍，听到隔壁有人痛哭，叩开门一看，这人叫韩守义，他的女儿被城里恶霸吕熊强行霸占。吕熊有钱有势，与官府沆瀣一气，欺男霸女。韩守义女儿有姿色，被吕熊霸占后，老人叫天天不应，呼地地不灵，只好独自痛哭。关羽听后，怒气冲天，让韩守义带领，把吕熊及与他相勾结的七姓全部杀光了。

关羽的惊天义举，既反映出东汉末年官逼民反的社会黑暗现状，也折射出关羽为义而动、生死不惧的凛然正气，从年少时就有匡扶正义的强烈愿望，还可联想到关羽当时就具备的超凡武艺和体能。

上边的郡守看似是河东郡的长官，其实从政治和地理环境分析，关羽"陈时事"和杀豪霸不像在河东郡治地安邑，安邑距关羽家宝池里一百里，在正北方向。解县距宝池里五十里，正西方向。人们与县衙联系较多，郡府层次较高，平时与平民联系较少。传说中也是讲关羽杀豪霸发生在解县。山西运城这一传说比较普遍，由于关羽杀恶霸，才有了"亡命奔涿郡"。涿郡《汉张桓侯古井碑记》亦讲到关羽"义杀七贵，亡走范阳"，两相参照，关羽杀了七家相互勾连、横行县城的豪霸是可信的。

至于元杂剧《刘关张桃园三结义》讲关羽杀欲造反的蒲州州守臧一贵似不可信，因之不取。

有的传说，当时解县城靠近盐池，地下水是咸的，不能食用。只有几口甜水井散落在城区各处。吕熊让手下人将城里甜水井都填了，只剩他家院内

---

① ［清］黄启曙著:《关圣帝君圣迹图志》之《悯冤除豪》，国家图书馆藏，第148页。

一口。还规定凡来打水的人，只准年轻貌美的女人来，否则不许进。许多女人被他调戏霸占，韩守义女儿就是其中一个。至于因水井事，似不可信，因古解县距盐池五十余里，地下水不可能受到盐池的影响。大概是把后魏所置南解县，即解州，在民间流传中与古解县搞混了。

所讲关平事目前两种说法并存：一是从已知"妻无子"的史料看，当时不应有子；二是或其妻有孕，关羽逃亡后关平才出生。

二、父母双亡

关羽杀人后，官府追查，关氏亲族纷纷躲灾避难，远走他乡。传说迁到安邑县崇关里，后称古村。关羽父亲关毅及母亲年迈出逃不便，官府逼迫之下，双双投家井身亡。关羽得知，推墙掩井，权为安葬父母，然后出逃。

据前边资料得知，关羽祖父死后，其父在墓所守孝三年，次年关羽降生。关羽祖父关审去世时六十八岁，其父关毅当时亦应接近五十岁，四年后生关羽时大体应五十余岁，其母当在四十余岁。老年得子实属多年渴望，取名长生寄托着父辈的殷殷期盼。关羽杀恶霸时二十岁，关毅也已七十开外，相关资料讲关羽杀人后二老出逃不便，应符合史实。

现常平关帝祖祠内，有座八角七层密檐式砖塔。据塔铭载，此塔创建于东汉中平二年（185年），金大定十七年（1177年）重修。康熙二十三年（1684年）建《创塑关圣父母金身碑》，记载了关羽杀豪伯后父母投井、后人建塔的经过，其主旨是可信的。现刊录于下：

> 尝谓：本情以制礼，因义以起事。自古然也。今于康熙二十三年甲子暮春创建乐楼，重修塔亭，已告成功矣。神首盐池司巡检王闰、庠生于昌、靳毓琦、乡耆王鸣凤、张正经、宬发科、张尧、王国禹、耿运明□金相议曰：关圣于灵帝光和二年己未，愤世嫉邪，杀豪伯而出奔，圣父母显忠遂良赴金井而身亡。至中平二年甲子，里人为帝有扶汉兴刘之举，遂建塔井上。金大定十七年，又有本社王兴重加弘峻。凡往来之过客，止见其塔，不知其塔为墓者十有八九。即询知其来历者，亦不过指

塔而三叹曰：圣父母其在斯乎？圣父母其在斯乎？愚等近圣人之居，忍千百年以上之英灵，无融融泄泄之乐，千百年以下之民人，无见像作礼之诚？揆诸圣心，其能悦乎？所谓本情制礼之谓何，因义起事之谓何也？于是日之夜，张正经、宷发科梦塔亭之中有□铁人从地下分土而出，遂呼□扶置供桌之上。次日，二人言梦中之事，略无异焉。众相骇然。曰：神之显灵，昭昭如也。因而□□□心□塑金身。今盛事已毕，礼宜开光，□□恪其牲□□，敬撰祝文，其致祭于敕封应天诞祥大帝天尊、应天诞祥圣后元君之神前。曰：惟神萃条山之秀，钟鹾海之精。气严牲□，胆直肝忠。遇难发扬，淹芳腐井。不过苟全于浊世，使子尽心于刘公。至今圣子贤孙遍□□□中夏外裔瞻像荐馨。惟故里今常平井塔□旧宫，圣父母相貌无征。愚夫愚妇，起敬何从？梦昭灵爽，异地相同，□□恪恭，创塑神形。募近及远兮，二五良缘；表前彰后兮，亿万斯年。建塔成像，皆合上元，先进后进，不约同然。岂气运之适逢，抑神明之默遣。呜呼：神像兮堂堂，神灵兮洋洋。今□开光，微牲簿□。明达不昧，求护无疆。尚享！

庠生于昌男叔雄撰书

道人李义调

大清康熙二十三年甲子八月吉日立

石匠乔印昌①

关羽父母投家井自杀身亡可以说有了确切的史料。文中所涉梦中之事，当属荒诞不经。关羽出逃后，已有身孕的妻子胡金婵避难母家，现运城市盐湖区张乡东胡村、西胡村一带。也有的传说到中条山麓避难，躲过了官府追查和蒙难豪强亲眷的报复。一说关平在汝南、新野期间出生。

---

① 何秀兰等主编：《常平关帝祖祠》，山西经济出版社 2001 年版，第 32 页。

三、跨州亡命

依上边所引塔铭及《圣迹图志》载，关羽离开家乡，逃亡他乡的时间是东汉灵帝光和二年（179 年）。现学界也持此说。这一年关羽二十岁。清康熙十九年（1680 年）王朱旦所撰《汉前将军壮缪侯关圣帝君祖墓碑铭》载："稍长，娶胡氏。"几个资料互为参证推定，关羽十八岁娶妻胡氏，十九岁妻怀孕，二十岁斩杀恶霸出走。

过大庆关

关羽出走的路线如何界定，现无史可据。这里涉及两则传说：

一则讲关羽杀人后往南逃，出潼关。查《中国历史地图集》，东汉末年始设的潼关距关羽祖籍一百五十里，以每小时十五里的奔速，十小时可到潼关。不过依理推之，关羽杀人后，应与亲人告别，方才出走。官府从报案到追捕也需一天时间。传说关羽到潼关，已张贴抓捕他的图形告示，关吏问他，关羽急中生智指关为姓。从时间角度是情理之中的事。实际上关羽不可能走潼关，因为向南走，距都城洛阳更近，有一定智商的关羽不会这样选择。

二则讲关羽杀人后向西逃，过大庆关，是可信的。按照后来关羽逃往涿郡的史料，应该是过黄河后向北而行。运城一带民间较普遍传说是出大庆关。宝池里到大庆关近百里。出大庆关便是外郡，是躲避追杀的捷径。大庆关在山西蒲州境内，位于今山西省永济市蒲州镇。大庆关亦名蒲津、蒲坂、临晋关，是跨越黄河由山西到陕西的主要通道之一。

关羽逃亡过程，五年左右时间，不可能直奔涿郡。他逃亡应该以避祸为主要目的。逃亡路线大体是跨过黄河后，向北迤逦前行。根据当时地理和道路、渡口情况推定：

西过大庆关，沿黄河北行，再返回河东。此关战国魏时置于临晋城东（今陕西省大荔县东）黄河西岸，故名临晋关，汉武帝时改为蒲津关、蒲津渡，或沿用临晋关，或简称蒲关，宋大中祥符中改名大庆关。关羽过蒲津渡比较可信，不但逃出了解县，也逃出了河东郡的管辖。问题是过蒲津后再向北逃亡中的路线不明。但有一点可以肯定，其北行一定要从陕西再回到山西，才能最终到达史书所载涿郡。而陕、山之间黄河渡口有三个：一为禹门渡，距蒲津二百里，在今山西省河津市与陕西省韩城市之间；二为军渡，距蒲津六百里，在今山西吕梁地区柳林和陕西吴堡之间；三为今陕西府谷与山西保德之间渡口，也是陕、山渡过黄河的要津。距蒲津近一千里。由于东汉时陕北府谷一带荒无人烟，生存都受到影响，因此走这个渡口可能性不大。而禹门渡距河东郡府安邑又较近，约一百七十里。以理推之，应该是从军渡由陕西回到山西，然后向东进发。

东进时，关羽再向北奔逃可以排除。据《元和郡县图志》讲到忻州时载："后汉末大乱，匈奴侵边，自定襄以西尽云中、雁门之间遂空。"讲到代州、繁峙时亦载："汉末，匈奴侵边，其地荒废；汉末匈奴侵寇，旧县荒废。"①加之再往北已是匈奴出没的地方，语言不通，关羽只能继续东行。不过，后人附会的在忻州木耳村结识貂蝉不是没有可能。关羽东行时路过这一带。

貂蝉，这在近人几部史类小说中均有此说，源于元、明时期的戏曲《关大王月下斩貂蝉》。里边讲貂蝉姓任名红昌，山西忻州木耳村人。传说关羽在躲避官军追杀时，无意巧遇貂蝉，二人一见钟情，关羽没有顾儿女私情，继续前行，辗转到涿郡。后吕布被杀，曹操以一石三鸟之计，将貂蝉赏赐给桃园兄弟，企图拨弄三人关系，被关羽识破，才有月下关羽斩杀貂蝉。貂蝉是否真有其人，已无从考证。山西省社科院孟繁仁研究员考证貂蝉实有其人。

驻足卢奴

关羽在河东郡杀人遭追捕，他不在本郡立足是正常的逻辑。从陕西回到山西后，最终到达涿郡，必得跨过太行山。从河东穿越太行山进入冀州（约相当今河北省中南部、山东省西部和河南省北端）、幽州（约相当今北京市、河北省北部、山西省小部、辽宁省大部、天津市海河以北及朝鲜大同江流域）有八个通道，历史上被称为太行八陉。自南而北是：

轵关陉，今河南省济源市西，有道通垣曲、曲沃。

---

① ［唐］李吉甫撰，贺次君点校：《元和郡县图志》卷十四，中华书局 1983 年版，第 400 页。

太行陉，今河南省沁阳市与山西省晋城市之间，阔三步，长四十里，是晋东南上党盆地南出的主要通道。

白陉，又名孟门，在河南省辉县市西，晋东南之间的孔道。

滏口陉，在今河北省磁县西北石鼓山口，因为是滏阳河上游，故称。

井陉，又名土门口，在今河北省石家庄市鹿泉区西南十里，四面高，中央低下似井，故名之。

飞狐陉，一名望都关，在今河北省涞源县西北，崖壁夹之，一线微通，蜿蜒百里，是古代河北平原与雁北地区的交通孔道。

蒲阴陉，即今河北省易县西北紫荆关。

军都陉，即今南口，居庸关，是从桑干河上游大同、阳高盆地东出的要道。①

《元和郡县图志》解释说，连山中断曰陉。其卷十六《河北道怀州条》亦记此八陉。在太行山东麓，几个古代重要城市也都是在太行八陉的谷口外发育形成的。例如，邺城（包括后来的安阳）、邯郸、真定、定州、易州、幽州，每个城市的兴起都与太行八陉不无关系。

关羽自军渡过黄河迤逦东行，不可能穿越无人区过蒲阴陉及以北地域，只能沿无人区边缘过飞狐陉或走井陉。而且走飞狐陉可能性较大，因为他第一站到的是卢奴高就里（今定州市高就村）。卢奴就是在飞狐陉的关口外发育的城邑。

卢奴驻足。史书载，关羽亡命奔涿郡，是否目的地就是涿郡？从目前掌握的史料看，不是这样的。他的目标是中山国，因为中山国远比涿郡知名。关羽从河东郡穿过太行山，到达卢奴大体有三条线路：其一，过井陉县，穿过蒲吾县达卢奴城的高就里；其二，穿越飞狐陉，过唐县倒马关，直抵高就；其三，穿龙泉关，过阜平、曲阳，到卢奴高就。今高就村位于定州市东北五十里，是其到太行山东的第一个落脚处。

另有一说，关羽从陕西到山西后，经井陉到阳泉。阳泉期间住在青龙镇偃月村，从事打铁，打造了青龙偃月刀，后奔向卢奴。

---

① 李孝聪著：《中国区域历史地理》，北京大学出版社 2004 年版，第 61 页。

据《定州揽胜》载，东汉末，卢奴城东北一带，连年荒灾。百姓缺衣少食，度日如年。一天，有位红脸大汉到这里买卖红粮，和气公道，见了同辈称兄道弟，见了长者称大伯不止。凡买粮的能给钱他就收下，暂没钱的就赊着。有一次，一位老大娘饥寒交迫，关羽就不收钱。大娘问他，才知是河东解良人，姓关名羽字云长。大娘逢人便夸儒雅英俊的青年关羽，并让他住到自己家中。关羽白天去街上卖粮，晚上回来住宿，后来关羽就领兵打仗去了。

关羽死后，高就里父老乡亲怀念他，在里东南角修了一座关公庙。由于人们很迷信，自那片修了关公庙，那片就安宁了。于是在里西南角、东北角、西北角，共修了四座关公庙。西北角的关公庙六丈高，雄伟壮观，距村五六里地也能看到。这段传说与关羽性格及当时所处背景完全吻合。

由此可总结出，关羽逃亡后期，不再隐姓埋名。其奔逃路线应该是：解县—宝池里—蒲津渡—军渡—忻州—飞狐陉—唐县—望都—卢奴高就—范阳（今保定市定兴县固城镇）—涿县。

关羽五年逃亡中，颠沛流离，备受艰辛，经受了磨炼和考验。正所谓"天将降大任于斯人也，必先苦其心志，劳其筋骨，饿其体肤。空乏其身，行拂乱其所为，所以动心忍性，增益其所不能"。五年的风风雨雨对关羽性情及体魄是一个锤炼，为日后冲锋陷阵的军旅生涯打下了基础。

四、相逢涿郡

大凡英雄人物都经历过非凡的磨难，有着非同寻常的阅历。考诸史传，被誉为东汉末三雄的刘、关、张是如何认识的，机缘是什么？是不是刘备聚集人马时投奔而去？

元杂剧《刘关张桃园三结义》称，张飞在涿县范阳（此范阳是历史变迁后移至涿县，今涿州市松林店镇忠义店村）家乡，卖肉为生，操刀屠户。一日，张飞欲去探亲，把割肉刀压于千斤石下，与肉店伙计交代，有人来买肉，如能取出石下之刀，所割肉不要钱。恰巧一天关羽路过，搬起石头取出刀，割了肉，放下钱扬长而去。张飞回来听说后，便寻找到关羽，二人结为兄弟，又在涿县大街的酒店里与刘备相识，一来二往，遂结桃园之盟。

小说、杂剧不能作为佐证史料的依据，不过，对于在传说基础上整理的稗史类剧目、说部，应善于挖掘其中史料的精华。

张飞（164—221），字益德，涿郡西乡县桃庄人。裴松之注引《敬哀别传》云："飞之仪容，身长八尺，豹头环眼，燕颔虎须；渊之仪容，虎体蕴臂，彪腹狼腰，俱一时悍勇之士。"现涿州市桃园办事处忠义店人。各种稗史资料称，张飞少年时以杀猪卖肉为业。

刘备（161—223），字玄德，涿郡涿县人。身长七尺五寸，垂手过膝，顾自见其耳。平时寡言少语，善于低调处事，喜怒不露声色。汉景帝子中山靖王刘胜之后。刘胜的第五子刘贞（前141—前77年）字荣，号正成，生于汉景帝后元三年，汉武帝刘彻元朔二年（前127年），十五岁的刘贞被封为陆成侯，汉武帝元鼎五年（前112年）八月，因献酎金成色不足而被削去爵位，当时的陆成转属涿郡管辖，便在那里安了家。刘备的祖父刘雄、父亲刘弘，均在州郡做官。刘雄被举孝廉，官至东郡范县县令。刘备早年丧父，与母亲靠贩草鞋和织席为生。

一龙二虎

刘、关、张三人相识相交发端，最令人信服的还是一龙分二虎。最早见于清康熙三十九年（1700年）涿州知州佟国翼的《汉张桓侯古井碑记》。兹录于下：

> 张桓侯，勇敌万人，义昭千古。其行事见诸史传者尚矣，然轶事亦有足多者，可弗表而彰之乎！侯之故里，旧有井，俗传侯未遇时，屠贩为业，夏日售肉未尽，即置诸井，覆以千斤巨础，号于众曰："有能启之者，听取肉弗靳！"其时，壮缪关公义杀七贵，亡走范阳，遇是井，闻而揭石取肉。侯诧异，辄与角力。适昭烈帝见而壮之，遂有兄弟之盟，旋定君臣之分。嗟乎！一井不足异，为三公云龙风虎之会，恩连义结之阶，岂偶然哉？虽其事传于闾巷，而志乘无征，然刘关张三公为万世人物之表。无论荐绅先生与夫庸夫隶卒，莫不乐道其生平。矧其遗迹与传闻俱不越于其乡亲，切著名久而不泯。安可听而弗信，信而弗为之

表彰乎？余幸守侯之乡，凭吊往古，见是井于车尘马迹间，碑铭弗著。彼悠悠行路，孰从而知千百年有此一段因缘，为之咨嗟叹赏，留连不去耶？因亟勒所闻于贞石，以告四方之来游者，庶几闻所未闻，与史传所载并为抵掌乐道于勿衰也。是为记。

时大清康熙三十九年岁次庚辰仲春谷旦。

涿州知州佟国翼撰文

儒学廪膳生员董秉衡敬书 ①

张飞家的悬肉之井成为刘、关、张相识相交这段亘古奇缘的媒介。

佟国翼是清初康熙年间涿州知州，其参阅本地传说，撰成此文凭吊往古应是可信的。

一百年后梁章钜的《归田琐记》转引《关西故事》亦记有其事，两者相互印证，就提高了史料的可信程度：

> 关羽东行至涿州，张翼德在州卖肉，其卖止于午，午后即将所存肉下悬井中，举五百斤大石掩其上，曰："能举此石者，与之肉。"公适至，举石轻如弹丸，携肉而行。张追及，与之角，力相敌，莫能解，而刘玄德卖草履至，从而御止。三人共谈，意气相投，遂结桃园之盟。②

与梁章钜同时的褚人获《坚瓠集》秘集卷三所引《关西故事》，与以上大体相同。

这个故事没有被罗贯中采纳，盖罗老先生未到涿县搜集史料。《三国演义》写三人相聚是在黄巾起义后，涿郡贴出征兵告示，在告示下，三人相识。看来罗贯中使用素材十分谨慎，也验证了著名学者胡适在考证《三国演义》时指出的："《三国演义》拘守历史的故事太严，而想象力太少，创造力太薄弱。"

不过有一个细节《三国演义》与传说有相似之处。关羽在家乡杀豪强，

---

① 杨少山主编：《涿郡碑铭墓志》，河北教育出版社1991年版，第103页。

② 朱一玄、刘毓忱编：《三国演义资料汇编》，南开大学出版社2003年版，第603页。

为躲避官府追杀，流落江湖，远走他乡，辗转到卢奴、涿郡。如何生存是面临的第一生活课题。有的传说关羽贩马为生。作为关羽第二故乡的保定所有传说都是一致的：关羽以贩枭粮为生，做买卖粮食的生意。

《三国演义》对关羽出场的描写透露出这一信息：见一大汉推一辆小车，到门外放下车子，入来饮酒，坐在桑木凳上，唤酒保："即酾酒来，我待赶入城去充军，怕迟了。"从关羽推小车这一具体细节，可以看出罗贯中在选取史料中，亦显露出关羽贩粮的背景。

张飞之井

与《汉张桓侯古井碑记》和《关西故事》惊人相似的是我国北方，特别在涿州，一龙分二虎，三人始成交，广为流传。

古涿郡距笔者家乡不远，少年时就听说张飞在家乡涿县张飞店，现叫忠义店，东汉时叫桃庄，开肉铺。桃庄在东汉时位于通往涿郡的驿道西侧，张飞每天把没卖完的肉系于本宅一眼井内，上压千斤巨石，常人搬不动，张飞在门口挂一个牌子，上面写着："单手提此石，割肉你白吃。"一天，关羽贩枭粮推一小车绿豆从此路过，见到牌子就放下车，左手搬起千斤石，右手一提就把半扇猪肉拿走了。张飞回家听说后，便向北追赶红脸大汉。两刻过后，在涿郡城南的粮食集见到关羽正卖绿豆，不由分说，左手一抓，右手一抓，绿豆在手里便碾成碎面。关羽见状，也不示弱，也左手右手抓绿豆，也碾成碎面。话不投机，二人便动起手来，两虎相争，无人能拦。恰巧刘备推一车草鞋经过此处，一手拽一人，中止了打斗，二人都很佩服刘备的力气，遂相识。

这则故事有一定科学道理：刘备有武勇，关、张力虽大，刘备在中间，可使二人力量相互抵消。可以看出当时刘备的武勇在关、张之上。因为刘备的高师是卢植，关、张师父只能是乡里武教头。关羽掀动千斤石亦有一定科学性，这就是杠杆原理。井口突出地面，石头掀动时，任何受力方都可以成为支点。当然有一定体能和爆发力是前提。

有人揣测关、张之手焉能抓碎绿豆？属电视剧编剧臆想，其实不然。笔者早年在家乡就听说此故事。可能有夸张，但关、张之手绝对是金刚铁手，熊虎将的爆发力是常人无法想象的。

从稗史资料中可知，关羽贩粮住在卢奴高就里，他经常跨越两个州郡，跋涉三百里，去做粮食生意，后追随刘备，又驻足涿县。

前几年去涿州市忠义店考察张飞悬肉之井，一盘形古石，中间圆洞，内直径约二尺半，与井同粗细，压于井口，内圆周处有数十个深浅不一的沟渠，至今历历在目。最深处多半寸，应为一千八百多年前张飞用绳索吊猪肉磨出的痕迹。井石四周还有后人雕刻的人物、异兽图形。

为纪念三雄相识这一千古奇事，后人在涿县粮食集北胡同里修了座三义庙。明朝王士昌还为三义庙题诗，赞颂刘、关、张伟大的人格魅力：

> 遗像丹青蚀，英名过客闻。
> 中原曾百战，大业竟三分。
> 旗影摇山月，炉烟结水云。
> 恰逢村社近，盲鼓说遗文。[①]

刘备、关羽、张飞走到一起，干出了重整乾坤、鼎足三分、轰轰烈烈的大事。

五、千古一拜

《三国演义》可谓处处蕴惊人妙笔，页页藏电闪雷鸣，卷卷设疆场厮杀，全书融斗智斗勇。清朝学者称其为"七分史实，三分小说"有一定道理。"桃园结义"是《三国演义》开篇之作，世人多从文学角度去认识，实际上《三国演义》的这一情节，写得比较接近历史真实。

刘、关、张千古一拜，影响了东汉末年的政治大势，也影响了中华民族几千年的社会生活。人们喜欢刘、关、张为天地正气不计生死的人格，为义视金钱为无物的品德。

---

① 朱一玄、刘毓忱编：《三国演义资料汇编》，南开大学出版社 2003 年版，第 521 页。

历史真实性

桃园结盟在中国可谓妇孺皆知，明清大多论者对是否史有其事，答案似是而非，令人费解。从现存史料的连缀看，答案是非常明确的。

先讲盟誓这种古老形式。作为中国民俗文化的一个特点，早已有之。东汉末年，阶级矛盾日益激烈，官逼民反，民不得不反。农民通过起义、暴动，维护自己生存权和利益是一种必然。盟誓作为维系人心共同努力抵御外界压力侵扰的手段，在社会上广为运用。比如：初平元年正月，董卓弑杀皇帝，谋图危害社稷，关东诸侯群起讨董卓。三月，在酸枣（今河南省延津县西南）设立坛场，举行结盟仪式，"各州郡互相推让，莫有肯先者"。大家推荐广陵功曹臧洪带领宣誓。《后汉书·臧洪传》载：

> 洪乃摄衣升坛，操血而盟曰："汉室不幸，皇纲失统，贼臣董卓，乘衅纵害，祸加至尊，毒流百姓。大惧沦丧社稷，翦覆四海。兖州刺史岱、豫州刺史胄、陈留太守邈、东郡太守瑁、广陵太守超等，纠合义兵，并赴国难。凡我同盟，齐心一力，以致臣节，陨首丧元，必无二心。有渝此盟，俾坠其命，无克遗育。皇天后土，祖宗明灵，实皆鉴之。"[1]

此外《三国志》一书讲到结盟所涉较多。比如，《三国志·吴书·韩当传》注引韦曜《吴书》载：韩当子韩综叛吴投魏前，"尽呼亲戚姑姊，悉以嫁将吏，所幸婢妾，皆赐与亲近，杀牛饮酒歃血，与共盟誓"。《三国志·蜀书·陈震传》亦载："孙权与震升坛歃盟，交分天下。"

甚至有的皇帝也参与盟誓。《后汉书·宦者列传》载："帝咬超臂出血为盟。"为铲除专权的梁冀，汉桓帝将宦官单超的手臂咬破出血，作为盟誓。不过，皇帝参与的盟誓可能特殊一些。其他盟誓，一般都要进行歃血。《三国志·魏书·臧洪传》则称臧洪"升坛持盘歃血而盟"。

在记述不同民俗的不同结盟形式时，田艺蘅《留青日札》引《淮南子》

---

① ［南朝宋］范晔撰：《后汉书·臧洪传》卷五十八，中华书局 2007 年版，第 556 页。

载:"胡人弹骨,越人契臂,中国歃盟,所由各异,其于信一也。"这里中国指中原地区汉民族。歃血盟在春秋时就有,仪式上混杂彼此血而饮,以示结为兄弟。到汉时则借灵异神物如雄鸡、白马等之血滴于酒内,各自吞服以示血亲。史料没讲刘、关、张歃血事。不过依三人性情,结盟歃血是必然的。

对刘、关、张结盟,《三国志·蜀书·关羽传》记载可透出其信息:"先主与二人寝则同床,恩若兄弟。而稠人广坐,侍立终日,随先主周旋,不避艰险。"这里既表明了刘备与关、张的君臣、主仆之别,又写出了三人兄弟之谊。而《三国志·蜀书·张飞传》则进一步写道:"羽年长数岁,飞兄事之。"由关、张的兄弟情,到刘、关、张恩若兄弟,可看出三人的结盟关系。

当然,称兄道弟不一定结过盟。当时社会活动中,称兄道弟者不少。比如刘备年十五去游学,与同宗刘德然、辽西公孙瓒俱师事原九江太守同郡的卢植。《三国志·蜀书·先生传》载:"而瓒深与先主相友,瓒年长,先主以兄事之。"[1] 虽然刘备把公孙瓒作为兄长对待,但他们没有盟誓,因此在政治上就不是一以贯之。在高唐县令职上,刘、关、张被黄巾军击破,他们便投靠了公孙瓒。而在支援陶谦时,陶谦给刘备丹阳兵四千,结果刘、关、张便脱离了公孙瓒和田楷,投靠了陶谦。

刘、关、张三人则不然,他们盟誓有史可据,而且始终不离不弃。《三国志·蜀书·关羽传》载,当张辽劝关羽久留曹营时,关羽说:"吾极知曹公待我厚,然吾受刘将军厚恩,誓以共死,不可背之。"[2] 这里的"誓以共死"已经明确表达为刘、关、张三人的的确确盟过誓,并有过共死,即同年同月同日死的誓言。关羽败亡后,张飞急于为关羽报仇的超常举动,刘备兴兵伐吴的重大举动都可以看出君臣契合、兄弟情深的盛情,以及不负誓言的义气。

刘、关、张不但是兄弟情,手足义,盟过誓,而且有共同的理想和抱负,三人犹如一个整体。刘备为汉中王后,派费诗拜关羽为前将军,假节

① [晋]陈寿撰,[南朝宋]裴松之注,陈乃乾校点:《三国志·蜀书·先主传》,中华书局1959年版,第871页。

② [晋]陈寿撰,[南朝宋]裴松之注,陈乃乾校点:《三国志·蜀书·关羽传》,中华书局1959年版,第940页。

钺。关羽听说黄忠为后将军，大怒说："大丈夫终不与老兵同列。"[①]不肯受拜。这里的举动显然已超出君臣关系，说明关羽的英烈之气，也表明刘备、关羽不同的人际关系。费诗劝解说："……且王与君侯，譬犹一体，同休等戚，祸福共之，愚为君侯，不宜计官号之高下，爵禄之多少为意也。……"[②]费诗与关羽同朝为官，当时人议当时事都认为刘备、关羽"譬犹一体，同休等戚，祸福共之"，可见，刘备、关羽、张飞三人不但盟过誓，而且是誓言的忠实践诺者。

从史料中可以透视出，刘、关、张的盟誓高于一般的盟誓，包含三层含义：一是目标。匡扶汉室，忠于朝廷，成就一番霸业。二是誓言。同休共戚，即不求同年同月同日生，但求同年同月同日死。三是分尊卑，讲情义。关、张二人均尊崇刘备带头，心甘情愿做他的左右手，为之御侮；而刘备则把他们看成亲人。

关羽为了结盟誓言，千回百折，千辛万苦，甚至抛头颅，洒热血，义无反顾。清学者陈省评价说："桃园一誓坚金石，却辽数语凛冰霜。"且三人之亲密，名闻敌国。魏重要谋臣刘晔曾说："且关羽与备，义为君臣，恩若父子。"[③]不结盟，焉能如此？

历史证明，为实现盟约，一以贯之，恩若兄弟，乃至父子的，在东汉末年，唯有刘、关、张。即便在中华民族历史上刘、关、张三人忍辱负重、情深谊长的特殊关系，也是一个耀眼的亮点。

我们还可以从三国三方特点来比较。曹操起家靠的是祖、父的余威，起步早，善权术，凝聚人才，成就一番事业。孙权一方也是靠父、兄打下的基础，善驭将，宏才大略，成就一番事业。唯独刘备一介布衣，既没有地位，也没有基础，完全靠结盟这种形式，即靠自己人格高尚，靠关、张的义勇。特别是三人的精诚团结，矢志不渝，成就了霸业。刘备与关、张结盟既是刘备招揽人才的手段，也是三人政治追求以及秉性相通使然。

---

①② ［晋］陈寿撰，［南朝宋］裴松之注，陈乃乾校点：《三国志·蜀书·费诗传》，中华书局1959年版，第1015页。

③ ［晋］陈寿撰，［南朝宋］裴松之注，陈乃乾校点：《三国志·魏书·刘晔传》，中华书局1959年版，第446页。

结盟地点、时间

《三国演义》记载，刘、关、张在张飞家的庄后桃园，宰白马祭天，杀乌牛祭地，兄弟三人结生死之交。考三人结盟具体地点，与演义讲大略相同，在今涿州市松林店镇楼桑庙村三义宫。这里北距东汉时涿郡之涿县十里，西距张飞故里桃庄三里，东距刘备故里楼桑里八里。

三义宫始建于唐乾宁四年（897 年），原名"三义庙"，又称"汉昭烈庙"，明正德三年（1508 年）易庙为宫。明光禄大夫、吏部尚书、国史总裁焦芳撰《重修三义宫碑》载：

> 涿之楼桑故有三义庙，祀汉昭烈皇帝，而以臣关穆侯羽、张桓侯飞配。侯为涿人，穆侯虽产解，而誓共死之盟，实始于此，此故祀昭烈之所有同，而况兹土乎！[1]

三义庙专为纪念刘、关、张桃园结盟而建。正是"且有结义之园，斯有三义之庙"。依《三国志·蜀书·先主传》载，"灵帝末，黄巾起，州郡各举义兵。先主率其属从校尉邹靖讨黄巾贼有功"。可知，刘、关、张结盟在黄巾起义前。关羽出逃在灵帝光和二年（179 年），于灵帝光和六年（183 年）到涿郡，流亡五年时间。

另史料亦可佐证。《三国志·蜀书·先生传》载："（刘备）好交结豪侠，年少争附之。中山大商张世平、苏双等赀累千金，贩马周旋于涿郡，见而异之，乃多与之金财。先主由是得用合徒众。灵帝末，黄巾起，州郡各举义兵……"从行文看，交代完"年少争附之""得用合徒众"才交代黄巾起义一事。而《三国志·蜀书·关羽传》则称："先主于乡里合徒众，而羽与张飞为之御侮。"综合以上两处引文可知：（1）刘备交结豪侠主要指的是关羽、张飞；（2）刘、关、张相识是在刘备"合徒众"前，即在黄巾起义前夕；（3）黄巾起义在光和七年（184 年）二月，三人结盟在黄巾起义前，推定应为光和六年（183 年）。

---

① 杨少山主编：《涿郡碑铭墓志》，河北教育出版社 1991 年版，第 61 页。

清代学者周广业对三人结盟时间的研究符合历史："又御侮在前，讨贼在后，则灵帝光和之末，正风云会合之初乎？"这句话的本意是，三人相识结盟及关张为刘备御侮在前，参加围剿黄巾军在后。而《三国演义》讲三人结盟在黄巾起义后肯定违背了历史。

现涿州一带民间传说农历三月二十三，在三义宫原址一片桃园中三人结拜。现存结拜石，长二米多，宽一米，厚约半尺。整块巨石浑然天成，古朴壮观，表面平坦，颜色洁白莹润，推测为后人纪念这一千古奇观放置。每年农历三月二十三为楼桑庙会，唱大戏，举行祭祀活动，一千多年来经久不衰。2012 年，中国社科院胡小伟组织关公足迹七省行启动仪式在三义宫举行，由修正药业捐款修建了"结义亭"。

三人结盟的实质，是在乱世中干一番大事业。当时黄巾起义即将爆发，东汉政权风雨飘摇，刘备胸怀大志，三人意气相投，志向相同，志在匡扶社稷。选在张飞庄外三里之桃园，应是半秘密的地方进行。这一拜，奠定了刘备的帝业五十年基础，也是刘、关、张三人为之共同奋斗的事业。从刘、关、张发迹，讨伐农民起义起步，到颠沛流离，屡战屡败，不屈不挠，渐次峥嵘，以至事业有成，他们把义和事业联结在一起，始终不离不弃。义者，谊也。为义可舍弃生命和事业，也是后人敬仰的一个重要原因。

关于刘、关、张结盟的地点，有的文章认为是在今涿州县城的南大街水门沟旁，理由是这里也建过三义庙，实际是张冠李戴，把一龙分二虎之地与结盟之地混为一谈了。

质疑称兄道弟

在对结盟评价、探源中，不少人完全从年龄数字角度揣度谁是大哥，这是一个误解。三人结盟，应是先确定身份，共图大事，必然有人牵头为主。分主次、尊卑是结盟的重要内容。刘备的特殊身份，中山大商张、苏二人的赞助，卢植的门生，论文化、阅历、武艺、权谋，刘备都当仁不让。关、张二人当时仅有体魄，其武艺应稍逊一筹。关羽投曹操时与张辽的对话讲："吾受刘将军厚恩。"所谓厚恩，不仅是刘备刚让关羽担任下邳太守，更主要是关羽亡命涿郡、颠沛流离、惊魂初定之后，刘备在精神、物质各方面使他得到解脱并产生巨大反差而终生难忘。《三国志·蜀书·先主传》载:"年少者争附之。"按现在掌握的资料,当时刘备二十四岁,关羽二十五岁,张飞十九岁,而《三国演义》讲结义时刘备二十八岁,与史不符。

刘、关、张如称兄道弟,史料应明确记载。

胡小伟先生所著《关公信仰研究系列》记载了若干"约为兄弟"的历史事件。(1)《资治通鉴·周纪三·赧王十六年》(前299年):"秦人伐楚,取八城。秦王遗楚王书曰:'始寡人与王约为兄弟,盟于黄棘,太子入质,至欢也'。"(2)《史记·项羽本纪》载:"汉王曰'吾与项羽俱北面受命怀王,约为兄弟;吾翁即若翁。必欲烹而翁,幸分我一杯羹'。"(3)《史记·匈奴列传》载:"汉与匈奴约为兄弟,所以遗单于甚厚。倍约离兄弟之亲者,常在匈奴。"(4)《晋书·刘琨传》载:"琨由是率众赴之,从飞狐入蓟。匹磾见之,甚相崇重,与琨结婚,约为兄弟。"(5)《魏书·天穆传》载:"穆箔奉使慰劳诸军。路出秀容,尔朱荣见其法令齐整,有将令气,深相结托,约为兄弟。"[1]

另《三国志·蜀书·马超传》注引《典略》亦载,"会三辅乱,不复东来,而(马腾)与镇西将军韩遂结为异姓兄弟,始甚相亲,后转以部曲相侵入,更为仇敌"[2]。

从以上几例可证:

(1)凡有兄弟关系之盟友,史书皆明确记载。

(2)凡称兄弟的,一般为政治对手化干戈为玉帛后的政治行为。

《三国志》一书中所载结盟比比皆是,各种结盟无不是以实现各自政治目标为宗旨,而不是以称兄道弟为目的。从讨伐董卓的结盟,到曹仁、满宠抵御关羽进攻樊城的盟誓,以及张纯、张举与乌桓统帅的盟誓,还有汉桓帝与宦官们的盟誓,以及其他各种结盟,史料很少记载称兄道弟。即便记载,也讲得非常明确,如马腾与韩遂结为异姓兄弟。推测刘、关、张的结盟不会称兄道弟。史料中称张飞兄事关羽,也没有史料见证二人兄弟相称。

---

① 胡小伟著:《关公信仰研究系列·超凡入圣》,科华图书出版公司2005年版,第133页。

② [晋]陈寿撰,[南朝宋]裴松之注,陈乃乾校点:《三国志·蜀书·马超传》,中华书局1959年版,第945页。

从另一个角度理解，刘备为实现自己的政治抱负，使关羽、张飞这对熊虎将为自己效力，除了结拜、盟誓外，还采取了一系列措施。在情感方面，寝则同床。在物质利益方面倍加青睐。刘备攻克成都坐上汉中王宝座后，给诸葛亮、法正、张飞、关羽赠送丰厚礼物。平时则通过潜移默化进行思想灌输，比如张飞被帐下将刺杀前，刘备曾提醒他："卿刑杀既过差，又日鞭挝健儿，而令在左右，此取祸之道也。"在关羽降曹后给曹操的第一封信中也可看出刘备平时的说教。关羽写道："刘豫州有言，尉佗秦之小吏尔，犹独立不诡，羽哑哑飞鸣，翔而后集，宁甘志终小人下也。"尉佗，名赵佗，真定（今河北省正定县）人，秦时为南海郡龙川县（今广东省龙川县）县令，后任南海郡尉，所以人们也称其为尉佗。尉佗借汉朝初立之际，自立为南越武帝。汉文帝召见并赏赐赵佗在真定的兄弟，以德报之，佗遂去帝号，向汉称臣。关羽本意是在臣汉这个大原则下，不能不如尉佗。刘备用历史故事熏陶关、张，用一整套道德规范在精神上影响关、张为政治目标服务。

刘备也确实是人中之龙，在中国历史数百位帝王中，唯此一人与部下真正同生死、共患难。金代王庭筠《涿州重修汉昭烈帝庙碑》载："先主，仁人也。当阳之役，不以身而以民；永安之命，不以家而以贤。"[1] 这里举的两个例子：一是刘备寄寓荆州后期，受到曹操攻击，向南逃时，宁愿与跟随的十万名百姓同休共戚，也不愿意自己逃生，表明了刘备的宽广胸襟和以民为本的思想；二是刘备在白帝城托孤时，对孔明讲："君才十倍曹丕，定能安国，终成大事。若嗣子可辅，辅之；若其不才，君可自取。"[2] 历史学家们高度评价刘备，称其为"举国托孤诸葛亮，而心神无二，诚君臣之至公，古今之盛轨也。"历史上的帝王们能有如此恢宏气度的也许有，但讲出这样话来的没有第二人。

由此看来，《三国演义》的某些部分不但接近历史，而且比历史还详细。当然，作为讲史的小说，肯定有艺术上的再创作，但不会像今人历史题材文学作品的大量杜撰。应该讲，演义在遵从历史真实中，有史料不全，局限性

---

① 杨少山主编：《涿郡碑铭墓志》，河北教育出版社1991年版，第19页。

② ［晋］陈寿撰，［南朝宋］裴松之注，陈乃乾校点：《三国志·蜀书·诸葛亮传》，中华书局1959年版，第918页。

的张冠李戴，亦有为表现某人物褒贬的艺术夸张，有作者和千百年流传故事的思想爱憎寄托。

我们不能用现代小说的定义去套罗贯中《三国志通俗演义》。准确地讲，《三国志通俗演义》是三国史料加传说、传奇的故事汇集。《三国演义》通行本是毛宗岗父子的改定本，其原本《三国志传》及《三国志通俗演义》中容纳了大量现存正史没有的非常珍贵的史料，它所蕴藏的历史价值，不过还没有科学剔除和分析出来罢了。

※   ※   ※   ※

从历史的角度讲，刘、关、张三雄相识，是改变历史的大事。没有三人结盟，便没有三国。关羽亡命到涿郡，使山西、河北两地平民组成了一个特殊的政治集团。

刘备集团的一个显著特点，不仅仅是在东汉末年靠智勇谋得了一块地盘，后人肯定的更是其精神。正如清涿州知州佟国翼评价的："刘、关、张三公为万世人物之表。"他们把信义看成神圣的东西去遵守，为了一句誓言、一个承诺，掷地有声，至死不渝，成为我国千百年来称颂的楷模。

第三章

步入军旅，初露锋芒

东汉末年，朝政腐败，天灾、战乱接踵而来，农民暴动此起彼伏，全国像一堆干柴，一遇时机，就会燃起熊熊烈火。灵帝光和七年（184年）二月，声势浩大的黄巾起义爆发。农民们焚烧官府，占据州郡，劫掠财物，擒杀贪官。一时间，天下响应，京师震动。农民的暴动和起义极大地动摇了东汉王朝的统治，对皇亲国戚的利益构成直接威胁。朝廷上下，惶惶不可终日，立即组织了反扑和镇压。汉灵帝一方面大赦党人，一方面征集和调度力量，遣北中郎将卢植讨张角，左中郎将皇甫嵩、右中郎将朱俊讨颍川黄巾。在这场社会大动荡、大组合中，不同立场的人都可能席卷进来。有的乘机造反，混入起义队伍，或假冒起义军，抢夺利益；有的豪强地方武装称霸一方；有的则从传统心态出发，投入围剿起义军的行列，维护朝廷统治，图个名标史册。刘备、关羽、张飞属于最后一种。

一、南征北讨

关羽一生追随的刘备，以"英雄""雄杰"为当时的政治家们所看重。《三国演义》讲刘备是汉献帝皇叔，有违史实。经与《后汉书》等典籍核查，如果《三国志通俗演义》卷四之第九节所排刘备家谱可信，刘备是汉景帝第十八代玄孙，汉献帝实是景帝第十三代玄孙，汉献帝比刘备高五代，不过刘备为帝室之胄则是史实。在中山国大商人张世平、苏双的赞助下，刘备很快组织起一支小队伍。关羽、张飞担任侍卫，为之御侮。《三国志·蜀书·先主传》载刘备出身道：

> 先主少孤，与母贩履织席为业。舍东南角篱上有桑树生高五丈余，遥望见童童如小车盖，往来者皆怪此树非凡，或谓当出贵人。先主少时与宗中诸小儿于树下戏，言："吾必当乘此羽葆盖车。"叔父子敬谓曰："汝勿妄语，灭吾门也。"年十五，母使行学，与同宗刘德然、辽西公孙瓒俱事故九江太守同郡卢植。德然父元起常资给先主，与德然等。元起妻曰："各自一家，何能常尔邪？"起曰："吾宗中有此儿，非常人也。"而瓒深与先主相交。瓒年长，先主以兄事之。先主不甚乐读书，喜狗马、音乐、美衣服。身长七尺五寸，垂手下膝，顾自见其耳。少语言，善下人，喜怒不形于色。好交结豪侠，年少争附之。[①]

刘备作为中山靖王之后，虽然其远祖坐酎金失侯，但因其祖父刘雄任过东郡范县（东郡隶属于兖州刺史部，范县故治在今山东梁山西北二十里）县令，其父刘弘也在州郡做过小官。即便"贩履织席"，经济状况和一般家庭还是不同。设想，刘备家庭如果穷困潦倒，他就不可能如史书所记喜狗马、音乐、美衣服。刘备的社会关系和家庭背景决定了他政治视野开阔，少有大志。而关羽、张飞则不同，他们是社会最底层农商人家出身，关羽又是戴罪之身，张飞年少，决定了二人必然依附于刘备。

刘备集团起于草莽，而且刘、关、张三人都是独生子女，任何史料没有三人兄弟姊妹的记载和传说。且在魏、蜀、吴三方中，曹操营垒中同族战将、孙权营垒中同族战将是事业的重要支撑，唯独刘备、关羽、张飞没有本家族子弟，也是一大怪事。由于起点低，很长一段时间，刘、关、张没有多少政治地位和影响。推测刘备合徒众时队伍也就是几十人，中间不分层次，统属刘备。因此关羽追随刘备初创时亦仅是冲锋陷阵的一般武夫。

《三国志·蜀书·先主传》称："灵帝末，黄巾起，州郡各举义兵，先主

---

① ［晋］陈寿撰，［南朝宋］裴松之注，陈乃乾校点：《三国志·蜀书·先主传》，中华书局1959年版，第871页。

率其属从校尉邹靖讨黄巾贼有功。"[1] 对于邹靖，史料不详。据汉末文学家、建安七子之一的王粲记载："公孙瓒与破虏校尉邹靖俱追胡，靖为所围。瓒回师奔救，胡即破散，解靖之围。乘胜穷追，日入之后，把炬逐北。"[2] 这是指担任涿县县令的公孙瓒与邹靖共同与乌桓作战。由此看来，邹靖身份可能是两种情况之一：一是幽州武官；二是朝廷直接派遣任命的抵抗乌桓的高级军官。不但刘备等受其领导，公孙瓒也受其领导。汉朝历史上凡对少数民族作战，多由朝廷直接派遣或任命高级将领，如护乌桓校尉、护羌校尉。盖当时乌桓经常反叛，才设置了破虏校尉，专职讨伐乌桓。而且后一种身份可能性较大。有些论者认为郡不设校尉，仅设都尉，因校尉属于高级军官，有一定道理。按照正常的设置，将军下边才是校尉。东汉末年，州郡官职多次变动，大体是州设校尉，国设中尉，郡设都尉。例如，《英雄记》载：刘焉打算称帝，趁征西将军马腾反，就与长子刘范密谋，找马腾联合，欲引兵偷袭长安，结果刘范泄露了机密。"从长安亡之马腾营，从焉求兵。焉使校尉孙肇将兵往助之，败于长安。"[3] 看来校尉一职不但幽州有，益州也有。

有些资料讲刘备、关羽、张飞起事时投在公孙瓒帐下，似不确。依时间讲，从公元177年到185年8月，公孙瓒在辽东属国长史、涿县县令任上，主要是与鲜卑人作战。公元185年8月，跟随张温去讨伐边章。11月讨平回来后，不久，就参加了讨张纯的战事。其主要职责是统率兵马防范边境敌人。讨伐董卓后期，公孙瓒与袁绍对抗前刘备才投奔公孙瓒。刘备三人与公孙瓒任职也没在一个州。刘备集团在追求方向上是通过征战黄巾军进入政界。公元191年，刘备在高唐被黄巾军击败前大体没在公孙瓒麾下战斗过。

关羽随刘备何时投在邹靖麾下，史料未载。一些资料讲刘备、关羽、张

———————

① ［晋］陈寿撰，［南朝宋］裴松之注，陈乃乾校点：《三国志·蜀书·先主传》，中华书局1959年版，第872页。

② ［宋］李昉编纂，夏剑钦校点：《太平御览》卷八百七十引《英雄记》，河北教育出版社1994年版，第934页。

③ ［晋］陈寿撰，［南朝宋］裴松之注，陈乃乾校点：《三国志·蜀书·刘焉传》，中华书局1959年版，第867页。

飞三人从邹靖参加了讨乌桓战斗，有待进一步考证。

关羽随刘备在邹靖率领下都参加了哪些战斗，史料不详。据推理，刚刚加入围剿黄巾军行列，在幽州范围参加战斗符合情理。因此，刘、关、张的第一仗，《三国演义》交代在涿郡大兴山下。当时涿郡管辖包括良乡，即今北京市房山区、大兴区一带，在地域上符合历史背景。至于张飞枪挑邓茂、关羽斩程志远，不知何所出处。

此后，据有关记载，刘、关、张在与黄巾军战斗中，超出了幽州和涿郡的范围。包括刘、关、张应邀解救青州刺史龚景、救董卓、战宛城均不见正史和野史。但《三国志通俗演义》"祭天地桃园结义""刘玄德斩寇立功"两节中所涉及的细节如长社火攻、小黄门索贿、宛城战役，均与《资治通鉴》相应叙述略同，而且比通鉴更具体，分析罗贯中撰写这两节时应有所本。笔者认为，在没有其他信史前，应将之视为野史资料，姑且相信。

二、步入政界

刘、关、张参与围剿黄巾起义军，不但在幽州立有战功，而且找寻卢植请战，又帮助朱俊作战。三人南北转战参加战斗大小三十余次，可谓战功卓著，声名鹊起。为此，经邹靖上奏，朝廷授予刘备中山国安喜县尉。

政绩褒贬

西汉置安险县，为侯邑，东汉章帝时更名安憙，后省为安喜。故址在保定市定州市东三十余里东亭乡故城村（一说翟城村）。时间是灵帝中平元年（184年）末，抑或中平二年（185年）初。

因黄巾起义于灵帝光和七年（184年）春二月，同年十一月剿平。史载，十月、十一月，皇甫嵩擒张梁、斩张宝，朱俊拔宛城，十二月大赦天下，改元中平，才有对战功卓著者进行封赏。史料没记载关羽具体战功。刘备的战功实际大多是关羽、张飞的作用。刘、关、张在开创蜀汉大业前期始终在一起。因此说，公元185年，即灵帝中平二年始，关羽随刘备在安喜县尉任上。

依文化程度，刘备、关羽大体相当，略高于张飞，在较长一段时间里，刘、关、张集团的决策，关羽的见解都发挥着重要作用，有的传说，刘备集团早期军师是关羽。这是因为：一是关羽年龄较长；二是有一定的文化底蕴。此说有一定道理。

尉是武官名称。春秋时有军尉，秦、汉时有太尉，掌武事。郡有都尉，县有县尉，均为地方掌武事的官员。"尉大县二人，小县一人。……尉主盗贼。凡有贼发，主名不立，则推索行寻，案察奸宄，以起端绪。"[①] 这是讲大县设尉二人，小县一人。安喜县为小县，设尉一人。主管对付盗贼，凡是发现盗贼，不知姓名，就推测线索寻找，立案侦破，弄清事情头绪。

刘备的差事相当于现在的县公安局局长，关羽、张飞则相当于现在的刑侦队长。这时刘备、关羽、张飞刚刚踏入仕途。

不管是任职的需要，还是未来发展的需要，估计刘备合徒众队伍不会解散。刘、关、张深谙刀枪剑戟出地盘、出诸侯乃至出皇帝，担任官府职务，不过是实现盟誓目标的台阶罢了。

安喜不是一般的县，而是中山国靠巨鹿郡最近的县。黄巾军主要活跃在青、徐、幽、冀、荆、扬、兖、豫八州，重点是冀州巨鹿郡，这里是张角三兄弟的家乡。史料称张角为巨鹿人，有的资料称是卢奴（定州）七级人。从东汉辖区的变迁史可知，七级汉时为巨鹿之地。安喜距七级五十余里，因此安喜是两种不同政治势力互相冲突最激烈的前沿。

从史料看，刘备等在安喜任职首要是维护地方治安及对付黄巾军余部，有的口碑史料比较接近事实。

其一，据定州民间传说，刘、关、张在定州东南七十里七级曾与张角义军大战。定县县志载，七级是张角的家乡。东汉时名七给，张角死后，人们为祭祀他，便把七给改为七祭，日久年深，又把七祭叫成七级。七级村现有张角的坟墓。墓丘长八十七米，宽七十米，高三米。该村张姓为大族，自称张角后裔，维护古墓。张角墓现为河北省文物保护单位。

其二，据《定州揽胜》载，东汉末年，关羽随刘备在安喜任职时多次回

---

① ［南朝宋］范晔撰：《后汉书·百官五》，中华书局 2007 年版，第 1034 页。

到高就，这里是他从河东到太行山以东的第一个落脚处，他怀念乡亲们。高就在安喜县城北偏东二十余里。一天，关羽住在高就里，天未亮，一伙强盗包围了村子，硬说高就里杀了他们的首领，要把全里的人斩尽杀绝。关羽领兵手提青龙刀把这伙强盗杀得七零八落，所剩无几，从此以后，强盗再也不敢到这里抢劫了。

其三，另一则故事更蹊跷。有一年，关羽领兵三千，驻扎卢奴（定州），准备攻打沙河南黄巾义军。城南张家槐正在唱戏，关羽拉马过来想看戏，就把马往槐树上拴，哪知马就是不让，鬃尾齐乡，狂吼乱叫，关羽只好作罢。后来人们才明白，关羽多次镇压黄巾军，与张角部队水火不容，连槐树都不让他拴马。

以上几则资料，表明关羽在这一带的确活动过。为百姓除暴安良人们感谢他，镇压黄巾军人们抱怨他。

乡人建塔

关羽随刘备在安喜县时发生了两件大事。第一件大事是故乡解县"乡人建塔"。

前边已引用过的《创塑关圣父母金身碑》载："至中平二年甲子，里人为帝有扶汉兴刘之举，遂建塔井上。"中平二年为乙丑年，所写甲子有误。关羽家乡乡亲们因听到他在匡扶汉室中立了战功，加之感谢关羽为家乡除恶，筹资集物在其故宅父母身亡家井上建塔一座。康熙二十三年（1684年）追述金大定十七年（1177年）王兴对塔重修并立《创塑关圣父母金身碑》，所记相关时间有些出入。碑文追述塔建时为甲子年。这几乎不可能，因为黄巾起义在公元184年，当年十一月剿平，十二月改为中平元年，刘备等到安喜上任最早在本年十二月。关羽家乡知道"扶汉兴刘之举"应是在被朝廷任用后才合乎情理。加之消息传到解县也需要时间，因此，建塔以剿灭黄巾主力第二年，即中平二年乙丑（185年）较接近史实。

从乡人建塔一事可知，刘、关、张在围剿黄巾军中小有名气，关羽"万人敌"的勇武风姿开始为社会所认识。

鞭打督邮

刘、关、张在安喜县发生的第二件大事是鞭打督邮。

刘、关、张对县尉这一职务的安排是非常不满意的。就连这么一个小小的职务，也受到各方的刁难，因此引发了鞭打督邮这一在东汉历史上不大不小的事件。

汉灵帝是一个游移不定且反复无常的昏君。刚任命围剿黄巾军的"有功"将士，又下诏凡因军功在郡县任职的官员要免职。《三国志·蜀书·先生传》载："督邮以公事到县，先主求谒，不通，直入缚督邮，杖二百，解绶系其颈着马枊，弃官亡命。"枊就是系马桩。督邮，为郡国之属吏，太守或相的耳目。主督查所辖县长吏政绩、社会治安、法纪行政、催租点兵等。每郡分若干部，每部置督邮一人领其职。本人理解，"杖二百"为概数，极言其多。

督邮到县是宣示诏书，免刘备的官。裴松之所引《典略》对此事进行了详细记载：

> 其后州郡被诏书，其有军功为长吏者，当沙汰之，备疑在遣中。督邮至县，当遣备，备素知之。闻督邮在传舍，备欲求见督邮，督邮称疾不肯见备，备恨之，因还治，将吏卒更诣传舍，突入门，言："我被府君密教收督邮。"遂就床缚之，将出到界，自解其绶以系督邮颈，缚之著树，鞭杖百余下，欲杀之。督邮求哀，乃释去之。①

从时间上讲，大体不超过灵帝中平二年（185年）下半年，因朝廷下达沙汰有军功长吏诏书时间距剿除黄巾军主力时间不会相距太长。

对上边这段话，有些人理解为刘备亲自鞭打督邮。深忖其意，以环境、文字和性情推测，更像是三人。这里"将吏卒"的主意应该是刘、关、张三人商议过的，因为这个举动是假托府君之意密教收督邮，而"吏卒"就是关、张。实际是三人找借口收拾他。而所去之人不会是刘、关、张三人以外者。

---

① ［晋］陈寿撰，［南朝宋］裴松之注，陈乃乾校点：《三国志·蜀书·先主传》，中华书局1959年版，第872页。

这段文字本身跳跃性很强。"突入门""就床缚之",马上写"将出到界",这从表达的意思上很不连贯。因此下文中"自解其绶以系督邮颈"的肯定是刘备,而再下文中"缚之著树,鞭杖百余下,欲杀之"的肯定不是刘备,因为刘备火气没那么大,否则,就不会还系绶于其颈。以其性格身份讲也不应是刘备,肯定是上文之"吏卒",这是讲刘备、关羽、张飞三人有分有合,而关、张性格中敢作敢为、意气用事成分更多一些,因此二位熊虎将打之、"欲杀之",刘备"乃释去之"更接近历史真实。

刘、关、张在安喜生活了多长时间,应该是到鞭打督邮、弃官亡命为止,大体一年时间。

三、讨伐叛逆

刘、关、张鞭打督邮后,按《三国志·蜀书·先主传》行文,三人便到了京师洛阳,这是不切实际的。鞭打朝廷命官,罪责不小。《三国志通俗演义》记载他们到了代州,不知何所依据。

相关史料记载这期间,刘、关、张没向西北去代州,而是向东南来到了平原(今山东省平原县南十五公里王庙镇张官店村东),并参加了讨伐张纯的战斗。

据《后汉书·刘虞传》记载:张纯是原中山国相,张举是原太山(同泰山)太守,二人见幽州乌桓反叛,人心思乱;凉州边章、韩遂等的叛乱事态越来越大,认为朝廷对这种局面已经没了办法。两人还以异兆为依托,以为洛阳一个人的妻子生下一个小孩有两个脑袋,这是天下有两个君主的征兆。张纯劝张举说:"如果你我共同率领乌桓兵起事,估计有可能建成大事业。"于是在中平四年(187年),二人与乌桓的首领丘力居共同盟誓,一起发兵攻打蓟城,焚烧城市,杀掠百姓,斩杀了护乌桓校尉箕稠、右北平太守刘政、辽东太守阳终等,军队很快发展到十多万人。张举自称"天子",张纯称"弥天将军安定王",向各州郡发布文告,称张举应代汉。张纯还派乌桓的峭王等率步、骑五万,侵入青州、冀州,攻破清河郡、平原郡。这引起朝廷的不安和恐慌,马上组织力量进行镇压。

《典略》载："平原刘子平知备有武勇，时张纯反叛，青州被诏，遣从事将兵讨纯，过平原，子平荐备于从事，遂与相随。"[①]这表明两点：一是刘备、关羽等鞭打督邮后，于中平三年（186年）辗转来到青州刺史部的平原县，并在那里生活了一段时间。才有刘子平熟知刘、关、张的武勇了得，给予推荐。二是双方关系融洽，才给以推荐。张纯起事是中平四年（187年）七八月间，朝廷募兵应在九月，这就是说刘备三人大体不晚于上半年就来到平原。这与后来刘备到平原任职不是一回事。

在讨伐张纯作战中，刘、关、张不但没有立功，反而差点儿丢了性命，因此没有封赏。"张纯复与叛胡丘力居等寇渔阳、河间、勃海，入平原，多所杀略。"接前边《典略》载：刘、关、张"遇贼于野，备中创阳死，贼去后，故人以车载之，得免"。[②]刘备三人在潮水般叛军涌来时，被冲散，刘备受重伤，装死躲过一劫。叛军过后，故人用车拉着他去医治。这里的故人系指关羽、张飞。

刘、关、张又一次开始游荡，这时离鞭打督邮已有两年左右时间。三人不是平庸之辈，加之社会动荡，各种形式的与朝廷分庭抗礼、独霸一方比比皆是，王法不振，政纪松弛，鞭打一督邮就显得小巫见大巫了。风头稍过，中平五年（188年），三人便辗转来到京师。

四、辗转任职

关羽随刘备在京师逗留期间，积极寻找机会，参与政治活动。史料记载有两次到州郡去募兵：一次是与毋丘毅去丹阳，另一次是与曹操同行到沛国。考诸史料，去丹阳在灵帝去世后，去沛国在讨伐董卓前。

随毋丘毅募兵

毋丘毅、刘备、关羽去丹阳募兵的时间，应当是灵帝驾崩后，何进、袁绍策划招精兵猛将进京之前。

---

①② ［晋］陈寿撰，［南朝宋］裴松之注，陈乃乾校点：《三国志·蜀书·先主传》注引《典略》，中华书局1959年版，第872页。

灵帝末年，宫廷倾轧非常激烈。大将军何进异母妹何皇后得宠于灵帝，生皇子刘辩（少帝）。时小黄门蹇硕"壮健而有武略"，也得宠于灵帝，中平五年（188年）被灵帝任命为西园八校尉之首。《山阳公载记》载："小黄门蹇硕为上军校尉，虎贲中郎将袁绍为中军校尉，屯骑校尉鲍鸿为下军校尉，议郎曹操为典军校尉，赵融为助军左校尉，冯芳为助军右校尉，谏议大夫夏牟为左校尉，淳于琼为右校尉。凡八人，谓之西园军，皆统于硕。"① 蹇硕实为最高军事长官。蹇硕与何进在争夺权力中矛盾很深，矛盾的本质是争夺对朝廷的控制权和立谁为帝位继承人。灵帝宠爱何后，但嫌其长子刘辩轻佻无威仪，想立王贵人所生刘协。次年四月，在未决定继承人时灵帝病逝，受遗诏的是蹇硕。蹇硕想先诛杀何进再立刘协，何进抢先一步立刘辩为帝，何太后临朝。何进、袁绍、袁术为保住刘辩皇位和自己的势力，于是诛杀了蹇硕，又密谋尽诛宦官，遭到何太后的反对。"进欲诛宦官，太后不听，进乃召四方猛将，并使引兵向京城，欲以劫恐太后"。② 袁绍等策划多招四方猛将及诸豪杰，使他们带兵进京城，以胁迫何太后作出让步。

何进为巩固扩大自己的势力，把招兵买马作为与宦官斗争的重要手段，于是才有"遣都尉毋丘毅诣丹阳募兵"③。刘备与关、张这时在京都洛阳，"与俱行"④，实际是应大将军何进招募，去组织反对宦官的军事力量。八月，何进被宦官杀死，募兵的计划失去作用。可以判定，关羽随刘备与毋丘毅去丹阳招兵的时间在汉少帝刘辩即位前夕的光熹元年（189年）四月至八月。

关羽随刘备如何联络上毋丘毅的呢？应是卢植的作用。卢植是刘备的恩师，时任尚书，从后来卢植追杀宦官的历史情节看，在朝廷中，卢植站在何进一边，刘备、关羽、张飞投在卢植门下，参与了对宦官的斗争。

① ［南朝宋］范晔撰：《后汉书·何进传》卷六十九，中华书局2007年版，第657页。
② ［晋］陈寿撰，［南朝宋］裴松之注，陈乃乾校点：《三国志·魏书·陈琳传》，中华书局1959年版，第600页。
③④ ［晋］陈寿撰，［南朝宋］裴松之注，陈乃乾校点：《三国志·蜀书·先主传》，中华书局1959年版，第872页。

重返政界

毋丘毅和刘备、关羽本打算到丹阳（今安徽省宣城市）招募士兵，走到下邳（今江苏省睢宁县西北），遇到黄巾军余部，战事中，刘、关、张三人"力战有功"，刘备"除为下密丞"①。

下密县隶属青州刺史部北海国。丞是辅佐县令处理日常事务的官员，县丞俸禄四百石，第八品。史书讲，刘备任下密丞不久，就自动辞官，又被任命为高唐县尉，不久被任为县令。下密县在今山东昌邑东，地处偏远，官职又低，刘、关、张作为东汉末年一流英雄人物，心高气傲，大失所望，因此辞官而去。为何任高唐县尉、县令，具体背景史无记载。分析是卢植的作用。这时恰遇大将军何进被宦官杀害，天下大乱。何进生前招董卓入京想剪除宦官，结果董卓入京，反而导致东汉王朝的迅速离析和灭亡。

五、董卓暴虐

刘备任高唐县令时，关羽任何职不明，推测为县尉等相应职务。这期间东汉王朝发生了剧烈的政治动荡。主要特征是：董卓擅权，妄行废立，天下崩溃，群雄割据。

董卓，字仲颖，陇西临洮（今甘肃省岷县）人。性格粗鲁有谋略，臂力过人。两边挎着箭袋，左右开弓骑射，羌人非常怕他。小时候专门与一些豪帅相结识。汉桓帝末年，以六郡良家子弟身份做了羽林郎，主管皇帝宿卫侍从，曾跟随中郎将张奂征讨羌人，担任军司马，在汉阳［郡名，东汉永平十七年（74年）改为天水郡置］击破羌人时立功，被朝廷拜为郎中。不久升迁为西域戊己校尉，因为别的事情牵连而被罢免。后来担任并州刺史、河东太守，即关羽家乡州郡的行政长官。汉灵帝中平元年（184年），在围剿黄巾军时被朝廷诏拜为东中郎将，持天子节杖，代替卢植在下曲阳（今河北省晋州市）与张角作战，因失败而抵罪。韩遂等反凉州，朝廷起用董卓任中郎将，后为破虏将军。征战中，各军队都吃了败仗而撤退，只有董卓的队伍保

---

① ［晋］陈寿撰，［南朝宋］裴松之注，陈乃乾校点：《三国志·蜀书·先主传》，中华书局1959年版，第872页。

存完整，由于有功，被封为邰乡侯。中平五年（188年），韩遂、马腾等叛军声势越来越大，朝廷拜董卓为前将军，与左将军皇甫嵩一起将敌军击败。灵帝末年，朝廷征召他为少府，不去就职，让他交出军队，他拒绝并驻军河东，坐观天下变化。

这时正值中常侍段珪矫太后命，杀何进，引起宫廷大乱。司隶校尉袁绍、虎贲中郎将袁术率本部人马在宫中报复宦官，凡没胡须的无论少长皆杀之，死者两千多人。少帝刘辩被中常侍段珪、张让挟持走小平津。尚书卢植率人追赶，张让等投河而死。光熹元年（189年）八月辛未，董卓率其部队恰恰赶到，迎皇帝于北芒山（在今河南省洛阳市北，接孟津、偃师、巩义三县界）。因救驾，得以把持朝政。[①]

毒杀刘辩

历史表明，一个朝代的灭亡，除最高统治者的驭政水平外，还决定于重要权臣的向背。董卓进京就宣告了东汉王朝的结束。

董卓进京后施展各种诡计和招数，先后兼并了何进、何苗、丁原的军队，并擅自废汉少帝刘辩为弘农王，遭到各州郡起兵声讨。初平元年（190年）正月癸丑，董卓一不做二不休，索性派郎中令李儒用毒酒杀死了年仅十八岁的弘农王刘辩。

史料较详细记录了这一场面。刘辩在被逼迫饮毒酒前，与妻唐姬告别，非常痛苦地悲歌一曲：

> 天道易兮运何艰，弃万乘兮退守藩。
> 逆臣见迫兮命不延，逝将去汝兮往幽玄。[②]

唐姬无奈举袖起舞，合歌一曲：

---

① ［晋］陈寿撰，［南朝宋］裴松之注，陈乃乾校点：《三国志·魏书·董卓传》注引《汉纪》，中华书局1959年版，第173页。

② ［南朝宋］范晔撰：《后汉书·皇后纪》卷十下，中华书局2007年版，第132页。

皇天崩兮后土颓，身为帝王兮命夭摧。

死生异路兮从此乖，悼我茕独兮心中哀。①

唐姬后经战乱之苦。据袁宏《后汉纪》载："初，弘农王唐姬者，故会稽太守唐瑁女也。王薨，人欲嫁之，不从。及关中破，为李傕所略，不敢自说也。傕欲妻之，唐姬不听。尚书贾诩闻之，以为宜加爵号，于是迎置于园，拜为弘农王妃。"②

《后汉书·皇后纪》亦载，弘农王遇害后，唐姬回归故里。父亲会稽太守唐瑁想让她改嫁，她誓死不许。后来，董卓女婿牛辅的部将李傕攻破长安，派兵到关东抢掠，掠到唐姬。李傕想娶她为妻，她坚决不听从，而且始终没有说出自己的身份。尚书贾诩得知此事后，将情况说给献帝。献帝听了，感动凄怆，乃下诏迎姬，将她安置在园中，并派侍中持符节拜她为弘农王妃。

肆虐天下

董卓把持朝政大体一年零九个月时间。少帝光熹元年八月进京，献帝初平三年（192年）四月被王允、吕布杀死。这期间一意孤行，祸国殃民，为所欲为。

第一个措施就是将何太后迁到永安宫，不久又派人将她杀死。接着依仗较强的军事力量，一朝权在手，便把令来行。不但自任相国，独揽朝纲，还恣意妄为。

史载，董卓放纵士兵肆意到王公大臣家奸淫抢劫，还强奸公主和宫女，残酷地乱施各种刑罚。破坏社会通行的五铢钱，改铸小钱；全部收取洛阳和长安的铜人、钟虡、铜马之类的东西，用来铸钱。这样一来，货币贬值，物价昂贵，一石谷价值几万钱。

为防备各州郡义兵，董卓又强行迁都。当时的洛阳人口数百万全部迁往长安，沿路动用骑兵、步兵驱赶，人们自相践踏，由于饥饿和遭受抢掠侵

①② ［南朝宋］范晔撰：《后汉书·皇后纪》卷十下，中华书局2007年版，第132页。

扰，死亡相继，横尸遍野。还放火焚毁好端端一座富丽繁华的洛阳城，又派吕布发掘皇陵和百官坟墓，收掠墓中珍宝。

焚烧典籍也是董卓一大罪状。《隋书·牛弘传》称，图书之危自周至隋有五劫，其中之一劫即为董卓之乱。因为东汉前期诸帝都爱好读书，因而在洛阳兰台聚集图书数以万千卷计。这些图书大多写于竹片木简或缣帛之上。董卓占据洛阳时，其将士用于制作帷囊，贮藏掠夺来的金银珠宝，或用于生火取暖、做饭，致使书籍多被毁灭和散失。

董卓心目中没有王法，只有他个人的意志，肆意杀戮敢于直言的朝廷大臣，有不同意见，瞪一瞪眼睛就会被处死。"人情崩恐，不保朝夕。"把常规制度践踏得一片狼藉。

《后汉书》作者范晔愤懑地评论说：董卓罪恶滔天，干扰和叛逆了天、地、人三才。华夏四方和百川沸腾，皇城京都都变成一片烟灰和尘埃。人和神灵就像波浪一样动荡不安，老百姓将不足以吃他的肉，人的生存确实艰难呀！

六、讨伐奸佞

初平元年（190年）正月，勃海太守袁绍、后将军袁术、冀州牧韩馥、豫州刺史孔胄、兖州刺史刘岱、陈留太守张邈、广陵太守张超、河内太守王匡、山阳太守袁遗、东郡太守桥瑁、济北相鲍信、长沙太守孙坚、颍川太守李珉、典军校尉曹操、青州刺史焦和、西河太守崔钧、高唐县令刘备等先后起兵，推袁绍为盟主，讨伐董卓。

《英雄记》载："会灵帝崩，天下大乱，备亦起军从讨董卓。"[1] 前边所列仅是主要诸侯，每路诸侯都带几万人。《三国演义》称刘备时任平原县令有误，刘备时为高唐县令，其部队估计不满千人，参加到了讨伐董卓大军行列中来。刘、关、张在参与讨伐董卓时，史料没提供更多内容。特别是涉及关羽被后人传颂的两件大事不见于史料：

---

① ［晋］陈寿撰，［南朝宋］裴松之注，陈乃乾校点：《三国志·蜀书·先主传》注引《英雄记》，中华书局1959年版，第872页。

斩华雄质疑

似与史料不符。理由有三：

一是华雄被袁术部将孙坚军所杀，有史料记载。孙坚字文台，东汉末豪族，吴郡富春（今浙江省杭州市富阳区）人，孙武后代。勇猛刚毅，被称为江东猛虎。少为县吏，从朱俊讨破宛城黄巾拜别部司马，迁议郎。又围剿会稽义军许昌、长沙义军区星，封乌程侯、长沙太守。时任长沙太守的孙坚起兵讨伐董卓，在挺进洛阳途中，逼死荆州刺史王叡，又杀了不肯送军粮的南阳太守张咨，到鲁阳投奔了袁术。袁术上表朝廷，任命孙坚为破虏将军、豫州刺史。袁术是南线作战，并派长史仇称带兵与孙坚一起进攻董卓。孙坚率军到梁国东屯营，被董卓部将徐荣击败。他又聚集部队，"合战于阳人，大破卓军，枭其都督华雄"[①]。《资治通鉴》亦载："坚出击，大破之，枭其都督华雄。"[②] 华雄为孙坚部队所杀，应是可信的。

据清潘眉《三国志考证》载："'督'当为'尉'，'华'当为'叶'，《广韵》二十九叶引《吴志·孙坚传》有都尉叶雄。知宋本如此，今本误也。"[③] 据潘眉讲宋朝版本《三国志》，称为都尉叶雄。同是宋人版籍，为何《资治通鉴》仍保留都督华雄，不明，故仍依原说。

二是从征伐董卓线路上亦有区别。考察当时孙坚与董卓两部队激战在阳人，也称阳人聚。地点位于洛阳南一百里，即今河南汝阳东五十里。孙坚进军路线是：长沙—荆州—南阳—鲁阳（今河南省鲁山县）—阳人聚—洛阳，属于南线作战，袁术亦在南线。而其他勤王部队都在北线。袁绍、王匡、曹操屯河内，孔胄屯兵颖川（今河南省禹州市），韩馥屯兵邺郡（今河北省临漳县西南邺镇），刘岱、张邈、张超、桥瑁、袁遗、鲍信、焦和、崔钧驻扎在陈留郡的酸枣（今河南省延津县西南）。刘、关、张从高唐起兵，应在北线作战。

---

① ［晋］陈寿撰，［南朝宋］裴松之注，陈乃乾校点：《三国志·吴书·孙破虏传》，中华书局1959年版，第1096页。

② ［宋］司马光撰：《资治通鉴》卷六十，中华书局1956年版，第1919页。

③ ［清］梁章钜撰，杨耀坤校订：《三国志旁证》卷二十六，福建人民出版社2000年版，第661页。

史载，刘备曾与曹操同去沛国募兵，时间应是初平元年（190 年）。据《英雄记》载："灵帝末年，备尝在京师，后与曹公俱回沛国，募招合众。会灵帝崩，天下大乱，备亦起军从讨董卓。"①从行文的本质看，刘备、曹操招募兵的目的是讨董卓。而《资治通鉴》卷五十九载："曹乃与司马沛国夏侯惇等诣扬州募兵，得千余人，还屯河内。"《三国志·魏书·武帝纪》载："太祖兵少，乃与夏侯惇等诣扬州募兵，刺史陈温、丹阳太守周昕与兵四千余人。还到龙亢，士卒多叛。至铚、建平，复收兵得千余人，进屯河内。"②刘备与曹俱行似应指这次。由此也可以得出，刘备在从讨董卓时，军队驻扎地在河内。即与袁绍、王匡、曹操在一起。退一步讲，即便刘备从其募兵地沛国起兵，孙、刘联盟及赤壁大战时各种史料，亦没有谈及刘备、关羽与孙权父辈共同作战的记载。

三是从时间角度上讲亦不合拍。刘备起兵讨董卓在初平元年（190 年）正月前后。"三月己巳，车驾至长安。"迫于山东兵盛，董卓强行朝议通过把都城由洛阳迁往长安。而三月前的一二月没有任何史料记载北线诸侯击败过董卓。据《资治通鉴》载："顷之，酸枣诸军食尽，众散。"③时为初平元年三月。由于各路诸侯心怀异志，"相兼并以图强大"。内部钩心斗角，互相仇杀。由前期少部分诸侯之间一对一的兼并，发展到寻找伙伴结成联盟的争斗，讨董卓联盟因之瓦解。如：刘岱与桥瑁相恶，岱杀瑁，以王肱领东郡太守；袁绍、袁术兄弟反目；公孙瓒与袁绍冲突；等等。开始了由群雄争霸，到鼎足三分的兼并战争。

孙坚斩杀华雄则是在北线讨卓联盟瓦解后，初平二年（191 年）二月至三月，袁术、孙坚领军十万向梁东进击，想自太谷出缳辕以攻洛阳。孙坚移屯梁东，为卓将徐荣所败。孙坚差点丢失性命。"复收散卒进屯阳人，卓遣东郡太守胡轸督步骑五千击之，以吕布为骑督，轸与布不相得，坚出击，大

———————

① ［晋］陈寿撰，［南朝宋］裴松之注，陈乃乾校点：《三国志·蜀书·先主传》注引《英雄记》，中华书局 1959 年版，第 872 页。

② ［晋］陈寿撰，［南朝宋］裴松之注，陈乃乾校点：《三国志·魏书·武帝纪》，中华书局1959 年版，第 8 页。

③ ［宋］司马光撰：《资治通鉴》卷五十九，中华书局 1956 年版，第 1915 页。

破之，枭其都督华雄。"[1] 在时间跨度上相差近一年。如依《后汉纪》则在初平三年春正月，时间上相差更远。

由此推断，温酒斩华雄非关羽所为，应是《三国演义》在塑造关羽勇武形象时嫁接的情节。

张飞败吕布

吕布，字奉先，便弓马，骁勇过人。当时谚语："人中有吕布，马中有赤兔。"可见一斑。

关于吕布的籍贯九原，目前有两种说法：一为今内蒙古包头市西；二为今山西平遥。按《辞海》解释，战国赵武灵王置九原郡，治九原（今包头市西），秦朝为三十六郡之一。秦末地入匈奴，郡废。西汉元朔二年（前127年）复置，更名为五原郡，下治九原、五原等十六县，九原仍为治所，东汉建安中徙废。后迁到哪里呢？据盛巽昌先生考证，九原即现在山西忻州。顾祖禹《读史方舆纪要》载："九原城在州西，汉置京陵县，属太原郡。"似此，吕布为太原郡京陵县人，即今平遥人。王允为太原郡祁县人。二县相邻，两人系同乡。

对吕布家世，五原县流传的故事很多。相传东汉章帝年间北匈奴进犯南匈奴及汉朝领地时，吕布祖父吕浩（时任越骑校尉）奉命留守边塞。吕浩携妻儿率部驻扎五原郡地，地址北河（黄河旧道，现乌加河）南岸五原县塔尔湖五分桥东，大兴土木，建城筑堡（今城圪卜就是由此而得名），开荒农耕，并逐步发展畜牧业、纺织业、冶炼、制陶业等，固守边关。

吕布祖父去世后，其父吕良继任。娶妻黄氏，系五原郡补红湾（今巴彦淖尔市五原县城西补红村）人，是一大户富豪财主之女。黄氏聪明贤惠，知书达礼，善染织（后成为染织作坊主事）。黄氏生有四女，苦无一子。一日，随夫到白马寺庙（今五原县锦旗东五里处，由于黄河淘堤已毁于河底）拜佛求子。晚得一梦，一虎扑身，而孕十二月生吕布。

汉灵帝熹平五年（176年），鲜卑部掠夺，吕布与父南迁到山西境内，归

---

① ［宋］司马光撰：《资治通鉴》卷六十，中华书局1956年版，第1919页。

附丁原部下。

　　还有一说，吕布为山西省定襄县中霍村人。吕布的赤兔马为其在东汉末年称雄起了重要作用。据孟繁仁研究员考证，此马为吕布在山西定襄县东南十五里蒙山的中霍村所捕获。相传此地名叫"吕布池"。清雍正《定襄县志》称："吕布池，在中霍村东，吕布捉龙马于此，故名。"

　　关、张之勇在东汉三国时天下第一。《三国演义》前身《三国志平话》中，确有虎牢关之战时"三英战吕布"的情节，张飞先出，关羽、刘备出于义气又上，吕布败走。次日，吕布单挑张飞，被张飞五十回合杀得大败，此后吕布再不敢与张飞交战，一见到张飞便军旗遮掩不敢露面。元杂剧《虎牢关三战吕布》所述情况与此类同。

　　据说，罗贯中先生改《三国志平话》中张飞五十回合战胜吕布，为《三国志演义》吕布五十回合战胜张飞，主要因同乡缘故，罗贯中是太原清徐人，若吕布为定襄县中霍村人，两地相距不太远。

　　不过，《三国演义》把击败董卓记在刘、关、张的名下，则有违史实。《典略》中记载公孙瓒数说袁绍罪状时写道："又长沙太守孙坚，前领豫州刺史，驱走董卓，扫除陵庙，其功莫大。"[①]《资治通鉴》《三国志》也多次写孙坚"大破卓军，卓惮坚猛状"，乃遣将军李傕等求和亲细节，表明在打败董卓中被称为江东猛虎的孙坚起了决定作用。由此也可以看出，孙吴军队有超常的战斗力。

七、败绩高唐

　　讨董卓联盟瓦解后，汉献帝初平元年（190年）夏，刘、关、张回到高唐县（今山东省禹城市西南），不久受到黄巾起义军的进攻。

高唐蹉跎

　　黄巾起义军并没有被全部镇压下去，仅是其主要首领张角病死，张宝

---

① ［晋］陈寿撰，［南朝宋］裴松之注，陈乃乾校点：《三国志·魏书·公孙瓒转》注引《典略》，中华书局1959年版，第243页。

被擒，张梁被杀，大规模疾风暴雨式农民起义是被镇压了，黄巾军余部仍在坚持战斗。何仪、何曼领导的黄巾军攻城略地，人数达数十万，转战于青、徐、兖、豫四州，对于一个弹丸之地的高唐和不到一千兵马的刘备怎能招架，大概汉献帝初平二年（191年）六月，刘备、关羽等"为贼所破，往奔中郎将公孙瓒"。

公孙瓒，字伯珪，辽西令支人（今河北省迁安市），家世历来都是俸禄两千石的官吏。年轻时为辽西郡（治所在辽宁省朝阳市东）小官，后来因外表英伟，头脑聪明，受到郡太守赏识，才慢慢起步。熹平四年（175年），拜涿郡卢植为师，与刘备、刘德然到缑氏县缑氏山（今河南省洛阳市偃师区东）中学习，为同窗好友。公孙瓒游学回到辽西后被荐举为孝廉，任命为幽州刺史部辽东属国（国名，在今辽宁锦州市、义县一带）长史，因抵御鲜卑人入塞，升为涿县令。讨伐张纯有功，迁骑都尉、中郎将。

两大营垒的较量

当时政治军事态势是军阀混战，天下大乱。地方军阀割据开始，由于袁绍、袁术二兄弟火并而形成。袁绍占据勃海，南连荆州刘表、西接冀州曹操，结为一个阵营；袁术则据南阳，北连公孙瓒，派孙策占据江东，结为一个阵营。两个阵营相互抢夺对方的地盘。

袁绍、袁术为同父异母兄弟。其父袁逢小妾先生袁绍，其正妻次生袁术。东汉以太尉、司徒、司空为三公，袁绍从其高祖袁安开始，四世居三公之位，"势倾天下"。

袁安在汉明帝时为楚郡太守，章帝时为司徒。袁安之子袁京为蜀郡太守，袁京之弟袁敞为司空。袁京之子袁汤有子四人，袁绍、袁术之父袁逢是第三子。袁汤因策立汉桓帝立功，被重用。本初元年（146年）闰六月丁亥，由太仆升任为司空，次年，即建和元年（147年）十月，由司空迁司徒，建和三年（149年）十月再迁至太尉。建和元年七月己巳，袁汤被封为安国亭康侯。袁逢嗣封。袁逢为司空，叔父袁隗为司徒。

安国亭为何处，史料未写明，盖在汉时安国县。据《中国历史地图集》所标位置，当为现在河北省保定市博野县程委镇附近。

从袁绍字本初推测，概为本初元年（146 年）生，即其祖父袁汤任司空之年。袁绍生后就过继给其二伯父中郎将袁成，不久袁成病死。

袁绍从小与曹操、张孟卓等交往过密。袁氏兄弟受祖、父几辈影响，在朝廷中声名显赫。灵帝、少帝时，袁绍任中军校尉，后为司隶校尉；袁术先为折冲校尉，后为虎贲中郎将。董卓乱政时，惧受迫害，分别出走。后各自有了一块地盘。袁绍为勃海郡太守，袁术为南阳太守。在讨伐董卓后期兄弟二人出现矛盾。

当时诸侯们议论汉灵帝失道，使天下叛乱，皇帝幼弱，受到董卓控制，而幽州牧刘虞在社会上德高望重，又是东海恭王之后，袁绍、韩馥及山东诸将商议后，想拥立他为皇帝。就派人将想法告诉袁术，袁绍又给袁术写信陈述。而袁术看到汉室衰陵，阴怀异志，假托这是国家大义，回信称"慺慺赤心，志在灭卓，不识其他"。[①] 给以拒绝，二人仇隙因此产生。

孙坚属于袁术阵营。为讨伐董卓，孙坚从长沙起兵，投袁术门下，被袁术表为豫州刺史。

在江东，周昕、周昂、周喁三兄弟显于当时，为袁绍所纳。周昕少游京师，师事太傅陈蕃，博览群书，明于风角，善推吉凶，被袁绍任为丹阳太守，二弟周昂为九江太守，三弟周喁为豫州刺史。

时孙坚攻破洛阳，正在谋划向西追击董卓败军之际，袁绍任命周喁为豫州刺史，渡河袭取了孙坚豫州刺史治所阳城（今河南省登封市东）并断绝了孙坚军粮道。两个豫州刺史，一为袁术表封，一为袁绍表封，于是纷争不可避免。

"是时，术遣孙坚屯阳城（治所在今河南省登封市东南三十四里告成镇）拒卓，绍使周昂夺其处"。[②]《后汉书·袁术传》亦载："术从兄绍因坚讨卓未反，远，遣其将会稽周昕夺坚豫州。"据钱大昕考证，应为周喁，袁绍趁孙坚不在，派遣周喁袭击夺取了豫州。因周喁被袁绍表封为豫州刺史，此说

---

① ［晋］陈寿撰，［南朝宋］裴松之注，陈乃乾校点：《三国志·魏书·袁术传》注引《吴书》，中华书局 1959 年版，第 208 页。

② ［晋］陈寿撰，［南朝宋］裴松之注，陈乃乾校点：《三国志·魏书·公孙瓒传》，中华书局 1959 年版，第 242 页。

有理。孙坚在讨董卓一线听到消息后，慨然叹道："同举义兵，将救社稷。逆贼垂破而各若此，吾当谁与勠力乎！"边说边痛哭流泪。孙坚回军击破周喁，还镇鲁阳。袁术就派孙坚妻弟吴景进攻九江太守周昂，昂弟周喁往救。公孙瓒应袁术请求，派从弟公孙越率一千骑兵助孙坚一方。战斗中，公孙越中流矢死。公孙瓒认为这是袁绍指使造成的。这样加剧了袁绍与公孙瓒的矛盾。

投奔公孙瓒

　　被黄巾余部击溃后，关羽随刘备投奔了公孙瓒，地点大概为安平（今河北省衡水市冀州区），时公孙瓒正与冀州刺史韩馥作战。刘备被"表为别部司马"，关羽、张飞为部曲。这时关羽三十二岁。

　　从刘备、关羽、张飞集团生存发展的轨迹看，他们不是如东吴孙氏集团那样选择好战略目标，不断巩固扩大地盘，壮大自己力量。仅仅是为他人作嫁衣裳，这表明刘、关、张集团起步前期勇武有余，政治军事谋略较弱的特点。刘、关、张在政治军事上每有不如意，便投奔势力较强的靠山，先后有公孙瓒、陶谦、吕布、曹操、袁绍、刘表等。不过，战争年代，正需要这样有战斗力的集团，因而也每每有所收获。投奔公孙瓒使刘、关、张集团实现了第一次重大转折。

　　据《后汉书·百官》载：将军下边分别设置长史、司马各一人，俸禄一千石。司马主管兵事，下边有曲，每曲设军候一人，俸禄相当于六百石。曲下面有屯，设屯长一人，俸禄相当于二百石。其他的营领属设别部司马，兵力多少按时宜来确定。

　　这时的关羽、张飞职务为军候，大体相当现在军队的团长。汉制规定：中二千石至二百石，为铜印黄绶。关羽从此到受封汉寿亭侯前，均为这一印绶标准。这是关羽第一次身有军职。不过刘备这支部队还不是公孙瓒的正规军，属于别营，相当现在的独立师，总人数一千多人。关羽、张飞带兵人数有了增加，每人充其量超不过五百人。

　　荀绰《晋百官表注》载："汉延平中，中二千石俸钱九千，米七十二斛。真二千石月钱六千五百，米三十六斛。比二千石月钱五千，米三十四斛。一千石月钱四千，米三十斛。六百石月钱三千五百，米二十一斛。四百石月钱二千五百，米十五斛。三百石月钱二千，米十二斛。二百石月钱一千，米九斛。百石月钱八百，米四斛八斗。"[①]

汉制规定，九卿俸禄为中二千石，王国相，比如后来刘备的平原相每月俸禄为二千石。关羽的职务是军候，俸禄六百石，合每月俸钱三千五百石，另谷相当现在四十二斗。

※　　　※　　　※　　　※

这一阶段大体八年时间，以关羽为骨干的刘备集团实现了三个转变。

其一，从无到有的转变。刘备、关羽、张飞集团是一个平民集团，他们的追求和行为方式都有一般平民的特点。思维方式、性格特征都体现出典型的善良和有教养农民的习性。经过八年战斗，这个集团从不闻于世，转变为逐渐让社会认识的有一定战斗力的武装集团。

其二，从为朝廷效命到为军阀割据势力作战的转变。刘备集团从征讨黄巾军起步，为维护东汉王朝的封建统治，剿黄巾，战张纯，讨董卓，以至于在基层担任县级职务，由于东汉王朝到了崩溃的边缘，因此，刘、关、张靠正常为朝廷效力，谋取发展的道路行不通，为了生存，他们不得已投靠了有一定军事实力的北方霸主公孙瓒。

其三，由一介平民到进入政界的转变。刘备偕关羽、张飞，东挡西杀，时有战事，时有行政职责，还没有发展到以战争为生涯的阶段。但总算靠满腔义勇、一身武艺，开始崭露锋芒。刘备从县级行政职务到别部司马的军职，关羽也终于实现了突破，三十余岁才为军候。以刘、关、张的武艺，由于政治经验、谋略较弱，这个集团前期起步有相对迟缓的特点。

---

① 斛，容量单位，十斗为一斛，汉时一斗相当于现在二升。

第四章

千回百折，英雄逆旅

东汉末年，北方诸侯之间的兼并战争最早发生在公孙瓒与袁绍之间。刘备、关羽、张飞投奔公孙瓒时，正是他事业处于赫赫威名的鼎盛时期。袁绍与公孙瓒原先并没有矛盾，而且关系还不错，曾一度互相利用建立联盟关系。在袁绍起兵讨董卓时，公孙瓒驻兵河内郡，郡治为怀县（今河南省武陟县西南）。除公开讨卓外，正运筹对冀州牧韩馥的兼并。《后汉书·袁绍传》载：

> 明年（献帝初平二年），馥将麹义反叛，馥与战失利。绍既恨馥，乃与义相结。绍客逢纪谓绍曰："夫举大事，非据一州，无以自立。今冀部强实，而韩馥庸才，可密要公孙瓒将兵南下，馥闻必骇惧。并遣辩士为陈祸福，馥迫于仓卒，必可因据其位。"绍然之，益亲纪，即以书与瓒。瓒遂引兵而至，外托讨董卓，而阴谋袭馥。①

这里表明公孙瓒参加讨伐董卓，仅见其名，实与韩馥争夺冀州，并且与袁绍相互利用过。

袁绍为盟主后，自称车骑将军兼司隶校尉，当时豪杰之士多归袁绍。袁绍图谋兼并韩馥主要原因有三点：一是袁绍反出洛阳时，董卓听伍琼之谋，拜绍为勃海太守，加以安抚。而冀州牧韩馥派人监视袁绍，使袁绍不得变动。二是在讨董卓联军时，韩馥驻邺，负责提供军粮。韩馥首鼠两端，虽参

---

① ［南朝宋］范晔撰：《后汉书·袁绍传》卷七十四上，中华书局 2007 年版，第 695 页。

与其事，然而却怀疑袁绍不能成功，"每贬节军粮，欲使离散"。[①] 为袁绍所恨。三是听从谋士逢纪建议，期望占据冀州，以举大事。韩馥当时因部将麴义反叛，兵力削弱。袁绍用逢纪谋，密约幽州降虏校尉公孙瓒以讨卓为名，统幽州精兵南下，在安平将韩馥击败。初平二年（191年）七月，袁绍复派外甥高干、谋士荀谌劝说并威胁韩馥，韩馥素来懦弱胆小，不听自己部下的劝告，派儿子将冀州印绶让给了袁绍，"袁绍遂领冀州牧"。[②]

一、四战袁绍

雄心勃勃又具有强大军事实力的公孙瓒没得到冀州，反而被袁绍夺去，两人之间矛盾初露端倪。

初平二年（191年）十一月，正值青州黄巾攻略勃海，公孙瓒率步骑两万人从安平东下二百里，与战于东光（今河北省东光县），大破之。因而威震河北，冀州诸城无不望风响应。刘备、关羽、张飞参加了围剿青州黄巾的战斗。

东光战黄巾是刘、关、张参加的一次较大军事行动。"初平二年，青、徐黄巾三十万众入勃海界，欲与黑山合。瓒率步骑二万人，逆击于东光南，大破之，斩首三万余级。贼弃其车重数万辆，奔走渡河，瓒因其半济薄之，贼复大破，死者数万，流血丹水，收得生口七万余人，车甲财物不可胜算，威名大震。拜奋武将军，封蓟侯。"[③]

这时的公孙瓒盟友袁术正派孙坚屯阳城（今河南省登封市东南三十四里告成镇）与董卓对敌。袁绍派部将周昕夺取了孙坚的豫州。公孙瓒应袁术请求派从弟公孙越将千骑支援袁术。公孙越与孙坚联合进攻周昂、周昕兄弟，战斗中，公孙越被箭射死。公孙瓒大怒，乘战胜黄巾军的锐气，向南挺进近百里，屯军磐河（今山东省德州市）想报复袁绍。袁绍刚领冀州牧时间不长，自知不敌，于是把自己的勃海太守印绶让给公孙瓒的从弟公孙范，想拉

① ［南朝宋］范晔撰：《后汉书·袁绍传》卷七十四上，中华书局2007年版，第695页。

② ［南朝宋］范晔撰：《后汉书·袁绍传》卷七十四上，中华书局2007年版，第696页。

③ ［南朝宋］范晔撰：《后汉书·公孙瓒传》卷七十三，中华书局2007年版，第689页。

拢他帮助自己。公孙范反而以勃海兵帮助公孙瓒，这时公孙瓒又大破青、徐黄巾，兵力更加强盛。

自此，拉开了公孙瓒与袁绍争霸的序幕。关羽随刘备在公孙瓒率领下与袁绍经历了四次战役。

界桥之战

在与袁绍开战前，为凝聚人心，鼓舞士气，公孙瓒有个大动作，就是封官。任命严纲为冀州刺史，田楷为青州刺史，单经为兖州刺史。"又悉置郡县、守、令。"依史料，这时刘备在对抗袁绍及围剿黄巾军的战斗中，数有战功，关羽、张飞都发挥了重要作用。"公孙瓒以刘备为平原相。"[①] 刘备由别部司马被任为代理平原县令，不久又升任为平原国相，"以羽、飞为别部司马，分统部曲"。[②] 赵云主骑兵。

因为东光之战是公孙瓒与袁绍界桥之战前的唯一战事，而界桥战前，刘备由代理平原县令升为平原国相，表明刘、关、张参加了东光之战并立军功无疑。另从公孙瓒职务亦可证。刘、关、张投公孙瓒时其职务为中郎将，前边叙述已交代，公孙瓒在讨伐张纯时立功被朝廷任为骑都尉，时为中平四年（187 年）六月。辽东属国乌丸贪至王率族人投降公孙瓒后，朝廷任命其为中郎将，封都亭侯。时为中平五年（188 年）十一月。东光之战后，公孙瓒已是奋武将军。时为公元 191 年十一月。《通鉴纪事本末》作十月。刘备投公孙瓒时间，应在袁绍任冀州牧前，东光之战在同年十一月。《三国志集解》记为在当年十月，可信。而刘备投公孙瓒时为别部司马，后迁为代理平原县令，应为参加公孙瓒与韩馥的安平之战所得。东光之战后被任为平原国相。以此推之，公元 191 年六月刘备投公孙瓒大体符合历史。

史料称，这期间，刘备与关羽、张飞非常亲密，只要睡觉就在一起，情谊像兄弟一样深。而在大庭广众之中，关、张二人整天侍立在刘备身旁，跟随刘备驱驰于战场，不躲避艰难险阻。

---

① ［东汉］荀悦、［东晋］袁宏撰，张烈点校：《两汉纪》，中华书局 2020 年版，第 426 页。

② ［晋］陈寿撰，［南朝宋］裴松之注，陈乃乾校点：《三国志·蜀书·关羽传》，中华书局 1959 年版，第 939 页。

赵云，字子龙，常山国真定人（今河北省石家庄市正定县西南二十里），袁绍为冀州牧时，不去投靠袁绍而去投靠了公孙瓒，时刘备已在公孙瓒处，得相识，二人交往中，赵云跟随了刘备。

平原国包括平原（今山东省平原县南）、高唐（今山东省禹城市西南）、般（今山东省乐陵市西南）、鬲（今山东省德州市陵城区西）、祝阿（今山东省济南市西）、乐陵（今山东省乐陵市西南）、漯阴（今山东省济南市济阳区西）、安德（今山东省德州市陵城区东南）、厌次（今山东省阳信县东南）、西平昌（今山东省商河县西北）十座城池，户口十五万五千五百八十八，一百万二千六百五十八人，是人口较多的郡国。平原国一度废为郡。汉安帝时，邓太后执政，永宁元年（120年），邓太后立桓帝父亲刘翼为平原王。一年后太后死去，汉安帝乳母王圣与中常侍江京诬毁刘翼及邓太后兄弟图谋不轨，安帝就废除了刘翼的王爵，平原国亦被废除。汉桓帝执政时又把平原郡恢复为平原国。相为诸侯国的最高行政长官，职责如郡太守。刘备身为平原国相已是省部级大员。

关羽的职务是别部司马，大体相当于现在的师级。别部司马是郡国别营的军队统领，相当都尉，第六品。这时的关羽已是俸禄一千石的中高级军队职务。时间在汉献帝初平二年（191年）十一月。同一年内，关羽、张飞二人均由一般武夫升为军侯，再升为别部司马，表明在与韩馥、袁绍、黄巾军的战斗中，这对"熊虎将"战功卓著。此时的关羽已经是一支规模不大独立部队的统领了。

刘、关、张虽任职在平原国，以战争环境推算，主要生涯仍在军旅中。

既然冀州牧已归袁绍名下，而公孙瓒又任命严纲为冀州刺史，实际是向袁绍宣战。公孙瓒以为所向无敌，又有冀州各城的欢迎，于是进军二百里到广宗界桥（今河北省威县东约二十里处的古清河上），与袁绍争夺冀州的管辖权。袁绍已联合叛韩馥的大将麴义，军力复振，亲自带兵迎战。

《英雄记》详细介绍了这次战事：初平三年（192年）正月，两军会于界桥南二十里。公孙瓒步兵三万多人为方阵，骑为两翼，左右各五千余匹，公孙瓒居中间。左右有弓箭手，左射右，右射左，旌旗铠甲，光照天地。袁绍则命麴义领八百精锐之士为先锋，强弩千张为后盾，袁绍自己以步兵数万结阵于后。因麹义久在凉州，熟悉羌人斗法，兵甚骁锐。公孙瓒轻敌，以其兵少，不做准备，放骑直冲过去。麹义兵都伏于盾牌下不动，未及数十步，乃同时起立，扬尘大叫，向前猛冲。埋伏的一千张大弓，同时齐发，所中必倒。公孙瓒大败，袁绍军生擒并杀死了公孙瓒所置冀州刺史严纲。[①]

《三国演义》写刘、关、张这时竟然出现，杀败袁绍，救了公孙瓒。这是罗贯中老先生粉饰桃园三兄弟。史实不是在公孙瓒败时刘、关、张出现，而是从始至终刘备集团都参加了界桥大战。因为当时的平原还控制在袁绍手中，刘备属于虚封，不可能到位任职。

龙凑之战

界桥之战后不久，大概初平三年（192年）夏，《通鉴纪事本末》记为十二月，似不确。公孙瓒及刘、关、张在龙凑（今山东省德州市东北，临古黄河渡口，为古军事要地），与袁绍又战。"三年，瓒又遣兵至龙凑挑战，绍复击破之。瓒遂还幽州，不敢复出。"[②]

龙凑在平原国与冀州刺史部交界处，从战略意图看，龙凑之战的目的是争夺对平原国的控制权。刘备作为平原相，关羽、张飞作为别部司马，为夺取应该属于自己的地盘，必然参加这次战斗，而且是战斗的主力。

"《汉晋春秋》载绍与瓒书曰：'龙河之师，羸兵前诱，大兵未济，而足下胆破众散，不鼓而败'。"[③]详细体味袁绍给公孙瓒书信可知，龙凑之战时，公孙瓒、刘备、关羽等使用计谋，让老弱病残在前诱敌，结果，袁绍大军还未渡过河，诱敌的士兵便被吓跑了，因此，冲动后边部队而招致失败。被击败后的刘、关、张跟随公孙瓒败退到幽州故安（今河北省易县）。

巨马水之战

紧接着发生的是巨马水之战，大体在初平三年（192年）秋。袁绍不肯

① ［晋］陈寿撰，［南朝宋］裴松之注，陈乃乾校点：《三国志·魏书·袁绍传》注引《英雄记》，中华书局1959年版，第193页。

② ［南朝宋］范晔撰：《后汉书·袁绍传》卷七十四上，中华书局2007年版，第696页。

③ ［宋］司马光撰：《资治通鉴》卷六十注引，中华书局1956年版，第1942页。

善罢甘休，穷追不舍。派大将崔巨业向北征伐公孙瓒，带兵数万围攻故安，久经激战不能攻下，于是向南撤退。公孙瓒率刘备、关羽等步骑三万人追击于巨马水（今河北省雄县北三十里处），"大破其众，乘机南下，攻下郡县，遂至平原"①。《元和郡县图志》载："涞水，一名巨马水（现为拒马河），东北二里。袁绍将崔巨业攻围故安不下，退军南还，公孙瓒击破之于巨马水，死者七八千人，即此水也。"故安到巨马水战斗地点两者相距为一百二十里，乘胜南下到平原，又进展了四百里。关羽随公孙瓒、刘备，以风卷残云之势，一口气挺进五百里，由幽州刺史部，打到冀州刺史部，再打到青州刺史部，目的也是控制平原国。至此时，刘备的平原国国相职务才落实到位。

泰山之战

公孙瓒与袁绍的地区争霸主要是两条战线：一是冀州，二是青州。冀州线公孙瓒先败后胜。青州战线双方相持。

巨马水击溃崔巨业后，刘备、关羽等按公孙瓒部署被派往青州一线，屯扎地点有两个：

一是高唐。"袁术与袁绍有隙，术求援于公孙瓒，瓒使刘备屯高唐，单经屯平原，陶谦屯发干，以逼绍。"②单经作为公孙瓒任命的兖州刺史驻扎在第二线，而且驻地在青州刺史部的平原，即刘备的管辖之地。而陶谦驻扎的发干，在今山东冠县贾镇一带。刘备、关羽屯扎在高唐，处于与袁绍战斗的第一线。

二是东屯齐。"袁绍攻公孙瓒，先主与田楷东屯齐。"③齐在兖州刺史部的泰山一带。虽然《三国志·魏书·武帝纪》中，记载有"太祖与绍会击，皆破之"④。这表明一度曹操与袁绍联合曾击败过单经、陶谦、刘备几股力量，但从整体军事态势看，刘备、关羽等在与袁绍战斗中，从高唐向东南推

---

① ［南朝宋］范晔撰：《后汉书·公孙瓒传》卷七十三，中华书局 2007 年版，第 690 页。

② ［晋］陈寿撰，［南朝宋］裴松之注，陈乃乾校点：《三国志·魏书·武帝纪》，中华书局 1959 年版，第 10 页。

③ ［晋］陈寿撰，［南朝宋］裴松之注，陈乃乾校点：《三国志·蜀书·先主传》，中华书局 1959 年版，第 873 页。

④ ［晋］陈寿撰，［南朝宋］裴松之注，陈乃乾校点：《三国志·魏书·武帝纪》，中华书局 1959 年版，第 10 页。

进到泰山，向前扩张了二百里。由此可以看出，刘备、关羽此时胜多于败，处于攻势，袁绍部处于劣势。

此期间的刘、关、张集团有以下两个特点：

其一，有了一定地盘。从刘、关、张在安喜任职以来，先后任下密丞、高唐县尉、高唐县令、代理平原县令，都是在县级职务上徘徊。经过界桥战役、龙凑战役、巨马水战役，随着公孙瓒势力再一次扩张，刘备为平原相，成为东汉末年有一定影响的诸侯，关羽也荣升别部司马。

其二，影响进一步扩大。刘备主持的平原国，位置重要，处于几大刺史部交会处。在青州刺史部属于最西侧郡国。其北接冀州刺史部的勃海国（今河北省沧州市一带），西接冀州刺史部的清河国；南接兖州刺史部的东郡、济北国、泰山郡。刘备与田楷东屯齐，实际其势力范围已经扩张到了兖州刺史部的泰山郡，而泰山郡又东临徐州（约相当今江苏省长江以北和山东省东南部地区）刺史部。刘备集团在社会上的影响越来越大。

与田楷、刘备、关羽相对峙的袁绍一方则是袁谭、张郃领兵数万。双方连战二年，互有胜负，"粮食并尽，士卒疲困，互掠百姓，野无青草"[①]。和亲后各自退军。关羽随刘备回到平原国任职。时间是初平三年至四年（192—193 年）。

东救孔融

刘备曾在北海国任下密县丞，时孔融未到职。由于刘、关、张在与黄巾军及袁绍部的战斗中小有名气，当黄巾军围困侵扰北海时，北海相孔融想到了平原相刘备。北海国、平原国在地缘上均属于青州刺史部。北海国西距平原国为四百里。太史慈自告奋勇前往求援。

太史慈，字子义，东莱郡黄县（今山东省龙口市）人，从小喜欢学习，在郡府担任奏曹时，刚毅又有气节。北海相孔融很敬慕他，多次派人给他母亲送礼物进行慰问。在孔融出屯都昌（今山东省昌邑市）被黄巾军管亥部包围时，他母亲劝说他去救孔融。

---

① ［宋］司马光撰：《资治通鉴》卷六十，中华书局 1956 年版，第 1943 页。

太史慈见到刘备、关羽等后慷慨陈词："我太史慈是东莱的粗人，和孔北海既没有骨肉亲情，又不是同乡，只因为志趣相和，因而有同甘共苦的情谊。现在管亥残暴地为非作歹，孔相被围，孤独固守而没有外援，危在旦夕。因为您有仁义的美名，能够帮助别人解除危难，因此孔北海一片诚意，翘首仰望，期待您的救兵。派我冒着敌人刀光闪闪的利器，冲出重围，从九死一生中把安危托付于您，只有您才能保住孔北海性命。"刘备听后非常吃惊地回答："孔北海知道世间有我刘备呀？"毅然派关羽领三千精兵前去救援。

《后汉书·孔融传》载：刘备"即遣兵三千救之，贼乃散去"[1]。后有人认为是自动解围散去，这种说法值得商榷。试想，太史慈与孙策交手都不相上下，其武勇当属东汉一流。他在求救兵时用计谋拼命杀出重围，可见当时黄巾军数量绝不在少数，况且孔融亦应有一定数量的军队。《三国志·吴书·太史慈传》亦载："今贼困甚密。"估计黄巾军数量在万人以上。三千救兵来到，一万人的黄巾军就自动散去，不大符合历史真实。如果转到他处劫掠，也可理解，这种自动散去的说法不切实际。因此，《三国演义》所载关羽在参加解救孔融的战斗中斩黄巾军首领管亥，然后其军散去，或另有依据。

二、转战徐州

曹操攻打徐州牧陶谦，刘备、关羽、张飞等前往增援，是刘备集团政治军事生涯中第二个重大转折。刘、关、张脱离公孙瓒到徐州，也是刘备集团成为一支独立政治军事力量的开始。

陶谦字恭祖，丹阳郡丹阳县（今安徽省宣城市）人。其父为余姚长，陶谦青年时在州郡做过小官，后任舒县令（今安徽省庐江县西南），因与上司庐江郡守张磐不和而辞官，又被任为幽州刺史。后任车骑将军张温司马，参加了讨伐韩遂、边章的战事。徐州黄巾军起义时，朝廷任命他为徐州刺史，击破了这一带义军，徐州境内出现升平景象。后来，董卓被诛杀，李傕、郭汜在关中作乱，四方断绝了对朝廷的贡品，陶谦却每次派遣使者从小路走，

---

① ［南朝宋］范晔撰：《后汉书·孔融传》卷七十，中华书局2007年版，第663页。

奉送贡物到京城。朝廷下诏升迁他为徐州牧，加安东将军，封溧阳侯。当时徐州正是老百姓殷实富足的时候，外地流民大多跑到徐州来。可是陶谦却信任重用谗邪小人，不治理刑罚和行政，一些优秀善良的人反遭其害，因此徐州渐渐混乱起来。

曹嵩遭劫难

初平四年（193年）六月，下邳（今江苏省睢宁县西北）人阙宣聚众数千人，自称天子。陶谦与之联合起来，利用他扩大自己的势力范围，并夺取了兖州刺史部管辖的泰山郡华县、任城。后陶谦找借口杀了阙宣，兼并了他的人马。

陶谦夺取的泰山郡华县、任城，是曹操的地盘，这样加剧了曹操与陶谦的矛盾冲突。

纵观东汉末年，各诸侯间的战争，占主流的是地盘之战，也有政治立场之战、争夺美女之战、寻仇之战。发生在曹操与陶谦身上既有地盘之战，又有寻仇之战。

曹操字孟德，在东汉末年是一个极特殊的人物。有两大特殊点：一是出身显赫官宦之家，二是精明权谋。曹操祖父曹腾为中常侍，大长秋，即宦官首领。东汉末年允许大宦官收养子，于是曹腾收养了曹嵩，即夏侯惇叔父。曹嵩历任大司农、太尉，官高爵显，影响到其子曹操。曹操从小任侠放荡，天资出众，在上层有一定影响力和号召力。二十岁为顿丘县令，围剿黄巾军中立功，被任为济南国相。灵帝末年以典军校尉为西园八校尉之一。董卓乱政时，曹操三十四岁，首倡讨卓，散家财，起义兵。讨卓联盟瓦解后，曹操引兵向东发展，击破黄巾军黑山部，被袁绍表封为东郡太守。后青州黄巾三十万入泰山郡，兖州牧刘岱战死，在陈宫、鲍信拥戴下，自领兖州牧。

时任兖州牧的曹操，正在距华县、费县五百里外的鄄城（今山东省鄄城县北三十里）、长垣（今河南省长垣市北）、封丘（今河南省封丘县西南）一带与袁术作战，来不及对付陶谦。本来抢夺他的地盘，就令曹操愤怒，正巧又发生了另一重大事件。

这就是曹操父亲遇害一事，导致曹操对陶谦进行疯狂的报复。

曹操祖父中常侍、大长秋曹腾于建和元年（147 年）在册立桓帝时有功，被封为费亭侯。一说费亭在沛国鄿县，另一说在泰山郡费县。《后汉书三国志补表三十种》"异姓诸侯表"则把费亭划为泰山郡①，否则曹嵩到华、费居住没有理由。《三国志·魏书·武帝纪》载："初，太祖父嵩，去官后还谯，董卓之乱，避难琅邪，为陶谦所害。"意为曹嵩一开始去官后到老家谯闲居，为躲避董卓之乱，来到徐州刺史部的琅邪国避难。琅邪国与太山郡相邻，且华县、费县就在两地边界处。曹嵩到费亭封地避难和避难琅邪应是一致的。可以肯定曹嵩所封费亭侯在泰山郡之费国。②因此，本书依此说。

曹腾死，其子曹嵩嗣费亭侯。灵帝中平五年（188 年）曹嵩由太尉免职后，到老家谯县居住，一年后又带小儿子曹德到华县、费县一带休养避乱。陶谦占领华县后，即初平四年（193 年）六月，《世语》载：曹操令泰山太守应劭派人护送父亲曹嵩回兖州。华县、费县处于兖州、徐州交界处。应劭的兵还未到，陶谦手下贪曹嵩财宝，数千骑兵突然赶到，曹嵩以为是曹操派来的人，不设防。陶谦军队进门就把曹德杀死。曹嵩非常害怕，穿过后墙门，拉上其妾就跑，小妾胖，行动迟缓，跟不上，曹嵩就藏在厕所里，结果曹嵩及妾被杀，其他人也全被杀光。应劭没完成任务，突发重大意外，非常害怕，弃官投奔袁绍去了。③

曹嵩遭劫掠还有另一说。韦曜《吴书》载："太祖迎嵩，辎重百余辆。陶谦遣都尉张闿将骑二百卫送，闿于泰山华、费间杀嵩，取财物，因奔淮南。太祖归咎于陶谦，故伐之。"④

以上两说，一侧重于写细节，一侧重于写陶谦部下贪财物，但无论如何陶谦都有责任。

① ［宋］熊方等撰，刘祜仁点校：《后汉书三国志补表三十种》上册，中华书局 1984 年版，第 62 页。

② ［晋］陈寿撰，［南朝宋］裴松之注，陈乃乾校点：《三国志·魏书·武帝纪》，中华书局 1959 年版，第 11 页。

③ ［晋］陈寿撰，［南朝宋］裴松之注，陈乃乾校点：《三国志·魏书·武帝纪》注引《世语》，中华书局 1959 年版，第 11 页。

④ ［晋］陈寿撰，［南朝宋］裴松之注，陈乃乾校点：《三国志·魏书·武帝纪》注引《吴书》，中华书局 1959 年版，第 11 页。

救陶谦

董卓被诛后，其部曲李傕、郭汜、樊稠、张济反，攻陷京师，杀死王允，驱走吕布，干乱朝政，引起陶谦、孔融等不满。

徐州牧陶谦经过十年发展，已成为较强的地方割据势力，当时正与北海相孔融策划迎天子还洛阳，恰巧曹操因其父被杀前来报仇。

初平四年（193 年）秋，曹操击溃袁术后，亲自东征陶谦。攻拔十余城，在徐州首府彭城（今江苏省徐州市）大战，陶谦败走，退守郯（今山东省郯城市）。次年春二月，陶谦迫不得已请求田楷、刘备、关羽出兵帮助。关羽在刘备带领下，转战徐州，实现了又一次战略转移。

史载，"曹公征徐州，徐州牧陶谦遣使告急于田楷，楷与先主俱救之"[①]。与刘备一起救陶谦的除关、张外还有赵云。田楷、刘备两股势力到来使达到疯狂程度的曹操感受到威胁，"曹攻之不能克，乃还"。《吴书》载，曹操"乃进攻彭城，多杀人民。谦引兵击之，青州刺史田楷亦引兵救谦，公引兵退"[②]。曹操在陶谦、田楷及刘、关、张联合进攻下，第一次征徐州以失败告终。

曹操把满腹积愤，发泄在百姓身上。第一次征陶谦时进行了两次大的屠杀。

其一，在彭城（今江苏省徐州市）。《曹瞒传》载："自京师遭董卓之乱，人民流移东出，多依彭城间。遇太祖至，坑杀男女数万口于泗水，水为不流。"[③]《资治通鉴》卷六十则记为"坑杀男女数十万口于泗水"[④]。此次为曹进攻途中杀戮百姓。

其二，在取虑、睢陵、夏丘一带。曹操追击陶谦到郯。由于田楷、刘备的援军，曹不能取胜，粮食又尽，率军西行。陶、田、刘联军主动进击，

①　［晋］陈寿撰，［南朝宋］裴松之注，陈乃乾校点：《三国志·蜀书·先主传》，中华书局1959 年版，第 873 页。

②　［晋］陈寿撰，［南朝宋］裴松之注，陈乃乾校点：《三国志·魏书·陶谦传》注引《吴书》，中华书局 1959 年版，第 250 页。

③　［晋］陈寿撰，［南朝宋］裴松之注，陈乃乾校点：《三国志·魏书·荀彧传》注引《曹瞒传》，中华书局 1959 年版，第 310 页。

④　［宋］司马光撰：《资治通鉴》卷六十，中华书局 1956 年版，第 1945 页。

由郯移驻武原（今江苏省邳州市西北五十里）阻击曹军。曹操军队在大敌面前无奈，于是把气泄在百姓身上。《曹瞒传》又载："陶谦率其众军武原，太祖不得进。引军从泗南攻取虑（今安徽省泗县西北八十里）、睢陵（今江苏省睢宁县）、夏丘（今安徽省泗县）诸县，皆屠之，鸡犬亦尽，墟邑无复行人。"在曹军的屠刀下，从此，五县的城堡，再也没有什么人的踪迹，老百姓于颠沛流离之中迁移来投靠陶谦的人都被消灭了。这是献帝兴平元年（194年）二月。此次是曹在败退中杀戮百姓。

按照《前书音义》讲"《律》：杀不辜一家三人为不道"的封建律条和由此形成的观念，曹操多次残忍地屠杀生灵，是其不得人心的重要原因。

《三国志·蜀书·先主传》载："时先主自有兵千余人及幽州乌丸杂胡骑，又略得饥民数千人。既到，谦以丹阳兵四千益先主，先主遂去楷归谦。"[1] 为报答争取刘、关、张支持，壮大同盟者力量，相互为援，陶谦表刘备为豫州（约相当今淮河以北，伏牛山以东豫东、皖北地）牧。

刘备、关羽、张飞借支援陶谦，谋得了一块较大的政治地盘，因此才有"去楷归谦"。

史料没记载关羽这时的职务。从刘备任平原相职务时，关羽为别部司马。刘备被朝廷任为豫州牧，关羽、张飞作为刘备左右手，已成为一州的领军将领。

曹操第二次征陶谦

曹操自徐州退兵到鄄城。经过简单休整，两个月后，初平元年（194年）四五月，第二次征陶谦。全军出动，留司马荀彧、寿张令程昱守鄄城。曹军一路势如破竹，连拔琅邪五城，直打到东海边。在返回时过郯城东，屯扎在这里的关羽随刘备及陶谦大将曹豹主动出击，双方各有胜负。曹军又攻拔襄贲（治所在今山东省兰陵县）。所过之处，"多所残戮"。

正当陶谦与刘备、关羽联军不能克敌制胜而忧虑时，事情发生了重大转机。这就是曹操部将张邈、陈宫叛曹迎接吕布，后院起火。曹操立即掉头，

---

① ［晋］陈寿撰，［南朝宋］裴松之注，陈乃乾校点：《三国志·蜀书·先主传》，中华书局1959年版，第873页。

投入了与吕布的争战。

张邈，字孟卓，东平郡寿张县（今山东省东平县南）人。年轻时因侠义闻名，为了赈济穷人，救人危难，倾家荡产也在所不惜，很多士人归服他。曹操、袁绍都是张邈的朋友。他被征召到官府，由于工作出色做了骑都尉，又升任陈留（今河南省开封市东南）太守。董卓乱国时，曹操与时任太守的张邈首先发动义军。袁绍做了盟主后，露出骄傲自大的神色，遭到张邈义正词严地斥责，引起袁绍不满。袁绍让曹操杀张邈，曹操不听，反而批评袁绍说："张邈是我的好朋友，不论他正确还是错误，都应该容纳他。现在天下还没有安定，不应当自己危害自己人。"张邈知道这件事后，更加感激曹操。曹操在讨伐陶谦出兵时，告诫家人说："我如果回不来，就去归依张孟卓。"后来他返回，见到张邈，面对面地流下眼泪。他们之间的关系就是这样亲密。

张邈的反叛，在于陈宫的拨弄和吕布的介入。董卓被杀后，吕布在长安被董卓部将李傕、郭汜打败，投奔袁术，"袁术待之甚厚。布自恃有功于袁氏，恣兵抄掠。术患之，布不自安，去从张杨于河内。李傕等购求布急"①。布又逃归袁绍。由于吕布将士多横暴，袁绍引以为忧。吕布舍弃袁绍，遂归张杨。经过陈留时，拜访张邈，临别时两人握手盟誓。张邈怕曹操最终替袁绍杀了自己，心里很是不安。兴平元年，曹操再次讨伐陶谦时，张邈的弟弟广陵太守张超同曹操留守部将陈宫、从事中郎许汜、王楷共同谋划背叛曹操。陈宫劝张邈说："当今英雄豪杰一同兴起，天下分崩离析，你有方圆千里的广大土地，处在四面战争的环境，抚剑观望定可以称为人中豪杰，却反而被人挟制，不也太下贱了吗？现在州里军队东征，地方空虚，吕布是个壮士，英勇善战，所向无前，如果权且迎接他，共同治理兖州，静观天下形势，等待时机灵活行事，这也是驰骋天下的一个机会。"于是数人推举吕布为兖州牧，发生了叛曹反曹事件。

曹操对陶谦的这两次战争，带着复仇心理而来，把仇恨发泄在百姓身上，史料称第一次"死者数万，泗水为之不流"，第二次"所过多所残戮"。曹操两次用兵徐州，对老百姓来说是毁灭性的。晋人孙盛就曹操屠杀百姓评

---

① ［南朝宋］范晔撰：《后汉书·吕布传》，中华书局 2007 年版，第 715 页。

论说:"所谓'伐罪吊民'(征伐有罪的统治者,同时要抚恤他的百姓)是古代的优良传统。曹操因为向陶谦问罪,而残害他的百姓,实在是太过分了。"

无疑,曹、吕之战,给了刘备、关羽等发展以纵横疆场的空间和时间。

诸葛南迁

造物主总是在冥冥中给成事者在关键时刻提供方便和有利条件,给败事者设置羁绊。曹操击陶谦,给刘、关、张后来结识孔明提供了机缘和巧合。

诸葛亮的家乡是徐州琅邪郡阳都县(今山东省沂南县砖埠镇黄疃村),为曹操第二次讨伐陶谦大军南下的必经之地,因而所受战争破坏也极为严重,由于"所过残破",几乎人烟断绝。

当时十四岁的诸葛亮父、母均去世,跟随叔父诸葛玄生活。诸葛玄见到战火日益蔓延,全家老弱俱受战乱的严重威胁,决计离家远走另觅栖身之所。于是,诸葛玄留下已届弱冠之年的诸葛瑾及其继母照料旧宅,献帝兴平元年(194年)夏末带着诸葛亮、诸葛均及已达及笄之年的两个侄女兼程南下,往荆州投故旧荆州刺史刘表,刘表使其为豫章太守(治所在今江西省南昌市),诸葛玄到豫章上任不久,就发生了东汉朝廷又选派朱皓代替他的事件。豫章本属扬州刺史部。当时朝廷任命刘繇为扬州牧,袁术也自称扬州刺史,而扬州又是孙策横行的地域,刘繇刚被孙策击败,听从许子将意见屯驻彭泽。诸葛玄不肯接受朝命,拒纳朱皓。刘繇派笮融助朱皓将玄击走,玄退屯西城。建安二年(197年),西城民反,诸葛玄死。诸葛姊弟们才往依故旧刘表,到隆中躬耕陇亩,定居下来。诸葛亮在隆中积累了旷世奇才,结识了众多政坛名人,为出山辅佐刘备奠定了基础。

两州主人

陶谦在危难时刻为何向田楷、刘备求援呢?他们原是相识的朋友。陶谦曾一度任幽州刺史。在袁绍、袁术兄弟失和时,袁术求救于公孙瓒。于是,公孙瓒助袁术攻打袁绍,陶谦曾受公孙瓒统领,时"陶谦屯发干,以逼绍"。在对抗袁绍时,陶谦与刘、关、张曾在一条战线上并肩作战,一来二往,建立了友谊。

　　刘备之所以放着平原国相不当而"去楷归谦"，问题的玄机在于四点：一是鉴于陶谦缺少军事力量，可以倚重刘备。二是陶谦年老多病，已是一个垂危之人，刘备集团看到了这个势头。三是封官许愿。刘备集团到来后，陶谦便表封刘备为豫州牧。袁宏《后汉纪》载：献帝初平四年（193年）六月，"己酉，以平原相刘备为豫州牧"①。时间似有误，应为兴平元年（194年）。因为刘备支援陶谦在兴平元年（194年）二月，可以说，政治地位的重大变化起到了实质性作用。四最重要，即公孙瓒为人心胸狭窄，凡才能优秀的人，必被他抑制。刘、关、张三人想的是干一番大事业，而公孙瓒对这样的英雄集团不加重用，反而受田楷节制，脱离他是必然的了。

　　刘备由平原相到豫州牧是一个大的跨越。

　　西汉时始设的十三刺史部，其职责多次变动。称为刺史，则仅是监督机构，称为牧，则是一级行政机构。

　　按照《后汉书·光武帝纪》注载："武帝元封五年（前106年）初置部刺史，掌奉诏条察州，秩六百石，员十三人。成帝绥和元年（前8年）更名牧，秩二千石。哀帝建平二年（前5年）复为刺史，元寿二年（前1年）复为牧。经王莽变革，至建武元年（25年）复置牧，建武十八年（42年）改置刺史。"

　　东汉前期，刺史通常没有固定的治所，属吏也不算正式官员。在官职使用上刺史与郡守大体相同，因其职责仅是监督郡守。《后汉书·光武帝纪》注引《汉官典仪》载："刺史行郡国，省察政教，黜陟能不，断理冤狱。"东汉末年，刺史及州牧，称号混杂，已成为一级行政机构。这时的刺史或州牧比郡、国高一个级别。当时兖州牧曹操、徐州牧陶谦、青州刺史田楷、冀州牧袁绍、并州刺史高干、幽州刺史段训、雍州刺史邯郸商、凉州刺史韦端、交州刺史朱符、荆州牧刘表、益州刺史刘璋、扬州刺史袁术，刘备已是与这些人并驾齐驱的人物了。刘、关、张集团由控制平原一个郡级国，到控制一大州，其政治影响、地盘，都不能同日而语了。

　　刘备被表为豫州牧，也是东汉末年一个特殊的政治现象。这就是各诸侯为扩大自己的势力范围，任意表封有一定实力的政治军事力量。当时豫州有

---

① ［东汉］荀悦、［东晋］袁宏撰，张烈点校：《两汉纪》，中华书局2020年版，第435页。

刺史郭贡，陶谦又表封刘备。豫州刺史部辖颍川郡、汝南郡、梁国、沛国、陈国、鲁国。治所在谯（今安徽省亳州市）。因此刘备、关羽就不能在豫州刺史部治地谯县驻扎，而是在靠近徐州刺史部的小沛屯军。关羽、张飞以别部司马随刘备到了小沛①。这时刘备已有近万人马，关羽此时军职史料没有记载，推测刘备为豫州牧，关张二人应是将军，大体属五品官员。因别部司马是六品，刘备升任后，按理刘备应提携关张二位得力助手。作为州的军队长官，率领的军队人数大大增加了。

徐州是刘备集团到荆州、益州之前的重要用武之地，这里地处战略要冲，是东汉和三国时的兵家必争之地。关羽在这里经历了一生中大的起步、坎坷和变故。

刘备为豫州牧，陈群被任用为别驾。别驾为刺史（牧）属吏之长，盖相当于现在省政府秘书长。

史载，这期间由于数丧嫡室，刘备任豫州牧驻小沛时，纳沛人甘夫人为妾，令摄内事。据载：甘夫人绝色靓丽，且达情知变，非常贤惠。"先主甘后，沛人也，生于贱微。里中相者云：'此女后贵，位极宫掖。'及后长而体貌特异。至十八，玉质柔肌，态眉容冶。先主召入绡帐中，于户外望者，如月下聚雪。"当时河南献给刘备洁白而剔透玉人一个，高三尺，于是放置甘夫人身旁。白天与关羽、张飞商议军谋大事，晚上则拥抱着甘夫人，赏玩玉人。还常说："玉之所贵，德比君子，况为人形，而不可玩乎。"甘夫人与玉人"洁白齐润"，"观者殆相乱惑"。刘备身边希望得到宠幸的人，不但妒忌甘夫人，也妒忌玉人。甘夫人常欲"琢毁"玉人，于是劝诫刘备说，古代宋人得到玉石，献给朱国的正卿子罕。可是子罕不接受，连看都不看一眼。献玉的人说，此玉成玉人状，是一块稀世之宝，故而才奉献给你。子罕却说，我平生以不贪为宝贵，你是以玉为宝贵，若是将玉赠送给我，那么，你我都丢失了宝贝。你丢失的是宝玉，我丢掉的是廉洁这惊世之宝。所以子罕不以玉为宝，春秋时代传为佳话。②当今吴、魏未灭，哪能经常怀抱玉人无

① 小沛故址在今江苏省沛县东，东汉时为沛国的属县，沛国的首府及行政长官治相县，今安徽省濉溪市西北。为区别于沛国，因此称沛县为小沛。小沛距沛国首府相县约二百里。

② ［晋］王嘉撰，［梁］肖绮录，齐治平校注：《拾遗记》，中华书局1981年版，第191页。

休止地把玩呢？大凡"淫惑生疑"，玩物丧志，不再要求进取。刘备于是撤掉玉人，斥退身边争宠的人。当时，有道德的人都评论说甘夫人为"神智夫人"①。

陈群字长文，颍川许昌人，其祖父陈寔、父陈纪、叔父陈谌，皆名重于世。陈寔去世时，"天下致吊，会其葬者三万人"。陈群精于时务，见解深辟，因避乱到徐州，为刘备所用。后来吕布袭破刘备，归吕布。曹操击败吕布，又归曹操。被任用为司空西曹掾属，即负责选举事宜，为曹操、曹丕父子所重。历任魏国御史中丞、侍中、丞相西曹掾、武昌亭侯、尚书、颍乡侯、中领军，后为镇军大将军、录尚书事。曹丕去世前，与曹真、司马懿并受遗诏辅政。

兴平元年（194 年），刘备驻小沛时间不长，陶谦病重。他念念不忘刘备、关羽、张飞兄弟在危难时刻对自己的援助，清楚地知道刘备、关羽在群雄割据中的实力和影响力。于是对别驾麋竺讲"非刘备不能安此州也"。陶谦死后，麋竺率领州上层人士到小沛迎接刘备。

麋竺，字子仲，东海郡朐县（今江苏省连云港市西南三十里）人，祖先世代做生财获利生意，有雇工、奴仆万人，资财数亿。"获拟王家，有宝库千间"，"助先主黄金一亿斤。"② 被曹操称为"素履忠贞，文武昭烈"③。麋竺一生追随刘备，益州平定后为安汉将军，班在诸葛亮之上。

是审时度势，稳扎稳打，在豫州徐图发展，还是兼跨两州，好高骛远，有两种不同的观点。对刘备来讲，也是两种前途的选择。

豫州别驾陈群劝刘备说："袁术现在势力很强大，您现在东去徐州，袁术定会来和您争夺。吕布如果袭击将军的后路，将军即使得到徐州，事情也一定不会成功。"典农校尉陈登却对先主说："今日汉室衰微，天下将要覆没。创立功业，就在今日这个时机。徐州殷实富足，户口有百万，希望委屈

---

① ［晋］王嘉撰，［梁］萧绮录，齐治平校注：《拾遗记》，中华书局 1981 年版，第 191 页。

② 朱一玄、刘毓忱编：《三国演义资料汇编》引《拾遗记》卷八，南开大学出版社 2003 年版，第 28 页。

③ ［晋］陈寿撰，［南朝宋］裴松之注，陈乃乾校点：《三国志·蜀书·麋竺传》注引《曹公集》，中华书局 1959 年版，第 970 页。

您来主持州事，不要推让。"刘备犹豫说："袁公路近在寿春，他家四代人出了三个公爵首辅大臣，天下人心归附，您可以将州事委托给他。"陈登说："袁公路骄傲自负，不是治理乱世的人才。现在我们想给您聚集十万步骑兵。成功的话，就可以辅佐皇帝救济人民，成就王霸之业。退一步也可以割据一方，守土安民，功垂史册。如果您不听我的意见，答应我们的请求，那我陈登也不敢听从您的意见了。"北海相孔融也对先主说："难道袁公路是忧国忘家的人吗？他不过是坟墓中的一堆枯骨，有什么值得注意的。现在的情况是百姓拥戴贤能之士，天赐良机而不接受，后悔就来不及了。"

刘备既喜悦又忧心忡忡，在弱肉强食的环境中久经败阵的他不敢担此重任。

当时的政治军事形势是，北边兖州牧曹操正与陈宫、张邈推举的另一个兖州牧吕布争夺濮阳。南边扬州刺史部霸主是野心勃勃的袁术，正伺机向外扩张。任何一方的军事力量都大大超过刚刚起步的刘备。陶谦死后，曹操也曾想先占领徐州，再与吕布较量。在谋臣们的劝谏下才改变了主张。

刘备犹疑是正常的。但在徐州别驾糜竺、典农校尉陈登、北海相孔融的一再推举劝说下，刘备没采纳陈群深谋远虑的建议，被迎入徐州兼任徐州牧，治所在下邳。刘备这时已是豫州、徐州两大刺史部行政长官。陈登派使者将此事告诉袁绍，袁绍说："刘玄德弘雅有信义，现在徐州上下乐意拥戴他，诚副所望也。"

刘备任两大刺史部首长，刘、关、张做两州主人，这在东汉末年都是不多见的。如果按地盘讲，仅次于袁绍。但刘、关、张没有能将辖地控制起来，其驭政水平、驭军水平还较低。本来这对刘备集团崛起提供了更大的活动舞台。实则不然，觊觎此地的大有人在，陈群预料的马上得到应验，使他们平静的政治生涯产生了巨大的波澜。

三、交锋袁术

在刘备、关羽、张飞政治军事生涯中，袁术是一个捣乱分子，使他们走过了曲折的道路。

袁术字公路，司空袁逢之子，上几代在朝中的显赫地位，使袁术在官场有着与众不同的影响。何进执政时为虎贲中郎将。董卓刚进京时，为争取袁术支持，任命其为后将军。而袁术怕董卓加害自己，出奔南阳。正好遇到长沙太守孙坚杀南阳太守张咨，袁术就占据了南阳。当时形势是袁氏兄弟不和，袁术北联公孙瓒，袁绍则南联曹操、刘表，在争夺地盘中，曹操与袁绍联合，大破袁术。初平四年（193年）六月袁术在匡亭（今河南省长垣市西南）、封丘（今河南省封丘县西南十六里）、襄邑（今河南省睢县）、太寿（今河南省宁陵县和睢县间）、宁陵一路被曹操追逐，最后带着余部逃奔九江（今安徽省定远县西北）。其部下陈瑀拒纳袁术，术退保阴陵，合军攻逐陈瑀，于是遂有扬州（约相当今安徽淮水和江苏长江以南及江西、浙江、福建三省，湖北英山、黄梅、广济，河南固始、商城等县地）。

当时李催控制朝廷，以袁术为左将军，封阳翟侯，假节。袁术看到汉室微弱，群雄并起，海内鼎沸，有意称孤道寡。本来对曹操把自己从京畿附近赶到千里之外的九江就有怨愤，见曹操正与吕布对垒，无暇他顾，刘备无名之辈居然也占据了徐州，急于向外扩张的袁术，便发动了对刘备的战争。

建安元年（196年）六月，袁术第一次攻打刘备。"袁术来攻先主，先主拒之于盱眙、淮阴。"刘备留司马张飞守下邳，与关羽、赵云等拒袁术于淮阴石亭，相持一个多月，双方互有胜负。《三国演义》写关羽先与袁术大将纪灵交战，后斩纪灵副将荀正于马下，不知何据。

四、困疲海西

应该讲，刘备兼领豫州、徐州两州大体三年后，以其实力，不亚于袁术。如果没有其他政治军事力量介入，刘备集团击败袁术不难，但袁术成功调动了借用力量，这就是吕布。吕布出现，使形势向不利于刘备一方转化。

袁公路策反吕布

吕布初为并州（约相当今山西大部和内蒙古、河北的一部）刺史丁原主簿，受亲信。董卓入京，诱其杀丁原，归董卓，被任为骑都尉，迁中郎将，封都亭侯。又与王允合谋杀董卓。授奋威将军，封温侯。为董卓余党击败，辗转于袁术、袁绍处。兴平元年（194年）被张邈、陈宫推举为兖州牧。

刘备助陶谦拒曹操于郯城时，曹操部将陈宫与张邈叛曹迎吕布，曹操马上回师击吕布，争夺兖州地盘，在濮阳大战时曹操几乎丧命，后转入相持，因旱灾和虫灾，各退兵。第二年（兴平二年，195年）春，曹操主动出击，在巨野（今山东省巨野县）、定陶（今山东省菏泽市定陶区西北六里），大破吕布，吕布投奔刘备。刘备使之屯于下邳（今江苏省睢宁县西北下邳镇）之西。

史载，"布初与刘备和亲，后离隙"①。由此可见，刘备与吕布为儿女亲家。因义子刘封是刘备荆州时所收养。因此，应是吕布子娶刘备女儿。史料中亦记在曹操占荆州时，刘备失二女。似此，刘备长女与吕布儿子婚后不久离异。在建安十三年（208年），刘备两个女儿，包括一个离异的女儿因战乱失散，为曹操虎豹骑统领曹纯所得。

关羽随刘备与袁术在淮阴石亭相持时，下邳守将张飞与原陶谦部将下邳相曹豹不和，张飞欲杀曹豹。曹豹率自己部队坚营自守，双方相持，城中大乱。曹豹派人去接应吕布。袁术趁机诱惑吕布，给吕布写了一封信：

> 昔董卓作乱，破坏王室，祸害术门户，术举兵关东，未能屠裂卓。将军诛卓，送其头首，为术扫灭雠耻，使术明目于当世，死生不愧，其功一也。昔将金元休向兖州，甫诣封丘，为曹操逆所拒破，流离迸走，几至灭亡。将军破兖州，术复明目于遐迩，其功二也。术生年以来，不闻天下有刘备，备乃举兵与术对战；术凭将军威灵，得以破备，其功三也。将军有三大功在术，术虽不敏，奉以生死。将军连年攻战，军粮苦少，今送米二十万斛，迎逢道路，非直此止，当骆驿复致；若兵器战具，它所乏少，大小唯命。②

---

① ［晋］陈寿撰，［南朝宋］裴松之注，陈乃乾校点：《三国志·魏书·袁涣传》，中华书局1959年版，第333页。

② ［晋］陈寿撰，［南朝宋］裴松之注，陈乃乾校点：《三国志·魏书·吕布传》注引《英雄记》，中华书局1959年版，第223页。

　　吕布是一个不讲亲情、恩情，唯利是图的人。阅信后大喜，立即发兵，水陆并进东下。刘备新领徐州，人心不稳，手下中郎将丹阳许耽连夜派其司马章诳向行进到下邳西四十里的吕布报告消息，说丹阳兵有一千人在下邳西白门内等候，"闻将军来东，大小踊跃"。吕布于次日辰时赶到城下。丹阳兵打开城门迎接吕布，张飞败走。吕布尽获刘备妻子甘夫人、将吏家口和军资。[①]刘备听说吕布攻城，立即领兵从第一线返回，到下邳时，城池已被吕布攻下。刘备军队多下邳人，由此溃散。刘备、关羽、张飞、赵云会合一处向东南挺进五百里，进攻广陵（今江苏省扬州市），与袁术部队再战，又败，不得已向北撤退四百里，驻扎在海西（今江苏省灌南县）。刚刚得到的地盘就这样轻易失去了。

　　总结刘备集团徐州之失，有三点原因：

　　一是对内不善于驭人。刘备统领徐州已约三年时间，应该抚平各方关系了。实则不然，迎接吕布的有许耽，与留守下邳主将张飞有势不两立的曹豹，而且这些人还处于军政要职，一有风吹草动就里应外合。

　　二是对外不善于聚人。本来吕布投刘备时仅一千人。泰山的地方武装臧霸、孙观、吴敦、尹礼、昌豨都各有几千人。《三国志·魏书·武帝纪》载："布之破刘备也，霸等悉从布。"[②]刘备集团不善于外交周旋，不善于巧借外力，凝聚内力，减少摩擦力，调控反作用力，空有两大刺史的金招牌而不使用，孤立了自己。

　　三是作战不善于计谋。核心是不善于使用高参。以徐州、豫州两大刺史部不可能没有一流人才。比如陈群，被魏文帝曹丕"深敬器焉"，后在魏国的地位作用表明是一位不亚于孔明的人才。史料没有陈群如何助张飞守下邳，或随刘备到对抗袁术一线的记载。另一位陈登（字元龙）也是三国时顶尖人才。被刘备称为"若元龙文武胆志，当求之于古耳，造次难得比也"[③]。

---

　　① ［晋］陈寿撰，［南朝宋］裴松之注，陈乃乾校点：《三国志·魏书·吕布传》注引《英雄记》，中华书局 1959 年版，第 223 页。

　　② ［晋］陈寿撰，［南朝宋］裴松之注，陈乃乾校点：《三国志·魏书·武帝纪》，中华书局 1959 年版，第 17 页。

　　③ ［晋］陈寿撰，［南朝宋］裴松之注，陈乃乾校点：《三国志·魏书·陈登传》，中华书局 1959 年版，第 230 页。

在劝刘备任徐州刺史时许诺"为使君合步骑十万，足可以匡主济民，成王霸之业，下可以割地守境，书功于竹帛"，也没见到在守徐州时给予重用。

刘、关、张求和吕布

刘备、关羽等驻扎的海西，临近海岸，偏僻荒凉，粮草短缺，饥饿困苦，其将吏大小都自己去找食物吃。由于刘备妻子为吕布所掳，别驾麋竺把妹许配给刘备，并送金银货币以助军资，仅能维持一时，无法长期坚持。刘备便派人请和于吕布。恰逢吕布嫌袁术违约不送军粮，同意刘备回徐州，共同抵御袁术。便配备了刺史的车马和僮仆，还其妻子和部曲家属，在城东泗水上举行了简短的仪式，使刘备屯小沛，仍任有名无实的豫州刺史，自己任徐州牧。朝廷亦表封吕布为使持节平东将军领徐州牧。[①]《三国志·蜀书·先主传》称"先主遣关羽守下邳"。这时为建安元年（196 年）八月。袁术怕吕布强大危害自己，加之可以凭借吕布的军事实力，实现自己当皇帝的美梦，企图双方联姻，于是为儿子求娶吕布女儿，吕布满口答应。

如果关羽守下邳是史实，这里有一个奇怪的现象，就是这期间，关羽不是直接受刘备领导，而是听命于吕布。史称，刘备请和吕布后，自己与张飞回屯小沛。须知这时的徐州主人是吕布，其治所亦在下邳。关羽成为吕布的副将，应是刘备与吕布二人商议过的。刘备安排关羽在下邳，当是相机做吕布的联谊工作，争取吕布，抵御袁术，维护本集团的生存。另外，关羽在此期间，结识了吕布部将秦宜禄及其夫人杜氏。

《资治通鉴》卷六十二载："《考异》曰：备传云'遣关羽守下邳，此在布败后，备传误也'。"从字面理解似是笔误。从另一个角度去分析，关羽守下邳接近史实，不过时间不长，便回到刘备身边。

因为在刘备用兵历史上确曾有过两个军事集团联合作战时，双方部将交叉使用的方法。例如，赤壁大战后，刘备、周瑜联合攻打曹仁，刘备对周瑜说："仁守江陵，城中粮多，足为疾害。使张益德将千人随卿，卿分兵两千

---

① ［晋］陈寿撰，［南朝宋］裴松之注，陈乃乾校点：《三国志·蜀书·先主传》注引《英雄记》，中华书局 1959 年版，第 874 页。

人随我。相为从夏水入截仁后。仁闻吾入，必走。"[1] 退一步讲，如果关羽不驻军下邳，其认识秦宜禄夫人亦没有机缘。

此期间，据《三国志·魏书·袁涣传》载："布初与刘备和亲，后离隙。"考刘备此时还未有刘禅，因此，可推定为刘备之女嫁吕布之子，不过时间不长，便离弃。是一个政治婚姻，但时间推断不长。

五、辕门射戟

曹操在兖州的争夺中击溃吕布后，又参与到对朝廷控制权的争夺，先后击破黄巾军余部何仪、刘辟，又击败护卫天子的杨奉、韩暹，杨奉、韩暹投奔了袁术。汉献帝假曹操节钺，录尚书事。此期间，曹操密议迎天子，图谋占据有利的政治位置。在荀彧、程昱、董昭劝说下，建安元年（196年）九月，曹操迎献帝，迁都许县（今河南省许昌市西南），开始挟天子以令诸侯。为鼓励刘备对抗袁术，曹操表其为镇东将军，封宜城亭侯。试图把刘备集团纳入自己的旗帜下。据《三国志·董昭传》载，建安元年（196年）六月，各豪帅在争夺对汉献帝的护卫权时，韩暹、杨奉、董承、张杨各不相和，董昭以议郎身份为曹操作书于杨奉。彰显其佐献帝之功，拉拢关系，杨奉与诸将看到兖州牧曹操的"有兵有粮，国家所当依仰"。共表曹为"镇东将军，袭父爵费亭侯"。三个月后，曹操又表封刘备为镇东将军。可见曹急于笼络刘、关、张集团的心态。侯康《三国志补注续》载《艺文类聚》卷五十一的汉献帝诏书，兹录于此：

> 拜镇东将军袭费亭侯曹操，业履忠贞，辅干王室，顷遭凶暴，海内离析，操执义讨载黄巾，为国出命，夫禄以赏功，罚以绌否，今以操为镇东将军领兖州牧袭父费亭侯嵩爵并印绶符策。

实际上，由于吕布、袁术是曹的宿敌，且在争夺徐州时是刘备集团的仇

---

[1] ［晋］陈寿撰，［南朝宋］裴松之注，陈乃乾校点：《三国志·吴书·周瑜传》注引《吴录》，中华书局1959年版，第1264页。

敌，因此在利益的角逐中，曹操与刘备两个集团形成了统一战线。

袁术这个人是典型的纨绔子弟，在军事上除使用诈力外，更是恃强凌弱，在生活上奢靡无度。为实现代汉的野心，急剧图谋扩张。他实行近交远攻战略，一方面企图通过联姻笼络吕布，另一方面急于剪除刘备集团，并其地盘，进而困逼吕布向自己靠拢。

大概建安元年（196年）九月，袁术便派纪灵率步骑三万第二次进攻刘备，刘备求救于吕布。按史料记载，关羽这时已回到刘备身边。

面对如此形势，是站在刘备一边还是站在袁术一边，对吕布是一个重大的政治考验。吕布的部将们说：将军你想杀掉刘备，现在可以假手袁术，除掉心腹大患。吕布有一定的战略思维。他认为不能这样，袁术若攻破刘备，则北边与泰山诸将相联络，自己就会被袁术所包围，不得不救。于是率步兵一千、骑兵二百驰援刘备。

吕布并不愿与袁术干戈相向，而是想在平衡袁术、刘备两方关系中维护自己的既得利益。于是想出两条妙策：一是设宴缓和矛盾。在小沛城外西南一里屯扎，吕布召刘备、纪灵等共饮聚会。二是用赌博决定是否开战。而且赌博方式非常特殊。席间吕布对纪灵说，刘备是我的兄弟，弟为诸位所困，特来解救他。我天性不喜欢与人相斗，只喜欢解人之斗。于是，令军侯于营门中举一支戟，吕布拉拉弓弦环顾众人说："各位看我射戟小支，一发射中，那么双方退兵，如果射不中，双方可留下来决斗。"一箭正中戟旁曲支，这就是有名的"辕门射戟"典故。

江苏沛县文化馆院内有一六角亭，上悬篆书匾额"射戟台"。亭柱两侧悬联：

> 一弦飞矢鸣画戟，十万征兵卸征衣。

传称此处即吕奉先辕门射戟处。

吕布神计神箭、神威神力解除了刘备、关羽的危机，使他们避免了一次被击溃的灾难。后人多论吕布有勇无谋，实际其文韬武略在东汉末应属一流。史载，吕布败亡后，在其居所发现大批典籍。曹操给各官员车数乘，取吕布帐中物资，各取所欲。众官皆运金玉宝物，唯袁涣"取书数百卷"。可见吕布是一个善于学习、有一定文化基础的将领。不过他不善于发现、会集、使用谋士，这点上与关羽有一定相似之处。

六、计斩杨奉

在刘备集团军事力量较微弱时，袁术、吕布有斗有合，才使刘备、关羽在两股敌对势力的夹缝中得以生存下来。

建安二年（197年）五月，袁术觉得时机成熟，就派韩胤到吕布处商议自己称帝的打算，并希望为其子迎娶吕布之女。沛相陈珪担心袁术、吕布两家成婚，则徐州、扬州合纵，将会危害朝廷，于是极力设法劝阻这桩婚事，并献计说服吕布与把持朝政的曹操协同，共图大计。吕布是个政治上朝秦暮楚、没有多少主见的人，听从了陈珪建议，追还半路上就婚的女儿，与袁术绝婚。并抓获韩胤押送到许昌，被曹操处死。袁术听后大怒，立即派大将张勋、桥蕤与韩暹、杨奉联合，起步、骑兵数万，七路进攻吕布。吕布采纳陈珪的离间计，拉拢韩暹、杨奉，许诺击败袁术后给其全部军用物资，韩暹、杨奉反而与吕布联合，在下邳城下大破袁术军，生擒袁术主将桥蕤。张勋、桥蕤残部逃亡，其余的或被杀死，或被淹死，袁术大军几乎全部覆没。

袁术又重整力量率兵进攻陈国，遣客诈杀陈国王刘宠及国相骆俊。这次军事行动是袁术历史上一大败笔。刚刚败于吕布手下，又试图接近都城，控制朝政，属于重大战略失误。陈国距许昌仅二百里，是都城所在地颍川郡的邻国。在许昌控制朝政的曹操焉能容忍肘腋下强敌眠卧。九月，曹操决定亲征袁术。袁术得知消息后，立即渡过淮河逃跑，留下大将张勋、桥蕤在蕲阳抗拒曹操。曹操部将平虏校尉于禁在苦县（今河南省鹿邑县东）从围桥蕤、李丰、梁纲、乐就，斩桥蕤等四将，击溃袁术军，然后曹操还师许昌。至此，袁术势力基本被打垮，刘备的一个重要对手在曹操干预下宣告其政治生涯的破产。

被吕布策反的杨奉，先为白波义军头目，后为李傕部将，在李傕专权后期反叛，与黄巾白波帅头目韩暹联合，在护驾献帝，击退李傕、郭汜对皇帝的劫持中有功，韩暹被封为大将军，杨奉被封为车骑将军。后来曹操迎车驾迁都许昌时，双方兵戎相见，韩、杨被曹操打败，两人不得已投奔了袁术。这次会合吕布击败袁术后，纵容部下在下邳、徐州、扬州一带掠夺，他们深知吕布反复无常，想离开他到荆州去，吕布不允许。二人知道刘备与吕布有宿怨，私下与刘备联系，企图联合起来讨伐吕布。

刘备、关羽等知杨奉、韩暹凶残。特别是杨奉，《资治通鉴》卷六十二有三处载其强勇："以杨奉兵马最强而少党援。"曹操说："杨奉近在梁耳，闻其兵精，得无为孤累乎？""奉为人勇而寡虑。"三兄弟怕引狼入室，不足以控制杨奉，担心危害自己。以同意联合打击吕布为诱饵，把杨奉骗进小沛。《资治通鉴》卷六十二载："备阳许之。奉引军诣沛，备请奉入城，饮食未半，于座上缚奉，斩之。暹失奉，孤特，与十余骑归并州，为杼秋令张宣所杀。"杼秋县是沛国属县（今安徽省萧县西北六十里），位于小沛西南一百一十里。史料中没有交代谁缚杨奉、斩之，以理推之，杨奉勇猛过人，一般将士不可能绑缚他，关羽、张飞二人当是指挥及执行者。

韩暹、杨奉与曹操在争夺对汉献帝的控制权时互为仇敌，刘备设计杀二人，既给曹操送去一份厚礼，又为日后求助曹操做好了铺垫。

七、剿灭吕布

刘备、吕布是争夺徐州地盘的对手。这对难兄难弟在历史上有合有斗，而且斗多合少。吕布曾三次打败刘备集团，主要是刘、关、张兵微将寡谋低。

第一次，建安元年（196年）。吕布趁刘备、关羽与袁术作战时，袭取下邳，掳得刘备妻子。

第二次，建安二年（197年）。多年战争的磨砺使刘备集团认识到兵力强弱决定以后的发展。为抵御袁术的进攻，刘备便在小沛急剧扩兵。"复合兵得万余人"，引起了吕布的警觉。他怕刘备强大起来，威胁并报复自己。正巧，这时吕布派人到河内（郡名，治怀县，今河南省武陟县西南二十里。辖境相当今河南省黄河以北、京汉铁路以西地区）买马，为刘备部下抢夺。

吕布就亲自带兵攻打小沛，刘备败走。关羽随刘备共同投奔曹操，得到曹操的优厚待遇，曹操上表朝廷任命刘备为豫州牧。程昱劝曹操说："刘备有雄才，而甚得众心，终不为人下，不如早图之。"[①] 曹操询问郭嘉，郭嘉说："有是。然公提剑起义兵，为百姓除暴，推诚仗信以招俊杰，犹惧其未也。今备有英雄名，以穷归己而害之，是以害贤为名，则智士将自疑，回心择主，公谁与定天下？夫除一人之患，以阻四海之望，安危之机，不可不察。"[②] 曹操大笑，同意郭嘉的看法。指使刘备、关羽把小沛的散兵集中起来，给以军粮，并拨给部分军队。曹操的用意是让刘备集团做马前卒，阻击政敌吕布，借以实现自己的战略意图。

第三次，建安三年（198 年）。吕布复与袁术勾结，派中郎将高顺、北地太守张辽进攻刘备。曹操得知后，派夏侯惇增援，又被高顺等击败。《英雄记》载："顺为人清白有威严，不饮酒，不受馈遗。所将七百余兵，号为千人，铠甲斗具皆精练齐整，每所攻击无不破者，名为陷阵营。"[③] 九月，小沛城陷落，这一次又掳去了先主妻子甘夫人、糜夫人，送往吕布那里。

擒杀吕布

剿灭吕布势力是曹操集团和刘备集团的共同目标，这两个集团都曾受到吕布的欺凌。从历史发展角度看，投靠曹操，是刘备、关羽集团第三次重大转折。

建安三年（198 年）十月，曹操亲征吕布。刘备、关羽、张飞被高顺打败后逃到梁国地界（今安徽省砀山县境），正与向东挺进的曹操大军相遇，遂随曹操一起东征。屠彭城，获其相侯谐。广陵太守陈登率领郡兵做曹、刘联军前锋，曹、刘联军进攻下邳，吕布亲自带千余骑出战，被打得大败，其骁将成廉被擒。吕布与曹操、刘备在下邳城外进行过三次交战，三战皆败

---

① ［晋］陈寿撰，［南朝宋］裴松之注，陈乃乾校点：《三国志·魏书·武帝纪》，中华书局1959 年版，第 14 页。

② ［晋］陈寿撰，［南朝宋］裴松之注，陈乃乾校点：《三国志·魏书·郭嘉传》注引《魏书》，中华书局 1959 年版，第 433 页。

③ ［晋］陈寿撰，［南朝宋］裴松之注，陈乃乾校点：《三国志·魏书·吕布传》注引《英雄记》，中华书局 1959 年版，第 228 页。

北，就龟缩在下邳城内。曹操写信对吕布劝降，为陈祸福。吕布欲降，遭内部主战派拒绝。《三国志·魏书·明帝纪》注引《献帝传》载：吕布派部将秦宜禄去袁术处求救，袁术嫌吕布不可信，不但不发兵，反而把秦宜禄留下，为他娶汉宫宫女。《华阳国志》则记载秦宜禄到张杨处去求救，而不是到袁术处。《三国志·魏书·吕布传》注引《英雄记》载："布遣许汜、王楷告急于术。"似此《华阳国志》所说为是。

吕布以为是没答应其子的婚事，袁术才不发兵，就把女儿绑缚在战马身上，趁夜晚亲自送去，想以此换取袁术的支援，结果被乱箭射回。曹、刘联军掘挖壕沟围困下邳，并引沂水、泗水灌城。月余，吕布为困所迫，准备投降。陈宫曾是曹操的部将，在曹攻打陶谦时，留守东郡。他为人刚直，嫌曹滥杀成性。当时曹操刚杀害了大名士边让，陈宫害怕遭到毒手，于是投靠了吕布。陈宫觉得有负曹操嘱托，怕归曹后受到处罚，于是极力劝阻吕布说："今天投降他，好比鸟蛋扔到石头上，哪能得到保全呢？"吕布听从了陈宫的主张，固守城中，不再出战。面对巨大的军事压力，大家处于慌乱之中。加上平时吕布好色，经常勾引大将们的妻子，导致上下离心。

十二月癸酉日（199年2月7日），下邳城内发生兵变。其大将侯成、宋宪、魏续密谋后把主战的陈宫、高顺捉起来率众投降了曹操。吕布不得已下城投降。曹操杀死了吕布、陈宫、高顺。张辽、陈群、臧霸都投降了曹操。这一仗，刘备、关羽、张飞作为主攻方，发挥了重要作用。

追随吕布的张邈城破前去袁术处求救，路上被自己士兵所杀。张邈弟张超带领诸家属屯驻雍丘（今河南省杞县），曹操派兵围攻数月，城破，杀张超及所有张氏家眷。

两求公案

关羽在围攻击破吕布中作用史料不详，但此期间，发生在关羽身上有著名的两求公案。

其一，求曹操允许娶秦宜禄之妻杜氏。这件事被一些人传为笑柄，实际是不公道的。不但无损于关羽形象，恰恰表现出关羽人格的伟大之处。

《蜀记》载：

曹公与刘备围吕布于下邳，关公启公，布使秦宜禄行求救，乞娶其妻。临破，又屡启于公。公疑其有异色，先遣迎看，因自留之，羽心不自安。①

这条史料与《魏氏春秋》所记大同小异。《魏氏春秋》是这样记载的：

（秦）朗字元明，新兴人。献帝传曰，朗父名宜禄，为吕布使诣袁术，术妻以汉宗室女。其前妻杜氏留下邳。布之被围，关羽屡请于太祖，求以杜氏为妻，太祖疑其有色，及城陷，太祖见之，乃自纳之。宜禄归降，以为铚长。及刘备走小沛，张飞随之，过谓宜禄曰："人取汝妻，而为之长，乃蚩蚩若是邪，随我去乎？"宜禄从之数里，悔欲还，飞杀之。朗随母氏畜于公宫，太祖甚爱之，每坐席，谓宾客曰："世有人爱假子如孤者乎。"②

晋常璩《华阳国志》亦载：

（关）羽随先主从公围吕布于濮阳，时秦宜禄为布求救于张杨。羽启公："妻无子，下城，乞纳宜禄妻。"公许之。及至城门，复白。公疑其有色，自纳之。后先主与公猎，羽欲于猎中杀公。先主为天下惜，不听。故羽常怀惧。公察其神不安，使将军张辽以情问之。③

虽然常璩《华阳国志》中濮阳有误，但就关羽启娶秦宜禄妻杜氏一事，多种史料是一致的。清代不少学者从维护关羽高大形象出发，武断否认这件事的真实性是不足取的。

---

① ［晋］陈寿撰，［南朝宋］裴松之注，陈乃乾校点：《三国志·蜀书·关羽传》注引《蜀记》，中华书局 1959 年版，第 939 页。

② ［晋］陈寿撰，［南朝宋］裴松之注，陈乃乾校点：《三国志·魏书·明帝纪》注引《魏氏春秋》，中华书局 1959 年版，第 100 页。

③ ［晋］常璩撰，刘琳校注：《华阳国志校注》，成都时代出版社 2007 年版，第 273 页。

三个史料均写明并有细节，看来史料的真实性是没有疑义的。曹操、关羽都看上了杜氏，而曹操利用地位和特权，夺人之爱，把杜氏收入房中，并与之生曹林、曹衮两个儿子，一个女儿。后来一个封为沛王，另一个封为中山王。其女为高城公主。据李善《文选》注陆机《吊魏武帝文》引《魏略》载，杜夫人与曹生高城公主。

如何看待关羽启公和屡启公这件事。有人讲这是关羽好色，是不公允的。客观讲，关羽一而再，再而三地向曹操请求，表明四点：一是比较熟悉杜氏。从吕布被曹操击溃而投奔刘备，到后来刘备求和于吕布，刘、吕两个集团在徐州、下邳一带多有接触，二人相识无可厚非。二是表明关羽传统意识较浓。试想，三国时猛将如云，谁娶妻还求于上司？这与曹操每攻占一地，数掳人妻的做法形成鲜明对比。三是因关羽"妻无子"。四是书生气。请求答应，便有了尚方宝剑，何必一而再，再而三地"屡启于公"。联想其军旅生涯中多有失误，关羽在随机应变策略方面较弱。当时的史学家们记录这一细节，不过是表达关羽求妻求子心切和曹操不讲信义好色之切罢了。

曹操在这点上与关羽有天壤之别。他放浪形骸，好色在东汉末年名不虚传。曹操共有二十五个儿子，计有卞后、刘夫人、丁夫人、环夫人、杜夫人、秦夫人、尹夫人、王昭仪、孙姬、李姬、周姬、刘姬、宋姬、赵姬十四位夫人、昭仪、姬。曹操主持军国大事时，常令伶人在侧。而且"好养性"法，招集四方之术士为己用。曹操也曾因纵欲导致兵败和长子曹昂身亡。

曹操长子曹昂为原配夫人刘氏所生。刘氏早死，因续娶的丁夫人无子女，由其抚养。丁夫人待曹昂犹如亲生，母子感情甚笃。建安二年（197年）春，曹操征南阳张绣，张绣见曹军强大，接受谋士贾诩计策，举众投降。曹操非常好酒色，每驻一城常暗中派人觅妓女来玩乐。有一天宴毕，曹操听说张济遗孀邹氏年轻貌美，便命侄儿曹安民将她接来，软硬兼施将她奸污。家人得知，密报张绣，张绣是张济侄子，张济在与刘表作战时被箭射死，由张绣统领其众。张绣一听寡婶被奸，非常气愤，加之曹操想用重金收买张绣身边勇士胡车儿，因此，降而复叛。曹与邹氏正饮酒作乐，张绣勇士胡车儿攻入曹操大营。曹操骑"绝影"骏马夺路而逃，未到淯水河边，"绝影"已连中三箭仆地，自己右臂也中了一箭，危急之际，曹昂将自己战马让于曹操，才得以逃生。而曹昂却被乱箭射死，曹安民也被乱刀砍死，曹操大将、贴身护卫典韦也被击杀。丁夫人思念爱子痛不欲生，自毁容颜，终日以泪洗面，哭闹不已。曹操一气之下把丁夫人打发回娘家。丁夫人走后，曹操先是后悔自己因乱搞女人而断送了长子曹昂性命，继而又为自己轻率赶走丁夫人而内疚。于是就驱车去接丁夫人。当时丁夫人正在机上织布，家人告诉她曹公来了，她佯装不知。曹操进门抚丁氏肩背恳求她说："和我一起坐车回去好吗？""你是不是可以听我一次呢？"丁夫人始终一言不发，曹操黯然而去。丁氏始终没有再嫁，先于曹操而死。曹操临终前对此事还耿耿于怀，唱叹说：我近日思前想后，检讨自己的言行，倒没有什么对不住丁夫人的地方。但如果死后有知，子修（曹昂字）问起他的母亲在哪儿，我曹操将用什么话来回答呢？

其二，求曹操免杀张辽。张辽，字文远，本聂壹的后代，因与人结怨而变姓。年轻时做过郡的官吏，武力过人，被并州刺史丁原召为从事。大将军何进召各路诸侯进京，以胁迫何太后时，丁原派张辽率军进京。董卓诱使吕布杀死丁原，张辽及部队归董卓。董卓败，张辽带兵属吕布，被任为骑都尉。吕布被李傕打败，张辽跟随吕布，据濮阳，败于曹操，东奔刘备。吕布占领徐州时，势力延及豫州，张辽为鲁国相、北地太守。《三国志·魏书·张辽传》载，曹操、刘备围困下邳时，张辽率其众投降，被曹操表请为中郎将，赐爵关内侯。在《三国演义》中写成关羽跪求曹操，才免于一死，以此二人成为朋友。张辽、关羽有朋友之谊，是史实。至于关羽跪求曹操救张辽，则不见于各种史料。

※　　　※　　　※　　　※

关羽一生中，随刘备投奔各割据武装集团的九年期间，是起步中为社会认识的九年。主要生涯是战斗，无日不在刀枪林中度过。这个阶段有三个特点：

一是政治上初露锋芒。无论是在公孙瓒麾下与袁绍战斗，还是支援陶谦与曹操作战，抑或是对抗袁术，围剿吕布两个集团，关羽为骨干的刘备集团，从政治号召力，特别是战斗力上都有不俗的表现。以致一度三兄弟为豫州、徐州两州主人，这是军事实力及政治机遇相互碰撞的结果。在东汉末年一度较之袁绍、曹操都不在其下。

二是仁义勇武之名成为社会共识。刘备集团能在东汉末年成为一股政治势力，除了匡扶汉室的大旗以外，便是几位核心人物人格高尚。孔融之请、陶谦之求，是刘备集团在社会上影响度的具体表现。

三是从未来大目标着眼，不惜委曲求全。从总体上看，刘备集团在当时诸侯割据中，军事力量还较弱，为了实现匡扶汉室的政治目标，不惜求和于忘恩负义的吕布，不惜求助于一代枭雄曹操。刘备集团就是在利用较强军事集团力量避祸，在夹缝中求生存，谋未来发展。这种能屈能伸的精神在这一时期表现得最为突出，也终于成为一路诸侯。

第五章

逗留许都，刀光剑影

剿灭吕布是刘备集团政治生涯中的一件大事，不但扫除了心腹大患，而且因战功卓著被大加封赏。"先主复得妻子，从曹公还许。"[1] 建安四年（199年）正月，刘备联合曹操消灭吕布后，甘、麋二位夫人回到身边，于是跟随曹操到许昌面帝。下邳到许都五百里，以建安三年（198年）十二月底，抑或建安四年（199年）正月初回返，需十五天至二十天时间，即正月中旬回到许昌。经曹操提议，朝廷加封刘备为左将军，又拜关羽、张飞皆为中郎将。这是关羽军职由别部司马后，第一次由朝廷册封为高级将领。

中郎将的职责，汉初隶属光禄勋，主要是侍从天子，随行护驾，没有带兵的任务。到东汉的时候也派中郎将领兵，类似将军。关羽、张飞所任中郎将似杂牌中郎将，只是一种待遇，没有任何职权，其俸禄为秩比二千石，与刘备俸禄大体接近。这次战役中，除刘、关、张受封外，曹操营垒中夏侯惇加建武将军，封高安乡侯。"太祖于惇为从父兄弟。"[2] 夏侯惇作战勇猛，在与吕布两军对垒中，为流矢所中，伤左目，被军中称为"盲夏侯"。虽然史料对刘、关、张战绩无记载，从册封看，在击破吕布中，刘备、关羽、张飞、夏侯惇发挥了重要作用。

建安四年（199年）正月至五月，刘备、关羽、张飞在许都度过，虽然

---

① ［晋］陈寿撰，［南朝宋］裴松之注，陈乃乾校点：《三国志·蜀书·先主传》，中华书局1959年版，第874页。

② ［晋］陈寿撰，［南朝宋］裴松之注，陈乃乾校点：《三国志·魏书·武帝纪》注引《曹瞒传》及《郭颁世语》，中华书局1959年版，第2页。

时间不长，却做出了几件惊天动地的大事。

一、韬光养晦

自建安元年（196年）献帝都许以后，把持朝政的是曹操。曹操是绝顶聪明而又心怀叵测的人，他深知刘备枭雄，又不便轻易加害，极想笼络三人为自己所用。先后采取了几个大的措施：

一是加封。如前所述。虽说是由汉献帝册封，其实完全由曹操操纵。这是曹操的一贯手段。除以上列出的刘备、关羽、张飞、夏侯惇外，由吕布营垒投诚的张辽也被封为中郎将，赐爵关内侯。陈登因带兵支援围剿吕布的军事行动，被曹操拜为伏波将军。关羽、张飞在攻克下邳、剿灭吕布时，冲锋在前，没有封侯，张辽作为降将反而封侯，曹操对于投入自己门下的人又迭出高招，厚爱一层。

二是亲近。史载，曹操与刘备出则同舆，坐则同席。一来表明刘备人格的魅力，二来表明刘、关、张的实力，三来可看出曹操笼络收买人心的政治手段。

三是监视。胡冲《吴历》载："曹公数遣亲近密觇诸将有宾客酒食者，辄因事害之。备时闭门，将人种芜青，曹公使人窥门。"[1] 芜青，即蔓菁，球形根块肉质，系萝卜的一种。刘备是何等之人，为防患于未然，与关羽、张飞等部从闭门种起菜来。这是英雄斗智的过程，一方面表露曹操为人奸险阴毒，另一方面表明刘备、关羽等机敏避祸、韬光养晦的深沉。刘备既不走街串巷，攀结权贵，也不交游他人，广树党羽，就是看清了曹操的心机。当时刘备所处环境有了大的改进，面对的不再是军事上的压力，而是政治上的斗智斗勇。刘备曾对关羽、张飞说："吾岂种菜者乎？曹公必有疑意，不可复留。"[2]

刘备、关羽、张飞种菜，表现为没有政治追求，因此也就对曹操不构成威胁，可以躲避曹操的嫉妒和迫害。

---

[1][2] ［晋］陈寿撰，［南朝宋］裴松之注，陈乃乾校点：《三国志·蜀书·先主传》注引胡冲《吴历》，中华书局1959年版，第875页。

二、欲斩曹公

史载，曹操在攻占荆州，轻骑追击刘备，刘备仓皇自长坂斜趋东向走汉津（今湖北省沙洋县境），幸好与此前派出的关羽水军相遇，二人有一段对话。关羽说："曩共猎许田（今河南省许昌市东北三十里之许田村），若从某言，当无今日之困。"刘备辩解说："若王道辅正，安知不是福邪！"[①]这表明在许田确曾发生过关羽欲杀曹操事。主要情节细节不详。按史料记载，"猎中，众散，羽劝备杀公，备不从"。是"共猎"时关羽欲杀曹，还是"众散"时关羽欲杀曹，史料亦有矛盾，存疑。[②]据称现许田故址有射鹿台，如今，射鹿台台基仍高丈余，只是占地有所缩小。台前有两通石碑：一通为清康熙年间立，上刻"射鹿台"三字，为许州书法家滕之瑚书丹；另一通为清乾隆十二年（1747年）立，其碑文载：

> 许田射鹿，其事不见于经史，届陈寿辈为曹讳耶？然关侯尝语先主曰："许田猎下，若从某言，必无今日之厄。"是则实有其事矣！故大书于石，以塞万世奸雄之胆，而知曹之无君，自迁许始。

从刘备与关羽对话中，可知关羽在许田围猎时，欲斩曹公是史实，而且发生在献帝血诏之前，因为刘备还为曹操辩解。

关羽为何欲杀曹公？主要是其欺君罔上，祸乱朝纲。还应有关羽求娶秦宜禄弃妇杜夫人不成，而被曹操霸占一事。试想，青年时的关羽从家乡逃命前即对地方恶霸欺男霸女不满，义杀七贵。事情发生在自己身上，夺人之爱，拒人之求。何况关羽的理由是"妻无子"，是可忍，孰不可忍！

---

①② ［晋］陈寿撰，［南朝宋］裴松之注，陈乃乾校点：《三国志·蜀书·关羽传》注引《蜀记》，中华书局1959年版，第940页。

三、密谋诛曹

曹操专横，玩献帝于股掌之上。作为一代天子的献帝年方十九，也想恢复皇权的尊严。他采取了简单而激烈的方式，写血书令诛曹。

《三国志·蜀书·先主传》载：刘备还没有被曹操派遣出去拦截袁术时，"献帝舅车骑将军董承辞受帝衣带中密诏，当诛曹公"①。董承是汉灵帝母亲董太后的侄子，其女是献帝的贵人。董太后是献帝的祖母，董承是祖母之侄，从董太后论，应称其为舅叔。从董承论，其女是献帝的贵人，其实为献帝丈人。董承既是皇亲又是国戚，汉献帝把他看作至亲至近的人，委托以大事，让他组织力量，铲除曹操。

《献帝起居注》载："承等与备谋未发，而备出。"受诏的时间是建安四年三月，核心人员是董承，而参与的骨干有七八人，包括董承的心腹长水校尉种辑、议郎吴硕、将军吴子兰、王子服。据《后汉书·百官志》载："长水校尉一人，比二千石……掌宿卫兵。"虽然有掌宿卫兵的将军，董承时仍不敢轻举妄动。因为策划诛曹是件异乎寻常的大事。主要原因是曹操势力太大，而自己兵力太小。

刘备、关羽、张飞参与了密谋诛曹操事件。还没最后决定行动方式，刘备等被曹操派出去执行军事任务。

董承就又找将军王子服做鼓动工作。《献帝起居注》载：

> 承等与备谋未发，而备出。承谓服曰："郭多（郭汜）有数百人，坏李傕数万人，但足下与我同不耳！昔吕不韦之门，须子楚而后高，今吾与子由是也。"服曰："惶惧不敢当，且兵又少。"承曰："举事讫，得曹公成兵，顾不足邪？"服曰："今京师岂有所在乎？"承曰："长水校尉种辑、议郎吴硕是我腹心办事者。"遂定计。②

---

① ［晋］陈寿撰，［南朝宋］裴松之注，陈乃乾校点：《三国志·蜀书·先主传》，中华书局1959年版，第875页。

② ［晋］陈寿撰，［南朝宋］裴松之注，陈乃乾校点：《三国志·蜀书·先主传》注引《献帝起居注》，中华书局1959年版，第875页。

从史料看，刘备、关羽等只参加了前期的谋划活动，还没到决策和实施阶段，就离开了许昌。后世有人指责刘备，曹操刚刚从危难中把他解救出来，就反目相向，以此嘲笑刘备、关羽等枭雄，这是一种偏见。刘备集团核心成员有着共同的价值观，他们不是从一己之私利出发，而是以维护东汉王朝的统治为己任，对曹操凌驾于皇权之上的举止必然看不惯。除此，刘、关、张时刻提防喜怒无常的曹操，以防不测。更关键的是刘备等想干一番事业，就必须有足够的兵力和地盘，在许昌受制于人不是三人的性格。曹操让他们出去拦截袁术，正中刘备兄弟下怀。

四、谁是英雄

许昌期间，一次，曹操邀请刘备小宴，席间曹操因剿灭吕布而兴奋，对刘备说："当今天下英雄，唯使君与操耳。袁本初之流，不能相提并论。"刘备正用羹匙吃饭，以为图曹之事泄露，听曹公这么一讲，吓得羹匙落地。《华阳国志》载："于时正当雷震，备因谓操曰：圣人云：'迅雷风烈必变。'良有以也，一震之威，乃可至于此也？"[1]刘备吓得羹匙落地，正值黑云密布，电闪雷鸣，巧借惊雷作掩饰，瞒过了曹操。时间应为夏五月，在被派出击袁术前不久发生。《三国演义》描述这一细节与史实大体相同。

曹操讲这句话有三层意思：一层是曹操爱惜人才，对刘、关、张更是如此。而刘备能凝聚三人力量，并居于核心地位，对刘备崇敬有加。二层是对刘备帮了自己大忙，溢于言表。虽然击破吕布是刘备请求曹操引起，但得实惠的是曹操。吕布是曹操劲敌，由于吕布善战，濮阳之战时，曹操几乎丧命。这次军事行动，得力于刘备集团。吕布被剿灭，其地收入曹操囊中，而刘备三兄弟收获的仅是高帽子的官衔，还要在曹操掌握之中，而丢掉的是地盘，曹操是借说刘备而流露自诩英雄的本意。三层是试探刘备，进而了解刘备，为今后对付他盘算。刘备作为英雄角色，既有他本人所具有的志向、谋略、勇武、用人等优长，也有关羽、张飞的重要助手作用。

---

① ［晋］常璩撰，刘琳校注：《华阳国志校注》，成都时代出版社 2007 年版，第 272 页。

曹操一席话，刘备为什么竟吓到如此程度？其实这时他有两怕：一怕参与董承等诛曹操密谋被发觉。这时的许昌，完全是曹操的天下，稍有不慎，就会身败名裂。二怕曹操洞悉自己的宏图大志。如果让曹操识破天机，即便不遭迫害，也将身陷囹圄，插翅难逃。

这时的刘备与曹操貌合神离，但曹未发觉。据《英雄记》载，曹操与刘备密言，想取代汉献帝。刘备将此事泄露给袁绍。后为曹操所知，曹操自己咬破其舌流血，以失言警诫自己。[①]

曹操欲行篡逆之事，使刘备洞悉了曹操的内心世界，决然与之分道扬镳，但又不能暴露出来。

五、反出许昌

应该讲，刚到许昌，曹操是想笼络并控制刘备集团为自己使用。刘备则不然，因参与密谋诛曹，怕万一暴露，一切均毁于一旦。曹操部从们实际早看出刘备不肯为曹所用的本来面目。

建安四年（199年）五月，袁术已是穷途末路，前为吕布所破，后为曹操所败，奔其部曲雷薄、陈兰于灊山，为二人所拒。满怀忧惧不知所以，于是归帝号于其兄袁绍，打算从下邳路过北投其侄袁谭。曹操得知消息后，派多次受到袁术欺凌的刘备督将军朱灵、路招等截击袁术。东中郎将程昱、司空军祭酒郭嘉急忙去劝谏曹操说："刘备不可纵。"董昭亦劝曹说："刘备英勇而有大志，又有关羽、张飞作为他的羽翼，恐怕刘备心思之大是不能设想的。"[②]曹操后悔，派人去追赶，已来不及。

刘、关、张在许昌大体度过了五个月时间。

截击袁术

曹操安排的这次军事行动，是一次重要的军事活动。不但有刘备集团，

---

① ［宋］李昉编纂，夏剑钦校点：《太平御览》第四册，卷三百六十七，河北教育出版社1994年版，第66页。

② ［晋］陈寿撰，［南朝宋］裴松之注，陈乃乾校点：《三国志·魏书·董昭传》，中华书局1959年版，第438页。

还佐派朱灵、路招两支部队同去。

袁术虽然是穷途末路，因其东汉末年的地位、影响，残余人马亦不少。《江表传》载，袁术死后，其从弟袁胤、女婿黄猗等惧怕曹操，不敢守寿春，带袁术棺柩及妻子、部曲，就刘勋于皖城。袁术余众人多，而刘勋粮食少，就派人到豫章等处借粮。孙策知道后，自与周瑜率两万人袭皖城，得术百工及鼓吹、部曲三万余人。由此看来，袁术死前投袁谭、过徐州时势力仍不小。刘备及朱、路三支参加阻击的部队不会超过万人，对袁术残余部队也需进行激烈搏杀。

历史也终于给了刘、关、张报复袁术的机会。在刘备、关羽及朱灵等截击下，袁术不得过。朱灵、路招完成任务后返回许昌。

史载，被击败的袁术欲回寿春，又被群盗所袭，六月到达距寿春八十里的江亭。问厨下，尚有麦屑三十斛。时盛暑，想得到蜜浆，又无蜜。非常沮丧地坐在只铺有竹席的床上叹息良久，大声说："我袁术乃至于此吗？"于是蹲伏于床下，吐血斗余而死。

至此，刘备集团的两大对头吕布、袁术便被彻底扫出了历史舞台。

击斩车胄

吕布、袁术在时，曹操、刘备是同盟军。吕、袁两股政治势力瓦解，曹、刘矛盾便上升为主要矛盾。

刘备、关羽、张飞集团离开许昌，恰如逃脱虎口，飞出牢笼。既知天子旨意，更鼓起了与曹操为敌的勇气。到达下邳后，刘备使关羽袭杀了曹操刚刚任命的徐州刺史车胄。"使羽守下邳城，行太守事。"[①] 自己屯扎在小沛。这是关羽第一次有高级行政职务，代理下邳太守。《三国志·蜀书·关羽传》注引《魏书》还称关羽为徐州刺史兼下邳太守。

刘备、关羽袭杀车胄是情理中事。在对抗袁术时，曹操为鼓励刘备集团，表封刘备为宜城亭侯、镇东将军。在与吕布对立中，曹又表封刘备为豫州刺史。而在击破吕布之后，曹操任命车胄为徐州刺史。刘备兄弟三人奋斗数年，无任何收获，两大刺史部都属于他人，必然愤愤不平，有所行动。

---

① ［晋］陈寿撰，［南朝宋］裴松之注，陈乃乾校点：《三国志·蜀书·关羽传》，中华书局1959年版，第939页。

徐州刺史部下辖郡、国五，县、邑、侯国六十二。其中郡、国是一个层次，大体相当现在的省级，县、邑、侯国相当现在的县级。因徐州刺史驻地、下邳国驻地均在下邳，下邳太守就显得格外重要。其职位相当现在省会城市的市长。如以徐州刺史论，关羽也是省部级大员了。

刘备每每首先委以关羽重任，表明刘备驾驭部下的雄才大略，既在战场上驱使之，又在地位等方面优厚之。不但显示了刘备"仁而有度"的政治手段，也表明关羽在刘备集团中举足轻重的地位和文韬武略素质。

刘备、关羽、张飞集团敢于挑战在朝廷中执政且有一定军事实力的曹操，有以下几点原因：

一是刘备集团的政治目标是匡扶汉室，在刘、关、张眼里，曹操属于乱臣贼子，必然引发政治军事冲突。

二是曹操之所以在征袁术、破吕布中屡屡得手，军事力量当仅次于袁绍。势单力薄的刘备三人依然敢于冲出曹操营垒，显示了刘、关、张在劲敌面前无所畏惧的政治追求和与奸佞对抗的决心。

三是社会上有较强大的反曹情绪。大者如袁绍、孙策，并有一定的地方势力。挑战曹操，便于号召社会，进而扩大自己的力量。

这时，东海郡的昌霸等反，很多县叛曹操拥护刘备，刘备深知以自己力量无法抵抗曹操，就派孙乾到袁绍处联合。鼓动袁绍进攻曹操，转移曹操视线，减少自己压力，又争取了同盟军。袁绍派步骑支援刘备，刘备兵力很快发展到几万人。

击败曹军

刘备的迅速发展，引起曹操的关注。建安四年（199年）十二月，既不放心刘备，又没把他放在眼里的曹操，派司空长史刘岱、中郎将王忠征讨刘备，被击败。《三国志通俗演义》讲关羽、张飞一人捉一个到刘备处，为不激化矛盾，刘备将二人又放回许昌大体符合历史。这可从《献帝春秋》记载得到印证："刘备对刘岱等曰：'使汝百人来，其无如我何；曹公自来，未可知耳！'"[①]

---

① ［晋］陈寿撰，［南朝宋］裴松之注，陈乃乾校点：《三国志·魏书·武帝纪》注引《献帝春秋》，中华书局1959年版，第18页。

讲大话，实际是刘备作为政治家震慑敌人、鼓舞自家人士气的一种手法。虽然有数万人，刘备治军的素质和兵源素质还较差。回眸刘、关、张步入军旅以来，败多胜少，究其原因：一是军队人数少，二是打仗的韬略较差，三是军队的整体素质不高。即便有几个"万人敌"，也难以抗击强大的对手。

刘备集团为防御曹操的进攻，重新调整了力量，关羽守下邳。麋竺、麋芳、孙乾、简雍守徐州，刘备把妻子甘、麋二夫人送至徐州，即彭城。也是徐州刺史部管辖的彭城国首府。刘备与张飞"身还小沛"，处于迎战曹操的战略要冲位置。

※　　　※　　　※　　　※

刘、关、张在许昌仅不到半年时间，就犹如蛟龙在大海掀起了万丈波澜，集中一点是对待曹操。在这个重大政治问题上，集团领军人物刘备有个转变过程，关羽则更清醒，因而也最坚决。在许田射鹿这一历史事件中，刘备阻止关羽杀曹，事过不久，又参与密谋诛曹，表明刘备在政治上不如关羽成熟、政治敏感度高。

历史表明，刘、关、张三人这时有两种选择。第一条路是在朝廷中与曹操周旋，寻找机会，用政变方式实现匡扶汉室的政治路线。这条路投入少，时间短，但风险很大，不容易得手。实践表明，刘备不愿意采取这种方式。因为曹操非凡的智谋和强有力的集团效应不允许刘、关、张得手，并且有随时被绞杀的危险，从曹操营垒诸多谋士的献策可知，一把达摩克利斯之剑悬于三人头顶。第二条路则是竖大旗，以匡扶汉室为号召，积聚力量，联合相关政治军事力量，"伸大义于天下"。

刘、关、张作为一个政治集团在此期间的政治追求逐渐显露出来，他们不是为个人的官爵和利禄，单单个人以他们的武勇很容易做到，投入曹操旗下便可以实现。核心是这个集团的政治理想，在维护汉王朝统治中建功立业。因此，才有"韬光养晦"，才有密谋诛曹，才有斩杀车胄，反出许昌。这条路是刘备集团选择的正确道路。

第六章

羁寓曹营，矢志不泯

袁绍、曹操在击败各自的政治对手后，这对少年朋友就成为北方，乃至东汉后期诸侯之间争霸的主角。

曹操与袁绍都出自朝廷重臣门第，年轻时过从甚密。《三国志·魏书·袁绍传》载："太祖（曹操）少与交焉。"南朝刘义庆的《世说新语》记载了一则故事，颇能说明二人关系：

> 魏武少时，尝与袁绍好为游侠，观人新婚。因潜入主人园中，夜叫呼曰："有偷儿贼！"青庐中人皆出观，魏武乃入，抽刃劫新妇与绍还出。失道，坠枳棘中，绍不能得动。复大叫曰："偷儿在此！"绍惶迫自掷出，遂以俱免。①

且二人都是西园八校尉成员，讨伐董卓时又都是主要领导人。袁绍、袁术反目后，二人建立了联盟关系，共同合作击溃了袁术。在群雄割据中都有了自己的地盘和较强的军事力量。天下大乱的政治局势给各路英雄豪杰提供了施展抱负、驰骋疆场的舞台，曹操、袁绍都想抢先发展，雄霸中原。

袁绍不善于从未来事态发展着眼。兴平二年（195 年），袁绍时任左将军。这年冬天，十一月庚午，李傕、郭汜等追赶皇帝的车驾队伍，车驾到陕州（今河南省三门峡市）西南七里，俗谓七里涧，护驾的军队被打败，献帝

---

① ［南朝宋］刘义庆著，［南朝梁］刘孝标注，曲建文、陈桦译注：《世说新语译注》，假谲第二十七，北京燕山出版社 1996 年版，第 620 页。

被困于曹阳，露宿田中。重要谋臣沮授对袁绍献策说："今将军基本平定冀州，兵强马壮，士人归附，如果西迎皇帝大驾，迁都邺城，就可以挟天子而号令诸侯，积蓄人马来讨伐不道，谁能抵挡得住？"遭到郭图、淳于琼反对。沮授又说："现在迎来皇帝，既符合君臣大义，又是最好的时机，如不早定，一定有人抢先下手。何况办事在于抓住机会，望你好好考虑考虑。"袁绍患得患失，最终没能采纳。次年，曹操迎接汉献帝在许昌建都，收复黄河以南地区，关中都归附了曹操。袁绍很懊悔，于是致意曹操把献帝迁都到邺城，以便靠近自己，遭到曹操拒绝。

袁绍已今非昔比，在全国各路诸侯中，地盘、实力、影响都居第一位。先后歼灭了公孙瓒，又剿平了于毒、左髭丈八、刘石、青牛角、黄龙、左校、郭大贤、李大目、于氐根等黄巾余部，占据了冀州、青州、幽州、并州，在诸侯中地盘最大、军事力量最强、发展最快。这是曹操实现雄图的最大威胁，于是以皇帝名义下诏书，指责袁绍地广兵多，专门结党营私，二人的联盟关系出现裂痕。

袁绍占据四州，相当全国十三个州的三分之一。骄横之心便越来越明显，加之刘备支持，更激起他挑战曹操的勇气。建安四年（199 年），袁绍挑选精兵十万，良马万匹，打算进攻许昌，与曹操争夺对朝廷的控制权。

在巨大军事压力下，曹操的大多将领谋臣们都说袁绍不可敌，而曹操则清醒睿智地认为："我熟悉袁绍的为人，志向大，才能低，外表严厉，内心怯懦，对人嫉妒，威信不高，士兵虽多，但部署不高明，将领骄横而政令不统一。因此，土地虽然广大，粮食虽然丰富，却正好准备奉送给我。"

于是抓紧时间调兵遣将扫平了周边小的地方武装，在官渡做好迎击袁绍的军事准备。

一、兵败下邳

刘备集团反出许昌，在徐州拉大旗造曹操反，北与袁绍联络，使曹操处于腹背受敌境地，这成为曹操的心腹大患，特别是密谋诛杀曹操事件的暴露，加紧了曹操征讨刘备集团的步伐。

建安五年（200 年）正月壬午，车骑将军董承、偏将军王子服等衣带藏诏事件暴露，曹操杀董承及王子服、种辑等，夷三族。因为刘备集团参与了密谋，令曹操震怒。当时袁绍已部署完力量，准备择机对曹操发起进攻。面对严峻形势，是先征刘备，还是先应对袁绍，在重大决策前曹操习惯征询幕僚们的意见。诸将劝谏说，与主公争天下的是袁绍，现在袁绍刚聚集齐兵马，准备进攻，而舍此向东去征刘备，袁绍在后边夹击我们怎么办？曹操准确分析了刘、袁两方特点后，说："刘备是人当中的豪杰啊！现在不打败他，一定会成为后患。袁绍虽有大志，但遇事难有决断，一定不会有所行动。"袁绍虽有大志，"见事迟，必不动"。郭嘉也说："刘备势力刚刚形成，人心未附，抓紧时间进攻必然打败他。"劝曹操先进攻刘备。于是挑选精兵强将果断进击刘备。

诈降曹操

刘备、张飞驻守小沛。这时的刘备在战略分析上出现偏差，他认为曹操与袁绍开战在即，没精力来攻打徐州。等探马来报，说曹操自带兵来，刘备非常吃惊，仍然不相信。自己就带数十骑出去观望，当看到曹操帅旗，不顾他人，兜马便跑。"曹公自来，未可知耳"的话还音犹在耳，刘备就败逃了。曹军生擒刘备大将夏侯博，接着攻陷了徐州，俘获了刘备甘、糜二位夫人，然后进攻据守在下邳的关羽。

关羽做了抵抗，在曹军进攻下，暂时归顺了曹操，曹操"尽收其众，虏先主妻子，并禽关羽以归"[①]。《三国志·蜀书·关羽传》亦载："建安五年，曹公东征，先主奔袁绍。曹公禽羽以归，拜为偏将军，礼之甚厚。"[②]《三国志·魏书·武帝纪》亦载："备出奔绍，获其妻子。备将关羽屯下邳，复进攻之，羽降。"[③]

---

① ［晋］陈寿撰，［南朝宋］裴松之注，陈乃乾校点：《三国志·蜀书·先主传》，中华书局 1959 年版，第 875 页。禽，有"捕捉，制伏"义。这个意义后来写作"擒"。中华书局版《三国志》，所用即为"禽"字。本书中，引用该版本《三国志》的表述，个别字词存异的，均依照原文处理，不再特别注明。

② ［晋］陈寿撰，［南朝宋］裴松之注，陈乃乾校点：《三国志·蜀书·关羽传》，中华书局 1959 年版，第 939 页。

③ ［晋］陈寿撰，［南朝宋］裴松之注，陈乃乾校点：《三国志·魏书·武帝纪》，中华书局 1959 年版，第 18 页。

由历史的发展看，关羽投奔曹操，属于权宜之计：一是当时诸侯割据战争中，经常有敌对营垒的连横、合纵变化，今天是朋友，明天可能是敌人。与通常民族之间、国家之间的战争、叛变有所区别。二是刘备集团多次投奔曹操，有一定的人际基础。第一次，刘备在小沛屯兵，遭吕布进攻，失败后投曹操；第二次，刘备得曹操支持，给兵马、物资，又得夏侯惇支持，被高顺击败后，又去投奔曹操；第三次，剿灭吕布后，刘备、关羽、张飞随曹操到许昌受封。三是刘备集团属于没有根基，处于崛起阶段的武装集团。当时还没有形成一股让世人认可的政治力量。每次失败，都投奔他人，而投奔的诸侯，大多是以前的敌人。

从关羽给张辽的信可以看出他维护汉室的良苦用心。据传，关羽在下邳据守时，曹操派张辽去劝降，关羽除当面表达自己的观点外，还写给张辽一封信：

> 鲁仲连，东海之匹夫耳，为齐下士，然且耻不帝秦，职为通侯，列汉元宰，独可使负汉也？子且休矣！①

关羽、张辽是好朋友，即便在不利的军事形势下，关羽也没改变维护汉廷的政治立场。信的实质是开导张辽，遵从汉室。

《三国演义》对关羽诈降曹操有过精彩的描写，即土山约三事。盖出自元杂剧《关云长千里独行》，其内容与史无据。但透过情节的表达，反思关羽在许都欲斩曹、密谋诛曹前后行径，可以看出这么几层思想：

第一层，曹操非常欣赏关羽义勇品德。"壮羽为人"，降曹后，"拜为偏将军，礼之甚厚"。从刘备、曹操联合攻打吕布时，曹操对关羽就有了较深刻的认识。他目睹了关羽外表雄壮威猛和武艺超群的风采。作为爱才的曹操，极想招揽人才以便兼并群雄，否则，不会多次在众将面前流露赏识关羽，后来又放走关羽。

第二层，关羽在投降时确曾有约。不然，不会有如下记载：

---

① ［清］黄启曙著：《关圣帝君圣迹图志》之《翰墨考》，国家图书馆藏，第 350 页。

初，曹公壮羽为人，而察其心志无久留之意，谓张辽曰："卿试以情问之。"既而辽以问羽，羽叹曰："吾极知曹公待我厚，然吾受刘将军厚恩，誓以共死，不可背之。吾终不留，吾要当立效以报曹公乃去。"①

由张辽的问，关羽的答，到张辽向曹操禀报，可推断在关羽降曹之始，就没有隐瞒始终追随刘备的政治立场。

关羽不愧顶天立地的大英雄，来去明白，不隐瞒自己的政治观点。可以肯定地讲，如果没有事先约定，曹操不太可能允许关羽来去自由。《三国志》注作者裴松之在评论曹操后来让关羽离去一事而大发感慨说："臣松之以为曹公知羽不为而心嘉其志，去不遣追以成其义。"②裴老先生讲和称赞的是曹操，字里行间我们领略到关羽"终不留"曹营确有言在先。

第三层，投奔曹操不等于不忠于刘备。刘、关、张被打散，刘备下落不明，"勉从虎穴暂栖身"也未尝不可。因为曹操有双重身份，既是朝廷代表，又是割据一方的权臣。

第四层，诈降曹操，保护刘备甘、糜二位夫人。关羽羁留曹营是"宁忍一时之辱，而未尝有忘汉之心"。清张镇在《三约辩》中指出："帝（关羽）之于操，岂诚降之哉！彼方屈于势，又未知昭烈之奔亡如何？姑委曲，以行其权。"③此见解可谓一语中的。周广业在评价此事时也说："帝之不得已而归曹，故以观变取济，或兼为保护昭烈家属计。亦无不可。权而得中斯其为帝之苦心欤！"④从历史角度看，关羽此举的核心是保护刘备两位夫人。

各奔东西

刘、关、张三人这是第二次丢失徐州，比建安元年（196 年）吕布强抢

---

① ［晋］陈寿撰，［南朝宋］裴松之注，陈乃乾校点：《三国志·蜀书·关羽传》，中华书局 1959 年版，第 940 页。

② ［晋］陈寿撰，［南朝宋］裴松之注，陈乃乾校点：《三国志·蜀书·关羽传》注引裴松之语，中华书局 1959 年版，第 940 页。

③ ［清］张镇撰，宋万忠、武建华标注：《解梁关帝志》卷二，山西人民出版社 1992 年版，第 138 页。

④ ［清］周广业、崔应榴纂辑：《关帝事迹征信编》卷二十二，国家图书馆藏，第 170 页。

那次后果更惨，不但曹操"尽收其众"，"虏先主妻子"，而且"禽羽以归"。这是刘备、关羽、张飞三人自结盟以来第一次失散，也是唯一的一次失散。

刘备单枪匹马逃走，向正北跋涉四百余里，去投靠青州刺史袁谭。虽然刘备跟随公孙瓒时与袁绍、袁谭在敌对营垒战斗多年，但在反曹这一政治大背景下，使他们走到了一起。袁谭是袁绍长子，汝南人，汝南属豫州刺史部管辖，刘备任豫州牧时，曾举荐袁谭为茂才，即秀才。东汉时为避刘秀名讳改秀才为茂才。不同于后来科举制度的秀才，始于汉武帝元封四年（107年），朝廷令监察御史、司隶、州牧岁举茂才各一人。汉和帝永元十三年（101年）下诏规定，"边疆地区，有十万以上人口的郡，每年推荐孝廉一人，不满十万的郡，两年推荐一人，五万人以下的郡，每三年推举一人"。[①]汉安帝阳嘉元年（132年）安帝采纳尚书令左雄建议，"郡、国荐举孝廉，限年四十岁以下，儒生必须精通儒家经典，文史必须能够起草奏章表笺，才能够应选"[②]。所举之人作为进阶的人选。刘备有恩于袁谭，且与袁绍早有来往，袭杀车胄占领徐州之时，袁绍就出兵支持，建立了联盟关系。刘备的到来，袁谭出城很远去迎接刘备。随后刘备又跟随袁谭到邺（今河北省临漳县西南）见袁绍。袁绍遣将列队，出去二百里奉迎。刘备为人宽厚雅量，深为袁氏父子敬重。

失散后的张飞则单骑向西逃入芒砀山，经曹操老家谯郡，然后到汝南落脚。路过谯郡时，张飞掳得夏侯霸从妹。《魏略》载："建安五年（200年），时霸从妹年十三四，在本郡，出行樵采，为张飞所得。飞知其良家女，遂以为妻。产息女，为刘禅皇后。"[③]张飞此时大约三十七岁，尚未婚娶。据有关资料，张飞掳夏侯霸从妹后，因其年龄尚小，养在府中，后才纳为妻子。夏侯霸是夏侯渊次子，由此看，张飞实则夏侯渊从侄女婿。

刘备、关羽、张飞在半年时间里相互之间音信全无，而且刘备、关羽在相互对立的军事营垒里效命。此时跟随刘备的仅有赵云。《赵云别传》载：

---

① ［宋］朱熹著，朱正清主编：《资治通鉴纲目》卷八，泰山出版社2008年版，第405页。

② ［宋］朱熹著，朱正清主编：《资治通鉴纲目》卷八，泰山出版社2008年版，第454页。

③ ［晋］陈寿撰，［南朝宋］裴松之注，陈乃乾校点：《三国志·魏书·夏侯渊传》注引《魏略》，中华书局1959年版，第273页。

"先主就袁绍，云见于邺。先主与云同床眠卧，密教云合募得数百人，皆称刘左将军部曲，绍不能知。遂随先主至荆州。"[1]

从刘、关、张分散后所去的方向，也能看出三人不同的性格特征：

其一，刘备投奔袁绍，表明一个政治家的思维。就反抗曹操这一政治立场来讲，刘备、袁绍是盟友。刘备不去投靠他人，找的是自己的盟友，既考虑了事业和未来，也把情放在重要位置。他有恩于袁谭，去投袁氏有利于朝廷，也有利于自己，因为只有袁绍才能实现献帝血诏的使命。

其二，关羽投奔曹操，属于无奈的选择。是关羽忠义加策略的写照。关羽对刘备厚恩铭刻在心，无论对主之忠，还是兄弟之义，暂时投奔曹操都是最佳的选择。因为他有保护刘备二位夫人的责任。关羽很有传统思想，又很负责任。他不像张飞在遭到吕布进攻后，弃刘备家小于不顾，仓皇逃遁。关羽充分利用了曹操惜才尚义的一面，既允许关羽失败后归顺，又允许关羽日后离开。与其说曹操有政治家的胸怀，不如说关羽准确把握曹操心理，成功地利用了客观条件。

其三，张飞属于落荒而逃。张飞作为三国时期一流上将，打了很多漂亮仗，可谓粗中有细。这只是后话。但当时他跑的方向，正是曹操的政治中心地带，确实有些鲁莽，表明张飞还处于勇有余而智不足的阶段。

二、讨伐袁绍

曹操建安三年（198 年）纵奇兵击破张绣；接着东擒吕布，定徐州，击溃刘备集团后，扫清了后方的各敌对势力，于是集中精力与袁绍争霸。马上挥师官渡（今河南省中牟县东北），做好迎击和出击袁绍的准备。

袁绍当时的军事力量远远大于曹操，而且都是挑选的精良部队。颜良、文丑是河北名将，为当时各政治军事集团所公认。孔融对曹操出兵抵抗袁绍持反对态度，他在与曹操重要谋臣荀彧谈论此事时说："绍地广兵强；田丰、许攸，智计之士也，为之谋；审配、逢纪，尽忠之臣也，任其事；颜良、文

---

① ［晋］陈寿撰，［南朝宋］裴松之注，陈乃乾校点：《三国志·蜀书·赵云传》注引《赵云别传》，中华书局 1959 年版，第 949 页。

丑，勇冠三军，统其兵，殆难克乎？"①孔融这一观点，代表了曹操营垒大多数将领部从的思想情绪。

袁绍讨曹

曹、袁之战是东汉末年诸侯割据的必然结果。当时政治、军事形势下，没有哪一路诸侯不想扩大地盘，控制朝廷。当曹操、袁绍击败各自的政治对手后，新的政治对手就是下一步战争的必然选择。袁绍的军事力量更强些，他急切想控制朝廷。袁绍在讨伐曹操前，建安五年（200年）春，以为必胜，为谋得出师有名，命陈琳写檄文，布告州郡，历数曹操奸谋丑陋，争取各方支持，争夺人心。檄文如下：

盖闻明主图危以制变，忠臣虑难以立权。曩者强秦弱主，赵高执柄，专制朝命，威福由己，终有望夷之祸，污辱至今。及臻吕后，禄、产专政，擅断万机，决事省禁，下陵上替，海内寒心。于是绛侯、朱虚兴威奋怒，诛夷逆乱，尊立太宗，故能道化兴隆，光明显融，此则大臣立权之明表也。

司空曹操，祖父腾，故中常侍，与左悺、徐璜并作妖孽，饕餮放横，伤化虐民。父嵩，乞丐携养，因赃假位，舆金辇璧，输货权门，窃盗鼎司，倾覆重器。操赘阉遗丑，本无令德，僄狡锋侠，好乱乐祸。幕府昔统鹰扬，扫夷凶逆。续遇董卓侵官暴国，于是提剑挥鼓，发命东夏。方收罗英雄，弃瑕录用，故遂与操参咨策略，谓其鹰犬之才，爪牙可任。至乃愚佻短虑，轻进易退，伤夷折衄，数丧师徒。幕府辄复分兵命锐，修完补辑，表行东郡太守、兖州刺史，被以虎文，授以偏师，奖蹙威柄，冀获秦师一克之报。而曹遂乘资跋扈，肆行酷烈，割剥元元，残贤害善。故九江太守边让，英才俊逸，天下知名，以直言正色，论不阿谄，身被枭悬之戮，妻孥受灰灭之咎。自是士林愤痛，民怨弥重，一夫奋臂，举州同声，故躬破于徐方，地夺于吕布，彷徨东裔，蹈据无

---

① ［晋］陈寿撰，［南朝宋］裴松之注，陈乃乾校点：《三国志·魏书·荀彧传》，中华书局1959年版，第314页。

所。幕府唯强干弱枝之义，且不登叛人之党，故复援旌擐甲，席卷赴征，金鼓响震，布众破沮，拯其死亡之患，复其方伯之任，是则幕府无德于兖土之民，而有大造于操也。

后会銮驾东返，群虏乱政。时冀州方有北鄙之警，匪遑离局，故使从事中郎徐勋就发遣操，使善修郊庙，翼卫幼主。而便放志专行，胁迁省禁，卑侮王官，败法乱纪，坐召三台，专制朝政，爵赏由心，刑戮在口，所爱光五宗，所恶灭三族，群谈者蒙显诛，腹议者蒙隐戮，道路以目，百寮钳口，尚书记朝会，公卿充员品而已。故太尉杨彪，历典三司，享国极位，操因睚眦，被以非罪，榜楚并兼，五毒俱至，触情放慝，不顾宪章。又议郎赵彦，忠谏直言，议有可纳，故圣朝含听，改容加锡，操欲迷夺时权，杜绝言路，擅收立杀，不俟报闻。又梁孝王，先帝母弟，坟陵尊显，松柏桑梓，犹宜恭肃，而操率将校吏士亲临发掘，破棺裸尸，略取金宝，至令圣朝流涕，士民伤怀。又署发丘中郎将、摸金校尉，所过堕突，无骸不露。身处三公之官，而行桀虏之态，殄国虐民，流毒人鬼。加其细政苛惨，科防互设，缯缴充蹊，坑阱塞路，举手挂网罗，动足蹈机陷，是以兖、豫有无聊之民，帝都有吁嗟之怨。

历观古今书籍，所载贪残虐烈无道之臣，于操为甚。幕府方诘外奸，未及整训，加意含覆，冀可弥缝。而操豺狼野心，潜苞祸谋，乃欲挠折栋梁，孤弱汉室，除灭中正，专为枭雄。往岁伐鼓北征，讨公孙瓒，强御桀逆，拒围一年。操因其未破，阴交书命，欲托助王师，以相掩袭，故引兵造河，方舟北济。会其行人发露，瓒亦枭夷，故使锋芒挫缩，厥图不果。屯据敖仓，阻河为固，乃欲以螳螂之斧，御隆车之隧。幕府奉汉威灵，折冲宇宙，长戟百万，胡骑千群，奋中黄、育、获之材，骋良弓劲弩之势，并州越太行，青州涉济、漯，大军泛黄河以角其前，荆州下宛、叶而掎其后，雷震虎步，并集虏庭，若举炎火以焫飞蓬，覆沧海而沃熛炭，有何不消灭者哉？

当今汉道陵迟，纲弛纪绝。操以精兵七百，围守宫阙，外称陪卫，内以拘执，惧其篡逆之祸，因斯而作。乃忠臣肝脑涂地之秋，烈士立功之会也，可不勖哉！①

翻译成现代文为：

　　曾经听说英明的君主常居安思危，以制止变乱，忠臣常忧虑国家的危难来确立权威。以前秦国强大，但主上暗弱。赵高执掌权柄，专治朝廷诏命，作威作福，横行无忌，终于招致杀身之祸，耻辱流传至今。此后前汉吕后、吕禄、吕产专权，凡事不在朝廷上讨论，擅自决断军国大事，欺上瞒下，天下寒心。致使绛侯周勃、朱虚侯刘章愤怒已极，诛杀了逆贼和乱政之徒，尊奉太宗汉文帝，使得国运昌隆，光芒四照，这才是大臣建立权威的榜样。

　　司空曹操，其祖父曹腾，当过中常侍，与左悺、徐璜等人勾结一伙，贪婪肆虐，破坏教化，残害百姓。其父曹嵩，是曹腾的养子。用金钱买得官位，挥霍奢侈，贿赂权门，窃居高位，颠覆国家政权。曹操本人是逆宦留下的劣种，本来毫无德行，狡诈放荡，为非作歹，兴风作浪，肇祸惹乱。本幕府原先率领士卒为国扫除凶逆宦官。接着遇到董卓窃位害国，本人又挥剑击鼓，在东方率先发难，尽量网罗天下英雄豪杰，不惜使用有缺点的人，因此得以与曹操共商大计，本以为他朝臣之子，可以充当重任。谁料他眼光短浅，轻敌冒进，损兵折将，累累败绩。本幕府然后再给他补充精锐之士，替他掩盖不足，上表任他为东郡太守、兖州刺史，给他披上虎贲将军的虎纹单衣，授给他一支劲旅，鼓励他受到挫折的威严，是希望得到他像秦国孟明势那样克敌的报答。然而曹操竟然凭借这些专横跋扈，肆行无忌。残酷剥夺老百姓，残害贤良忠善。已去世的九江太守边让，英才俊逸，天下知名，常常直言政见，议论事情从不阿谀献媚，于是遭到曹操杀头悬首之刑，妻子儿女也受到焚烧死亡的罪过。由此学子们痛心疾首，老百姓怨声载道，一人举手，全州响应。所以被击败在徐州，失地于吕布，徘徊东去，几乎无地可

① ［晋］陈寿撰，［南朝宋］裴松之注，陈乃乾校点：《三国志·魏书·袁绍传》注引《魏氏春秋》，中华书局1959年版，第197页。

127

依。本幕府出于强干弱枝的大义，不与叛逆者同流合污，因之再次亲率大军，以席卷之势，毅然出兵，金鼓齐鸣，击败吕布，消除了他灭亡的隐患。恢复了他州的重任。虽然本幕府对兖州百姓没什么德泽，但对曹操有再造之恩。

正遇到皇帝銮驾返回洛阳，群寇乱政。当时冀州正受到北边公孙瓒的进攻，便不惜远离职守，派遣从事中郎徐勋前去动员曹操，修缮郊庙，护御幼主。然而曹操按照个人意愿专断，胁迫皇帝迁移许昌，欺辱百官，破坏律条和祸乱政纪，无视尚书、御史、谒者三署职责，专权朝政，封赏赐爵，随心所欲，受刑杀头，随口而令。他所喜欢的人就可以叫其光耀近支远亲，他所痛恨的便夷灭三族。聚集在一起议论国家大事，就明目张胆地杀掉，内心有意见的就隐蔽地处决。走在道路上人们只能用目观看，朝廷之上百官闭口不言，尚书只是记记朝会的时间，公卿大臣只充当随从而已。已故的太尉杨彪，曾经掌管三司，位高权重，曹操因为小小的矛盾，就给他戴上无端的罪名，笞、杖并加，五种酷刑俱全。为所欲为，不顾国家大法。还有议郎赵彦，忠心进谏，敢于直言，所议多有可取，所以朝廷愿意听他的政见，多次得到皇帝赏赐。然曹操迷乱圣明，堵塞言路，没有通报一声，便擅自将其关押，立即杀头。再有孝景帝之弟梁孝王刘武，坟陵尊贵，松柏苍苍，理应毕恭毕敬。但曹操带领将士，亲临现场，指挥挖掘，破棺暴尸，掳掠金银财宝，致使朝廷上下痛哭流涕，士民伤心。他还派遣挖掘坟丘的中郎将，抢金夺银的校尉，到处找寻坟陵，任意挖掘，所过之处无骸不露，尸骨暴野。曹操身处三宫之位，而行桀纣的做法，玷污朝廷，残害百姓，祸毒到人、鬼。加上他的执政烦琐、苛刻，制定相互防范的条例，用兵打仗的人充满小路，陷阱深坑，布满大道。人们举手就会触动网罗，投足就会陷入机关。所以兖州、豫州多有不能聊生的人，京都到处都是怨言。

纵观古今书籍，所载贪婪、残酷、肆虐无道的臣子，以曹操最坏。本幕府刚刚扫平外部奸人，还没来得及整训朝纲，有意为他掩饰所作所为，希望他能弥补过错。然而曹操怀豺狼野心，暗藏奸谋，乃至于想摧折国家栋梁，孤立控制弱小的皇帝，消除中正之士，独留自己成为乱世枭雄。去年击鼓北征，讨伐公孙瓒，用强大军队进攻叛逆，围困一年。曹操因为公孙瓒没有被击破，私自写信给他，想让他以帮助王师为理由，用他袭击我们。所以曹操带兵到黄河，船只刚刚北渡，被我方发觉，公孙瓒此时也被消灭，这才使曹操的军锋受挫而缩回，阴谋没有得逞。后来曹操屯驻敖仓，凭黄河险阻固守，妄想螳臂当车，自不量力。本幕府仰仗汉室威灵，纵横天下，拥兵百万，胡骑千群，激励将士奋摧枯拉朽之材，逞良弓劲弩之威，并州之军跨越太行山来助战，青州之旅渡济河、漯河，大军渡黄河正面与之较量，荆州之师从南阳、叶县而攻击其后。军队出发如雷霆万钧，步履若猛虎腾跃，百万大军会合到敌人的中心，这犹如举火来烧干草，倾沧海之水来灭燃烧的炭块，有什么能不被消灭的呢？

现在汉室衰败，纲纪废弛。曹操用精兵七百，围困皇帝官室，对外讲是保护天子，实际是把天子软禁起来，因害怕他干出篡逆之事，因此制作本文告，宣示天下。现正是忠臣肝胆涂地，报效国家的季节，勇武的壮士们立功于家国的大好时机，天下英雄、士民百姓能不相助吗？

檄文尖刻犀利，气势磅礴，以如刀似剑的笔锋，振聋发聩的威力，贬斥曹操，抬高袁绍，制造舆论。接着，袁绍军队对曹操首先发起了进攻。第一个目标是黎阳（今河南省浚县东），遣大将颜良攻曹东郡太守刘延于白马（今河南省滑县东十里）。袁绍重要谋臣沮授劝谏说："良性促狭，虽骁勇不可独任。"袁绍不听。

关羽这时虽然在曹营，追求的仍是匡扶汉室。在官渡之战前夕，关羽给曹操写信表明心迹：

> 刘豫州有言，尉佗秦之小吏耳，犹独立不诡。羽哑哑飞鸣，翔而后集，宁甘志终小人下也？使明公威德布于天下，斡旋汉鼎，穷海内外，将拜下风，慕高义矣，独羽兄弟哉，瞻悚，羽再具。①

---

① ［清］黄启曙著：《关圣帝君圣迹图志》之《翰墨考》，国家图书馆藏，第349页。

关羽期待的是曹操维护汉室，剿灭不遵从汉室的诸侯，布德于天下，还表达了刘备集团对曹操敬佩有加。关羽深层次意图是稳住曹操，免遭其毒手。

本书所涉关羽诸信札，盖最初出于元胡琦《关王事迹》，后有研究者臆断为伪造，但仔细品读胡琦《新编实录序》称："及考其事迹，本末俱存，国志所不载者，散在众籍，文字交错，难用检寻，览之者不无病焉。而世俗所传，道听途说，鄙悝怪诞，予窃笑之，故尝有刊正之志而未能也。"其"以本传为主，旁搜前史，互阅故书，校其同异，差次而推衍之，编为《实录》"[1]。因此观之，胡琦以非常严肃的治学和研究态度对待其编纂关羽的所涉史料。

关羽刺颜良

曹操听说刘延受到包围，就发兵去救白马。这引发我国历史上著名的官渡之战，时间是建安五年（200 年）夏四月、五月。

农历五月十七日进行的白马坡之战。军师荀攸给曹操献计说："现在我们兵力少，敌不过袁绍，分散他的兵力，才可以取胜。您到延津，做出将要进兵渡河攻其后方的样子，袁绍必定会分兵向西来战，然后我们用轻装部队奔袭白马，乘其不备，颜良就可以捉住。"这实是声东击西、调虎离山之计。实则虚之，虚则实之，出其不意，攻其不备。曹操听从了这一计策。分出一部分部队，史料未作交代，推测是派于禁、乐进二人带兵渡过延津，袁绍以为要切断自己的退路，便从延津（古代黄河流经今河南延津西北至滑县以北一段，为重要渡口。以后黄河改道，延津渐湮）渡河，带兵向西迎击。曹操则率精兵快速进攻白马。颜良的军队因曹军突然出现非常吃惊，没有思想和军事准备，在距白马十里之地仓促迎战，队列也不整齐，命令还没传达下去。曹操命张辽、关羽为先锋出击，关羽快马加鞭"望见良麾盖，策马刺良于万众之中，斩其首还，绍诸将莫能挡者，遂解白马围"。[2]

从这里我们可以看到威风凛凛的关羽武艺绝伦的风采，并为后人传颂。

---

① ［清］张镇撰，宋万忠、武建华标注：《解梁关帝志》卷三，山西人民出版社 1992 年版，第175 页。

② ［晋］陈寿撰，［南朝宋］裴松之注，陈乃乾校点：《三国志·蜀书·关羽传》，中华书局1959 年版，第 939 页。

史书中一个"刺"字，给后世留下了太多的悬案。不少论者认为关羽是用矛刺颜良于马下，然后用腰刀斩其首而还。相关戏剧中则演绎为关羽采用镫里藏身战术，马跑到颜良处，只见马，不见人，颜良惊奇中，关羽突然出现，砍翻颜良斩其首而还。笔者认为历史学家们用"刺"字意义深远而准确。其本意是二人没正式交手或用计谋的突袭。试提出三种答案：

1. "刺"讲的是一种刀法。关羽刀法精熟，别具一格。明万历出版的《三才图会·器用》载："惟关王偃月刀，刀势既大，其三十六刀法，兵仗遇之，无不屈者，刀类中以此为第一。"另今人徐青山、李文和著《关公十八刀》讲关羽首创十八种刀法，而最基本的是九种：一为劈刀，二为推刀，三为扛刀，四为翻刀，五为翻转刀，六为舞花刀，七为撩刀，八为扫刀，九为云刀。而扛刀就是刺的方法发挥致伤人命的作用。

2. 出其不意。有两种说法。

其一，《三国志通俗演义》载：关羽奋然上马，倒提青龙刀，跑下土山，将盔取下放于鞍前，凤目圆睁，剑眉直竖，来到阵前。河北军见了，如波开浪裂，分作两边，放开一条大路。公飞奔前来，颜良正在麾盖下，见关公到来，恰欲问之，马已到。云长手起一刀斩颜良于马下。中军众将，心胆皆碎，抛旗弃鼓而走。云长忽地下马，割了颜良头，拴于马项之下，飞身上马，提刀出阵，如入无人之境。

其二，元杂剧中有关公斩颜良唱段："宝刀一举留神观，颜良人头立马前，镫里藏身我把颜良斩，不斩颜良不回关。"意为关羽在战马肚子处藏身而奔去，到颜良麾下突然出现一刀刺死。

毛宗岗通行本批注说："杀得出其不意，所以谓之刺也。"这里边有许多文学家们的溢美之词。

3. 袭杀。试分析，关羽武艺绝伦，与颜良相比也不会悬殊如此，何况颜良是河北名将，勇冠三军，久经战阵和刀剑历练。何以颜良没有招架，没打一个回合便被斩首了呢？嘉靖本《三国志通俗演义》在这段描写后有小字注作出了交代。这个交代不知是传说，还是见于野史，倒入情入理：

原来颜良辞袁绍时，刘玄德曾暗嘱曰："吾有一弟，乃关云长也，身长九尺五寸，须长一尺八寸，面如重枣，丹凤眼，卧蚕眉，喜穿绿锦战袍，骑黄骠马，使青龙大刀，必在曹操处。如见他，可教急来。"因此颜良见关公来，只道是他来投奔，故不准备迎敌，被关公斩于马下。[①]

古代有些人遇事木讷，颜良就是一个典型。大敌当前，毫不做准备，见关公来，只想问他，却不加防范。关羽不知，转眼之间一代勇将颜良成了刀下亡魂。史学家故书"刺"字，不是用矛用刀的问题，而是寓意用袭杀的办法斩了颜良。正如有诗感叹的那样：

> 千万雄兵莫敢挡，单刀匹马刺颜良。
> 只因玄德临行语，致使英雄束手亡。

有资料称，清朝关庙遍及全国各地，唯颜良家乡河北省正定县辛城堡不祭关公，正是对此愤愤不平。据辛城堡百姓千年流传，五月十七日关羽斩颜良，为颜良忌日。[②]

继斩文丑

关羽斩颜良时，官渡之战正处于白热化阶段，战争的节节胜利，充分展示了曹操作为出色军事家的指挥艺术。《三国志·魏书·武帝纪》写道，解白马围后：

徙其民，循河而西。袁绍于是渡河追公军，至延津南。公勒兵驻营南版下，使登垒望之，曰："可五六百骑。"有顷，复曰："骑稍多，步兵不可胜数。"公曰："勿复白。"乃令骑解鞍放马。是时，白马辎重就道。诸将以为敌骑多，不如还保营。荀攸曰："此所以饵敌，如何去之！"绍骑将文丑与刘备将五六千骑前后至。诸将复白："可上马？"公曰："未也。"有顷，骑至稍多，或分趣辎重。公曰："可矣。"乃皆上马。时骑

---

① ［明］罗贯中著：《三国志通俗演义》卷之五第十节，上海古籍出版社 1980 年版，第 247 页。
② 本社编：《可爱的河北》卷十一，河北人民出版社 1984 年版，第 773 页。

不满六百，遂纵兵击，大破之，斩丑。良、丑皆绍名将也，再战，悉禽，绍军大震。[①]

曹操采用诱敌计，把军事物资扔满地，文丑部队只顾抢夺物资，失去控制，曹操趁机出击，主将文丑被斩，刘备败逃，曹军大获全胜。

这里边没交代文丑被谁斩，《三国演义》和民间传说皆言为关羽所杀，应该讲是符合历史情况的。可这样分析：

一是关羽随曹操参加了这次军事行动。因为关羽刚降曹，不可能派他作为一支独立力量完成某项任务。

二是曹操诸名将中，没有一人被明确为击斩文丑。这次军事行动中，曹操各名将的战斗地点如下：

（1）徐晃、张辽、关羽在官渡一线；

（2）于禁、乐进从延津西南，缘河至汲、获嘉二县，击袁绍别营；

（3）夏侯惇屯敖仓、孟津，为接应部队；

（4）夏侯渊前期为督军校尉，后期做押粮官；

（5）曹仁驻阳翟（今河南省禹州市），守护许昌地区；

（6）曹洪驻宛县，以防刘表；

（7）许诸虽参与官渡之战，但其职责是曹操卫士；

（8）李通、满宠驻汝南，以防孙策；

（9）李典以离狐（今山东省东明县北）太守从白马东率宗族及部曲征集粮食、衣服供应军队。

（10）琅琊相臧霸督青、徐州事。

（11）典韦已于建安二年（197年）随曹操征张绣时战亡。

最接近写明的是徐晃。《三国志·魏书·徐晃传》载：徐晃"从破刘备，又从破颜良，拔白马，进至延津，破文丑，拜偏将军"。这表明在破文丑中徐晃参加了战争，作出了突出贡献。但如果文丑为徐晃所斩杀，史料肯定要写上一笔。古代史学家们用字非常审慎，破和斩有很大差距。即便是徐晃部

---

① ［晋］陈寿撰，［南朝宋］裴松之注，陈乃乾校点：《三国志·魏书·武帝纪》，中华书局1959年版，第19页。

下杀文丑，也可表述为徐晃斩丑，可见文丑不是徐晃及其部队所杀，这样的大事史官们不会缺漏。比如，在乐进传中写道，从击袁绍于官渡，力战，斩绍将淳于琼，从击袁谭、袁尚于黎阳，斩其大将严敬；于禁传中亦写，从围桥蕤于苦，斩桥蕤等四将，都写得明明白白，何况文丑地位名望要高于淳于琼、桥蕤。

三是凡斩杀敌方名将者，在古代军事行动过后都要记功受封。曹操是善于治军的人，如果是自己属下不出名将士立功，也要有重大封赏。何况文丑作为河北名将，军队人数、气势又占优势位置，正常情况下，一般将领不可能在激战中杀得了他。

南宋洪迈《容斋续笔》载："关羽手杀袁绍二将颜良、文丑于万众之中。"[①] 俞樾评价说："按《三国志》本传但有杀颜良事，文丑非公所杀也。乃宋时即有此说，则今演义流传亦有所本矣。"[②]

一些研究者但凭史料有无肯定或否定一件事情，是不足取的。因为史料对历史细节，失记的多如牛毛，且史学家写史与占有素材的多寡亦有关系。

受封汉寿亭侯

关羽在白马斩颜良，又于延津诛文丑，立了大功，为曹操反击袁绍之战率先奏捷，曹操表关羽为汉寿亭侯。

汉寿亭侯属于列侯。前汉列侯没有区别，东汉始有亭、乡、县侯之别。

自秦代始，对军队将士以功赐爵，称为二十等爵，由秦商鞅创制。汉承秦制。古代打仗都是乘车。兵车一乘，需步卒七十二人，分翼左右。在车上，大夫在左，御者在中间，勇士居右，总共七十五人。一爵为公士，二爵为上造，三爵为簪袅，四爵为不更。以上为士爵。五爵为大夫，六爵为官大夫，七爵为公大夫，八爵为公乘，九爵为五大夫。以上为大夫。十爵为左庶长，十一爵为右庶长，十二爵为左更，十三爵为中更，十四爵为右更，十五爵为

① 朱一玄、刘毓忱编：《三国演义资料汇编》引《容斋续笔》卷十一《名将晚谬》，南开大学出版社 2003 年版，第 121 页。

② 朱一玄、刘毓忱编：《三国演义资料汇编》引《茶香室续钞》卷十六《关公杀颜良文丑》，南开大学出版社 2003 年版，第 630 页。

少上造，十六爵为大上造，十七爵为驷车庶长，十八爵为大庶长。以上为九卿。十九爵为关内侯。二十爵为彻侯。避汉武帝讳，改通侯，又改列侯。①

《后汉书·皇后纪》注载："汉法，乡亭侯视中二千石。"《宋书·百官志》载："亭侯第五品，在关内侯上。"《后汉书》亦载："列侯，……即为彻侯，授金印紫绶。"概括起来，关羽这时已是官居五品、金印紫绶、每月俸禄一千八百斗谷子（其中一半钱一半谷）的省部级大员了。

不过古书记载归记载，似与实际有所区别。依明甘旸著《甘氏集古印谱》载：侯印多为铜印，涂金龟钮。篆字。大体正方形，边长两厘米，阴文。

汉寿是地名，在荆州刺史部武陵郡汉寿县。卢弼《三国志集解》称："汉寿县治索城，即索县之故城也。汉顺帝阳嘉中改从今名。《一统志》载，汉寿故城今湖南常德府武陵县东北六十里空笼城即古汉寿旧城也。"在今湖南省汉寿县西北三十里断岗头一带。从上边可知，关羽所佩之印为涂金铜印。因此，后世所谓多种资料盛传获"汉寿亭侯"玉印、"寿亭侯"玉印可证均为伪制。

关羽拜汉寿亭侯后，给曹操一封信：

> 明公布大义于天下，而速取自树，非羽之所敢知，若犹是汉也，羽敢不臣汉哉？敢拜嘉命之辱。②

关羽的策略是有捧有抑。既对曹操的宏图伟略肯定，又反复申明维护汉廷的立场。也是在此期间，关羽知道了刘备踪迹。二人亦有书信来往，清学者黄启曙辑《关帝全书》载关羽给刘备信：

> 昔高祖与项羽共争天下，高祖数败于项，人皆贺项而哀刘矣！及九里之役，一战而开四百年之业，志素定也。羽昔与君侯共破黄巾，迄今百战，或胜或负，其志愈坚，何为忽生变异也？君勿堕志，恐来天下笑端耳。③

---

① ［宋］徐天麟撰：《东汉会要》，上海古籍出版社1978年版，第250页。

② ［清］黄启曙著：《关圣帝君圣迹图志》之《翰墨考》，国家图书馆藏，第350页。

③ ［清］黄启曙汇辑：《关帝全书》卷一《翰墨考》，国家图书馆藏，第76页。

无独有偶，《三国志通俗演义》卷之七第二节"刘玄德败走荆州"中，讲到刘备在汝南时被曹操击败后，对前途沮丧，他让大家各奔前程。关羽劝阻时，讲了上边这一段话。毛宗岗本《三国演义》保留了这段话的精髓，但有大的砍削。究其原因，未明，推测黄启曙所辑应有所本。

在关羽劝谏下，刘备坚定了干一番事业的信念，这才有刘备离开袁绍，关羽千里寻找故主。

三、亡归刘备

搞清这个问题，需对官渡之战所涉各方政治军事力量的变化进行追寻。

官渡之战

曹操、袁绍之战大体经历了这么几个阶段：

第一阶段，建安五年（200 年）春二月，袁绍遣颜良攻曹操别将刘延于白马。四月，曹操救刘延。五月关羽斩颜良，解白马围。

第二阶段，约夏五月，袁绍使刘备、文丑挑战，曹操又击破之，关羽斩文丑。大约五月下旬，关羽离开曹营。

第三阶段，约夏六月，双方再战，擒绍二大将。[1]

第四阶段，约秋七月，曹操还屯官渡，袁绍进保阳武（今河南省原阳县东南），短暂相持，双方各自谋划大的军事行动。这期间发生了没影响整个大局，但事涉刘备集团的一件大事，就是"汝南黄巾刘辟等叛曹公应绍"，除刘辟外还有祝臂。袁绍遣刘备率兵助刘辟等，攻略许都附近的汝、颍地区。曹操派曹洪、徐晃击破祝臂。派曹仁击破刘备、刘辟，关羽在汝南寻找到刘备，刘备又返回袁绍那里。

第五阶段，秋八月，双方重新部署力量，进行决战。袁绍连营向曹军推进，东西长达数十里。曹操亦分营相对，初战对曹不利。袁绍逼近官渡曹操大营，双方斗智斗武，曹操军队几乎崩溃。这期间事涉刘备集团两件大事：

---

① ［南朝宋］范晔撰：《后汉书·袁绍传》卷七十四上，中华书局 2007 年版，第 702 页。

一是刘备回到袁绍处后，打算离开袁绍，以南联刘表为理由要求南下，袁绍派刘备带本部兵马回到汝南，与义军龚都等联合，人数达到数千人；二是曹操派蔡阳攻打刘备、龚都，蔡阳被刘备所杀。

第六阶段，九月，曹操派徐晃、史涣尽烧袁绍运粮车数千辆；曹操得意地对袁绍的运粮官们说："再过十五天，让你们看看我破袁绍，就不用你们运粮啦。"

第七阶段，冬十月至十一月，曹操留曹洪守大营，自带步骑五千击淳于琼的护粮部队。袁绍则遣张郃、高览进攻曹洪。曹操大破袁绍护粮军，乐进斩淳于琼。由于袁绍内部矛盾，张郃、高览带兵投降曹操。袁绍及袁谭带八百骑渡河逃到黎阳北岸。其八万投降军队为曹操尽坑杀。

第八阶段，建安六年（201年），曹操主动渡河击破袁绍仓亭军，袁绍回冀州。九月，曹操还许昌。

整个战役，大体一年半时间，以曹操大胜、袁绍大败告终。

关羽仅参加了战役开始的解白马围和白马山南坡之战。其亡归刘备的时间在建安五年（200年）五月到七月。

拜书辞曹

关羽亡归刘备是在第一次刘备到汝南支持刘辟，曹操派曹仁将兵出击，刘备被击败再次回到袁绍军营之前发生的。因为刘备回到袁绍处就要求南联刘表，"阴欲离开"，这表明刘备原先的力量又重新聚集，而袁绍也答应刘备带本部重回汝南。

据《三国志·蜀书·关羽传》记载，曹操爱惜人才，尤爱关羽，深知关羽义勇双全。他经常观察关羽，发现关羽没有长期在曹营的思想，便对张辽说："你以你们的朋友交情去问问他。"关羽在征战吕布及官渡之战期间，与张辽、徐晃交往甚密，且与二人是同乡。张辽作为关羽的朋友按曹操的意图去问关羽，关羽长叹说道："我深深感受到曹公对我的深情厚谊，然而我受刘左将军的厚恩，曾发誓同生共死，不可背叛誓言。我终究不留在这里，我要立功报效了曹公才能离去。"张辽想直接告诉曹操，又怕曹操杀了关羽，不直接转达关羽的话又不符合事奉君主的规范，感叹说："曹公是君父，关羽是兄弟。"于是把询问关羽的始末，如实告诉了曹操。曹操听后说："事奉君主不忘本，关羽堪称义士啊。你估计关羽何时离开呢？"张辽说："关羽受您的大恩，必立效报答厚恩以后，才肯离去。"

斩杀颜良、文丑后，关羽知道了刘备下落，归刘备心切志坚，史载"拜书告辞"：

> 羽闻主忧则臣辱，主辱则臣死。曩所以不死者，欲得故主之音问耳。今故主已在河北，此心飞越，神已先驰，惟明公幸少秨之。千里追寻，当不计利害、谋生死也。子女玉帛之赐，勒之寸丹，他日幸以旗鼓相当，退君三舍，意亦如重耳之报秦穆者乎，关羽谢。[①]

曹操爱惜关羽人格武艺，"知其必去，重加赏赐"。一旦关羽辞书封金，早传到曹操那里。曹操亦是情理中人，给关羽写了回书：

> 玄德吾弟也，将军事玄德如事孤耳。本初刚愎自用，宜不相下，孤视天下，犹一家也。归语玄德，乘长风者半舟楫，白日往矣，瞻乌爰止，于谁家之屋哉。[②]

关羽接到曹操的信，又写了封谢曹信：

> 窃以日在天之上，心在人之内。日在天上，普照万方，心在人内，以表丹诚，丹诚者，信义也。羽昔受降之日，有言曰："主亡则死，主存则归。"新受曹公之宠顾，久蒙刘主之恩光。丞相新恩，刘公旧义，恩有所报，义无所断。今主之耗羽已知，望形立相，觅迹求功。刺颜良于白马，诛文丑于南陂。丞相之恩，满有所报，每留所赐之物，尽在府库封缄。伏望台慈俯垂鉴照。[③]

---

① ［清］黄启曙著：《关圣帝君圣迹图志》之《翰墨考》，国家图书馆藏，第351页。
② ［清］周广业、崔应榴纂辑：《关帝事迹征信编》卷十九，国家图书馆藏，第57页。
③ ［清］黄启曙著：《关圣帝君圣迹图志》之《翰墨考》，国家图书馆藏，第351页。

亡归刘备的时间

关羽亡归刘备的具体时间，史料记载有三处。

1.《三国志·蜀书·关羽传》载："及羽杀颜良，曹公知其必去，重加赏赐，羽尽封其所赐，拜书告辞，而奔先主于袁军。"

2.《三国志·魏书·武帝纪》载："公还军官渡，绍进保武阳，关羽亡归刘备。"

这两则记载稍有区别。关羽传主要是突出其义的本质，时间线索比较简略，"而奔先主于袁军"，实质是讲离开曹操，亡归先主。有些人片面理解这条史料，认为是从曹操大营直接到袁绍大营，这是错误的。有三点错误：（1）刘备不在袁绍大营，而在汝南。（2）关羽亡归时，不是从曹操阵地离开，而是护卫刘备两位夫人，从许昌离开。（3）关羽离开曹操一方的时间是五月下旬。即斩颜良、文丑，并授封汉寿亭侯、曹重加赏赐之后。

关羽何时到刘备身边的呢？

3.《三国志·蜀书·先主传》表达得最为准确："曹公与袁绍相拒于官渡，汝南黄巾刘辟等叛曹应绍。绍遣先主将兵与辟等略许下。关羽亡归先主。"

4.《世语》记载较详："关羽既得先主在绍军，遂封书辞曹，间行迁道奔河北，中途颇为关隘守将所阻，羽皆以智力应付之，卒会先主于汝、郑间。"①

这里讲关羽是在曹操、袁绍双方对垒，刘备、刘辟略许下时回到刘备身边的。须知，曹、袁双方对峙达百余日，即六、七、八三个月。是在相持早期、中期，还是晚期，《三国志·魏书·曹仁传》有载："太祖与袁绍久相持于官渡，绍遣刘备徇濦强诸县，多举众应之。自许以南，吏民不安，太祖以为忧。"② 然后才是曹仁请命，并派到汝南，击溃刘备。从这则史料可知，刘备"略许下"是曹、袁在官渡"久相持"时。至少在相持的中期或后期，即

---

① ［明］罗贯中著，盛巽昌补证：《三国演义补证本》第二十七回补④，上海画报出版社1995年版，第201页。

② ［晋］陈寿撰，［南朝宋］裴松之注，陈乃乾校点：《三国志·魏书·曹仁传》，中华书局1959年版，第274页。

当年七月前后。

如果五则史料都符合历史真实，关羽亡归刘备用了近两个月时间。

关羽羁留曹营，从建安五年（200 年）正月始，至当年五月下旬离开，大体共五个月时间。关羽寻找刘备，从五月下旬开始，到七月下旬。

离曹原委

关羽离开曹操史论有三个理由：

其一，与刘备的深厚兄弟情、结义情。关羽重信义，重承诺，重立誓，表明了关羽伟大的人格力量，也证明了刘备伟大的人格魅力。

其二，关羽离开曹操时，曹、袁双方较量刚刚开始。正如《三国志·魏书·武帝纪》所载："公收绍书中，得许下及军中人书，皆焚之。"由于袁绍力量远远大于曹操力量，当时曹操部下许多人都里通外国，以求败后保命。一些人认为是未来的渺茫，使关羽离开了曹操，关羽是重义而轻生死的英雄，形势不可能对他产生影响。

其三，关羽对曹操心存芥蒂。二人有两次恩怨：一次是因争夺同一女人而产生恩怨。被秦宜禄抛弃的夫人杜氏，关羽深爱而被曹操霸占，关羽心不自安。二次是许田围猎。《华阳国志·刘先主志》载："先主与公（曹操）猎，羽欲于猎中杀公。先主为天下惜，不听。故羽常怀惧。"① 由此看来，关羽亡归刘备，其怀疑曹操万一借机会杀掉自己，不能说不是一个重要原因。

其实，关羽离开曹操主要原因还是信义。我国流传数千年高度评价关羽讲义气，抓住了本质。《三国志通俗演义》把关羽塑造成"义绝"的英雄是有所本，并极尽铺张之能事。元胡琦评论关羽是"宁辞千金之赏，不肯作背刘之事"。诸多史料表明，关羽把义看得比生命还重要，确实是千古奇人。他在曹操营垒时冒生命危险对张辽说明终不留曹，必离去，与刘备誓以共死的意志。他感刘备的厚恩，念三人盟誓之举，赴汤蹈火，万死不辞。在义面前，美女、金钱、爵位、前途，甚至生命都在所不惜。

宋人张商英的《咏辞曹事》诗肯定了关羽的这种品格：

---

① ［晋］常璩撰，刘琳校注：《华阳国志》，成都时代出版社 2007 年版，第 273 页。

月缺不改光，剑折不改芒。

月缺白易满，剑折尚带霜。

趋利寻常事，难屈志士肠。

男儿有死节，可杀不可量。①

※　　　※　　　※　　　※

一年前，建安四年（199年）正月至五月，刘备集团在曹操大力支持下，得以战胜较强大的吕布后，在许昌生活了五个月。那是在盟友阵营和天子脚下斗智斗勇的五个月。事事巧合，一年后的关羽羁留曹营亦是五个月，从正月至五月。这五个月，是关羽为曹操驱使效命的五个月。前一年的五个月，刘、关、张在许昌期间，在于图曹、诛曹，最后借故反曹而去。关羽在许昌生活的这五个月，是护卫刘备两位夫人韬光养晦的五个月，为曹操驰骋沙场也做出了惊天动地的大事。斩颜良、诛文丑，这是关羽一生中一大亮点。最后，仍然是辞曹而去，千里走单骑，寻寻觅觅，投入刘备旗下。

有人指责关羽投降曹操是一大污点，其实是不知关羽内心世界。他要保护刘备二位夫人才出此下策，有专节论述，此不费言。

---

① ［清］张镇撰，宋万忠、武建华标注：《解梁关帝志》卷四，山西人民出版社1992年版，第256页。

第七章

汝南相会，重新聚义

建安五年（200年）七月，刘备、刘辟在汝南被曹仁击破后，刘备打算离开袁绍，为什么又回到袁绍处呢？原来那里有刘备自己的军队。

《三国志·蜀书·先主传》载：当刘备被曹操击破逃到袁绍处后，一个多月的时间，在徐州、小沛、下邳几处战败的一批文臣武将重新会聚到刘备麾下，赵云就是其中之一，保留了自己微弱的军事力量。刘备再次回到袁绍处，以南联刘表为理由，巧妙地带出了自己的部属，既机智地应付了袁绍，又名正言顺地回到了汝南，想趁袁、曹对抗的有利时机在曹操后方发展势力，扩大自己的地盘。

一、单骑千里

关羽寻找刘备时，正是曹操、袁绍两个军事集团战事频繁、互有胜负之时，又是刘备第一次从袁绍处到汝南干扰和分散曹操力量时。刘备两次奔波于汝南与袁绍间，其驻地飘忽不定。这里有一个前提，关羽离开曹营，不是投靠袁绍，而是寻找刘备。刘备又没有具体落脚处，关羽同时还要担负保护刘备两位夫人的安全。

千百年来对关羽寻刘备一事众说纷纭。有的说当时刘备在袁绍大营，关羽投刘备是从曹军驻地官渡直到袁军驻地阳武。两地相距六十里，不足半天便可到达。笔者认为，关羽是无论如何也不会到袁绍大营去寻刘备，那就不是东汉末一流上将，而是一个呆鸟。关羽弃刘备两位夫人于不顾，不符合关羽性格。关羽念刘备厚恩，誓以共死，焉能置刘备二夫人于不顾，自己逃命。周广业分析说："赵顺平（赵云）于长坂困逼中，尚出死力护甘夫人及后帝，而帝（关羽）顾惮跋涉之劳，单骑径发乎？"[①] 关羽暂时归顺曹操的初衷就是保护刘备二位夫人，作为封建礼教思想浓厚的关羽侍奉刘备出身，侍奉主母是他义不容辞的责任。

这样就使关羽在寻找刘备的线路选择上大伤脑筋。关羽不能直接向北走有三条理由：

其一，关羽寻刘备未经曹操允许，而是个人行为。因此才有"拜书告辞"，才有曹操的"左右欲追之"。关羽承担很大的风险，从一个营垒到敌对营垒，又是双方大战之时。如果曹操一旦醒悟，以关羽当时无一兵一卒，随时有性命之虞，也会给甘、麋二位夫人带来杀身之祸。因此，关羽选择路线，不可能直接向北走，招摇过市，直穿曹操白马、延津军营密布的战区。这是关羽等躲避追杀的路径。

其二，关羽寻找的是故主刘备，而不是投靠强大的袁绍。关羽斩颜良，解白马之围，狠狠地打击了袁绍，袁绍对关羽的态度是显而易见的。以关羽的智谋和头脑，不可能直接到袁绍处去寻杀身之祸。

其三，关羽寻刘备是从许昌出发。刘备集团在徐州期间被曹操击溃，俘获的除关羽外，还有刘备的两位妻子。关羽一旦知道刘备下落，肯定要向她们禀报，选择路线，关羽与刘备的两位夫人共行符合事物本身的逻辑。

归结起来，关羽寻的目标是刘备，寻刘备的目的是接迎刘备，重整队伍，重振英风，重举扶汉大旗。

因此寻刘备的几个环节是：关羽听到刘备消息，向甘、麋二夫人禀报，其向西北方向进发，走洛阳，转而向东，这一带人烟辐辏，才能有刘备具体消息，这个路线是符合历史背景的路线。关羽亡归刘备用了近两个月的时间，亦可知其用心良苦和寻找刘备的线路不可能是直线，不是简单的"找"和"到"的问题。须知刘备到汝南也不是直穿曹操大营，当时的信息、交通都极为不便。这决定关羽寻找刘备大费周折。《三国演义》所记关羽千里走

---

① ［清］周广业、崔应榴纂辑:《关帝事迹征信编》卷二十二，国家图书馆藏，第198页。

单骑，先在东岭关（现禹州市西北六十里的白沙村）斩孔秀，又在洛阳关（现洛阳市南香山、西山对峙的伊阙）杀韩福、孟坦，随后至汜水关（即虎牢关，现荥阳市西北），击杀卞喜，到荥阳关（现荥阳市东北）斩王植，在滑州黄河渡口（现滑县东北）刀劈秦祺。虽然不见于正史，作为小说，为表现关羽的义勇风范，描写有夸张，但其梗概推测参考了有关野史，特别是还写到夏侯惇与关羽交手一事，耐人寻味。按史料，夏侯惇没参加官渡之战的正面作战，而是曹操命其军屯敖仓、孟津，从西边策应。《三国演义》所写这一情节完全符合历史背景。《先主传》称，关羽是在刘备第一次下汝南会合刘辟抢夺地盘时，"亡归先主"的。刘备当时在瀹强（今河南省临颍县东）活动，瀹强位于许昌东南八十里。

这就是说，关羽寻找故主，由北而南，千里迢迢，千回百折。据传，恨这关为关羽寻找刘备的遗迹，位置在湖北省应山县北七十里，又名平靖关。明《卢象昇遗集》有诗写其事：

> 千古英雄恨这关，疆分豫楚几重山。
>
> 龙泉道士嫌岑寂，鸟道征人叹往还。
>
> 剑削芙蓉身欲奋，幽栖岩壑意仍闲。
>
> 退思壮缪当年事，历尽江山识岁寒。[①]

民间传说，关羽过五关，此其一关。因关羽斩将过关有恨声而留名。后世演绎成"勒马回头恨这关"之语。清代一些学者认为恨这关在许都南六百里，关羽不可能走到这里。笔者认为，依当时交通状况和通信条件，完全可能走到湖北，因刘备在汝南落脚处，并不是固定的地方。

不管是《三国演义》开列的过五关，还是其他传说，目前都无法考评其与历史的吻合程度。关羽用两个多月时间才找到刘备应是历史定论。

---

① ［清］周广业、崔应榴纂辑：《关帝事迹征信编》卷十九，国家图书馆藏，第54页。

二、重聚地点

刘、关、张三人自徐州一役，失散半年，历经磨难，重新相聚，而且自相聚到曹操击败袁绍后南征刘备，大体一年半时间。关羽于建安五年（200年）七月回到刘备身边。曹操是建安六年（201年）九月从官渡返回许昌，十一月，便南击刘备。这期间，刘备集团驻足何处，是一个历史之谜。

确山古城之误

按《三国志·蜀书·先主传》刘备第一次受袁绍派遣助刘辟，是活动在濦强一带，"每举众应之"。被曹仁带兵击破，"复收诸叛县"。第二次刘备回到汝南与龚都等合，史料没讲具体地点。疑即汝南原治地上蔡（今河南省上蔡县西南）。东汉汝南郡治由上蔡移至平舆（今河南省平舆县北五十里）。

《三国志平话》写张飞与刘备失散之后，来到了古城（今河南省确山县北）。原来古城被一个避难到此的叫巩固的人占据。张飞打败他占据了古城，建立了一个王国，自号为"无姓大王"，强迫巩固等按时进贡钱物。一天，刘备与赵云路过古城附近，听到巩固诉苦，才知道这个"无姓大王"就是张飞。元人杂剧《关云长千里独行》则说：古城是由刘备的叛将张虎奉曹操之命镇守，这里粮多草广适于屯兵，刘备与张飞一道夺取了古城，在这里招兵买马，积草囤粮，后来与关羽会合。《三国演义》则叙刘、关、张三人在徐州战败分散后各奔东西。张飞先逃往芒砀山，后来为探听刘备下落，来到古城，赶走县官，占住城池。不久关羽辞曹往汝南找刘备，途经古城，得知后命人通报。不料张飞因关羽降曹而与之翻脸。蔡阳到来，张飞擂鼓，关羽斩蔡阳释疑，张飞始信关羽。关羽又到河北，找到了刘备，同回古城聚会。以上三种传说就内容不论，就地点，都是一处。考之史料，有较大出入。

传说中刘、关、张重聚的确山古城，东汉末属于阳安郡管辖。由曹操重要将领李通镇守。《三国志·魏书·李通传》载：李通字文达，江夏平春人（今河南省信阳市西北六十里），少时以侠闻于江夏、汝南之间。黄巾起义时，起兵于朗陵（今河南省确山县西南五十里），生擒黄巾大帅吴霸。建安初，率部属投奔曹操，拜为振威中郎将。曹操讨张绣时，李通立功，拜裨将军，封建功侯。曹操从汝南郡中分出阳安、朗陵两县为阳安郡，以李通任阳安都尉，代行郡太守职责。

曹操与袁绍在官渡对峙时，豫州各郡大都叛迎袁绍，唯有阳安不动。袁绍派使者授予李通征南将军，刘表也偷偷招纳李通，在朗陵县长赵俨协助下，李通斩杀袁绍使者，又攻击郡内盗贼瞿恭、江宫、沈成等，都打败了他们，把他们的头割下送到曹操那里。于是平定了淮河、汝水一带，李通因此被改封为都亭侯，授汝南太守。确山古城北距阳安郡治地仅三十里，李通作为铁杆拥曹重要将领，不可能容忍刘备集团在眼皮底下活动，史料上并没有双方作战的记载。

上蔡古城

刘备、关羽等重新聚集，以汝南上蔡县（今河南省上蔡县西南）为妥，理由有三：

其一，刘备、刘辟在瀙强被曹仁击溃后，不能往东南汝南治地平舆转移，这里是曹操铁杆李通地盘；亦不能向西，那里是曹仁驻军所在地；亦不能往北，那里是袁、曹对峙第一线，因此只能向东或南转移。恰恰南一百三十里是上蔡县。

其二，曹操派大将蔡阳击龚都在上蔡。当时龚都活动在上蔡，史载刘备与龚都合，龚都驻地应是刘备集团聚集之地。

其三，汝南郡治所西汉时在上蔡，东汉移至平舆，上蔡便成了人们印象中的古城，而且上蔡确实是一座古城。周武王时，封弟叔度于此，为古邑；战国时韩厘王因治上蔡得名。因此，小说、戏曲中所指古城应是汝南原郡治上蔡。

关羽在汝南是先见张飞，后与刘备会合，还是先与刘备会合，后见到张飞，不得而知。传说关羽在上蔡见张飞前，张飞因关羽降曹而不念结盟之情，兵戎相见。关羽给他写了三封信，表明自己的心迹，现仅存其三：

操之诡计百端，非羽智缚，安有今日？将军罪羽，是不知羽也。羽不缘社稷倾危，仁兄无俦，则以三尺剑报将军，使羽异日无愧于黄壤也。三上翼德将军，死罪，死罪！①

据清代学者湘潭黄启曙考，关羽此信由米南宫书写。米南宫即米芾（1051—1107），字元章，号襄阳漫士、鹿门居士等，宋初勋臣米信之后裔，为我国著名书法家。崇宁二年（1103年）被宋徽宗召为书画学博士，后擢礼部员外郎，后因病辞官，未准，死于寓所。米芾所书《三上翼德将军》由吴中翰林收得，焦弱侯太史请人摹刻于正阳门关帝庙中。清代卢湛认为"此书正大简严，当非伪作"。"翼德"之"翼"字应为益，不排除在历史流传过程中笔误。清代学者俞樾《茶香室四钞》卷十二亦载此事。

不过，据《水经注·沅水》中载：叶县东边有故城，号为方城，在苦菜与于东之间。按照通常情况，曹操派出叶县守将蔡阳击刘备等，刘备集团在叶县附近亦有一定可能性。因此推之，刘备集团重聚或许在叶县方城，只能存疑。

三、刀斩蔡杨

无论是《三国演义》讲张飞擂鼓、关羽斩蔡阳，还是传说讲关公抛刀斩蔡阳，蔡阳为刘备集团所杀是事实。《三国志·魏书·武帝纪》载："绍之未破也，使刘备略汝南，汝南贼龚都等应之。遣蔡扬击都，不利，为都所破。"②《三国志·蜀书·先主传》也有记载："绍遣先主将本兵复至汝南，与贼龚都等合，众数千人。曹公遣蔡阳击之，为先主所杀。"③《资治通鉴》第六十三卷亦载："备还至绍军，阴欲离绍，乃说绍南连刘表。绍遣备将本兵复至汝南，与贼龚都等会，众数千人。曹操遣将蔡杨击之，为备所杀。"④

---

① ［清］黄启曙著：《关圣帝君圣迹图志》之《翰墨考》，国家图书馆藏，第349页。

② ［晋］陈寿撰，［南朝宋］裴松之注，陈乃乾校点：《三国志·魏书·武帝纪》，中华书局1959年版，第22页。

③ ［晋］陈寿撰，［南朝宋］裴松之注，陈乃乾校点：《三国志·蜀书·先主传》，中华书局1959年版，第876页。

④ ［宋］司马光撰：《资治通鉴》卷六十三，中华书局1956年版，第2031页。

从三则史料可以看出，蔡阳被刘备所杀无误，并明确写明是在刘备第二次回到汝南时。三个史料分别为蔡扬、蔡阳、蔡杨，各史不同，实为一人。

不过，为刘备所杀有两种解释：一是为刘备亲手杀死；二是为刘备集团的某人杀死。无论是史料记载，还是《三国演义》等传说，刘备的武艺也确实不是等闲之辈。比如，袁、曹官渡之战时，文丑、刘备二人渡过黄河追击曹军，曹操施诱敌计，击杀文丑。文丑为河北名将，尚且在混乱中被杀，刘备反而逃走，一般武艺是不可设想的。况且蔡阳并不属于曹操的名将。刘备斩之，有一定的可能性。但当时关羽已回到刘备身边，大敌当前，冲锋陷阵的肯定不是刘备，而是关羽、张飞、赵云等，三人的传中皆没有斩蔡阳之说，传说中的关羽斩蔡阳推测是史实。

《关帝事迹征信编》卷十九引《周鲁类书纂要》载："关公与曹操之臣蔡阳交兵，公夜梦一人教拖刀之法，次日交战，公用拖刀计，以斩蔡阳。"这里加入了传奇，不知是杜撰还是夸张，但从中可悟出关羽斩将前煞费苦心研究战术倒是一个绝妙方法。

※　　　※　　　※　　　※

刘、关、张重新聚义到一起，是东汉末年一大奇观。正常情况下，任何一个政治军事集团被击溃后，基本上便销声匿迹了。特别是主要将领，他们可以凭借一身武艺，投奔更强大的敌人，以适应和谋求自己的未来。

刘备集团则不然。徐州一役，众部从零落，分散地相距数百里。最终像磁石一样，还能聚集到刘备身边。既表明刘备的伟大人格魅力，也表明这些核心成员高尚的品格。倘若关羽、张飞、赵云等主要骨干去投强大的军事力量，去博取个人的荣华富贵，历史发展便不会有三国鼎立局面。

刘备的这些部将，为义而生存，为义而献身。特别是关羽，能够做到出入曹操营垒而不受伤害，还保护了刘备的两位夫人，并受到曹操的称赞，表明关羽不但武勇超群，并有让英雄豪杰赏识的巨大人格魅力。刘备集团中领军人物的"仁义"，与主要将领"信义"的结合，成就了刘备的蜀汉大业。

第八章

寄寓荆州，蓄势待发

刘备集团与龚都联合击杀蔡阳时，亦是曹操与袁绍的战斗正激烈时。刘备一边在汝南发展势力，一边招集旧部，重新树起大旗。由于"智术浅短"，将强兵弱的局面始终未能扭转。

建安六年（201年）九月，官渡之战结束，曹操回到许昌。稍事休息后，马上征讨刘备。许昌距上蔡仅二百四十里路途，骑兵三天的路程，步兵八天的路程，因刘备军队人少力量薄弱，即便与龚都合，众数千人，与曹操的精兵猛将比，也不堪一击。刘备自知不敌，遣糜竺、孙乾事先联络刘表，愿去投靠。

当刘备听说曹操带兵亲征时，立即逃走，龚都军全部解散。刘备的军事存在，距许都较近，曹操是不允许的，对刘备用兵几乎是不加考虑，必须消灭。对刘表则不然，刘表领荆、襄之地二十年，人才济济，卧虎藏龙，战将、军队也不亚于曹操，因此当刘备逃奔刘表时，曹操也没追赶，他准备全部消灭袁绍的残余势力后再解决荆州问题。此后的八年时间，曹操军锋所向，基本是统一北方的战争。

此期间，刘备、关羽等很少用兵，进入聚才聚兵的阶段。

一、计胜博望

建安六年（201年）春，曹操曾"以袁绍新破，欲以其间击刘表"。重要谋臣荀彧指出："如今袁绍已败，他的部众离心，应当趁着他目前困穷，进而打败他。而您要背着兖、豫二州，远道劳师江、汉，如果袁绍收集他的余烬残兵，乘虚而出现在您的身后，到那时明公您的大事可就没希望了。"因此没有追击刘备，亦没有发动对刘表的战争。

刘表字景升，山阳高平人（今山东省微山县西北八十里之独山湖附近），为汉景帝之子鲁恭王的后代。他身姿魁伟，容貌温和，为"八顾、八友"之一。《三国志·魏书·刘表传》注引张璠《汉纪》载，"表与同郡人张隐、薛郁、王访、宣靖、公绪恭、刘祗、田林为八友，或谓之八顾"。《汉末名士录》云："表与汝南陈翔字仲麟、范滂字孟博、鲁国孔昱字世元、勃海苑康字仲真、山阳檀敷字文友、张俭字元节、南阳岑晊字公孝为八友。"[1] 当时朝廷下诏逮捕党人，刘表逃走未被抓获，后来党禁解除，征召为大将军何进的佐吏。初平元年（190年），长沙太守孙坚杀死荆州刺史王叡，朝廷下诏补缺，任刘表为荆州刺史。当时长江以南宗党、农民暴动遍地都是。刘表机智巧妙地利用荆襄士族中蒯越、蔡瑁等，招抚诱导，恩威并施，很快廓清了地方割据，使荆州实现了境内万里清平，男女老少都心悦诚服，关西、兖州、豫州才学之士来归附他的有上千人。当曹操与袁绍两大势力角斗时，刘表静观形势变化，不援助任何一方。

建安六年（201年）十一月，刘备集团从汝南败走依附刘表，刘表到郊外迎接，以上宾之礼款待刘备。增派了部队，让其屯新野，以防备曹操进攻。

由于刘备有豁达大度的雅量，惜爱百姓的胸襟，容人爱才的品德，在社会上传播久远。加之关羽、张飞、赵云一批战将人格高尚，武艺绝伦，刘备集团有较强的聚集力和号召力。荆襄一带豪杰投奔刘备的越来越多，这引起刘表的警惕和忌妒。

建安七年（202年）五月庚戌，一代枭雄袁绍因军败得病，忧死。九月，曹操率军与袁绍子袁谭、袁尚大战于黎阳。刘表趁机遣刘备北征。这是刘备集团赤壁大战前在荆州期间的唯一战事。

刘备、关羽进军四百里到叶（今河南省叶县西南），距许昌仅一百六十

① ［晋］陈寿撰，［南朝宋］裴松之注，陈乃乾校点：《三国志·魏书·刘表传》注引张璠《汉纪》，中华书局1959年版，第211页。

150

里。这一带地形复杂，树木茂密。曹操遣建武将军夏侯惇、偏将军于禁、裨将军李典拒敌。在博望坡（今河南省方城县博望屯，距南阳市三十公里），关羽跟随刘备打了一场漂亮的诱敌伏击战。

开始时双方相持不分胜负。一天早晨起来，刘备突然火烧自己的营垒撤退。夏侯惇欲率领诸军追击，李典劝谏说："敌人无故退走，我怀疑他们一定有埋伏。南边道路狭窄，草木茂密，不能追赶。"夏侯惇不听，与于禁追赶，李典守大营，果然中埋伏。关羽、张飞、赵云等突然出现，曹军被打得大败，损失惨重。赵云生擒曹操将领夏侯兰。李典前来接应，刘备见有救兵，方才停止进攻。

夏侯兰是赵云同乡，两人从小就熟悉，赵云向刘备请求饶其不死。因夏侯兰"明于法律"，推荐他做了军正，即军中执法之官。

这是刘备用兵以来有史料记载的第一次靠计谋挫败强敌，主要原因是徐庶的到来，充任军师。这次战事在《三国演义》中被写成是孔明用计火烧夏侯惇，违背了历史。因当时诸葛亮仅二十二岁，还未出山，纯属小说家为塑造孔明智慧形象而张冠李戴。

徐庶，颍川（今河南省禹州市）人，原名徐福，本是单家子弟，少年时喜欢击剑，爱做任侠仗义的事情。与孔明是同学，年长于孔明。汉灵帝中平末年（189年），曾经为人报仇，为防止他人认出，用白土涂脸，散发行走。被官吏抓住，问他姓名，徐福闭口不答。官吏就把他捆于车上，到最热闹的地方击鼓，没有人认识他。在其同伙解救下逃脱。随后丢弃刀戟，卑躬地到处求学。开始到学校去，同学们听说他做过贼，不肯与他结伴，远离他。徐福就低三下四地早起，一个人打扫卫生，认真听课，务于精熟。并与同乡石广元结为好朋友。初平二年（191年），中原诸侯讨伐董卓，后进行兼并战争，他就到荆州避乱，成为孔明游学时的同学及朋友。刘备到新野后，徐庶投靠了刘备。

此后，刘备、关羽等直至建安九年都屯扎在新野（今河南省新野县），建安十年（205年），关羽随刘备自新野移屯樊城。

二、阖家团聚

由于曹操把主要精力放在北方，加之江东的孙权无力与刘表抗衡，寄居荆州的刘备、关羽度过了一生中唯一的赋闲阶段，约有八年时间。

这段时间里，刘备集团除扩大兵源、寻找人才外，特别是关羽实现了家庭大团圆，增丁添口。

关于关平

就其身世有两种说法：一为亲子说，二为义子说。两种说法都有史料依据。

1. 亲子说。见于正史的有五则记载：

《三国志·蜀书·关羽传》载："权遣将逆击羽，斩羽及子平于临沮。"

上书注引《蜀记》载："羽初出军围樊，梦猪啮其足，语子平曰：'吾今年衰矣，然不得还！'"

《三国志·吴书·吴主传》载："十二月，（潘）璋司马马忠获羽及其子平、都督赵累等于章乡，遂定荆州。"

《三国志·吴书·吕蒙传》载："权使朱然、潘璋断其径路，父子俱获，荆州遂定。"

《三国志·吴书·潘璋传》载："权征关羽，璋与朱然断羽走道，到临沮，住夹石，璋部下司马马忠禽羽，并羽子平、都督赵累等。"

到了清朝，亲子说又有发展。对关平的生年都非常明确，集中反映在王朱旦的《帝祖墓碑记》中："于灵帝光和元年戊午五月十三日，生子平。"大体使这一说定型化，即关平为关羽长子，生于光和元年（178年）五月十三日。在较长的历史和传说中，这一观点占据主导地位。

2. 义子说。主要由晋常璩《华阳国志》记载引发，并由《三国演义》及相关传说推波助澜。

常璩《华阳国志》载："羽随先主从公围吕布于濮阳。时秦宜禄为布求救于张杨。羽启公：'妻无子，下城乞纳宜禄妻。'公许之。及至城门，复白。公疑其有色，自纳之。后先主与公猎，羽欲于猎中杀公。先主为天下惜，不听。故羽常怀惧。公察其神不安，使将军张辽以情问之。"文中濮阳应为下邳。对乞秦宜禄妻子事，前文已交代，且《蜀记》《魏氏春秋》并同，但没有"妻无子"。据说《山阳公载记》有"无后"的记载，未见原文。曹、刘联军围吕布于下邳为建安三年（198 年）十二月，当年关羽三十九岁。很明显，关平如果是关羽亲子并为十九岁时得子，关羽三十九岁时不会说"妻无子"，因此义子之说便产生。《三国演义》中则进一步写明关平为关定次子。

清周广业在考关羽子姓谱系时也称："吾闻虎林关氏谱，可怪焉！谱以平有继子之说。故世系中削平不书，兴之子为起。"周老先生发表感慨说："陈常曰：'俗传平为继子，大约因关羽"妻无子"一语耳。'此言良是。窃意帝从曹军中，子之有无，操故知之。则因无子而诬以乞妻，其势然乎？"[①]

台湾《嘉义县志》《台南县志》俱载五月十三日，为关羽"义子关平神诞日"，明确地把关平表述为义子。

笔者倾向于第一种说法。关平为关羽亲子无疑。理由有三：

一是史料翔实。众所周知，《三国志》一书所涉魏、季汉、吴三国史料，魏、吴两部分，陈寿分别采用官修的王沈《魏书》、韦曜《吴书》和私撰的鱼豢《魏略》。蜀汉无史书，由陈寿直接采集。无论是《三国志》作者陈寿，还是《吴书》作者韦曜、《蜀记》作者王隐都把关平作为关羽之子记载，且为《三国志》作注的裴松之所见野史最多，距三国时较近，也没有一则关平为义子的野史资料。

二是本书第二章第三节中所引"妻无子"说法应是史实，表明关平未出生。

三是《三国演义》所讲关平为关定之子，说法产生较晚，没有旁证，盖为"无子"说敷衍而出。

据周广业引《陵庙纪略世系图》说，关平字定国，有子名樾。并推定："《华阳国志》载建安三年，帝尚无子，则平生已晚，临沮被难，年当在二

---

① ［清］周广业、崔应榴纂辑：《关帝事迹征信编》卷二十一，国家图书馆藏，第 159 页。

十内外。"①本书认同这一观点，因此关平应为建安五年至七年出生，为关羽长子。那么，王朱旦所记关平生于光和元年当属传说。

关于关兴

对于关兴，史有其人，但事迹生平及兄弟排行史料均没有记载。《三国志·蜀书·关羽传》仅简单记载：关兴字安国，弱冠为侍中、中监军。我国古代二十岁为弱冠。而关兴被任为侍中、中监军，按《后汉书三国志补表三十种》中"汉将相大臣年表"载，章武三年（223年）癸卯，四月，帝（刘备）崩，太子禅继位，改是年为建兴元年（223年），关兴任中监军。何时为侍中呢？也是这一年。《三国志·蜀书·廖立传》载："建安二十四年（219年），先主为汉中王，征立为侍中。后主袭位，徙长水校尉。"从刘备为汉中王时，到刘备为蜀汉皇帝的章武三年（223年），廖立都在侍中职务上，中间刘备称帝的章武元年（221年）起，马良同为侍中。章武二年（222年），马良为刘备征吴组织兵员，在招纳五溪部族时遇害。侍中仅有廖立。易代之后，廖立徙长水校尉，侍中一职由关兴担任。关兴担任中监军，改任侍中这年为二十岁。由此推定，关兴为建安九年（204年）出生，时关羽随刘备屯住新野，为关羽第二子。

史载，关兴"弱冠为侍中、中监军，数年卒"。清万斯同《汉将相大臣年表》明确载关兴任中监军、侍中仅三年时间。即从建兴元年（223年）到建兴三年（225年），接替关兴的是郭攸之、费祎。侍中是侍从皇帝，出入宫廷的官员。东汉多以外戚、功臣子弟和师儒重臣担任。位次三公。关兴以年少得为蜀汉重臣行列，反映着蜀汉上层对关羽的怀念。但这样一位"少有令问"，受到诸葛亮"深器异之"的年少明星仅三年时间便在蜀汉政坛消失。可以推定，关兴死于建兴三年（225年），年仅二十二岁。史料没讲病死，或死因，给后世许多想象。

据《关帝事迹征信编》转"关帝谱云：昭烈在汝南时，帝（关羽）归河东，偕夫人胡及子平，俱往汝南。建安七年，生兴，九年，生索。临沮之

---

① ［清］周广业、崔应榴纂辑：《关帝事迹征信编》卷二十三，国家图书馆藏，第219页。

难，胡氏死节"。这些结论不知何据。据前边推断，《关帝谱》所记关羽三子长幼顺序颠倒，且《三国志》并未写明关平、关兴长子、次子之序，这在诸多史料表达中亦不多见。

初步结论，大体是刘、关、张汝南古城相聚或刚到荆州时，关羽夫人胡氏到荆州，建安六年（201年）生关平，九年生关兴，十二年生关索。

关于虎女

关羽随刘备寄寓荆州期间，不但家庭团聚，而且添子添女。关羽有一虎女，世人皆知。

按《三国志·蜀书·关羽传》载："先是，权遣使为子索羽女，羽骂辱其使，不许婚，权大怒。"孙权派人为儿子求婚当在建安二十三年（218年），关羽事业处于鼎盛时期，孙权才这样迫不及待地想联姻，以稳固孙、关之间关系。据居延汉简载，一个叫南来的女子为人妻时年十五岁。十三四岁求婚为正常。[①]关羽虎女当时应在十四岁上下。以此推之，虎女降生应在建安十年（205年）。在关羽子女中，排行第三，才有关三小姐之称，比关兴小一岁。时刘备、关羽屯兵樊城，刘、关、张家眷亦应在樊城。当时关羽家已有了关平、关兴，妻胡金婵，又添新口，据说还隆重庆贺了一番。关羽虎女，在云南出版的《关羽三小姐传奇》等书籍中均称其名关银屏，有的资料称为关玥。明刘蓝生撰《双忠孝》杂剧称关羽夫人为平夫人，其女为关玉贞。[②]或许关羽原配夫人胡金婵未到荆州时，关羽因无子，又娶了平夫人，才生下关平、关兴、关玉贞、关索，只能存疑。传说，后来关银屏拜赵云为师。荆州失陷时，恰逢她到成都探望刘备、张飞、赵云未回，因此未遇害。按当时制度，凡镇守外藩的将领均须把子女送都城，以防不测。

关羽败亡后，经诸葛亮保媒，将关银屏嫁给了云南守将李恢之子李蔚。

李恢，字德昂，建宁俞元人，在郡里任过督邮。刘备攻刘璋时，北行

---

① ［英］迈克尔·鲁惟一著，于振波、车今花译：《汉代行政记录》，广西师范大学出版社2005年版，第124页。

② 朱一玄、刘毓忱编：《三国演义资料汇编》引《曲海总目提要》卷三十四，南开大学出版社2003年版，第741页。

见刘备，相遇在绵竹，受到刘备称赞，然后随军到雒城。时马超因得不到张鲁重用，并受张鲁将杨昂等嫉妒，马超何去何从举棋不定。刘备派时任建宁督邮的李恢结好马超，使得让曹操割须丧胆的虎将马超投奔了刘备。公元221年刘备称帝时，李恢被任为庲降（治所在今云南曲靖，其地域约相当今云南全部、四川、贵州及缅甸、老挝、越南部分）都督、交州（治所在今广西梧州市，后移广东广州市，辖境相当今广东、广西的大部和越南承天以北诸省）刺史，使持节。刘备死后，南中三郡叛，诸葛亮南征，李恢作为中路大军统领，大破昆明诸敌，与诸葛亮声势相连。史载："南土平定，恢军功居多。"[1] 被封为汉兴亭侯、加安汉将军。后李恢统领南中（相当今四川大渡河以南和云南、贵州两省），直至去世。

据传，关银屏美丽漂亮，聪明灵慧，天真活泼，纯洁可爱。银屏的名字是张飞起的。张飞还把在剿灭吕布时，从吕布紫金冠上夺下的夜明珠送给了关银屏。关银屏的师傅赵云则把从曹操部将手中得到的青釭剑送给她。关银屏带两件宝物跟丈夫李蔚，随李恢去南中英勇作战，长期生活在云南，在当地教人民耕地纺织，读书习武，人民很尊敬她。她死后这一带还留下"梳妆台""金莲山"等历史遗迹。

关银屏和丈夫李蔚的合葬墓在云南澄江市右所镇旧城村东南的金莲山上，现在是云南省玉溪市政府公布的重点文物保护单位。

关于关索

这是史界谈论较多，探索多年的难点和疑点。因史料奇缺，产生各种传说。

近人余嘉锡《宋江三十六人考实》称"宋时武夫，以关索为号者凡十余人，此必宋时民间盛传关索之武勇"，并说"可见关索在民间传说中，确为使枪的武将"。但今通行本《三国演义》第八十七回写关索出场，忽有关公第三子关索，入军来见孔明曰"自荆州失陷，逃难在鲍家庄养病"云云，叙关索却极平庸。今所知正史、嘉靖本《三国志通俗演义》对关索又只字不

---

① ［晋］陈寿撰，［南朝宋］裴松之注，陈乃乾校点：《三国志·蜀书·李恢传》，中华书局1959年版，第1046页。

提，只有一些万历刊本《三国演义》中，尚可看到不少关索的事迹。如联辉堂刊本按鉴《三国志》第九卷（相当于通行本五十三回），有"关索荆州认父"一节，写关索这位传奇人物的出身道：

> ……张飞带轻骑，前往荆州，见云长曰："哥哥令吾特来替守荆州，欲兄建功。"云长大喜，设宴叙情。酒至半酣，忽有小校报曰："门外有一小将军姓花名关索，身长七尺，面似桃花，他要进见，特来报知。"关公曰："唤他入来见吾。"小校传令与索，索谓母曰："母亲与妇，暂且在此片时，儿先入见爹爹。"关索入见关公，双膝跪下，垂泪言曰："儿得大人之遗体，未尝侍奉，不幸之甚，望父恕罪。"关公正容曰："汝是何人，敢来错认吾耶。"索曰："儿三四岁时，见父不在家，常问于母，母道父亲自杀本处豪霸，逃难江湖，雁杳鱼沉，不知何所。又值家贫，只依外公胡员外家抚养长成，指教说父昔日桃园结义。今闻在荆州，特来寻见。"关公迟疑不信。索曰："父不认儿，儿无所依。"哭昏于地。张飞扶起，谓云长曰："吾看此儿，必不妄认。只出外日久，家中事恐忘怀了。可仔细思想，逃难之时，嫂嫂有怀孕否？"关公沉吟半晌曰："吾逃难时，妻小另有怀胎三个月，但此子既是吾儿，宜姓关，如何姓花，名关索？吾故不敢遽认。"张飞复问其故，索答曰："七岁时，元宵节玩灯，闹中迷失，索员外拾去，养至九岁，遂与班石洞花岳先生，学习武艺，因此兼三姓，取名花关索。"关公听毕曰："原来如此耶？"掩面而哭，"吾儿若不来，吾怎知汝母子艰辛。"随问曰："今母何在。"索曰："就在门外。"关公曰："快请进相见。"索出门外，请母进府。关公一见胡氏，遂二人掩面大哭。张飞曰："今日兄嫂父子相会，骨肉团圆，真如古镜重明，缺月再圆也。请收双泪，且做喜庆。"胡氏遂命儿妇三人拜见关公，复拜翼德毕，红日西沉，张飞告退。是夜设宴以叙夫妇之情。谓胡氏曰："吾家贫，汝又在岳父家住，为孩儿娶一妇，尚不能，因何娶得三个媳（脱妇字）？"胡氏曰："先过鲍家庄，遇鲍三娘，后过卢塘寨，遇王桃、王悦，皆与孩儿斗演武艺，比儿不过，愿成夫妇。"关公曰："吾有此子，如虎生翼矣。何愁汉室不兴乎。"

读来惟妙惟肖，不知是演绎还是有出处。

从目前掌握的史料看，关索应有其人。

一证，传唱文学《花关索传》《三国志平话》中均有关索，嘉靖本《三国志通俗演义》无，而毛宗岗改定本《三国演义》及学界认定为古本的《三国志传》均有关索事迹。其中关索荆州认父一节非常详细。从我国文学发展史角度看：一是《花关索传》的产生要早于一切版本的《三国演义》。1967年发现的明成化年间说唱词话十六种，其中有《花关索出身传》，末尾署"成化戊戌仲春永顺书堂重刊"，这是 1478 年依旧本翻刻的本子。其语言较粗俗，情节与《三国演义》相关内容迥异。学界推定原刊刻在元代。[1] 二是从题材讲。讲史类小说中，宋、元先驱，对主人公虚构的基本没有过。各种流传的历史小说、历史传奇，都是宋代说唱艺人们根据民间数百年传说汇集、整理而成。其内容有夸张，也有编添，主人公不大可能去捏造。

二证，历史古迹可证，据谭良啸《关索文化现象简记》讲，至今西南地区一些地方尚有不少关索遗迹，如关索岭、关索城、关索桥、关索庙、鲍三娘墓。可证关索确曾在云南、贵州一带征战，而留下历史痕迹。如清代陈鼎《滇黔纪游》载：

> 霸陵桥即关索桥，水从西北万山而来，亦合盘江而趋粤西以入海。关索岭为黔山峻险第一，路如之字，盘折而上，山半有关壮缪祠，即龙泉寺。中有马跑泉，甘碧可饮，相传壮缪少子索用枪刺出者。寺内大竹竿，青葱可爱。寺外道旁，有哑泉，今已闭，碣曰"亘古哑泉"。西巅即顺忠王索祠，铁枪一株，重百余斤，以镇山门。……相传索从亮南征，为先锋，开山通道，忠勇有父风，今水旱灾疠，祷之辄应，血食千古。一路至滇，为关索岭者三，而滇中亦有数处，似为壮缪子，不谬也。[2]

---

① 北京大学中文系编：《中国小说史》，人民文学出版社 1978 年版，第 81 页。

② 朱一玄、刘毓忱编：《三国演义资料汇编》引《滇黔纪游》，南开大学出版社 2003 年版，第 611 页。

据查关索庙有六座。云南康熙元年修编鹤庆府（今云南省鹤庆县）志载：关索庙在府城西南。又明嘉靖年寻甸府（今云南省寻甸回族彝族自治县）志载：关索庙在府治六十里，大门三间，正庙三间，穿堂一间，寝室三间。乾隆元年编修澄江府（今云南省澄江市）志载：关索庙一在府城西北，一在江川县城北关岭，一在新兴州城东南，一在州城北。澄江、江川、新兴为邻县。① 关索庙如此集中，关索在这一带战斗过应有其事。

贵州省现有关岭市，市政府驻地就在关索镇。关岭有关索洞，且有一副对联：

借地好安营，且寻求先贤往事。

蓦天钟杀气，问谁是后起来人。

三证，地方史志确载其人。

《明一统志》载：云南永昌府关索寨在永平县东北四里，周回二里，俗传蜀汉将关索所筑。②

《贵州通志》载："关岭在安顺府永宁州三十里，山势壁立，曲折而上，数里方至顶，山极陡峻，上有汉关索庙，旧志索寿侯亭子，从武侯南征有功，土人祀之。山半有马跑井，云索统兵至此，渴甚。马蹄跑地，出泉故名。"③

清平步青《霞外攟屑》卷九《花关索、王桃、王悦、鲍三娘》条有记载，《前溪逸志》云："武康县有严康屯兵处，相传康，邑人也，奇丑而力。爪牙为刀革，肤为铁，唯喉三寸肉耳。妻鲍三娘美而勇。时有花关索者，年少美容仪，鲍悦而私之。矢贯康喉而毙。至今村庄杂剧演其遗事。"④ 作为笔记，某些情节夸张应以理解。《古今图书集成》引《蕲水县志》载："王氏女名桃，弟悦，汉末时人。俱笄年未字，有膂力，精诸家武艺，每相谓曰：'天下有英雄男子而材技胜我，则相托终身。'时绝少匹敌者，适河东关公长

---

①　胡小伟著：《关公信仰研究系列·多元一统》，科华图书出版公司 2005 年版，第 485、487 页。

②　［清］周广业、崔应榴纂辑：《关帝事迹征信编》卷二十，国家图书馆藏，第 111 页。

③　［清］周广业、崔应榴纂辑：《关帝事迹征信编》卷二十，国家图书馆藏，第 114 页。

④　［清］俞樾：《茶香室三钞》卷三，中华书局 1995 年版，第 1031 页。

子索，英伟健捷，桃姊妹俱较不胜，遂俱归之。先是邑中有鲍氏女，材行与桃、悦似，而悍鸷差胜，亦归索。三人皆弃家从关，百战而终。"① 此与《花关索传》所记此事有惊人相似之处，可证《花关索传》不是空穴来风。

四证，诸多笔记有载。如，谢肇淛《滇略》云，汉昭烈章武元年，以李恢为庲降都督，随丞相亮南征，大破蛮兵，功最多，封汉兴亭侯。时前将军之子索亦有战功，开山通道，常为先锋。② 谢肇淛（1567—1624），字在杭，福建长乐人，万历进士，历任湖州推官、工部郎中、广西右布政使。谢善诗文，学识广博。与明中叶万历时大张"反复古"旗帜的公安派代表人物袁宗道、袁宏道、袁中道三兄弟过密，并就《金瓶梅》抄本有段隐事。由于三兄弟是湖北公安人，世称"公安派"。

五证，《诸葛亮集》有记载。《诸葛亮集》后引故事卷一补诸葛瞻事略中，载编者张澍案：

> 《杂记》云：后帝赴洛，洮阳王恂不忍北去，与关索定策南奔，卫灌发铁骑追至，得霍弋、吕楷合攻，方退，诸葛质为使，入蛮邦结好，时孟虬为王，祝融夫人曰："却之不仁。"虬从母命，回报洮阳王，住永昌。《杂记》所云诸葛质，瞻子也，然云霍弋、吕楷合攻，误矣。吕凯于雍（铠）之役被害，此时安得与霍弋合攻。③

此处写明有关索，此时关索约五十七岁。

六证，《逸史》有载。据我国三国志演义古版汇集编辑委员会主编陈翔华在《日本藏夏振宇刊本三国志传通俗演义纪略》中就关索其人，从版本学角度进行考证，此书卷十一《诸葛亮六出祁山》有注云：

> 《补注》按《逸史》前载，关索随孔明平定南方，回成都，卧病不

---

① ［清］俞樾：《茶香室三钞》卷三，中华书局1995年版，第1031页。

② ［清］周广业、崔应榴纂辑：《关帝事迹征信编》卷二十，国家图书馆藏，第113页。

③ ［蜀汉］诸葛亮撰，［清］张澍编：《诸葛亮集》故事卷一《诸葛篇》，中华书局1960年版，第158页。

起，后遂不入本传。恐难取信于人。当时皆指关兴是关索，非也。往往传说云南、四川等处，皆有关索之庙。细考之，索的是蜀将也。小说中直以为关羽之子，其传必有所本矣。今略附于此，以俟后之知者。①

陈翔华考证出，《新唐书》卷五十九《艺文志丙部·小说家类》，有晚唐卢肇《逸史》三卷。按照上注者观点，撰注者看到了《逸史》中关索故事，关索确实为蜀将。

由以上可得出，关索确系关羽之子，并随孔明南征。据云南昆明一带传说，关索与叛军作战中，在俞元（今云南省澄江市）大哑口中毒箭身亡。属误传。关索南征回来染病卧床，后痊愈，才会有蜀亡时策划南逃一事。

对关索其人有三种解释：

一是关索即关兴。诸葛元声《滇事纪略》云，"建兴三年五月，武侯渡泸水，进征益州，从征自赵云、魏延外，如张冀、王平、句扶及云长少子关兴即关索，尤以骁勇前驱，多建奇功"。前边引陈鼎《滇黔纪游》亦载："三国志未有名索者，意建兴初丞相南征，从者其兴乎？"②考关兴亦于建兴三年（315年）去世，且史书上未写明病卒，或其他原因，在时间上吻合。

二是关索为关羽长子。由其妻胡氏生，后在荆州相会。盖出自《花关索传》及有相关内容的《三国志传》。

三是关索为关羽第三子。

笔者倾向第三种说法，理由如下：

其一，地方志所载与传说相合。据周广业、崔应榴编《关帝事迹征信编》转引王元正《四川总志》载："关索城在潼川府昭化县（今四川省剑阁县东北）东，相传关索屯兵于此。"黄廷桂《四川通志》载："关索坪在中江县（今四川省中江县）北四十里，相传关索曾驻兵于此。""关索岭在叙州府永宁县（今四川省叙宁县）七十里，相传关索过此，因道险令兵士填土为岭。""关索庙在宁远府会理州（今四川省会理市）南七里。""射淇山，在

---

① 陈翔华主编：《日本藏夏振宇刊本三国志传通俗演义》，国家图书馆出版社 2010 年版，第 1761 页。

② ［清］周广业、崔应榴纂辑：《关帝事迹征信编》卷二十，国家图书馆藏，第 113 页。

夔州府开县（今四川省开县）南二十里，上有故城址，相传关索曾射于此。"以上五条记载，与《花关索传》中关索下西川故事框架吻合。

其二，云南、贵州诸多关索岭、关索庙、关索城的地方志记载，与《花关索传》中关索征战云南的传说相吻合。

因此可以推定，关索是关羽三子，后关羽镇守荆州，关索在益州领兵，不过史料失记。

三、诸葛加盟

刘备、关羽等寄寓荆襄达八年之久。曹操向北用兵，为他们在荆州安闲生存提供了可能。一旦曹操用兵南指，便结束了他们的赋闲生活。荆州期间，作为政治家、军事家的刘备，并没有改变"匡扶汉室"的志向，而是积蓄力量，以求东山再起。

由于刘备历任豫州牧、徐州牧、宜城亭侯、左将军等职，他本人在社会上有弘毅、雅亮、爱民等声誉，加之关羽、张飞"万人敌"的英名，更主要的是刘备集团是以"匡扶汉室"为政治纲领，为荆襄之地有抱负而又维护汉室正统地位的文臣武将提供了政治旗帜。史称"荆州豪杰归先主者日益多"。刘表因此"阴御之"。刘备就只能一面招揽人才，一面又受到种种限制。

刘备集团的兴起，其武将主要是涿郡起事的班底，后不断扩张；其文官主要是荆襄人才：诸葛亮、庞统、徐庶、马良、董和、霍峻、蒋琬、刘巴、杨仪、向朗、廖立等。刘备在赤壁之战前，基本上是屡战屡败，然折而不挠，终不为下，成就一番霸业，荆襄几年积蓄力量，是一个重要原因。

诸葛亮在中国老百姓的心目中，是个极富智慧的特殊人物。史料中两则资料都记载诸葛亮这时主动投奔刘备。诸葛公是否求见刘备了呢？答案是肯定的。

诸葛亮主动出山

诸葛亮，字孔明，琅邪阳都（今山东省沂南县南）人，其先祖诸葛丰在西汉元帝时官至司隶校尉，父亲诸葛圭东汉末年任过泰山郡丞。母亲章氏，在孔明三四岁时就病故了，诸葛亮八岁时，父亲又死去。献帝兴平二年（195年），刘艾《献帝春秋》载："初，豫章太守周术病卒，刘表上诸葛玄为豫章太守，治南昌。汉朝闻周术死，遣朱皓代玄。皓从扬州太守刘繇求兵击玄，玄退屯西城，皓入南昌。建安四年正月，西城民反，杀玄，送首刘繇。"[①]诸葛亮及两个姐姐、弟弟诸葛均在襄阳城西隆中（今湖北省襄阳市城西十三公里）定居下来。诸葛亮躬耕陇亩，广交名士，以待时机出山成就一番事业。

刘备的到来，为孔明施展抱负提供了希望和舞台。《魏略》载：

> 刘备屯于樊城。是时曹公方定河北，亮知荆州次当受敌，而刘表性缓，不晓军事，亮乃北行见备。备与亮非旧，又以其年少，以诸生意待之。坐集既毕，众宾皆走而亮独留，备亦不问其所欲言。备性好结毦，时适有人以髦牛尾与备者，备因手自结之。亮乃进曰："明将军当复有远志，但结毦而已邪！"备知亮非常人也，乃投毦而答曰："是何言吁！我聊以忘忧耳。"亮遂言曰："将军度刘镇南孰与曹公邪？"备曰："不及。"亮又曰："将军自度何如也？"备曰："亦不如。"曰："今皆不及，而将军之众不过数千人，以此待敌，得无非计乎？"备曰："我亦愁之，当若之何？"亮曰："今荆州非少人也，而著籍者寡，平居发调，则人心不悦；可语镇南，令国中凡有游户，皆使自实，因录以益众可也。"备从其计，故众遂强。备由此知亮有英略，乃以上客礼之。[②]

裴松之注补充说，《九州春秋》所言亦如此。后人亦将诸葛亮所献游户发调策八句纳入《诸葛亮集》中。

孔明与刘备这段对话的时间应是建安十年（205年）正月。也就是说，孔明主动见刘备在此时，孔明年方二十五岁。理由是谈话所讲背景时有"曹公方定河北"。考官渡之战后，曹操击刘备于汝南，遣夏侯惇、张辽讨降昌

---

① ［蜀汉］诸葛亮撰，［清］张澍编：《诸葛亮集》，中华书局1960年版，第157页。

② ［晋］陈寿撰，［南朝宋］裴松之注，陈乃乾校点：《三国志·蜀书·诸葛亮传》注引《魏略》，中华书局1959年版，第913页。

豨于东海，然后将部队带回家乡谯郡休整。建安七年（202年）夏五月，袁绍病死。建安八年（203年）三月，曹操大战袁谭、袁尚于黎阳，最后谭、尚败退还邺。建安九年（204年）九月，曹击败袁尚，进驻邺城，自领冀州牧。建安十年（205年）正月，曹操攻袁谭于南皮，追杀袁谭。《英雄记》载："曹操于南皮攻袁谭，斩之。操作鼓吹，自称万岁，于马上舞。"击杀袁谭标志冀州的平定。

孔明主动求见刘备有三点原因：一是积极入仕。发挥自己才干，干一番事业。二是在政治观点上有共同之处。刘备属于保皇一派，其政治立场是"匡扶汉室"，其人格被世人称颂。三是刘备曾任徐州牧，是诸葛亮的父母官。诸葛亮祖籍阳都（今山东省沂南县砖埠镇黄疃村）东汉属徐州琅邪郡。

重返隆中

然而，孔明后来又回到隆中，才会有三顾茅庐。

为什么孔明要回到隆中？有三种可能：

一是刘备知诸葛亮有英略，以上宾礼待之，实际没有实现孔明的政治抱负。其抱负从以下两例可知。其一，诸葛亮喜欢自比管仲、乐毅。其政治追求是出将入相。管仲为春秋时齐国人，是齐桓公担任春秋霸主时的主要谋臣。乐毅为战国时赵国人，燕昭王筑黄金台，招贤纳士，乐毅到了燕国为上将军，率六国联军伐齐，下齐七十余城，几亡齐国。刘备仅以上宾待之，孔明能留下吗？其二，诸葛亮积极入仕的思想多次流露。《魏略》载：

> 亮在荆州，以建安初与颍川石广元、徐元直、汝南孟公威等俱游学，三人务于精熟，而亮独观其大略。每晨夜从容，常抱膝长啸，而谓三人曰："卿三人仕进可至刺史郡守也。"三人问其所至，亮但笑而不言。后公威思乡里，欲北归，亮谓之曰："中国饶士大夫，遨游何必故乡邪？"①

---

① ［晋］陈寿撰，［南朝宋］裴松之注，陈乃乾校点：《三国志·蜀书·诸葛亮传》注引《魏略》，中华书局1959年版，第911页。

刘备没有认识到多年失败，关键是招揽一流谋士太少，特别是对"卧龙"没有深刻认识。刘、关、张关系密切，对孔明在举止上就有些漫不经心，使之心灰意懒。

二是诸葛亮重回隆中是一种谋略，核心是待价而沽。他一方面向刘备展示了才华，献游户发调策，另一方面让司马德操及徐庶推荐自己。要求刘备去请，而且一见面便语出惊人，定下三分妙计，世人都蒙在鼓中。以此观之，主动求见是实，迫刘备兄弟三顾也是实，且是诸葛亮一计。

三是诸葛亮因家务无法脱身而逗留。

四、创建水军

刘、关、张集团寄寓荆州的几年里，大部分时间是在新野度过的。即便建安十年（205年）驻屯樊城，新野仍是刘、关、张辅佐刘表的前沿阵地。这里距离许都仅三百余里。曹魏有战略压力，刘表、刘备同样有战略压力。加快军事斗争准备，刻不容缓。曹操主力的北征和荆襄南之地人才荟萃，为刘、关、张集团加快军事建设提供了宽松的政治环境和良好的社会人力资源。

关羽是刘备集团水军创始人，执掌水军从寄寓荆州开始。客观讲，刘备在到达荆州前，连连败北，特别是当阳大败时，步兵损失殆尽，经过荆州劫难、赤壁大战后，事业越做越大，不但得益于孔明智慧，而且得益于荆州期间积蓄的军队，关羽水军起了重要作用。在此后的东联孙权、赤壁大战、旁略江南四郡等重大开国军事活动中都起到了决定性作用。

关羽是蜀汉水军的创建者，得益于家乡位于山西盐池岸边，有较好的水性，也得益于对水军在未来战争中重大作用的先见之明。新野一带的水资源非常丰富，有"八水合一"之称，这是创建水军得天独厚的优势。

关羽的水军既有一定数量，且装备十分精良，有超常的作战素质，被诸葛亮誉为"精甲"。"别遣关羽乘船数百艘，使会江陵。"[1] 诸葛亮在东联孙权

---

[1]　［晋］陈寿撰，［南朝宋］裴松之注，陈乃乾校点：《三国志·蜀书·先主传》，中华书局1959年版，第877页。

时明确讲："豫州军虽败于长阪，今战士还者及关羽水军精甲万人。"[①] 两则史料传递的信息：（1）蜀汉水军从无到有，关羽是创建者。关羽不但是绝顶的骑步兵将领，也是"精甲"水军的主帅。（2）依诸葛亮言，当阳战役失散归来的士卒及赤壁大战前关羽水军精甲一万人。推测其中归来骑步兵约二千人，关羽精甲水军八千人。也可理解为仅关羽水军就有一万人。这是蜀汉集团赤壁大战前面临剿杀仅存的家当。（3）关于战船数量。当时刘表的荆州水军共八万人，战船七千艘。依比例推之，关羽水军战船应八百艘。如此庞大的战船数量、水军数量绝不是一年之功，盖从驻扎新野后，便在淯水开始水军创建活动。据有关学者在新野调研得知，关羽操演水军在城北三里河。东汉时这里是淯水的主河道，河面广阔，水流湍急，旁有雁语山。关羽曾站在雁语山上指挥水军操练。

建造战船也是一大工程。从赤壁大战有关记载看，水军战船包括三类：小型的艨艟船，船头有撞角，以冲击敌船为主；中型的斗舰，装有金鼓、旌旗，既可射箭，又指挥作战；大型的楼船，统帅居之。楼船的龙骨、肋骨、船体、甲板、旗杆、尾舵，均需上等木材。木料之间由铁条榫卯相连，通体坚固异常，不怕风浪。一艘楼船需百余工匠，半年才能完成。关羽为建造八百艘各种类型的战船及训练水军、装备水军，付出了诸多的智慧和汗水。

※　　　※　　　※　　　※

刘备集团投奔荆州，是这个集团的重大战略转移。这段时间，虽然不像军事生涯初期那么激烈，但对今后集团事业的发展积累了诸多条件。诸如：（1）扩兵，总兵力达到两万左右。（2）水军建设成为中坚力量，关羽付出了更多的智慧和精力，成为此后与孙权结盟的重要军事基础。（3）吸引了一大批荆楚高层人士，文臣武将，成为蜀汉事业的重要支撑。（4）增丁添口。集团领军人物及重要将领的后代，基本都是这个阶段出生的。（5）扩大了政治影响，成为三国鼎立的重要条件。

---

① ［晋］陈寿撰，［南朝宋］裴松之注，陈乃乾校点：《三国志·蜀书·诸葛亮传》，中华书局1959年版，第915页。

第九章

刘孙联盟，赤壁交锋

人类历史发展表明，人才问题决定事业的成败、兴衰。尤其东汉末年、三国时期，对人才的争夺、利用，为事业领军人物格外重视。

一、三赴隆中

徐庶、司马徽、庞德公的一再推荐，坚定了刘备、关羽、张飞三顾茅庐的决心。世谓之三荐才有三顾，每一荐，便有一顾。

《襄阳记》载："诸葛孔明为卧龙，庞士元为凤雏，司马德操为水镜，皆庞德公语。德公，襄阳人。孔明每至其家，独拜床下，德公初不令止。德操尝造德公，值其渡沔，上祀先人墓，德操径入其室，呼德公妻子，使速作黍，徐元直云有客当来就我与庞公谭。"① 这里的客就是刘备。刘备不但造访了庞德公，也造访了司马徽。庞德公是孔明二姐夫的父亲，庞统是庞德公的侄子。司马徽，字德操，居水镜庄（今湖北省南漳县玉溪山麓），是江南名士，雅号为"好好先生"，善识人才。

当徐庶投靠刘备时，"先主器之"，诸葛亮与徐庶是游学同学加朋友。庞德公、司马徽均向刘备推荐了孔明、庞统。

建安十二年（207 年），刘备、关羽、张飞三人冒雪三次到隆中，请诸葛亮出山，前两次均未见到。刘、关、张第三次到隆中才见到了孔明。为何

---

① ［蜀汉］诸葛亮撰，［清］张澍编：《诸葛亮集》故事卷二《遗事篇》，中华书局 1960 年版，第 65 页。

三顾才得以相见，这与孔明先求见，再让司马徽、庞德公、徐庶推荐，然后被一而再，再而三地请，属于诸葛亮一系列计谋的运用。可以分析一下，徐庶在向刘备举荐孔明时，刘备回答欢迎他来辅佐，而徐庶讲诸葛是非请不到。为何徐庶知道诸葛非请不可？有着非常强烈入仕思想的诸葛亮，从骨子里想的都是出山，干一番大事业，不出山与其性格和追求不符。大概是二人已沟通过情况，徐庶才做如此明确的回答。为何认为刘备肯定会去请，因为已让人赞许在先，司马德操称孔明"卧龙"，庞统为"凤雏"，单从这雅号就有无限的诱惑力。那么，孔明在刘备集团的地位就不同寻常了，其地位就更加突出，就不仅仅是"上宾"，就会赢得刘备的尊重，一步进入核心层。

对刘、关、张三人两顾茅庐未见到孔明，世人不信。不是孔明不在茅庐之中，是他觉得未到火候。本人存有戊午年（1918年）民国金竹轩写意《三顾茅庐》赏瓶一个。其题诗为：

> 一天风雪访贤良，不遇空回意感伤。
> 桥梁冻合沙石滑，烂银堆满卧龙岗。

其画面为五彩，刘、关、张三人分别着红、绿、黑三色冬装，在隆中孔明居舍门口站立，刘备向一小童打躬问询，小童、小狗在竹篱门口迎接客人。而在不远处为高高的草庐，窗中诸葛亮袖中之手捂嘴窃笑。看来世井及艺术家们都参透了诸葛亮故弄玄虚的本意。瓶上方还题写"神仙说是莫三顾隆中"，不知何意。

的确，孔明不是等闲之辈，著名的隆中对策既显露了其雄才大略，也影响和指导了刘备集团为之奋斗的事业。现将《草庐对》刊录于下：

> 备由是诣亮，凡三往，乃见。因屏人曰："汉室倾颓，奸臣窃命，主上蒙尘。孤不度德量力，欲信大义于天下，而智术浅短，遂用猖獗，然志犹未已，君谓计将安出？"亮曰："自董卓以来，豪杰并起，跨州连郡者不可胜数。曹操比于袁绍，则名微而众寡，然操遂能克绍，以弱为强者，非惟天时，抑亦人谋也。今操已拥百万之众，挟天子以令诸侯，

此诚不可与争锋。孙权据有江东，已历三世，国险而民附，贤能为之用，此可以为援而不可图也。荆州北据汉沔，利尽南海，东连吴会，西通巴蜀，此用武之国，而其主不能守，此殆天所以资将军，将军岂有意乎？益州险塞，沃野千里，天府之土，高祖因之以成帝业。刘璋暗弱，张鲁在北，民殷国富而不知存恤，智能之士，思得明君。将军既帝室之胄，信义著于四海，总揽英雄，思贤若渴。若跨有荆益，保其岩阻，西和诸戎，南抚夷越，外结好孙权，内修政理。天下有变，则命一上将，将荆州之军以向宛、洛，将军身率益州之众，出于秦川，百姓孰敢不箪食壶浆以迎将军者乎？诚如是，则霸业可成，汉室可兴矣。"①

因屏人曰，所屏之人应该是关张，可见，隆中对策时，仅有刘备、诸葛亮。诸葛亮滔滔不绝提出对当前形势看法和辅国方略。

计穷势窘的刘备，听后大为感悟和佩服，于是，任用诸葛亮为军师，与之情好日密。这引起"寝则同床，恩若兄弟"的关羽、张飞等不大高兴。刘备解释说："孤之有孔明，犹鱼之有水也，愿诸君勿复言。"关羽、张飞的抱怨才平息下来。

二、兵败当阳

历史上有很多事件带有戏剧性，然而有其必然性。以少胜多的战事屡屡出现在北方诸侯的争霸中。东汉末年，最早的袁绍与公孙瓒争霸，前者弱，后者强，然而袁绍战胜了公孙瓒。事隔不久，军力较弱的曹操又战胜了强大的袁绍。重演以少胜多的结局。这是智慧、性格、力量综合运用的结果。

曹操在战胜袁绍，彻底消灭了青州、冀州、并州、幽州的袁氏残余势力后，听从郭嘉的意见，北征乌桓，扫平了北方，于是开始了南征刘表的军事准备。

正如史学家张作耀在《曹操传》中做的五点分析：第一，做玄武池以练

① ［蜀汉］诸葛亮撰，［清］张澍编：《诸葛亮集》卷一，中华书局1960年版，第1页。

习水军；第二，派遣张辽屯长社（今河南省长葛市东）、于禁屯颍阴（今河南省许昌市）、乐进屯阳翟（今河南省禹州市），初步展开进攻的态势；第三，表前将军马腾为卫尉，以其子马超为偏将军统其众，稳住西方；第四，罢三公置丞相，加强对朝廷的控制；第五，诛杀孔融，以立威严。此时，发生了孙权击斩刘表大将江夏太守黄祖，为赶在孙权夺取荆州之前，建安十三年（208年）九月，曹操率大军直趋新野。

荆州背景

荆州的情况是，刘表的两个儿子——长子刘琦、次子刘琮都懦弱无能。刘表先是认为长子刘琦长相跟自己一样，特别宠爱他。后来次子刘琮娶了后妻蔡氏的侄女，蔡氏就宠爱刘琮而讨厌刘琦。刘表溺爱蔡氏，并且妻弟蔡瑁和外甥张允与刘琮过从甚密，都是刘表的亲信，在争夺荆州继承人的过程中，刘琦只能败下阵来。刘琦私下征询诸葛亮的意见。诸葛亮对答说："君不见申生在内而危，重耳在外而安乎？"[1] 时值江夏太守黄祖败亡，刘琦得以出任江夏太守。刘表病重时，蔡瑁、张允怕刘琦的地位发生变化，对自己不利，拒绝刘琦探视。曹操大兵压境，刘表病死。死前刘表将荆州托付给刘备说："我儿不才，而诸将并零落，我死之后，卿便摄荆州。"刘备说："诸子自贤，君其忧病。"诸葛亮等劝刘备按刘表遗嘱办，而刘备说："此人待我厚，今从其言，人必以我为薄，所不忍也。"[2] 刘表表刘备为荆州刺史。

为《三国志》作注的裴松之认为刘表临终举荆州以授备不可能，但《三国志·蜀书·先主传》注引《英雄记》《魏略》《汉魏春秋》均表达了同一思想，应认定刘表托荆州于刘备大体符合历史情况。

刘表死后，蔡瑁、张允焉能同意刘备主持荆州事务，便立刘琮为荆州的继承人。这种废长立幼的做法必然加剧刘琦、刘琮兄弟之间的矛盾，刘琦打

---

① ［晋］陈寿撰，［南朝宋］裴松之注，陈乃乾校点：《三国志·蜀书·诸葛亮传》，中华书局1959年版，第914页。

② ［晋］陈寿撰，［南朝宋］裴松之注，陈乃乾校点：《三国志·蜀书·先主传》注引《魏书》，中华书局1959年版，第877页。

算借奔丧之机发动事变。正在这时，曹操大军到达新野，刘琦闻讯，匆忙投奔了江南。章陵太守蒯越及东曹掾傅巽等劝刘琮归降曹操。刘琮犹豫不决，傅巽说："逆顺有大致的局面，强弱有固定的趋势。凭着臣子的地位抗拒君主，是违背大义。凭借刚开辟的楚地而抵御国家的力量，必然是非常危险的。凭借刘备来抵抗曹操，是阻挡不住的。三方面都处于劣势，还想对抗国家的军队，这是必然灭亡的道路。将军您估计比刘备如何呢？"刘琮说："我不如他。"傅巽又说："假如凭刘备都不能抵御曹操，那么即使保全了楚地，也不能用来保存自己；假如刘备足以抵御曹操，那么刘备就不会在将军的位置之下了。希望将军不要怀疑。"

曹操大军到襄阳，刘琮举城投降。

长坂遭遇

当时，关羽随刘备屯兵在樊城，没料到曹操大军突然到来。曹兵到达宛城时，刘备听到消息，召集关羽、张飞、诸葛亮、徐庶等商议。诸葛亮、徐庶劝刘备劫刘琮及荆州官吏到江陵，刘备说："刘荆州临亡托我以孤遗，背信自济，吾所不为，死何面目以见刘荆州乎？"[①] 于是，匆匆带领人马离去。过襄阳时，诸葛亮又劝刘备进攻刘琮，可以不费力气得到荆州。刘备不忍心，就驻马传呼刘琮，刘琮害怕得不能站立。刘备等在城东门外二百步处祭奠了刘表墓，洒泪而别。刘琮的投降让荆州正直之士寒心，为此，他左右从属及荆州士人、百姓很多人投靠了刘备。

曹操大兵压境，其矛头不单单指向刘表，也包括自己，刘备心知肚明。危急情况下，刘备采取两条措施：一是派关羽乘八百艘船率近万名水军从樊城出发，顺流而下，到江陵会合，占据江陵；二是自己率领步骑及荆州投靠自己的官兵、百姓从陆路向江陵进发。

刘备在荆州八年时间，主要是积蓄力量，做了两件大事：其一，广揽贤才；其二，扩大军队。史载，诸葛亮献游户发调策，即招募流民。荆州二十年间没有战事，其他州的士人、百姓纷纷到荆州避乱，刘备精选士卒，备众

---

① ［晋］陈寿撰，［南朝宋］裴松之注，陈乃乾校点：《三国志·蜀书·先主传》注引《汉魏春秋》，中华书局 1959 年版，第 878 页。

遂强。推测当时刘备军力至少达二万人，包括关羽水军近一万人，步骑兵亦不能少于一万人。

诸葛亮劝说刘备，应该急速前行，保江陵，现在虽然带领十几万人，但披甲者少，如果曹操大军奄至，怎么组织对敌呢？刘备说："夫济大事，必以人为本，现在百姓追随我，我怎么能忍心抛弃他们呢？"

曹操以江陵有军事物资，唯恐刘备先一步夺取，就率轻骑前进。赶到襄阳时，听说刘备已经离去，马上派文聘、曹纯率五千精骑追赶。曹纯系曹仁弟，多次参加大的征战，屡立战功。"纯所督虎豹骑，皆天下骁锐"[1]，一天一夜行三百余里，在当阳县长坂坡（今荆门市）追上了南撤的刘备及部曲百姓。这时刘备兵马、百姓十几万人，辎重车数千辆，秩序混乱，人如惊弓之鸟，一天才走十几里。刘备听说曹兵赶到，没组织有效的抵抗，就带诸葛亮等几十人逃走。命张飞率二十骑断后，赵云负责保护刘备夫人和刘禅。史称："曹公大获其人众辎重。"张飞在长坂桥立马横矛，阻击曹兵，瞋目大呼："我是张益德，谁敢前来和我拼死！"[2]曹兵没有一人上前，因此刘备等幸免于难。张飞立马横矛是三国文化一大经典，张飞一代名将所骑马如何？据郑天挺《杭世骏三国志补注与赵一清三国志注补》载，张飞坐骑名豹月乌，应是乌骓马之类，因文释义，马身上有白色斑点。

史料未载曹、刘两军的大规模冲突。分析到达长坂坡时，肯定会有激烈战斗。其一万多名步骑兵，既要维护百姓，又要准备迎敌，兵力分散，百姓恐慌，军心惶惶。刘备指挥失当，因此长坂坡一战即溃。

不过在局部战斗中，亦有精彩场面。《赵云别传》载："初，先主之败，有人言云北去者，先主以手戟掷之曰：'子龙不弃我走也。'顷之，云至。"亦载："当阳之役，义贯金石。"[3]赵云在刘备集团中虽然大半生主管保卫内室工作，但也参加了诸多大战。史料中重点提及当阳大败时赵云的表现，可

① ［晋］陈寿撰，［南朝宋］裴松之注，陈乃乾校点：《三国志·魏书·曹纯传》注引《魏书》，中华书局1959年版，第277页。

② ［晋］陈寿撰，［南朝宋］裴松之注，陈乃乾校点：《三国志·蜀书·张飞传》，中华书局1959年版，第943页。

③ ［晋］陈寿撰，［南朝宋］裴松之注，陈乃乾校点：《三国志·蜀书·赵云传》注引《赵云别传》，中华书局1959年版，第951页。

见当年长坂坡大战时惊心动魄的场面。《三国演义》所写赵云血染战袍，护卫幼主刘禅和刘备甘夫人，应符合历史情况。刘禅，读 shàn，见于《襄阳耆旧记》，其《向宠传》载，诸葛亮《出师表》曾写道："将军向宠，性行淑均，畅晓军事。"刘备时为牙门将。刘备攻吴报关羽被害之仇时，"宠营特全"。而向充是向宠的弟弟。蜀亡后，任射声校尉、尚书等职。魏咸熙元年（264 年）六月，镇西将军卫瓘到成都时，得到玉璧、玉印各一个，上面的字仿佛是"成信"二字。魏国文武将官都看到了，然后保藏在司马炎的相国府内。向充听到这事，说，"我听谯周说过：……先帝名叫备，含义是足备；安乐公名叫'禅'，含义是授予，好像是说，刘氏已经足备，应当授予他人了……"禅的其中之一义项是授予。至于糜夫人投枯井事则不见于史料。不过，后人在当阳西北长坂坡下其投井处建有糜后祠，亦称娘娘井。现祠已毁，娘娘井尚存。有对联云：

> 将军突围救儿，岂能无马。
> 夫人投井殉难，勇于忘身。[1]

长坂坡地处襄阳至江陵的当阳境古道上，位于江汉平原西部边缘与鄂西山地相结合的丘陵地带，是荆山余脉东支南下至当阳境内所形成的一条长长的山岭，纵贯南北。这种奇特的地形被称为"百里长坂"。据荆门考古发现，现荆门市城南掇刀区下辖袁集村，是汉末当阳城的遗址。当阳源于荆门山，此山原名古当山，当阳在古当山之南。百里长坂位于荆门市南侧，荆门山到响铃岗的大片开阔地带就是当年长坂坡古战场遗址。

由于当阳城多次迁址，到东晋隆安五年（401 年），移至今当阳位置。后人依《三国演义》将现代化县级当阳市的中心建成长坂公园。公园内原有明万历四年（1576 年）"长坂雄风"碑。园外街心，耸立赵子龙大战长坂坡铜像。坡西一公里处，即相传的糜夫人自尽井。长坂坡隔河相对的锦屏山，传为曹操登高观战处，有擂鼓台、瞭望台等遗址。

---

[1]　常江著:《中华名胜对联大典》，国际文化出版公司 1996 年版，第 607 页。

刘备的损失是相当惨重的。不但丢弃了数千辆辎重车，几乎所有步骑兵瓦解，跟随的十几万百姓也全部离散，还丢了两个女儿。重要谋臣徐庶因为母亲被曹操俘获，辞刘备而指心说："本欲与将军共图王霸之业者，以此方寸之地也。今已失老母，方寸乱矣，无益于事，请从此别。"[1] 也借机离开刘备而投降了曹操。刘备仓皇狼狈状况可想而知。

前途茫然

刘备当阳大败后，何去何从，非常困惑。正在这危急关头，鲁肃出现，解救了刘备集团。

鲁肃是奉孙权将令，去探察荆州形势，值刘备溃败并相见。鲁肃问刘备准备到哪里去，刘备回答说，与刘表部下苍梧太守吴巨有旧，准备投奔他。鲁肃一番英锐见解使刘备茅塞顿开：

> 孙讨虏聪明仁惠，敬贤礼士，江表英豪，咸归附之，已据有六郡，兵精粮多，足以立事。今为君计，莫若遣腹心使自结于东，崇连和之好，共济世业，而云欲投吴巨，巨是凡人，偏在远郡，行将为人所并，岂足托乎？[2]

鲁肃劝刘备与孙权并力，共拒曹操，正中刘备下怀。刘备非常高兴并赞同，于是改变行军方向，率仅有的几十骑走小路东行向汉津（今湖北省钟祥市）进发，正遇率水军南下的关羽。赵云这时也保护刘备夫人及刘禅赶到。一块儿渡过沔水（即汉水），会合了刘表长子江夏太守刘琦率领的一万多名士卒，共至夏口（今湖北省武汉市武昌区蛇山北侧）。

当阳之败，是刘备集团发展壮大历程中少有的惨败。面对残兵败将，前途未卜，一片凄凉，关羽在船上感叹刘备当年阻止其杀曹操一事，说："往

---

① ［晋］陈寿撰，［南朝宋］裴松之注，陈乃乾校点：《三国志·蜀书·诸葛亮传》，中华书局1959 年版，第 914 页。

② ［晋］陈寿撰，［南朝宋］裴松之注，陈乃乾校点：《三国志·蜀书·先主传》注引《江表传》，中华书局 1959 年版，第 878 页。

日猎中，若从羽言，可无今日之困。"刘备巧妙地说："是时亦为国家惜之耳，若天道辅正，安知此不为福邪！"[1]从关羽的愤愤不平，可以看出关羽当年谋杀曹操，主要是从未来会危及刘备集团生存这一重大政治问题着眼。从关羽预见性，可看出其敏锐的政治洞察力和果敢作风。可以说，刘备步骑兵溃散，若没有关羽水军，不要说后来的赤壁之战，当天就可能成为曹操的俘虏。在求助孙权，结成孙、刘联盟问题上，诸葛亮发挥了重要作用。而在形成联盟前夕，关羽水军的存在，不但挽救了刘备余众，而且成为刘备与孙权实现联盟的筹码。

曹操没有及时追赶刘备集团，而是把着眼点放在抢夺军事物资、占领地盘上。曹操大军很快攻占了江陵，并及时封赏平定荆州的部属，以原刘表大将文聘为江夏太守，封侯者十五人。以赵俨为章陵太守。曹操又陆续收编了荆州的散兵游勇，兵力甚锐，形势甚盛。他见刘备投奔了孙权，此时的曹操心高气傲，根本没把孙权和刘备放在眼里，于是趾高气扬地给驻扎在柴桑（今江西省九江市西南十二里）的孙权写了一封恫吓信：

> 近者奉辞伐罪，旌麾南指，刘琮束手。今治水军八十万众，方与将军会猎于吴。[2]

孙权得书后让群臣传看，大家无不震惊失色，普遍认为应向曹操屈服，这让孙权大失所望。

三、刘孙结盟

孙权集团的崛起得益于其父、兄。其父孙坚，号称江东猛虎，字文台，吴郡富春（今浙江省杭州市富阳区瓜桥埠村）人，是孙武的后代。

---

① ［晋］陈寿撰，［南朝宋］裴松之注，陈乃乾校点：《三国志·蜀书·关羽传》注引《蜀记》，中华书局1959年版，第940页。

② ［晋］陈寿撰，［南朝宋］裴松之注，陈乃乾校点：《三国志·吴书·吴主传》注引《江表传》，中华书局1959年版，第1118页。

据盛巽昌先生考证，孙坚故里在富阳王洲。王洲原名为孙洲，因出了孙权改为王洲。孙坚后裔现居王洲东南的龙门镇。全镇 1600 余户，90% 以上为孙姓。近年由费孝通、赵朴初分别书写"孙权故里"及"吴大帝故里"两通石碑。

孙坚年轻时以勇武闻，参与围剿黄巾军，宛城一战，独当一面，身先士卒登城，被朱俊表为别部司马。曾参张温军事。在攻克长沙义军区星时立功，封乌程侯。讨伐董卓时，投在袁术门下，为豫州刺史。击败董卓，清扫社庙，为孙氏集团奠定了基础。长子孙策继统孙坚部从，"英气杰济，猛锐冠世，览奇取异，志陵中夏"。[①] 拓展了江东基业。经过十年的征战，拥有会稽郡（治所山阴，今绍兴。辖境相当今江苏长江以南以及浙江、安徽部分）、豫章郡（治所在南昌，辖境相当今江西省地）、丹阳郡（治所在宛陵，今安徽宣城。辖境相当今安徽长江以南，以及江苏、浙江部分地）、吴郡（治所吴，今江苏苏州。辖境相当今江苏、上海长江以南、大茅山以东，浙江长兴、吴兴；天目山以东与建德以下的钱塘江两岸）、庐江郡（治所在舒，今安徽庐江西南。辖境相当今安徽巢县、舒城、霍山以南，长江以北，湖北英山、广济、黄梅和河南商城等地）五郡之地。

刘表与江东孙氏集团为世仇。初平三年（192 年），袁术与孙坚结成同盟进攻刘表，孙坚在围攻襄阳时，单马追进岘山，被刘表部将黄祖军士射杀。孙策继统江东后，把讨伐刘表、黄祖作为己任。《吴录》记载了建安四年（199 年）讨黄祖的经过：

> 臣讨黄祖，以十二月八日到祖所屯沙羡县。刘表遣将助祖，并来取臣。臣以十一日平旦部所领江夏太守行建威中郎将周瑜、领桂阳太守行征虏中郎将吕范、领零陵太守行荡寇中郎将程普、行奉业校尉孙权、行先登校尉韩当、行武锋校尉黄盖等同时俱进。身跨马栎阵，手击急鼓，以齐战势。吏士奋激，踊跃百倍，心精意果，各竞用命。越渡重堑，迅疾若飞。火放上风，兵激烟下，弓弩并发，流矢雨集，日加辰时，祖乃

---

① ［晋］陈寿撰，［南朝宋］裴松之注，陈乃乾校点：《三国志·吴书·孙策传》，陈寿评语，中华书局 1959 年版，第 1113 页。

溃烂。锋刃所截，焱火所焚，前无生寇，惟祖迸走。获其妻息男女七人，斩虎、韩晞已下二万余级，其赴水溺者一万余口，船六千余艘，财物山积。虽表未禽，祖宿狡猾，为表腹心，出作爪牙，表之鸱张，以祖气息，而祖家属部曲，扫地无余，表孤特之虏，成鬼行尸。诚皆圣朝神武远振，臣讨有罪，得效微勤。[①]

从以上报表可知，东吴从孙坚始，多位将领就在荆州任职。荆州问题是他们拂之不去的情结，蜀汉集团对此认识不足。

建安五年（200 年），孙策闻曹操与袁绍在官渡相持，悉起江南之众，自号大司马，部署袭取许昌，迎接献帝。正在调动兵马时，被故吴郡太守许贡家客射杀。孙权继统江东后，仍把讨伐江夏太守黄祖作为战略重点。建安八年（203 年），孙权西伐黄祖，大破之。赤壁之战前夕的建安十二年（207 年）、十三年（208 年）连年用兵。刘表病死前，黄祖已被讨平。

诸葛亮奉命使吴

孙权派遣鲁肃趁刘表去世，借吊丧之名，以观其变。鲁肃还没赶到，曹操已经到了荆州。鲁肃在当阳长坂与刘备相遇，陈说利害。鲁肃是具有远见卓识的人物，他知道曹操一旦扫平北方，必然南指刘表、孙权。在败军之际、仓皇出逃的刘备正需要人的帮助，不期而遇鲁肃。这时曹兵集结江陵，准备东下，形势非常严峻。孔明对刘备建议："事急矣，请奉命求救于孙将军。"曹操大兵压境，使两支较弱的政治军事力量走到了一起。

于是刘备派遣孔明随鲁肃到柴桑，拜见孙权，谋求联合抗曹。孙权已然感到曹军东指自己处境岌岌可危，但又不愿以数郡之地臣服于曹操，孔明实施了成功的斡旋：

亮说权曰："海内大乱，将军起兵据有江东，刘豫州亦收众江南，与曹操并争天下。今操芟夷大难，略已平矣，遂破荆州，威震四海。英

---

① ［晋］陈寿撰，［南朝宋］裴松之注，陈乃乾校点：《三国志·吴书·孙策传》注引《吴录》，中华书局 1959 年版，第 1108 页。

雄无所用武，故豫州遁逃至此。将军量力而处之：若能以吴、越之众与中国抗衡，不如早与之绝。若不能挡，何不案兵束甲，北面而事之！今将军外托服从之名，而内怀犹豫之计，事急而不断，祸至无日矣！"

权曰："苟如君言，刘豫州何不遂事之乎？"

亮曰："田横，齐之壮士耳，犹守义不辱，况刘豫州王室之胄，英才盖世，众士慕仰，若水之归海，若事之不济，此乃天也，安能复为之下乎！"

权勃然曰："吾不能举全吴之地，十万之众，受制于人。吾计决矣！非刘豫州莫可以当曹操者，然豫州新败之后，安能抗此难乎？"

亮曰："豫州军虽败于长坂，今战士还者及关羽水军精甲万人，刘琦合江夏战士亦不下万人。曹操之众，远来疲敝，闻追豫州，轻骑一日一夜行三百余里，此所谓'强弩之末，势不能穿鲁缟'者也。故兵法忌之，曰'必蹶上将军'。且北方之人，不习水战；又荆州之民附操者，逼兵势耳，非心服也。今将军诚能命猛将统兵数万，与豫州协规同力，破操军必矣。操军破，必北还，如此则荆、吴之势强，鼎足之形成矣。成败之机，在于今日。"[①]

诸葛亮一番言论，正中孙权下怀。面对号称八十万大军的曹操，是战是降，也不是仅凭孔明一张利嘴所能改变的。东吴上层经过了一番激烈的政治观点的碰撞。

刘备集团中，从动议到实施孙、刘联盟，无疑诸葛亮起了重要作用，对于扭转刘备集团命运是至关重要的。

周瑜鲁肃力主抗曹

孙吴方面，谋划和促成孙权下定决心与刘备集团并力拒曹的两位英雄人物不可忘记：一是鲁肃，二是周瑜。

周公瑾文韬武略以及对东吴霸业的奠基比之鲁肃作用要大，但联合刘备

---

① ［晋］陈寿撰，［南朝宋］裴松之注，陈乃乾校点：《三国志·蜀书·诸葛亮传》，中华书局1959年版，第915页。

这一谋略的提出者却是鲁肃。

鲁肃字子敬，临淮东城（今安徽省定远县东）人，是位登高识远的战略家。鲁肃体貌魁奇，少有壮节，好为奇计。从小失去父亲，跟祖母生活。家富乐施，轻侠仗义，很得民心。天下将乱，于是学习击剑骑射，招聚少年，给以衣食，讲武习兵。因资助周瑜粮食而结为朋友。一开始，袁术赏识他，授以东城长，后由周瑜推荐给孙权。

一次，孙权召见鲁肃，单独咨询方略：

> 因密议曰："今汉室倾危，四方云扰，孤承父兄余业，思有桓文之功。君既惠顾，何以佐之？"肃对曰："昔高帝区区欲尊事义帝而不获者，以项羽为害也。今之曹操，犹昔项羽，将军何由得为桓文乎？肃窃料之，汉室不可复兴，曹操不可卒除。为将军计，惟有鼎足江东，以观天下之衅。规模如此，亦自无嫌。何者？北方诚多务也。因其多务，剿除黄祖，进伐刘表，竟长江所极，据而有之，然后建号帝王以图天下，此高帝之业也。"[1]

人们称此为东吴版本隆中对。鲁肃不但从宏观大略上提出东吴立国之大纲，在联络刘备、北拒曹操的中略上也提出可行的具体措施。刘表死后，鲁肃进一步向孙权提出建议：

> 夫荆楚与国邻接，水流顺北，外带江汉，内阻山陵，有金城之固，沃野万里，士民殷富，若据而有之，此帝王之资也。今表新亡，二子素不辑睦，军中诸将，各有彼此。加刘备天下枭雄，与操有隙，寄寓于表，表恶其能而不能用也。若备与彼协心，上下齐同，则宜抚安，与结盟好；如有离违，宜别图之，以济大事。肃请得奉命吊表二子，并慰劳其军中用事者，及说备使抚表众，同心一意，共治曹操，备必喜而从

---

① ［晋］陈寿撰，［南朝宋］裴松之注，陈乃乾校点：《三国志·吴书·鲁肃传》，中华书局1959年版，第1268页。

命。如其克谐，天下可定也。今不速往，恐为操所先。①

　　无疑，孙、刘实现强强联合，才能抗击超强超霸的曹操，正是英雄所见略同。无论是诸葛亮隆中对称"孙权据有江东，已历三世，国险而民附，贤能为之用，此可以为援，而不可图也"②。还是鲁肃的"若备与彼协心，上下齐同，则宜抚安，与结盟好"③。在有政治远见的战略家看来，这是当时唯一的选择。而创造结盟的机会：一是曹操的进攻，来自外部；二是鲁肃的率先提出。因为诸葛亮是"事急矣，请奉命求救于孙将军"。这是刘备集团燃眉之急才采取的措施，而不是在曹操进攻前就预谋的。鲁肃提出在前，刘备、诸葛亮响应在后。这表明鲁肃具有的远见卓识非一般政治家所能做到。

　　再讲周瑜。孙权主张联刘拒曹，更多的是周瑜的大力支持。当曹操提兵攻占荆襄，率兵南下，江东之士一片投降声。主战派代表是周瑜、鲁肃。

　　周瑜字公瑾，庐江舒人（今安徽桐城东北），其从祖父周景及子周忠均任过汉太尉。周瑜父亲周异曾任洛阳令。周瑜、孙策从小在一起④，过从甚密。开始，周瑜被袁术任命为居巢长。建安三年（198 年）投孙策，被授为建威中郎将，授兵两千人。孙策攻黄祖时，以周瑜为中护军，领江夏太守。

　　《三国志·吴书·周瑜传》载："时得桥公两女，皆国色也。策自纳大桥，瑜纳小桥。"当时战乱得原太尉桥玄两女，均国色，孙策娶大乔，周瑜娶小乔。

　　有人认为桥公另有其人是不妥的。在封建社会能称公的有具体含义，必

---

　　① ［晋］陈寿撰，［南朝宋］裴松之注，陈乃乾校点：《三国志·吴书·鲁肃传》，中华书局1959 年版，第 1269 页。

　　② ［晋］陈寿撰，［南朝宋］裴松之注，陈乃乾校点：《三国志·蜀书·诸葛亮传》，中华书局1959 年版，第 912 页。

　　③ ［晋］陈寿撰，［南朝宋］裴松之注，陈乃乾校点：《三国志·吴书·鲁肃传》，中华书局1959 年版，第 1269 页。

　　④ ［晋］陈寿撰，［南朝宋］裴松之注，陈乃乾校点：《三国志·吴书·周瑜传》注引《江表传》，中华书局 1959 年版，第 1259 页。

是太尉、司徒、司空。曹操一次征战经过桥玄墓，写过祭文，其中，"故太尉桥公，懿德高轨，泛爱博容"。[1]很明确地把桥玄称为桥公。且史书亦称桥玄六十余岁有少子，被人劫持而死的记载。因之，必是桥玄无疑。

《三国志集解》作者卢弼认为，桥玄是梁国睢阳人，而桥公是庐江郡皖县（今安徽省潜山市）人，大谬。建安四年（199年）袁术死后，其部曲家属投皖城刘勋。孙策、周瑜知道这一消息后偷袭皖城，得袁术百工及部曲三万人，同时掠得桥玄二女。不是桥公为皖县人，而是桥玄二女兵荒马乱年代流离失所，由梁国逃到皖城。恰巧孙、周用兵时所得。《三国志·吴书·周瑜传》注引《江表传》载："策从容戏瑜曰：'桥公二女虽流离，得吾二人作婿，亦足为欢。'"[2]从孙策风趣交谈中不但流露出得名人美女的兴奋，而且也说明了桥玄二女根本不是皖城人，是"流离"到皖城的。从语言环境讲，在表述一般不出名人物时，必得讲明籍贯和身份。而在社会上通用时，必是社会熟知的人物。东汉末年社会上知名的桥公仅有桥玄一人。也有人认为桥玄于光和六年（174年）去世，年七十五岁。孙策、周瑜这时才九岁，认为桥玄不可能有与之年龄相仿的幼女，这是站不住脚的。分析桥玄也有年轻的妾，桥玄六十余岁生育两女是可能的。卢弼还分析说，如果桥玄有如此美貌二女，好色的曹操与桥玄很熟，一定会纳之于铜雀台。此说亦没有道理。曹与桥交往时为汉灵帝熹平三年（174年），曹操时二十岁。而周瑜次年才出生。分析桥玄二女还未出世，曹操再鬼迷心窍，也是不可能的。

此外，周瑜还参与讨平豫章、庐陵。建安十一年（206年）击破黄祖部，生擒其将邓龙。孙权初掌江东时，与张昭共掌众事。就连孙权母亲对孙权也说："公瑾与伯符同年，小一月耳，我视之如子也，汝其兄事之。"[3]

当曹操席卷荆州，船步兵达数十万人，江东将士听说后都惶恐不安，孙

---

①　[南朝宋]范晔撰：《后汉书·桥玄传》卷五十一，中华书局2007年版，第502页。

②　[晋]陈寿撰，[南朝宋]裴松之注，陈乃乾校点：《三国志·吴书·周瑜传》注引《江表传》，中华书局1959年版，第1260页。

③　[晋]陈寿撰，[南朝宋]裴松之注，陈乃乾校点：《三国志·吴书·周瑜传》注引《江表传》，中华书局1959年版，第1261页。

权召集群臣问计时，张昭等投降派的普遍看法是：

> 曹公豺虎也，然托名汉相，挟天子以征四方，动以朝廷为辞，今日拒之，事更不顺。且将军大势，可以拒操者，长江也。今操得荆州，奄有其地，刘表治水军，蒙冲斗舰，乃以千数，操悉浮以沿江，兼有步兵，水陆俱下，此为长江之险，已与我共之矣。而势力众寡，又不可论。愚谓大计不如迎之。[①]

周瑜英姿勃发，一反众辞说：

> 不然，操虽托名汉相，其实汉贼也。将军以神武雄才，兼仗父兄之烈，割据江东，地方数千里，兵精足用，英雄乐业，尚当横行天下，为汉家除残去秽。况操自送死，而可迎之邪？请为将军筹之：今使北土已安，操无内忧，能旷日持久，来争疆场，又能与我校胜负于船楫间乎？今北土既未平安，加马超、韩遂尚在关西，为操后患。且舍鞍马，仗舟楫，与吴越争衡，本非中国所长。又今盛寒，马无藁草，驱中国士众远涉江湖之间，不习水土，必生疾病。此数四者，用兵之患也，而操皆冒行之。将军禽操，宜在今日。瑜请得精兵三万人，进驻夏口，保为将军破之。[②]

由此看出，孙权召集会议商讨军国大事时是何等激烈，交战、主和双方各不相让。孙权为统一思想，不允许任何人再持异议，果断拔佩刀砍去奏案一角说："诸将吏敢复有言当迎操者，与此案同。"[③] 充分显示了英明的决策决断和驾驭群下的计谋和胆识。

周瑜为进一步开释孙权，令其解除狐疑，当天罢会后之夜，又请求孙权

---

①② ［晋］陈寿撰，［南朝宋］裴松之注，陈乃乾校点：《三国志·吴书·周瑜传》，中华书局1959年版，第1261页。

③ ［晋］陈寿撰，［南朝宋］裴松之注，陈乃乾校点：《三国志·吴书·周瑜传》注引《江表传》，中华书局1959年版，第1262页。

会见，做深入阐释。周瑜说，大家仅见曹操书信上写水步兵八十万，那是在恫吓人，没有去认真研究其军事力量，便在此基础上谈论是迎还是战。从实际来分析，曹操大军不过十五六万人。而且士兵远道而来，已经疲惫。得到的荆州兵，最多七八万人，而且对曹操心有孤疑。曹操率领疲病的士兵，督促满心犹疑的荆州兵，人数虽然多，那根本不可怕。如果给我精兵五万，足可以迎敌。请将军不要疑虑。孙权一听，非常振奋，拍着周瑜背说："公瑾，卿言至此，甚合孤心。子布（张昭）、文表（秦松）诸人，各顾妻子，挟持私虑，深失所望，独卿与子敬与孤同耳，此天以卿二人赞孤也。五万兵难卒合，已选三万人，船粮战具俱办，卿与子敬、程公便在前发，孤当续发人众，多载资粮，为卿后援。卿能办之者诚决，邂逅不如意，便还就孤，孤当与孟德决之。"[①] 于是，孙权以周瑜、程普为左右都督，鲁肃为赞军校尉，各领军一万，使与诸葛亮一起会合刘备，始得孙、刘联盟大功告竣。

刘、孙联合出乎曹操的预料，而且认识不足，认为给孙权一封恫吓书，孙权就不敢抗命，甚至曹操的谋臣们多数还以为孙权会杀刘备。重要谋臣程昱则持相反意见说：

> 孙权新在位，未为海内所惮。曹公无敌于天下，初举荆州，威震江表，权虽有谋，不能独当也。刘备有英名，关羽、张飞皆万人敌也，权必资之以御我。难解势分，备资以成，又不可得而杀也。[②]

程昱的分析由后来战争进展所证实，孙权果然"多与备兵，以御太祖"。孙、刘联盟的形成，以及对战争双方的分析、预测中，曹操却输了一筹，注定了曹操征江南必然失败。东晋史学家习凿齿中肯地评述曹操心态所造成的后果时讲：

---

① ［晋］陈寿撰，［南朝宋］裴松之注，陈乃乾校点：《三国志·吴书·周瑜传》注引《江表传》，中华书局1959年版，第1262页。

② ［晋］陈寿撰，［南朝宋］裴松之注，陈乃乾校点：《三国志·魏书·程昱传》，中华书局1959年版，第428页。

昔齐桓一矜其功而叛者九国，曹操暂自骄伐而天下三分，皆勤之于数十年之内，而弃之于俯仰之顷，岂不惜乎！[1]

四、赤壁之战

周瑜率领的军队从柴桑（今江西省九江市）集结出发，逆流而上，四五天后，到达樊口（当时属鄂县，今湖北省鄂城市）与刘备会合。

会合时有一段重要的插曲，即双方商谈迎击曹操的部署。按《江表传》载，刘备进驻鄂县的樊口，是鲁肃提出的计谋。当时诸葛亮奉命联吴而未回，刘备听说曹操大军已从江陵出发，顺流而下，非常害怕，已无退路。每日派巡逻的官员在江面盼望孙权的部队，巡逻官报告孙权军队来到时，惊弓之鸟的刘备反问"何以知非青徐军邪"？等巡逻官详细讲述了东吴船的特点，刘备一颗悬着的心才放下来，马上派人去慰劳。周瑜兵多将猛，有气吞山河气概，对慰劳的代表讲："我有军戎在身，不能轻易离开职守，如果（先主）能够委屈一下，确实是我所期盼的。"言内之意是请刘备过来商谈抗曹具体事宜。前去慰问的人当是关羽，因孔明还未归来。

于是刘备对关羽、张飞说："彼欲致我，我今自结托于东而不往，非同盟之意也。"史称刘备单舸往见瑜。单舸即一条船去，并不是单人去。据说是关羽随刘备去见周瑜。《江表传》载：

（刘备）问曰："今拒曹公，深为得计。战卒有几？"瑜曰："三万人。"备曰："恨少。"瑜曰："此自足用，豫州但观瑜破之。"备欲呼鲁肃等共会语，瑜曰："受命不得妄委署，若欲见子敬，可别过之。又孔明已俱来，不过三两日到也。"备虽深愧异瑜，而心未许之能必破北军也。故差池在后，将二千人与羽、飞俱，未肯系瑜，盖为进退之计也。[2]

---

[1] ［宋］司马光撰：《资治通鉴》卷六十五，中华书局1956年版，第2095页。

[2] ［晋］陈寿撰，［南朝宋］裴松之注，陈乃乾校点：《三国志·蜀书·先主传》注引《江表传》，中华书局1959年版，第879页。

从这则史料可知，关羽、张飞二人所率军队各为一千人，主要是步骑兵。任务是在陆地上截击曹操。其余近两万人，归周瑜、刘备指挥，参加了江面上的水战。

赤壁交锋

曹操大军顺流而下，刘、孙联军逆流而上，在赤壁山下两军相遇。

赤壁地点，在今湖北省蒲圻县西北沿江一百三十里处，为赤壁乡所辖。南岸为赤壁山，北岸为乌林。《元和郡县图志·江南道三》载："赤壁山，在县西一百二十里。北临大江，其北岸即乌林，与赤壁相对，即周瑜用黄盖策，焚曹公舟船败走处，故诸葛亮论曹公'危于乌林'是也。"①《水经注》亦称"吴黄盖败魏武于乌林"。《荆州记》亦有"周瑜、黄盖于此乘大舰破魏武于乌林"。②《读史方舆纪要》载："嘉鱼县条：今江、汉间言赤壁者有五，汉阳、汉川、黄州、嘉鱼、江夏也。当以嘉鱼之赤壁为据。"③皆指今蒲圻县赤壁。苏轼《赤壁赋》以黄冈市赤鼻山为赤壁是错误的。

当时曹操虽人多势众，因北方之人不习水土，不少士兵染有疾病。

据今人考察，曹军患的是血吸虫病，这种病以秋季最为严重，并且它分为急性、慢性和晚期三种，曹操的军队患上的正是急性血吸虫病，这种疾病主要在秋季流行，曹操开始训练水兵正是血吸虫病感染严重的秋季。如果人感染上急性血吸虫病，会在一个月左右开始发病，出现高烧、肝脾肿大和拉肚子。赤壁之战发生在秋末冬初，曹军士兵正饱受血吸虫病的困扰，战斗力会大大下降。

建安十三年（208年）十月十日，江面上初一交战，曹军便吃了败仗。这一点与《三国演义》所记大体吻合。北方之众不习水战，水流船动，或呕吐，或晕船，站立不稳，加之疾病无力，谈何作战，于是退还江北。为防止船舰颠簸，曹军又船与船首尾相连。周瑜部下黄盖诈降计起了重要作用。把

① ［唐］李吉甫撰，贺次君点校：《元和郡县图志》，中华书局1983年版，第646页。
② 《江西日报》1978年11月3日。
③ ［清］顾祖禹撰，贺次君、施和全点校：《读史方舆纪要》卷七十六，中华书局2005年版，第3532页。

曹操瞒过。黄盖密献诈降书给曹操,《江表传》载诈降书全文:

> 盖受孙氏厚恩,常为将帅,见遇不薄,然顾天下事有大势,用江东六郡山越之人,以当中国百万之众,众寡不敌,海内所共见也。东方将吏,无有愚智,皆知其不可,惟周瑜、鲁肃偏怀浅戆,意未解耳。今日归命,是其实计。瑜所督领,自易摧破。交锋之日,盖为前部,当因事变化,效命在近。①

一纸诈降书,迎合曹操骄狂性情,麻痹了其防范意识。十一月十二日甲子时(公元208年12月7日)傍晚,曹军与孙、刘联军大规模的战斗打响。《资治通鉴》记载了双方交战的经过:

> 黄盖乃取蒙冲斗舰十艘,载燥荻、枯柴,灌油其中,裹以帷幕,上建旌旗,豫备走舸,系于其尾。先以书遗操,诈云欲降。时东南风急,盖以十舰最著前,中江举帆,余船以次俱进。操军吏士皆出营立观,指言盖降。去北军二里余,同时发火,火烈风猛,船往如箭,烧尽北船,延及岸上营落。顷之,烟炎张天,人马烧溺死者甚众。②

据盛巽昌先生考证,蒙冲始于西汉,船建有两层,各有女墙。其中多方开凿有"牙孔""弩窗",以利于射击敌人,女墙下有若干"掣棹孔",将桨伸向水面,而掩藏划桨兵士,因在船身面常披以牛皮等防护物,故称"蒙冲"。走舸小于蒙冲,而以速度快著称。③

孙、刘联军鼓声大震,如天崩地裂,水陆并进,曹军大溃。近三十万大军搅在一起,战争场面是何等壮观和惨烈。王粲《从军》诗云"连舫逾万

---

① [晋]陈寿撰,[南朝宋]裴松之注,陈乃乾校点:《三国志·吴书·周瑜传》注引《江表传》,中华书局1959年版,第1263页。

② [宋]司马光撰:《资治通鉴》卷六十五,中华书局1956年版,第2093页。

③ [明]罗贯中著,盛巽昌补证:《三国演义补证本》引第四十九回注③,上海画报出版社1995年版,第357页。

艘"。虽是写诗实亦写实，曹军二十余万人合战船数千艘以上。经火一烧，加上自相践踏，已是狼狈不堪。于是曹操下令烧毁在巴丘放置的备用船，速引军向西败逃。

刘备调遣兵将由蜀山（今湖北省嘉鱼县境）向乌林进发，由陆地夹击曹军。周瑜率轻锐"寻继其后"，勇猛追杀。

曹操率残兵败将从乌林经由华容道（今湖北省监利市西北）向江陵方向逃窜。慌乱中人马蹈藉，"死者甚众"。《山阳公载记》载：

> 公船舰为备所烧，引军从华容道步归，遇泥泞，道不通，天又大风，悉使羸兵负草填之，骑乃得过。羸兵为人马所蹈藉，陷泥中，死者甚众。军既得出，公大喜，诸将问之，公曰："刘备，吾俦也。但得计少晚；向使早放火，吾徒无类矣。"备寻亦放火而无所及。[①]

这里所记曹操让老弱病残搬运柴草铺路，其剩余的部队方得通过。由以上史料看，刘备确曾率关羽等到华容道堵截，不过来晚了一步，曹操过后，"备寻亦放火而无所及"。正如曹操庆幸的那样，否则"吾徒无类矣"。《三国演义》讲关羽在诸葛亮军师处立下军令状，绝不放过曹兵一将一卒。从当时情况看不大可能赶在曹军前边。即便赶在前边，以关羽一千人，未必能阻挡住折损大半，还有七八万的曹军。这是小说家为塑造关羽不忘曹公旧恩，渲染其"义不顾死"进行的虚构。

《三国志·魏书·郭嘉传》载：曹操败逃，至巴丘（今湖南省岳阳市南附近）时，兵士得病，然后烧船。曹操面对有史以来第一次如此惨败，感叹说："郭奉孝在，不使孤至此。"[②]

刘备、周瑜水陆并进追穷寇，一直追到南郡所在地江陵城下。曹操留征南将军曹仁、横野将军徐晃守江陵；奋威将军满宠屯当阳，后迁汝南太守；

① ［晋］陈寿撰，［南朝宋］裴松之注，陈乃乾校点：《三国志·魏书·武帝纪》注引《山阳公载记》，中华书局 1959 年版，第 31 页。

② ［晋］陈寿撰，［南朝宋］裴松之注，陈乃乾校点：《三国志·魏书·郭嘉传》，中华书局1959 年版，第 435 页。

折冲将军乐进守襄阳。然后率领残部直接奔回许昌。概括曹操的败逃路线为赤壁→乌林→（巴丘）→华容道→南郡江陵→许昌。

刘孙赤壁战争中作用分析

赤壁之战以刘、孙联盟胜利，曹操失败告终，奠定了三国鼎立的局面。

从史料上看，刘、孙联盟中，孙权一方的兵力强一些，而且火烧赤壁主要是黄盖献诈降计，以十艘艨艟船带火具发端使曹操遭遇了有生以来的第一次惨败。实不尽然，看一下双方军力对比——

曹操一方：《江表传》载周瑜面见孙权时的分析，"彼所将中国人，不过十五六万，且军已久疲，所得表众，亦极七八万耳，尚怀狐疑"。两者相加为二十三万左右。

孙权一方：孙权以"瑜、普为左右督都，各领万人，与备俱进，遇于赤壁，大破曹公军"[1]。而在《三国志·吴书·周瑜传》中则称周瑜请得精兵三万人，进驻夏口，保为将军破之。这是讲周瑜求请孙权拨给军队三万人。而在《江表传》注中，孙权与周瑜对话时，周瑜讲"得精兵五万，自足制之，愿将军勿虑"。孙权则对答说："五万兵难卒合，已选三万人，船粮战具俱办，卿与子敬、程公便在前发，孤当续发人众，多载资粮，为卿后援。"[2]以上三处虽然有矛盾，正传中记载周瑜请兵数是提出的要求，而《江表传》则重在记周瑜请兵的整个过程，力求表达细节，要求五万实给三万。《吴主传》写周瑜、程普各带一万人，主要表达是分头带兵，而在人数上是概数。这还可从《三国志·蜀书·诸葛亮传》中得到佐证。在诸葛亮说服孙权双方联合北拒曹操后，"权大悦，即遣周瑜、程普、鲁肃等水军三万，随亮诣先主，并力拒曹公"。以此四处校之，可得出两个结论：一是孙权方出兵三万人；二是周瑜、程普各带一万人，鲁肃作为参军校尉也领兵一万人。

刘备一方：《三国志·蜀书·诸葛亮传》载，诸葛亮在与孙权争取联盟

---

① ［晋］陈寿撰，［南朝宋］裴松之注，陈乃乾校点：《三国志·吴书·吴主传》，中华书局1959年版，第1118页。

② ［晋］陈寿撰，［南朝宋］裴松之注，陈乃乾校点：《三国志·吴书·周瑜传》注引《江表传》，中华书局1959年版，第1262页。

的对话中讲"豫州军虽败于长坂，今战士还者及关羽水军精甲万人，刘琦合江夏战士亦不下万人"。由荆州陆续投奔刘备，长坂战败后寻找刘备的军兵与诸葛亮对话中夸大因素相抵消，即投入赤壁之战的刘备兵力亦有两万人。

这就是说，孙、刘联军五万对曹操二十三万，以少胜多，以弱胜强，打得曹操一败涂地。

究其原因，除战前孙、刘两方分析的得失利钝：骄兵、疲兵、水战劣势等因素外，曹兵"大疫"也是十分关键的。曹操赤壁战败后给孙权书信一封："赤壁之役，值有疾病，孤烧船自退，横使周瑜虚获此名。"① 尽管曹操有找寻借口之嫌，《武帝纪》《吴主传》所记相关内容的一致性表明曹操所言不虚。作为胜方，孙权一方的作用毫无疑问，在整个战局中占据主导地位：一是周瑜、程普、鲁肃所率水军士气旺盛，属于生力军；二是从三国时期吴、蜀、魏三方交战的每次结果看，东吴军队的战斗力顽强，不但有一批披坚执锐的一流将军，而且士兵勇于效命；三是具有水战优势；四是诈降计与火攻的成功运用。

在东汉末年至三国时期，有四次以少胜多的较大型战役，都改变了双方力量的对比或使政治格局重新划分。其一，公孙瓒与袁绍的界桥之战；其二，曹操与袁绍的官渡之战；其三，刘、孙联军对曹操的赤壁之战；其四，刘备与孙权的夷陵之战。规模最大、影响深远的属赤壁之战。这一战，终结了曹操统一天下的机会，奠定了三国鼎立的基础。

必须看到，刘备一方的作用不可低估：从史料看，《三国志·魏书·武帝纪》载"公至赤壁，与备战，不利"。在这里可以理解为与刘备、周瑜战，不利。似乎是宏指，而不是实指，其实不然。在《三国志·吴书·吴主传》中载："瑜、普为左右督，各领万人，与备俱进，遇于赤壁，大破曹公军。"从吴人记载里可以透视出，绝不可能夸大刘备一方的作用。在《周瑜传》中亦有相同记载："权遂遣瑜及程普等与备并力逆曹公，遇于赤壁。时曹公军众已有疾病，初一交战，公军败退，引次江北。"这是讲，在周瑜、黄盖发动火攻前，曹操已失败了一场，而且是刘备与周瑜、程普并力逆曹而导致

① ［晋］陈寿撰，［南朝宋］裴松之注，陈乃乾校点：《三国志·吴书·周瑜传》注引《江表传》，中华书局1959年版，第1265页。

的。这些都是吴史所记。

再看《三国志·蜀书·先主传》所记："权遣周瑜、程普等水军数万，与先主并力，与曹公战于赤壁，大破之，焚其舟船。先主与吴军水陆并进，追到南郡，时又疾疫，北军多死，曹公引归。"从四则史料综合看，任何一方都没有忽视刘备集团在赤壁大战中的作用。

刘备一方主力是在荆襄八年积聚起来的关羽水军，从后来卫守荆州看，关羽所带官兵有超过一般部队的战斗力，被诸葛亮誉为"精甲"，其置之死地而后生的决战气概也起到了重要作用。

刘孙赤壁之战后战略态势

赤壁之战曹操大败后，在中原产生强烈反响，最直接的是庐江郡两股势力的出现：一是"庐江雷绪率部曲数万口稽颡"[1]，即归降刘备；二是原袁术部将庐江人陈兰、梅成据潜县（今安徽省霍山县）、六安县（今安徽省六安市金安区）。这一带属曹操地界，两股势力的出现对曹操构成新的威胁。因此，曹操败逃许昌前做出如下部署：分两条战线部署力量。在荆州战区，留曹仁、徐晃、满宠、乐进、李通，正面抵挡刘备、周瑜的追击。扬州所辖的庐江郡战区，遣于禁、臧霸讨梅成；派张辽督张郃、牛盖等讨陈兰；"使夏侯渊督诸将击庐江叛者雷绪"[2]。

这个阶段作为刘备、周瑜联军主要特征是追穷寇及抢占地盘。在追击曹军时，刘备、周瑜联军围攻江陵的曹仁、徐晃。

刘备一方做的部署是：

（1）据《吴录》载：刘备对周瑜说："仁守江陵城，城中粮多，足为疾害。使张翼德将千人随卿，卿分二千人追我，相为从夏水入截仁后，仁闻吾入必走。"[3]周瑜拨二千人跟随刘备。史称，追曹仁到江陵，有刘备、张飞。

---

① ［晋］陈寿撰，［南朝宋］裴松之注，陈乃乾校点：《三国志·蜀书·先主传》，中华书局1959年版，第879页。

② ［晋］陈寿撰，［南朝宋］裴松之注，陈乃乾校点：《三国志·魏书·夏侯渊传》，中华书局1959年版，第270页。

③ ［晋］陈寿撰，［南朝宋］裴松之注，陈乃乾校点：《三国志·吴书·周瑜传》注引《吴录》，中华书局1959年版，第1264页。

（2）《三国志·魏书·李通传》载："刘备与周瑜围曹仁于江陵，别遣关羽绝北道。"而关羽的位置更为重要，被派往江陵北二百里处，截断曹仁北归之路。关羽绝北道的位置当在汉津，即今湖北钟祥一带。

（3）南征江南四郡。曹操占领荆州时，南四郡均为曹操占领。刘备集团抓住时机，边协助周瑜围江陵，边调兵遣将抢占地盘。"武陵太守金旋、长沙太守韩玄、桂阳太守赵范、零陵太守刘度皆降。"四郡兵到皆陷落，金旋"为备所攻劫死"。[①]赵范伪降，后逃走。[②]时间大体在建安十三年十二月。

孙权一方的军事部署是：

（1）正面进攻江陵，以周瑜率诸将展开。周瑜亲自跨马枥阵，被流矢射中右肋，伤势严重，仍激扬军士战斗。

（2）周瑜同意甘宁的请求，派甘宁以数百人占据了江陵城西二十里的夷陵。曹仁怕腹背受敌，以五六千人围甘宁，应由徐晃带领。周瑜采纳吕蒙计谋，留凌统率兵继续围攻江陵城，自己带诸将前往夷陵解围。围解，甘宁屯兵江北，准备大战。

扬州战区的争夺同时进行。不过不是孙、刘联军对抗曹魏，而是孙权拟增援赤壁之战的部队，因曹操失败，转而在扬州开辟新的战场。这个战区分两路进行：第一路是孙权亲率主力一万多人，围攻合肥。遇到曹操一方的顽强抵抗。"经月不下"。曹操又派将军张喜率兵救援合肥，因救兵长时间不到，扬州别驾蒋济与刺史温恢设虚张声势计，诡称曹操四万大军已到零娄（今安徽省六安市西），派出三批使者给当地官员送信，故意让孙权一方截获假情报，孙权信以为真，慌忙烧围撤军。第二路是张昭带军攻九江郡的当涂（今安徽省蚌埠市西南），张昭疏于用兵，吃了败仗。

在扬州战区，曹操还要派重兵围剿出现的两股反曹势力。

于禁、臧霸讨梅成时，梅成伪降于禁，待于禁撤兵后，梅成率其众联合陈兰，转入潜山。潜山有天柱山，道路非常狭窄，步行才通，高峻二十里。

---

① ［晋］陈寿撰，［南朝宋］裴松之注，陈乃乾校点：《三国志·蜀书·先主传》注引《三辅决录注》，中华书局 1959 年版，第 880 页。

② ［晋］陈寿撰，［南朝宋］裴松之注，陈乃乾校点：《三国志·蜀书·赵云传》注引《赵云别传》，中华书局 1959 年版，第 949 页。

张辽不听众将劝阻，登天山，履峻险，斩陈兰、梅成，尽掳其众，受到曹操嘉奖。

曹操赤壁败逃后，面临荆州、扬州两地数百里战线受到攻击的严峻形势，便到家乡谯集训整顿部队，训练水军，打造战船。赤壁大战的第二年，即建安十四年（209 年）七月，曹操亲率大军由涡水入淮水，出肥水，屯合肥。因扬州别驾蒋济设诳骗计，曹操大军到时，孙权早已遁走。于是在合肥安置了扬州郡县的大员，开芍陂屯田，十二月又带兵回到谯。随后派夏侯渊督诸将讨破庐江叛曹投靠刘备的雷绪。由于庐江郡与刘备驻军较远，史料没有刘备救援的记载。

在抢占地盘中，刘备得利最多。刘备一边派人参加周瑜围攻江陵的战斗，一边表刘琦为荆州刺史，替刘琦引兵向南征讨江南四郡。武陵、长沙、桂阳、零陵皆降，都没有发生大的军事冲突，就收获了江南四郡之地。

关羽在赤壁大战中作用

这里边要研究的是关羽在赤壁之战前、中、后三个阶段中所起的作用。史料未详，但肯定地讲，关羽发挥了重要作用。因为在赤壁大战后，"先主收江南诸郡，乃封拜元勋，以羽为襄阳太守、荡寇将军"。[①] 这表明刘备一方，在赤壁大战中起作用最大属关羽。

第一，赤壁大战前期关羽的作用。

史称刘、孙两家"并力逆曹公……初一交战，公军败退"。孙、刘联军第一战役取胜，刘备、周瑜指挥决策自不待言，刘备一方的中坚应是关羽。这是因为水上作战，刘备一方，水军的最高长官是关羽。这大概与关羽家乡靠近黄河蒲津渡口和河东盐湖有关。可推测，关羽有较好水性和水战能力。可以从刘备败逃荆州过程中看到，关羽是刘备水军的创立者和指挥者。诸葛亮所讲"战士还者及水军精甲万人"，是刘备八年寄居荆州的主要军事储备。正是因为刘备的影响、诸葛亮的游户发调策、关羽对水军的创建和训练，才使刘备立国生涯中产生了重大转折，由屡战屡败到一举战胜几乎海内、运筹

---

① ［晋］陈寿撰，［南朝宋］裴松之注，陈乃乾校点：《三国志·蜀书·关羽传》，中华书局1959 年版，第 940 页。

演谋、鞭挞宇内、挟天子以令诸侯的曹操。

第二，赤壁大战的高潮阶段。

刘备一方起到的是辅助协同作用。由周瑜、黄盖火攻，孙、刘双方水军进攻，曹操大军兵败如山倒，不可一世的曹操丢盔弃甲，从华容道步归。至于如《三国演义》所讲关羽华容道义释曹操，不得而知。关羽、张飞各率一千生力军，在陆地上夹击曹操，使曹水战失利后，再遭重创，扩大了战果。

第三，赤壁大战的收尾阶段。

（1）从征江南四郡。史料没有直接记载。《三国演义》载：关羽参加了征讨长沙的战斗，并与长沙太守韩玄部将黄忠有过正面交锋。对仗中，关羽与黄忠不相上下。当关羽正运筹用拖刀计时，黄忠马失前蹄，关羽不忍用青龙刀斩之。次日，黄忠因关羽讲义气也不忍以百步穿杨之功射关羽，招致韩玄怀疑他"外通内连"，欲令刀斧手在城外斩黄忠。这时魏延出现杀了韩玄，救下黄忠，二人双投关羽。

《三国演义补证本》引《南阳人物志》载，黄忠在没有归顺刘备前，在其驻地长沙攸县（今湖南省攸县东北四十里）曾与关羽相遇，时二人互不认识。时黄忠正在山坡上打猎，弯弓射正在奔跑的鹿兔，关羽停马观看，见其箭法精绝，尤甚仰慕，失声赞叹。黄忠闻听后，抬眼观看，怀疑是贼寇，但也敬重关公神威外观。就虚射关羽，中其盔甲上装饰物。关公虽然因其无理而有敌意，看到他高强的射法，愈加喜爱。黄忠纵马过关羽前边时，其马突然惊厥，把黄忠掀翻马下，关羽急扶之，黄忠拜谢而去。彼时未知姓名。[①]

从《三国志·蜀书·先主传》行文表达看，在征江南四郡后，才谈到拜封元勋和关羽的职务，似此关羽参加了征江南四郡战事，至于战长沙事则不见任何史料。

（2）处于与曹操将领战斗的第一线。关羽与曹魏方进行了两次较大规模的战斗：

一次是与徐晃、满宠作战。《三国志·魏书·徐晃传》载，徐晃又与满宠讨关羽于汉津。这段文字下面才是"与曹仁击周瑜于江陵"。这表明发生

---

① ［明］罗贯中著，盛巽昌补证：《三国演义补证本》第五十三回注②，上海画报出版社1995年版，第381页。

在曹仁、徐晃保卫江陵前。时间大体应在建安十四年（209年）上半年，当时魏奋威将军满宠奉曹操将令把守当阳。当阳在江陵北一百五十里处，距关羽驻地汉津较近。与关羽对仗的不但有当阳守将，江陵守将徐晃也参加，而且战斗结果至少是打个平手。或关羽小胜，因魏史没记录战果。

另一次是发生在曹仁败逃退离江陵时的作战。曹操派李通增援接应曹仁。当时关羽奉命"绝北道"，即截断曹仁北逃退路。直接的作战对象是汝南太守李通。

从地理位置讲，汝南（故城在今河南省平舆县）太守李通是距江陵相对较近的重要方面军。李通率军长驱五百里，直逼汉津。

在与关羽战斗中，李通表现得很英勇。《三国志·魏书·李通传》载："通率众击之（关羽），下马拔鹿角入围，且战且前，以迎仁军，勇冠诸将。通道得病薨。"[1] 时间推知应是建安十四年（209年）下半年。因为史载，周瑜、刘备围江陵达一年时间，双方伤亡都很惨重。关羽在江陵城北担任阻截曹仁的任务。曹仁趁关羽与李通战斗时，委城逃遁。可见关羽率一彪人马与李通部进行了激烈的战斗，而且导致李通在战斗中病死或战死。

后世一些评论家讲，"帝（关羽）即屯驻江北，以捍御曹兵。昭烈因得收江南诸郡。是帝之功在赤壁者小，在襄阳者大，故其后封拜元勋，特以帝为襄阳太守、荡寇将军也"[2]。也就是说，赤壁大战后期，在孙、刘联军中，吴方在第一线对抗曹魏的以周瑜为主，刘备集团中对抗曹魏一线的主要是关羽，抑或有张飞。

刘备集团攻占江南四郡不久，刘琦病死。荆州官员及刘备属下推刘备为荆州牧。据《资治通鉴》卷六十八载："会刘琦卒，权以备领荆州牧，周瑜分南岸地以给备。备立营于油口，改名公安（今湖北省公安县西北十里）。""公安县，本汉孱陵县地，左将军刘备自襄阳来油口，城此而居之，时号左公。"[3]

---

① ［晋］陈寿撰，［南朝宋］裴松之注，陈乃乾校点：《三国志·魏书·李通传》，中华书局1959年版，第535页。

② ［清］周广业、崔应榴纂辑：《关帝事迹征信编》卷二十三，国家图书馆藏，第205页。

③ ［唐］李吉甫撰，贺次君点校：《元和郡县图志》，中华书局1983年版，第3665页。

刘备拜封创建基业的元勋：

（1）"以诸葛亮为军师中郎将，使督零陵、桂阳、长沙三郡，调其赋税，以充军实。"[①] 时诸葛亮住临蒸（今湖南省衡阳市东）。

（2）"以羽为襄阳太守、荡寇将军，驻江北。"[②] 刘备没为其封侯，是因其已有汉寿亭侯之爵。从封地看，关羽处于与曹、孙的第一线，其他人封地均为实际控制区，唯关羽为名义上的封地，还没有军事占领。

（3）"以飞为宜都（刘备在南郡的实际控制区，今湖北枝城。领夷道、佷山、夷陵三县）太守、征虏将军，封新亭侯"[③]，后转为南郡太守。

（4）"以偏将军赵云领桂阳太守。"[④]

（5）以廖立为长沙太守。

（6）以郝普为零陵太守。

鉴于刘备的战略态势、实力、影响，孙权"畏之"，于是"进妹固好"。把妹妹孙尚香（《三国志》无孙夫人传，真名不可考，一说孙安）嫁给了刘备。刘、孙联盟更加巩固，当时孙尚香约十八岁，刘备已是四十九岁的中年了。

孙尚香年龄可由其父孙坚，其兄孙策、孙权的年龄推出。孙策死时为建安五年（200年），年二十六岁，时孙权年十五岁，即孙权生于中平三年（186年），孙权下边有弟孙翊、孙匡及小妹孙尚香。以其弟、妹年龄间隔一年计，孙尚香当为初平三年（192年），孙坚死当年生。故刘备、孙尚香成婚的建安十四年（209年），孙尚香十八岁。如果孙翊、孙匡、孙尚香次第出生，孙尚香最大也不过公元189年出生，即二十一岁。

荆州在东汉末年有四个治所：一是汉寿。刘表到任荆州前，荆州州治

---

① ［晋］陈寿撰，［南朝宋］裴松之注，陈乃乾校点：《三国志·蜀书·诸葛亮传》，中华书局1959年版，第915页。

② ［晋］陈寿撰，［南朝宋］裴松之注，陈乃乾校点：《三国志·蜀书·关羽传》，中华书局1959年版，第940页。

③ ［晋］陈寿撰，［南朝宋］裴松之注，陈乃乾校点：《三国志·蜀书·张飞传》，中华书局1959年版，第943页。

④ ［晋］陈寿撰，［南朝宋］裴松之注，陈乃乾校点：《三国志·蜀书·赵云传》，注引《赵云别传》，中华书局1959年版，第949页。

在武陵郡汉寿（今湖南省常德市东北）。汉寿一名，系汉顺帝阳嘉三年（134年）由索县改。二是襄阳。刘表任荆州牧所在地；赤壁大战时，曹荆州刺史李立字建贤[①]，及赤壁大战后曹荆州刺史胡修亦驻此。三是公安。刘备娶孙尚香及主持荆州事务在此。四是江陵。周瑜任南郡太守及关羽董督荆州治所。

※   ※   ※   ※

从东汉末年政治军事发展轨迹看，各诸侯都以作战为职业，刚刚进行完一场战争，就又谋划下一场战争。战争的具体形式各有不同，有的是靠兵对兵、将对将，这是最基本最低级的形态；有的则是运用计谋，置敌人于死地；战争的最高形态则是联盟加计谋的综合运用。赤壁大战充分体现了这一特点。孙刘联盟是大计谋的运用，辅之以火攻计、诈降计、顺手牵羊计等。

孙权作为孙武后人，秉承了先祖优秀的古代作战、驭军的韬略，因之计无不中、战无不克。吴越之人在东汉末年较之曹、刘两集团在作战中失利较少，不是吴越之人强悍，而是以智慧驭军的结果。

刘备集团在赤壁大战后，不但扩大了地盘，更主要的是使这个集团政治上趋于成熟，作战驭军水平大为提高。虽然刘备集团每次投奔人都有所收获。投公孙瓒，刘备为平原相，关羽为别部司马。投陶谦，刘备为豫州、徐州二州牧。投曹操，刘备为左将军、宜城亭侯，关羽为偏将军、汉寿亭侯。而投刘表，联盟孙权，则使刘备集团成为中原大地霸主之一。刘备、关羽在战争中学习战争，赤壁之战后进入了其政治军事的鼎盛时期。

---

① 朱一玄、刘毓忱编：《三国演义资料汇编》引《搜神记》卷六，南开大学出版社 2003 年版，第 24 页。

第十章

执掌帅印，独镇荆州

今人在概括关羽一生时，称其为生于蒲州，起于涿州，战于徐州，殁于荆州，划出了关羽四十年戎马生涯的轨迹。关羽辉煌事业在荆州，其败亡也在荆州。荆州在关羽一生中具有特殊意义。

荆州是古九州之一，其名始于大禹时代。当时我国中原行政区划分为九州。《尚书·禹贡》记载的九州是冀州、兖州、青州、徐州、扬州、荆州、豫州、梁州、雍州。又载，荆及衡阳惟荆州。荆指荆山，今湖北南漳西。衡指衡山，《汉书·地理志》以为即今湖南衡山县西的衡山。《尔雅·释地》又说："汉南曰荆州。"汉指汉水。有关资料称，汉南其气燥刚，秉性强梁，故曰荆。荆，强也。其辖境相当于现在的湖南、湖北、重庆地区，河南南阳地区，贵州遵义、铜仁等地区，广西大部，广东连州。周、汉皆置荆州。汉武帝时置十三刺史部、司隶部。其中亦有荆州刺史部，下辖六郡一国：南阳郡、南郡、江夏郡、武陵郡、零陵郡、桂阳郡、长沙国。

到东汉，荆州刺史部地域与西汉基本一致。有三点变化：一是南阳郡西北部稍扩大到陕西的山阳；二是长沙国改为长沙郡；三是南阳郡析出一部分，建章陵郡。至此，荆州由七郡、国发展为八郡：江南四郡，江北四郡。曹操攻占荆州时，荆州为九郡。

一开始曹军兵临荆州，先占领江北四郡：南郡（治江陵，今湖北省江陵县）、江夏（治西陵，今湖北省黄冈市西北，孙权占领）、南阳（治宛，今河南省南阳市）、章陵（治章陵，今湖北省枣阳市东）。对于江南四郡，因势力未达，乃派零陵人刘巴前往"招纳"长沙（治临湘，今湖南省长沙市南）、零陵（治泉陵，今湖南省永州市零陵区）、桂阳（治郴，今湖南省郴州市）。派京兆人金旋前往招抚武陵（治临沅，今湖南省常德市西），至此荆州八郡之七郡基本包括手中。鉴于襄阳地势险要，为南北要冲，东西水路通道，又为荆州首府，于是析南郡、南阳郡部分县，建立襄阳郡。《三国志考证》载，钱大昭曰："襄阳郡，建安十三年魏武分南郡以北置。"《水经注》卷二十八、沔水章亦载。这是荆襄九郡的由来。

荆州在东汉末年之所以称为兵家必争之地，有以下几点原因：

一是荆州人才辐辏。东汉末年，中原大乱，各地遍布战火。而刘表执政荆州二十年，政治清平，百姓安居乐业。附近地区的流民、士人大量流入荆州，"达十余万家"。不少怀抱利器的鸿贤硕儒到荆州避难，"关西、兖、豫，学士归者盖有千数"。孔明、徐庶等都是从外地迁入荆州地区的。襄阳成为人才荟萃之地，产生了诸多超群卓越人物，形成了庞、黄、蔡、蒯、习、马、杨诸家族。后有交代，从略。

二是襄阳、樊城位于东西、南北要冲。诸葛亮在"草庐对"中称荆州"北据汉沔，利尽南海，东连吴会，西通巴蜀"。《读史方舆纪要》载："襄阳者，天下之腰肩也，中原有之，可以并东南。东南得之，亦可以图西北者也。"襄阳居东西、南北之通衢。就水路言，发源于陕西汉中地区的沔水，流经襄阳、樊城，成为陕、鄂间主要交通动脉。这一带河道成网状，江上帆樯相接，舳舻千里相连。就陆路而言，由襄阳北向，经新野、宛（今南阳市），可北达洛阳、许昌；南向经宜城、当阳、江陵，可以达汉寿，继续南下可达交州、番禺（今广州市）；西北向，可迤逦达长安，被称为兵家必争的"水陆要冲"。

三是经济繁荣。不少世家名族、富商巨贾到此。故襄阳到宜城百余里间，雕墙峻宇，闾阎填列。其间"卿士、刺史二千石数十家，朱轩骈辉，华盖连绵，掩映于太山庙下"。《水经注》称为"邑居殷赈，冠盖相望，一都之会"。[①] 当时被誉为"冠盖里"。

四是荆州为战略敏感区。曹、刘、孙三家军事力量交汇处。三家地界衔接，并经常由于争夺而改变。且距曹、孙政治中心较近。谁占据了荆州，对

---

① ［后魏］郦道元原著，陈桥驿、叶光庭、叶扬译注：《水经注全译》卷二十八《沔水》，贵州人民出版社1996年版，第994页。

他方都是威胁。特别刘、孙两家，都有雄踞天下，虎视中原的战略意图。因此，对荆州的争夺也最为激烈。荆州九个郡分别由三方控制，犬牙交错，此消彼长，不断地冲突，不断地改变着版图。

九郡中的南郡是荆州的政治中心，争夺就更为激烈，当时的军事态势是：

曹操一方，兵不血刃，占领了荆襄九郡之七郡（当时襄阳郡还未析出，江夏郡势力未达）。赤壁败北后，曹操仅控制南阳郡及襄阳郡、章陵郡。

孙权一方，通过赤壁之战，把势力由扬州刺史部的吴郡、会稽郡、豫章郡、丹阳郡，扩张到荆州刺史部的江夏郡及南郡，终于实现了父兄两代人梦寐以求的事业，是一种历史性的跨越。

刘备一方，从寄寓荆州，到赤壁之战后接管荆州，实际控制零陵郡、桂阳郡、长沙郡、武陵郡，以及南郡析出的宜都郡，实现了历史性突破。刘备集团在崛起的历史上，多次拥有一州到数州，但不久均被颠覆。究其根本原因，大凡靠实力夺取才能巩固，靠别人恩赐一般站不住脚。

荆州地盘划分的复杂性，决定着魏、蜀、吴三方关系的复杂性。荆州各方地域的争夺情况是三方关系的晴雨表。荆州治所之所以多次变化，就是因为三国初创期版图的不确定性。

赤壁大战后不久，刘备表孙权行车骑将军，领徐州牧。孙权表刘备为荆州牧。在名义上刘备是荆州之主，实际上刘备根本没有能力对荆襄九郡实行控制。孙权也不会把已控制的荆州地盘痛痛快快交出去。于是就发生了历史上借荆州的一幕。这是吴、蜀之间荆州问题明争暗斗的第一个回合。

一、求督南郡

关羽一生事业最辉煌在荆州，其失败、遗恨也在荆州。荆州成为英雄用武、将士喋血的疆场。

吴、蜀两国矛盾的起因在于赤壁之战后地盘的划分。据《江表传》载："周瑜为南郡太守，分南岸地以给备。"[①] 刘备别立营于油江口（油江入长江

---

① ［晋］陈寿撰，［南朝宋］裴松之注，陈乃乾校点：《三国志·蜀书·先主传》注引《江表传》，中华书局 1959 年版，第 879 页。

之口，故地在今湖北省公安县东北），改名为公安。曹操席卷荆州时，刘表的吏士大多投靠了曹操。赤壁之战后，多叛来投靠刘备。刘备以左将军领荆州牧。在诸葛亮建议下，以周瑜所给地少，不足以安民为理由，向孙权求都督南郡。

建安十五年（210年）春，刘备以孙氏翁婿名义到东吴京城[①]见孙权。刘备既为荆州牧，亦想得到荆州政治中心南郡。时任南郡太守的周瑜知道刘备到京后，给孙权上疏：

> 刘备以枭雄之姿，而有关羽、张飞熊虎之将，必非久屈为人用者。愚谓大计宜徙备置吴，盛为筑宫室，多其美女玩好，以娱其耳目。分此二人，各置一方。使如瑜者得挟与攻战，大事可定也。今猥割土地以资业之，聚此三人，俱在疆场，恐蛟龙得云雨，终非池中物也。[②]

通过周瑜建言，可看出刘、关、张非凡的力量，周瑜之精明在东汉末年屈指可数，把三人比喻为云兴雨布时的蛟龙，刘备的枭雄之姿，关羽、张飞的熊虎之态，就会浮现面前。

周瑜从江东事业发展及自己担负南郡太守角度，不愿意割土地给刘备，建议孙权让刘备长期住京，消沉其意志，分离刘、关、张关系。孙权考虑到强大的曹操在北方接壤，需要有帮手同舟共济。就没有采纳软禁刘备的措施。裨将军、彭泽太守，具有老资格的吕范亦"密请留备"，唯独鲁肃说："将军虽神武命世，然曹公威力实重，初临荆州，恩信未洽，宜以借备，使抚安之。多操之敌，而自为树党，计之上也。"[③]周瑜病死，程普任南郡太守后不久，孙权采纳了鲁肃的意见，将南郡交给了刘备。

---

① 东吴京城，今江苏镇江市，因城西京岘山得名。东汉建安十五年至十六年（210—211年），孙权自吴（今苏州市）徙治于此。

② ［晋］陈寿撰，［南朝宋］裴松之注，卢弼集解，钱剑夫整理：《三国志集解·吴书·周瑜传》，上海古籍出版社2009年版，第3272页。

③ ［晋］陈寿撰，［南朝宋］裴松之注，卢弼集解，钱剑夫整理：《三国志集解·吴书·鲁肃传》注引《汉晋春秋》，上海古籍出版社2009年版，第3285页。

所谓借荆州

这里有个谜团需要澄清，历史上有无借荆州之事？

关于有无借荆州之事，在这个战略问题上，刘备集团智高一筹。

从目前掌握资料看，借荆州仅是东吴一方提出并强加给刘备集团的观点，刘备一方并没有接受这一观点。清代史家赵翼《陔余丛考》讲："借荆州之说之所由来，而皆出于吴人语也！"

建安十五年（210年）春，刘备进京拜会孙权的理由是长江南岸四郡之地"不足容众"，这其实是外交辞令，其根本目的在于掌控整个荆州。

刘备集团要求掌控荆州指导思想有三点：（1）拥有荆州是刘备集团建国大纲的重要组成部分，是实现隆中对策的重要内容，刘备集团拥有荆州，相机进取益州，一旦天下有变，然后虎视中原，匡扶汉室，成就霸业。（2）刘备寄寓荆州八年等待的就是有一天能拥有荆州。因为刘备在护卫荆州方面，起到的是台柱作用。拥有荆州，除刘琦外，舍刘备其谁也？（3）赤壁大战，孙、刘联盟得以战胜曹操，这是从扬州刺史部请孙权、周瑜来帮忙，孙权集团的身份是助战。荆州故吏多投奔刘备，刘备自认为是名正言顺的荆州之主。

作为孙权集团，当然不会同意刘备集团的要求，他们的战略意图也有三条：（1）夺取荆州、全据长江，是孙氏集团几代人的追求。（2）赤壁大战前，刘备集团力量"不当一校"，是孙权集团出兵干预才保全了刘备集团。（3）赤壁大战中，孙权集团从始至终处于战斗第一线，付出的代价远远大于刘备集团。因此，孙权集团在赤壁大战后，对地盘的瓜分中，很明智地提出，把长江南岸地分给刘备，江北几郡地归自己。从历史发展的角度看，这是一个很公正的、对各方都有利的解决方案。

然而，刘备集团处心积虑地想扩大地盘，想做荆州的主人，然后才以"不足容众"为理由进京索南郡。这是一着高棋，也是一着臭棋。孙权集团当时的实力比较单薄，不能同时承受北边曹操和肘下刘备的双重压力，才被迫同意刘备对南郡的要求。以当时刘备为荆州之主，根本谈不到借，因此史书称为"求督"。《三国志·吴书·程普传》亦载，"周瑜卒，（程普）代领南郡太守。权分荆州与刘备，普复还领江夏"[①]。东吴自己也承认分南郡给刘备。刘备集团也做出让步，做交换条件，从长沙郡分出若干县另设汉昌郡，归东吴，鲁肃为汉昌太守，屯陆口（又名蒲圻口，俗名陆溪口。在今湖北省嘉鱼县西南，陆水入长江处）。孙权集团采取以退为进的方针，地盘焉能白给，巧立名目，属于借给刘备集团，为日后争、夺留下伏笔。

在借荆州的含义问题上，孙权集团智高一筹，大做文章。不但把荆州首府所在地南郡说成是借，而且把借南郡故意混淆成借整个荆州，使刘备集团处于劣势和应付地位。从以下几则记载可证：

其一，《三国志·蜀书·先主传》载："建安二十年，孙权以先主已得益州，使使报欲得荆州。先主言：'须得凉州，当以荆州相与。'"这属于刘备无奈和应付的回答。

其二，《三国志·吴书·吴主传》载："是岁（建安十九年，214年）刘备定蜀。权以备已得益州，令诸葛瑾从求荆州诸郡。备不许，曰：'吾方图凉州，凉州定，乃尽以荆州与吴耳。'"

其三，《三国志·吴书·鲁肃传》载，建安二十年（215年），"备既定益州，权求长沙、零、桂，备不承旨，权遣吕蒙率众进取。备闻，自还公安，遣羽争三郡。"

就归还南郡问题蜀、吴两国认识不一样，史官记载也不一样。从以上可以看出，蜀方刘备称"当以荆州相与"，可理解为把南郡退还给东吴。而东吴记载为"尽以荆州与吴耳"。两者比较，东吴理亏。刘备不可能说出凉州定，就把自己一方所掌控荆州部分拱手让给孙权。

赤壁之战后，孙、刘两方地盘划分有一个重要特点：这就是与战略重点相联系。从孙权领徐州牧，及以后多次对合肥用兵可知，其战略重点在东北一线。而刘备领荆州牧，是朝廷及孙权都认同的。因此，孙权集团企图夺取荆州本身就是违背了赤壁之战前后双方的盟约。

在孙权看来，既然刘备可以求督南郡，他也可求督荆州的其他郡。有来无往，非礼也！刘备求南郡时，孙权不得已而同意。孙权求三郡时，刘备不

---

① ［晋］陈寿撰，［南朝宋］裴松之注，陈乃乾校点：《三国志·吴书·程普传》，中华书局1959年版，第1284页。

同意，这使双方矛盾表面化。

为什么孙权敢于在荆州问题上闹事，根本原因是刘备一方在荆州的兵力部署较弱，仅关羽一人而抗吴、魏两方。这也是后来关羽急速膨胀军队，壮大力量的重要原因。

孙权派吕蒙强行夺取，刘备率军由西川下公安，派关羽以三万兵争三郡，双方剑拔弩张，大战一触即发。作为孙权有所要求，也是势所必然。但刘备在气魄上却输给东吴，没有用优势兵力夺取而是耽延时日，委曲求全。而且不因时因势调整布防，增派重要将领，仅仅因曹操入汉中，便中分荆州。这就为关羽败亡留下了极大的隐患。

孙权把荆州首府所在地南郡让给刘备，既是无奈的选择，又是战略考虑：

一是在北边疆界上多了助手，减少了自己的压力。从整个三国初创到三国时期，在扬州刺史部，魏、吴争夺的焦点是合肥。赤壁大战后曹、孙就在合肥有过交兵。如果在荆州西北线也与曹接壤，依当时孙权的力量，确难以阻挡曹操的直接进攻。把南郡借给刘备，就减轻了压力，扩大了联盟，不失为一高策。

二是荆州本来是刘表经营之地，曹操进攻强行霸占。赤壁之战被打败后，按理应该归还刘表长子刘琦。后来刘备亦表刘琦为荆州牧，是顺理成章的事情。孙权把南郡借给刘备，而在情理上确属于孙权的地盘，不过暂时借给刘备罢了，使孙权收到明失而实得之利。

三是刘备作为孙氏的翁婿，其军事实力孙权惧怕三分，况且刘备实际控制了荆州九郡的五郡，如果不答应刘备请求，引起摩擦，就会使自己处于曹、刘北西夹击之中。

纵观整个三国史，孙、刘两家矛盾的本质是战略目标的冲突。两家的战略目标都锁定在荆州、益州（约相当今四川折多山、云南怒山、哀牢山以东，甘肃武都、陕西秦岭以南，湖北郧阳、保康西北，贵州除东边以外地区）的占领上，两家的矛盾主要围绕益州、荆州展开。

赤壁大战刚结束时，刘备集团求督南郡是第一个回合的较量；双方同时谋求攻益州是第二个回合的较量；刘备占领益州，孙权求督三郡是第三个回

合的较量。其矛盾的展开，第一阶段，由荆州问题谈到攻取益州事宜；第二
阶段，则是由于收复益州问题谈到索还荆州。

谋攻益州的较量

在进攻益州这个重大战略问题上，是孙权、刘备两个集团进行的第二个
回合较量。孙、刘两方进行过三次交涉，时间当在建安十五年（210年）下
半年。

第一次，周瑜作为南郡太守，不愿意借地给刘备，又无可奈何，便趁机
向孙权献策去讨伐刘璋。陈述与孙坚弟孙静之子、奋威将军孙瑜一起攻蜀，
然后兼并张鲁，留孙瑜守益州，与马超结援，自己再回到荆州辅佐孙权拒曹
操，等待时机夺取北方，得到孙权同意。然而刘备方不同意孙权伐蜀，自己
刚刚在江南四郡站稳，暂时也不便伐蜀，于是敷衍东吴。主要思想体现在荆
州主簿殷观对刘备的献策中。殷观说，如果我们替东吴打先锋，向前不能攻
下蜀郡，后退又会给东吴军以可乘之机，那么，大事就不好了。现在只能口
头上赞同伐蜀，而同时告诉他们，我们刚刚占据了几个郡，不能再兴师动众。
东吴一定不能跨过我们的领土，而单独攻打蜀郡。像这样有进有退的计划，
我们就可以获得吴、蜀两方的好处。这次碰撞以刘备方敷衍孙权而告终。

第二次，孙权一计不成，又生一计，提出欲与刘备共取蜀。孙权对刘
备说，以五斗米起家的张鲁占据巴郡、汉中，充当曹操的耳目，谋划进取益
州。益州牧刘璋不懂行军打仗，不能保住自己的领地。如果曹操得到蜀地，
那么荆州就危险了。当务之急是先进攻打败刘璋，然后讨伐张鲁，东西土地
连成一片，并统一吴地、楚地，即便是十个曹操，也就不必担忧了。刘备对
答说，益州的百姓很富足，山川险峻，刘璋虽然暗弱，足可以自守。现在大
张旗鼓地攻击蜀郡、汉地，转运部队可达上万里。如果想进攻胜利，不打败
仗，即便吴起也不能提出好的方案，孙武也不能完美地实现这一目标。曹操
虽然有取代汉室的野心，但又打着天子旗帜的名号。人们议论曹操失利于赤
壁，以为是他力量达不到的缘故，没有远大志向。当今的曹操，三分天下已
有其二。将要打算征战到海边，起兵指向吴地。他不能守住已有地盘，等待
老之将至。如果同盟者之间无故相互征伐，就会给曹操提供可乘之机，不是

长久之计。孙权不听，派遣孙瑜率水军驻夏口。第二次碰撞以孙权采取军事行动为主要标志。

第三次，鉴于孙权欲取蜀的强硬态度，刘备对孙权说：我刘备与刘璋都是汉室宗亲，希望凭借祖宗的英灵，匡扶汉室。现在刘璋得罪你的部下，我感到恐惧，不愿听这样的计谋，希望能宽恕。如果得不到同意，我刘备当放发归隐山林。古人把发盘于头上，放发后类似野人。刘备以归隐山林为借口给孙权施加压力。周瑜从京城回到南郡治地江陵，调集部队启程。刘备、诸葛亮早在隆中对策时就把夺取益州作为重要的战略目标，当然不会允许孙权的这一军事行动。刘备对孙瑜说："你如果一定要攻打蜀地，我就披发入山，说到做到，不失信于天下。"

刘备话虽这么说，实际是表明他不允许孙氏集团取蜀的强硬立场，并且付诸行动。立即相应地调整了军事部署，使关羽屯江陵，张飞屯秭归，诸葛亮据南郡，刘备自己驻屖陵（今湖北省公安县西）。孙权知道刘备本意，于是召孙瑜、周瑜还。第三次碰撞以刘备调整军队部署，双方几乎兵戎相见，宣告孙权谋攻益州整个战略的失败。

周瑜亲统大军，披坚执锐，攻下的领土，要白白送给刘备，想进攻益州，大军又不能通过，在返回的途中，气火攻心，箭伤复发，到巴丘（今湖南省岳阳市南附近，相传夏后羿杀巴蛇于此，骨堆于上而得名），病愈沉重，自知不起，病危时给孙权写信道：

> 瑜以凡才，昔受讨虏殊特之遇，委以腹心，遂荷荣任，统御兵马，志执鞭弭，自效戎行。规定巴蜀，次取襄阳，凭赖威灵，谓若在握。至以不谨，道遇暴疾。昨自医疗，日加无损。人生有死，修短命矣，诚不足惜，但恨微志未展，不复奉教命耳。方今曹操在北，疆场未静，刘备寄寓，有似养虎；天下之事，未知终始，此朝士旰食之秋，至尊垂虑之日也。鲁肃忠烈，临事不苟，可以代瑜。人之将死，其言也善，傥或可采，瑜死不朽矣。[1]

---

① ［晋］陈寿撰，［南朝宋］裴松之注，陈乃乾校点：《三国志·吴书·鲁肃传》注引《江表传》，中华书局 1959 年版，第 1271 页。

"摧魏氏百胜之锋，开孙氏偏王之业"，胆略兼人、雄杰一时的周瑜因箭伤迸发而死，时三十六岁。孙权痛哭流涕说："周公瑾有王佐之才，现在忽然短命而逝，让我还依靠谁呀！"孙权悲痛之余，任命程普为南郡太守。以鲁肃为奋武校尉，代瑜领兵。时间不长，孙权便把南郡交给了刘备。程普复领江夏太守。分长沙郡一部分为汉昌郡，以鲁肃为汉昌太守、偏将军屯陆口（今湖北省嘉鱼县西南），后转横江将军。

刘备得到南郡，当为建安十五年（210 年）。此前，程普代南郡太守。获南郡后，刘备以张飞为南郡太守，孟达接张飞为宜都太守。建安十九年（214 年）张飞入益州，糜芳为南郡太守。

在求督南郡和谋攻益州的两个回合中，孙权一方均败给了刘备集团。

孙权借南郡给刘备，确实是一着高棋、好棋，这样就把刘备集团绑在了自己的战车上，推到了与曹操争夺荆州的第一线。从后来关羽攻襄阳、孙权袭荆州便印证了其战略意图。当曹操听到孙权以土地资刘备时，"方作书，落笔于地"[①]。曹操作为东汉末年的政治家、军事家，自然非常清楚孙权资刘备地的政治企图是孙、刘联合对付自己。

毫无疑问，求督荆州是诸葛亮的计策，因为跨有荆、益两州是隆中对策的重要组成部分。按当时历史现状讲，赤壁大战后，刘备抓住时机占领了江南四郡。作为孙权方军事统帅的周瑜顺水推舟，把长江南岸地分给了刘备，这属于重大决策，肯定经孙权首肯。因此谈不到借江南四郡问题。刘备去孙权首府京口商谈仅是南郡的归属问题。孙权一方偷换概念，把求督南郡讲成借，而且还把南郡歪曲为借整个荆州地区。因此关羽在与鲁肃谈判中提出赤壁大战时"左将军身在行间，岂得徒劳，无一块壤"的指问，确实是义正词严。

求督南郡

首先，刘备拥有南郡后，扩大了自己在诸侯中的影响，因其政治中心地带的特殊性，有利于对整个荆州地区的控制。其次，切断了孙权进攻益州的

---

① ［晋］陈寿撰，［南朝宋］裴松之注，陈乃乾校点：《三国志·吴书·鲁肃传》，中华书局1959 年版，第 1271 页。

道路，否则，孙、刘两集团的矛盾会提前爆发。最后，增大了刘备的实力。拥有南郡，重要之点是增加了兵源。东汉末年各诸侯之间的战争，起决定作用的一是兵力多少；二是统帅韬略及驭军水平高低。南郡人口在荆州地区举足轻重。东汉前期七郡人口如下：

南阳郡：二百四十三万九千六百一十八

长沙郡：一百零五万九千三百七十二

零陵郡：一百万一千五百七十八

南　郡：七十四万七千六百四十

桂阳郡：五十万一千四百三十

江夏郡：二十六万五千四百六十四

武陵郡：二十五万九百一十三

曹操控制的南阳郡（后分为南阳、南乡、章陵三郡）人口最多，孙权控制的江夏郡人口较少，刘备获得南郡（后分为三郡，包括刘备占领的南郡、宜都郡，曹操占领的襄阳郡），就在人口上占有绝对优势。

对刘备不利一面：一是在荆州一线把刘备集团推到与曹操对峙的第一线；二是分散了兵力；三是使荆州守将处于曹操、孙权、刘备三方矛盾的交织点上，这对荆州守将在政治视野、军事才能、外交水准几个方面都提出更高要求；四是由于求督荆州问题，孙、刘双方认识不一致，必然产生隐患和导致矛盾升级。

鲁肃代周瑜统领孙吴军队后，在对待荆州及刘备集团这个敏感问题上，另有一番韬略。鲁肃在孙氏集团中，属于联蜀派。对荆州的策略是先予后取，在合作中求发展。而吕蒙则属于拒蜀派，在斗争中求生存、发展。全踞长江是两个人共同的战略目标。

一次鲁肃过吕蒙驻地寻阳，他拍着吕蒙背说："我原以为大兄弟你仅有武勇，到现在看，学识渊博，不是原先吴下的小伙子阿蒙啦。"吕蒙回答说："士别三日，当另眼相看，大兄现在政治前途不仅是一侯爵了。兄长你代周公瑾担当要职，任重而道远。况且与关羽为邻，那个人年龄大而且非常爱研究学问，读《左传》一些章节都能背诵，耿直豁达，带有雄霸之气，然而性格多自以为是，喜欢恶语伤人。今与他共事，应当有心计对待他。"然后秘密给鲁肃献了三策。鲁肃很叹服并接受，对外不宣示。这预示着，孙、刘两家就荆州问题的争夺，逐渐加剧。

二、向北拓地

求督荆州、谋攻益州两个风波过后，孙、刘两集团经过了一个相对稳定的和平共处阶段。

刘备西上益州

建安十六年（211年），益州牧刘璋听说曹操派侍中守司隶校尉钟繇讨张鲁，怕波及益州而内怀恐惧。别驾（别驾从事史的简称，相当于州秘书长）张松与刘璋共同分析当时政治军事形势，知道曹操兵多将广无敌于天下，如果攻克张鲁，顺势而下，益州就会受到直接威胁。刘璋为此极为忧虑。张松分析说："刘豫州，使君之宗室而曹公之深仇也，善用兵，若使之讨鲁，鲁必破。鲁破，则益州强，曹公虽来，无能为也。"刘璋同意这个意见，就派军议校尉法正和孟达各率二千人迎接刘备。张松、法正二人关系密切，"忖璋不足与有为，常窃叹息"，二人密谋，决意引刘备入蜀，取代刘璋。法正见到刘备后不但没有为刘璋说话，反而献益州可取之策。攻取益州虽是刘备的既定方针，但在如此重大问题上，刘备仍拿不定主意。刘备与军师庞统二人有一段对话：

庞统劝刘备说："荆州荒残，人物殚尽，东有吴孙，北有曹氏，鼎足之计，难以得志。今益州国富民强，户口百万，四部兵马，所出必具，宝货无求于外，今可权借以定大事。"刘备说："今指与吾为水火者，曹操也。操以急，吾以宽；操以暴，吾以仁；操以谲，吾以忠。每与操反，事乃可成耳。今以小故而失信义于天下者，吾所不取也。"庞统说："权变之时，固非一道所能定也。兼弱攻昧，五伯之事，逆取顺守，报之以义，事定之后，封以大国，何负于信？今日不取，终为人利耳。"①

庞统字士元，襄阳人，是诸葛亮二姐夫庞山民的堂兄，被时人称为"南州士之冠冕""凤雏"。曾为郡功曹。投刘备后被任为治中从事（治中从事史的简称，主州府文书案卷，居中治事，与别驾从事史分别为州府内外总管），与诸葛亮一起为刘备军师中郎将，见待亚于孔明，但其军事才能高于孔明，其对荆州的分析深刻，见解精辟。清李仙根评论称"庞士元用兵严厉果决，实过于孔明"。②

在庞统的开导劝谏下，刘备下定决心，调整部署。自带庞统、黄忠、魏延等率兵两万入益州。留诸葛亮、关羽、张飞镇守荆州，以赵云为留营司马。

当时的军事形势是，刘备应刘璋之邀，从公安、宜都驱兵数千里，到达益州的巴郡（今重庆市），再由巴水（今涪江）溯流而上数百里到达涪城（今四川省绵阳市），刘璋自成都到涪城迎接刘备，"欢饮百余日"。在涪城期间，张松让法正告诉刘备，可以乘机干掉刘璋。刘备唯恐有失，没有同意。相会期间，刘璋推刘备为大司马，领司隶校尉。刘备则推刘璋行镇西大将军，领益州牧如故。刘璋为刘备增兵，还增加军事物资，使刘备往讨汉中张鲁，又让屯守要冲的白水关（今四川省广元市境内）名将杨怀、高沛听从刘备调遣。刘备合兵力已达三万余人。往北走到葭萌（今四川省广元市昭化镇）便停下来，准备攻打刘璋，袭取成都。

曹公自明心志

曹操自赤壁败后，第二年率军出合肥，想报复孙权。因孙权退军，曹操开芍陂屯田，十二月曹操返回老家谯县（今安徽省亳州市）。建安十五年（210年）冬，建铜雀台。时曹操踌躇满志，发布了表明心志的著名的己亥令，即《让县自明本志令》，引录如下：

---

① ［晋］陈寿撰，［南朝宋］裴松之注，陈乃乾校点：《三国志·蜀书·庞统传》注引《九州春秋》，中华书局1959年版，第935页。

② ［清］周广业、崔应榴纂辑：《关帝事迹征信编》卷二十四，国家图书馆藏，第263页。

孤始举孝廉，年少，自以本非岩穴知名之士，恐为海内人之所见凡愚，欲为一郡守，好作政教，以建立名誉，使世士明知之；故在济南，始除残去秽，平心选举，违迕诸常侍。以为强豪所忿，恐致家祸，故以病还。去官之后，年纪尚少，顾视同岁中，年有五十，未名为老，内自图之，从此却去二十年，待天下清，乃与同岁中始举者等耳。故以四时归乡里，于谯东五十里筑精舍，欲秋夏读书，冬春射猎，求底下之地，欲以泥水自蔽，绝宾客往来之望，然不能得如意。后征为都尉，迁典军校尉，意遂更欲为国家讨贼立功，欲望封侯作征西将军，然后题墓道言"汉故征西将军曹侯之墓"，此其志也。而遭值董卓之难，兴举义兵。是时合兵能多得耳，然常自损，不欲多之；所以然者，多兵意盛，与强敌争，倘更为祸始。故汴水之战数千，后还到扬州更募，亦复不过三千人，此其本志有限也。后领兖州，破降黄巾三十万众。又袁术僭号于九江，下皆称臣，名门曰建号门，衣被皆为天子之制，两妇预争为皇后。志计已定，人有劝术使遂即帝位，露布天下，答言"曹公尚在，未可也"。后孤讨禽其四将，获其人众，遂使术穷亡解沮，发病而死。及至袁绍据河北，兵势强盛，孤自度势，实不敌之，但计投死为国，以义灭身，足垂于后。幸而破绍，枭其二子。又刘表自以为宗室，包藏奸心，乍前乍却，以观世事，据有当州，孤复定之，遂平天下。身为宰相，人臣之贵已极，意望已过矣。今孤言此，若为自大，欲人言尽，故无讳耳。设使国家无有孤，不知当几人称帝，几人称王。或者人见孤强盛，又性不信天命之事，恐私心相评，言有不逊之志，妄相忖度，每用耿耿。齐桓、晋文所以垂称至今日者，以其兵势广大，犹能奉事周室也。论语云"三分天下有其二，以服事殷，周之德可谓至德矣"，夫能以大事小也。昔乐毅走赵，赵王欲与之图燕，乐毅伏而垂泣，对曰："臣事昭王，犹事大王；臣若获戾，放在他国，没世然后已，不忍谋赵之徒隶，况燕后嗣乎！"胡亥之杀蒙恬也，恬曰："自吾先人及至子孙，积信于秦三世矣；今臣将兵三十余万，其势足以背叛，然自知必死而守义者，不敢辱先人之教以忘先王也。"孤每读此二人书，未尝不怆然流涕也。孤祖父以至孤身，皆当亲重之任，可谓见信者矣，以及（子桓）兄弟，过于三世矣。孤非徒对诸君说此也，常以语妻妾，皆令深知此意。孤谓之言："顾我万年之后，汝曹皆当出嫁，欲令传道我心，使他人皆知之。"孤此言皆肝鬲之要也。所以勤勤恳恳叙心腹者，见周公有金縢之书以自明，恐人不信之故。然欲孤使尔委捐所典兵众以还执事，归就武平侯国，实不可也。何者？诚恐己离兵为人所祸也。既为子孙计，又己败则国家倾危，是以不得慕虚名而处实祸，此所不得为也。前朝恩封三子为侯，固辞不受，今更欲受之，非欲复以为荣，欲以为外援，为万安计。孤闻介推之避晋封，申胥之逃楚赏，未尝不舍书而叹，有以自省也。奉国威灵，仗钺征伐，推弱以克强，处小而禽大，意之所图，动无违事，心之所虑，何向不济，遂荡平天下，不辱主命，可谓天助汉室，非人力也。然封兼四县，食户三万，何德堪之！江湖未静，不可让位；至于邑土，可得而辞。今上还阳夏、柘、苦三县户二万，但食武平万户，且以分损谤议，少减孤之责也。①

这是一篇可窥曹操心态的重要文献。其中不乏惺惺作态，名曰明志，实隐藏着诸多心计、心机，愚弄世人。此后，曹操于建安十六年（211 年）击败关中割据势力马超、韩遂等后，十七年（212 年）冬十月，调集军队准备进攻孙权的濡须口（今安徽省无为市东北），孙权迫于压力，向刘备求救，引发关羽参与的三次战事，也引发刘备对刘璋的益州兼并战。

青泥之战

刘备荆州一线，坐镇江陵的诸葛亮、关羽、张飞等为支援孙权对抗曹操，经商议，由关羽率军三千，向北拓地，攻打青泥关，牵制曹军。据清代研究关羽学者韩祖康考证，青泥关在今湖北钟祥，曹操襄阳守将乐进与关羽相拒，作战中双方各有胜负。这是刘备占有荆州后第一次向襄阳用兵。

乐进字文谦，阳平卫国人（今河南省清丰县）。容貌短小，胆烈过人，曾在小沛打败过刘备，曹操、袁绍官渡之战时，手斩袁绍大将淳于琼，在

---

① ［晋］陈寿撰，［南朝宋］裴松之注，陈乃乾校点：《三国志·魏书·武帝纪》注引《魏武故事》，中华书局 1959 年版，第 32 页。

黎阳斩袁谭、袁尚大将严敬。曹操在建安十一年（206年）给汉献帝表中称赞乐进与于禁、张辽"武力既弘，计略周备，质忠性一，守执节义，每临战攻，常为督率，奋强突固，无坚不陷，自援枹鼓，手不知倦。又遣别征，统御师旅，抚众则和，奉令无犯，当敌制决，靡有遗失。论功纪用，宜名显宠"[①]。于是汉献帝封于禁为虎威将军，乐进为折冲将军，张辽为荡寇将军。

关羽及副将苏飞等进攻青泥关的时间应是建安十七年（212年）十二月。《三国志·魏书·乐进传》载："后从平荆州，留屯襄阳，击关羽、苏飞等，皆走之。"这表明当时战况不相上下。关羽、苏飞攻襄阳外围青泥关不下，然后撤退，返回江陵。

关羽第一次向北用兵无寸土之功，主要是兵力不足。赤壁之战刚刚结束时，刘备的兵力为二万人，攻下江南四郡最多增加可支配兵力一万人，刘备入川带走二万人。东汉末年，都是按照将领的职务决定带兵数量。镇守荆州的还有诸葛亮、张飞、赵云，所以关羽、苏飞伐襄阳，青泥之战用兵充其量三千人。时曹仁败逃江陵后，随曹操西讨马超，乐进主持襄阳防务，作为曹操控制区南边重镇，其兵力应不下一万人。关羽等久攻不下，撤回是必然的。

寻口之战

《三国志·魏书·文聘传》载："与乐进讨关羽于寻口，有功，进封延寿亭侯，加讨逆将军。"文聘，字仲业，南阳宛（今南阳）人，原为刘表大将，曹操吞并荆州时降曹，因追击刘备集团有功，被任为江夏太守，赐爵关内侯。是曹操一方抵御关羽、孙权北上的重要将领。

寻口有三种解释：一是位于今湖北省钟祥市西南；二是位于江夏郡（今湖北省安陆市西南），因江夏郡为孙权控制区，关羽不大可能去江夏郡用兵；三是位于扬州刺史部寻阳一带。《三国志旁证》注引"顾祖禹曰：浔水城在蕲州东。《浔阳记》谓之兰池城，古浔阳也。寻口，浔水入江之口，即九江口也。今江西九江府德化县浔阳城，盖六朝时改置，非汉县之旧矣"。此更不可能。关羽焉能进入东吴腹地与文聘、乐进作战。因此，以钟祥市西南为确。

---

① ［晋］陈寿撰，［南朝宋］裴松之注，陈乃乾校点：《三国志·魏书·乐进传》，中华书局1959年版，第521页。

从史料看，乐进、文聘与关羽在寻口进行过激烈战斗，曹军在战斗中有小胜，或阻止住关羽进攻之势，文聘才得以晋封。

汉津之战

汉津、荆城即今湖北省钟祥市西南八十六里处，位于汉水西岸。从建安十三年（208 年）十二月，关羽驻江北，这里就是关羽屯扎的基地。《三国志·魏书·文聘传》载：文聘"又攻羽辎重于汉津，烧其船于荆城"。可见荆城是关羽水军基地。关羽在荆城打造船只，加强水军建设，待机北伐，引起曹操诸将关切，才有"攻羽辎重"之战。

此外，乐进留屯襄阳一年中，还出兵讨刘备临沮县县长杜普、旌阳县县长梁大，大破之。临沮、旌阳大体处于襄阳到江陵中间偏西一侧，旌阳在今湖北枝江北，距江陵城不到二百里。可见，这期间曹、刘双方在荆州的战事频繁，基本是相持阶段，处于拉锯战状态，双方的领地基本没有多大改变。

为何诸葛亮、关羽、张飞、赵云镇守荆州时，每次与曹魏用兵都是关羽出击，推测有两个原因：其一，从赤壁之战结束后，刘备就令关羽驻江北，处于战斗最前沿，这是关羽军事任务使然；其二，关羽被任为空头襄阳太守，关羽对曹魏的多次征战都是想实现占领襄阳，实现襄阳太守的职责。

三、独镇荆州

青泥关之战虽然没有战果，却成为刘备进攻刘璋的导火索。

刘备于建安十七年（212 年）十二月给刘璋的信中写道"曹操攻吴，吴忧危急，孙氏与孤，本为唇齿"，这是事实。至于信中所写"又乐进在青泥与关羽相拒"，"而关羽兵弱，不往赴救，进必大克，转侵州界，其忧有甚于鲁，鲁自守之贼，不足虑也"。[①] 这些便是托词了。还煞有介事地要求增加一万军队和补养。当时荆州守将是兵弱将强，救关羽还有张飞、赵云，以一乐

---

① ［晋］陈寿撰，［南朝宋］裴松之注，陈乃乾校点：《三国志·蜀书·先主传》，中华书局1959 年版，第 881 页。

进，亦不应用刘备三万人的部队，实是刘备寻衅制造事态，以便后发制人。刘璋也发现刘备不去征讨张鲁，另有政治企图，于是仅给兵四千，其余皆给半。刘备并没有去救关羽，而是寻找借口，兵锋直指刘璋。

刘备攻克成都

张松的被杀成了刘备、刘璋冲突的爆发点。

刘备借口救关羽，虚张声势，向东用兵的消息，作为刘备内应的益州别驾张松不知内情，以为刘备真的要回荆州，于是写信给刘备、法正说："今大事垂可立，如何释此去乎？"① 结果被其兄、广汉太守张肃发觉，张肃怕受到牵连，就向刘璋告发了其阴谋。于是，刘璋收斩了张松，"敕关戍诸将文书勿复关通先主"。刘备大怒，首先用庞统之计收斩杨怀、高沛，消灭了刘璋的一支有生力量。

据《零陵先贤传》载：

> 备请璋子祎及怀，酒酣，备见怀佩匕首，备出其匕首，谓曰："将军匕首好，孤亦有，可得观之。"怀与之。备得匕首，谓怀曰："汝小子，何敢间我兄弟之好邪！"怀骂言未讫，备斩之。②

这实际是一场鸿门宴，杨怀、高沛当时受刘备节制，刘备事先与庞统策划，名义是回荆州，引诱杨、高上钩，然后埋伏了刀斧手，轻而易举消灭了刘璋两位名将，兼并了其部队。

于是刘备遣黄忠、卓膺勒兵向璋，所向皆克。雒县由刘璋子刘循把守，军民同心，城防坚固，被攻一年仍不下。建安十九年（214年）四月，进攻雒县县城时，军师庞统中箭身亡。

五月，刘备令诸葛亮、张飞、赵云溯流而上。诸葛亮攻中线，张飞攻北

---

① ［晋］陈寿撰，［南朝宋］裴松之注，陈乃乾校点：《三国志·蜀书·先主传》，中华书局1959年版，第881页。

② ［晋］陈寿撰，［南朝宋］裴松之注，卢弼集解，钱剑夫整理：《三国志集解·蜀书·先主传》，上海古籍出版社2009年版，第2360页。

线，赵云攻南线。三支队伍势如破竹。刘备也终于攻克雒城，几支部队会师于郪县堂山。《蜀广记》载："汉郪县（今四川省射洪市西），三国志云，先主入蜀，攻刘璋，遣诸葛孔明等分定州郡，略地至郪，百姓以牛酒犒师，于是会军堂山，即此地。"[①]

宋乐史编著《太平寰宇记》载："铜山县有会军堂山，高三里，昔昭烈帝遣诸葛武侯等分定州界，略地至郪，百姓以牛酒犒师，武侯因会军士于此，后遂为会军堂山。"[②] 宋时铜山县即汉时郪县。

几支部队会师后，进攻成都，围攻近三个月不下。

马超的归顺加速了刘璋投降的步伐。

马超，字孟起，将门虎子。扶风茂陵（今陕西省兴平市东南）人。"兼资文武，雄烈过人。"其父马腾原为凉州刺史耿鄙司马，与边章、韩遂在灵帝末造反，后由朝廷招安，被任命为征西将军。建安初，马腾、韩遂不和，马腾入京为卫尉。马超被朝廷拜为偏将军，都亭侯，领腾部曲。建安十六年（211 年），马超与关中十部俱反，被曹操击败，其父马腾，弟马休、马铁等阖家二百余口被杀。马超投奔了张鲁。张鲁大将杨昂等嫉妒马超的军事才能，多次设计陷害，马超也深知张鲁不足与计大事，内怀犹疑。刘备派建宁督邮李恢说马超，马超从武都逃入氐中，率众向刘备归顺。马超到来，"城中震怖，璋即稽首"。

马超投奔刘备不到一旬，刘璋投降。刘备把刘璋安置到南郡的公安，"尽归其财物及故佩振威将军印绶"。

刘备入蜀是东汉末年重大的军事行动。此前，魏国大臣们对刘备能否胜利多有议论。《傅子》载：

> 丞相掾赵戬说："刘备其不济乎？拙于用兵，每战必败，奔亡不暇，何以图人？蜀虽小区，险固四塞，独守之国，难卒并也。"征士傅干说：

---

① ［蜀汉］诸葛亮撰，［清］张澍编：《诸葛亮集》故事卷五《遗迹篇》，中华书局 1960 年版，第 231 页。

② ［宋］乐史撰，王文楚等点校：《太平寰宇记》卷八十二《剑南东道》，中华书局 2007 年版，第 1652 页。

"刘备宽仁有度，能得人死力。诸葛亮达治知变，正而有谋，而为之相，张飞、关羽勇而有义，皆万人之敌，而为之将，此三人者，皆人杰也。以备之略，三杰佐之，何为不济也。"[1]

刘备成功占领益州，证明了这个不接受朝廷征召的读书人傅干的论断是英明的。

独镇荆州

孔明、张飞、赵云入川后，刘备令关羽留镇荆州，负全面管理之责。相传，此前，关羽请教孔明："镇守荆襄，当以何策应之？"孔明回答："君荷重任，当北拒曹操，东和孙权，此八字，君切记之。"

刘备夺取益州，领益州牧，对关羽正式委以重任。《三国志·蜀书·关羽传》载："先主西定益州，拜羽董督荆州事。"定益州在建安十九年（214年）秋。董督荆州，即被任命为代理荆州牧之责，当在同时。并与诸葛亮、法正、张飞一起，各得到丰厚的赏赐。金五百斤，银千斤，钱五千万，锦千匹。

关羽主持的荆州，有五郡之地，人口总数大体三百余万，为益州人口的一半。争强好胜的关羽有些飘飘然。马超到来后，关羽认为旧非故人，给孔明写信，问马超人才可谁比类。诸葛亮知道关羽"护前"，不愿居人之下，答书说："孟起兼资文武，雄烈过人，一世之雄，黥、彭之徒，当与益德并驱争先，犹未及髯之绝伦逸群也。"[2]关羽面赤，两颊上长满长须，故孔明称之为"髯"。关羽时五十五岁。看书后非常兴奋，让宾客传看孔明的回信。

董督荆州是关羽行政职务上一生的顶点。有两点，关羽任这一职务当之无愧：

其一，文韬武略之长，在刘备集团被公认。无论是赤壁大战前，还是赤壁大战时和以后，关羽在夺取荆州、保卫荆州中付出的努力无人匹敌。从诸

---

① ［晋］陈寿撰，［南朝宋］裴松之注，陈乃乾校点:《三国志·蜀书·先主传》注引《傅子》，中华书局 1959 年版，第 883 页。

② ［晋］陈寿撰，［南朝宋］裴松之注，陈乃乾校点:《三国志·蜀书·关羽传》，中华书局 1959 年版，第 940 页。

葛亮评价关羽"绝伦逸群"亦可得知关羽的威名、威力、威风、威信。以诸葛亮之为人，应是恰如其分的定评。

其二，关羽爵位、职务使然。关羽两个重要职务与荆州有关。一是汉寿亭侯。这虽是在曹操营垒时所表封，毕竟是东汉朝廷的封爵，刘备承认这一封爵。汉寿不是一般的地方，是刘表入主荆州前，荆州刺史部所在地。这意味着关羽与荆州有着不解之缘。二是襄阳太守。虽然襄阳没控制在刘备手中，襄阳郡太守这一职务也有特殊性。襄阳是刘表执政荆州刺史二十年的治地，从刘备任用关羽为襄阳太守伊始，就为日后使用关羽执掌荆州埋下伏笔。可以设想，如果关羽北伐胜利，下一步，刘备会正式任命关羽为荆州牧，关羽董督荆州距这一任命仅一步之遥。

※　　　※　　　※　　　※

刘备、孙权两个集团联盟战胜了骄横一时的曹操，双方联姻达到了高潮。这也是双方争夺势力范围的开始。其起因是两个方面：一是对荆州的掌控；二是夺取益州战略双方的矛盾起因。谋夺南郡是起点，吴人名其为借荆州，而其他史料没有这一记载。对益州的争夺是第二个回合的较量。刘备西上成为荆州问题的转折点。刘备没有重视荆州的军事布局，加之防范意识很差，为今后丢失荆州埋下了伏笔。

第十一章

明枪暗弩，荆州风云

由于蜀汉、东吴把战略目标都锁定在荆州，两国不可避免会产生摩擦，尤其荆州驻军薄弱，刘备西上益州，带走庞统、黄忠、魏延等两万人。孔明西上又带走张飞、赵云、刘封等数万人，荆州两面受敌，交给关羽一人镇守，东吴觊觎荆州必然有增无减，善良的蜀汉决策者们以为盟友加姻亲加让步会换来安宁，事实相反。

一、三郡争夺

刘备定蜀，是其事业的重大转折，也是荆州失陷的起点。由于刘备集团对此重视不足，最后导致关羽败亡和荆州的丧失。

孙权对荆州的觊觎从来没有消减过，可以说，占领荆州是孙吴的国策。因为拥有荆州，才能使偏于一隅的孙氏势力有发展的空间。孙坚、孙策两代都以此为目标，也都是在争夺荆州的战事中献出生命。

孙坚起步在荆州，曾因剿灭长沙义军区星，被朝廷任用为长沙太守，并且死于征荆州。孙坚作为一代豪杰，击败董卓，攻克洛阳，扫除庙宇，回师鲁阳。初平三年（192 年），袁术令孙坚征荆州，攻刘表，刘表遣部将黄祖，迎战于樊城、邓县一带，被孙坚击破。渡过汉水，围攻襄阳。黄祖败逃入岘山中，孙坚乘胜追击。大凡主帅战马都是良驹，单骑在前，被刘表部将吕公军士滚下山石击中头部而死。一说被暗箭射死。

孙策继统江东后，多次用兵江淮。先后夺取会稽（今浙江省绍兴市）、豫章（今江西省南昌市）、丹阳（今安徽省宣城市）、吴郡（今江苏省苏州市）、庐江（今安徽省桐城市）后，向袁术提出进攻荆州，顺势西下。《三国志·吴书·周瑜传》载："策欲取荆州，以瑜为中护军，领江夏太守"，前文引孙策给献帝表亦载，以程普为零陵太守、吕范为桂阳太守。这是建安四年（199 年）的事情，孙策就遥封周瑜、程普、吕范等领荆州职务。这年十二月，孙策率军击黄祖于沙羡（今湖北省武汉市江夏区金口镇）。重创黄祖，可望在较短时间内剿灭黄祖。建安五年（200 年），孙策在外围猎时，被原吴郡太守许贡子及家客射中面部而死。

孙权也多次对刘表用兵。在继统江东第三年，建安八年（203 年）大规模伐刘表部将江夏太守黄祖；建安十二年（207 年），又讨黄祖；次年，在赤壁大战当年的上半年，征灭了黄祖。

孙氏集团包括孙坚，有四位领袖及重要将领在荆州四个郡任过职。孙权企图全面夺取荆州，伴随赤壁之战的结束而展开，以刘备进攻益州为前奏曲，以刘备夺取益州为爆发点。

早在建安十六年（211 年），孙权因欲取益州而不能，刘备率军入川，孙权非常气愤地说："猾虏，乃敢挟诈耳！"

吕子明背信袭三郡

吴、蜀争夺荆州势力范围，主要是三郡问题。刘备西定益州后，孙权一方提出索要零陵、桂阳、长沙三郡。孙权采取四步措施：

第一步派人接回其妹孙尚香。孙、刘联姻是两个军事集团的大事，是巩固联盟的重要基础，在三国初创期起过巨大作用。孙权如果对刘备采取军事行动，首当其冲的是要处理其妹与刘备的关系，他采取拆散婚姻的办法，把其妹孙尚香接回。虽然刘备与孙尚香关系不和，但仅仅限于夫妻双方的纠缠，没有扩展到婚姻挫折及联盟关系。《元和郡县图志》载："孙夫人城，在孱陵城东五里。汉昭烈夫人，权妹也，与昭烈相疑，别筑城居之。"并引《纪胜》载："孱陵故城（今湖北省公安县南），又名孙夫人城，在县，相传此乃刘备妻孙夫人所筑。夫人权之妹，疑备，故别作此城，不与备同住。"孙夫人城在刘备驻地江油口西南五六里的金猫口。城为夯土城，占地八平方公里。现遗存十多米城墙一段。孙尚香"才捷刚猛，有诸兄之风"，嫁给刘备时，从江东带来百余名侍女，整日舞刀弄剑，刘备进绣房，常怀凛凛。因此二人关系紧张。但孙夫人并没有离婚的念头，因为她还负有抚养刘禅的使命，回江东时带上了五岁的刘禅，她不知道政治上剑已出鞘的底蕴。这才有诸葛亮命张飞、赵云截江夺阿斗之事发生。

目前，史界对孙夫人回吴的时间有两种解释：一是在建安十六年（211年）；二是在建安十九年（214年）。笔者认为十六年为妥。据《汉晋春秋》载："先主入益州，吴遣迎孙夫人。夫人欲将太子归吴，诸葛亮使赵云勒兵断江留太子，乃得止。"[1]《赵云别传》载："先主入益州，云领留营司马。此时先主孙夫人以权妹骄豪，多将吴吏兵，纵横不法。先主以云严重，必能整肃，特任掌内事。权闻备西征，大遣舟船迎妹，而夫人内欲将后主还吴，云与张飞勒兵截江，乃得后主还。"[2]史料明确记为刘备入益州时，即建安十六年（211年），孙权接其妹还，无可争议。特别还有张飞、赵云截江夺阿斗，系诸葛亮、张飞、赵云还未西上之时。可见刘备、孙尚香婚姻关系维持了仅三个年头。

第二步，登门索取地盘。刘备于建安十九年（214年）定益州，次年，孙权派诸葛瑾到益州拜访刘备，要求归还荆州诸郡，刘备回答说，我正谋取凉州，凉州平定后，当把荆州还给你。孙权十分气愤地说，这是找借口不还，却想用空话拖延时间。孙、刘两集团围绕荆州的争夺再次升级。

第三步，委任零陵、桂阳、长沙三郡的官吏。《三国志·吴书·吴主传》载："遂置南三郡长吏。"没有刘备的号令，在关羽董督荆州的地盘上，当然为关羽所不能接受，于是"尽逐之"。

第四步，武力夺地。孙权大怒，命令吕蒙、凌统督鲜于丹、徐忠、孙规等率兵两万武力夺取三郡，使鲁肃以万人屯巴丘防御关羽。孙权本人则住陆口节制诸军。建安二十年（215年），吕蒙、吕岱督孙茂等十将率兵赴三

---

① ［晋］陈寿撰，［南朝宋］裴松之注，陈乃乾校点：《三国志·蜀书·二主妃子传》注引《汉晋春秋》，中华书局1959年版，第906页。

② ［晋］陈寿撰，［南朝宋］裴松之注，陈乃乾校点：《三国志·蜀书·赵云传》注引《赵云别传》，中华书局1959年版，第949页。

郡，先致书进行恫吓，桂阳太守赵云在蜀，无人做主，书到投降。长沙太守廖立，字公渊，武陵临沅人，被诸葛亮称为与庞统齐名的"楚之良才，当赞兴世业者"。而且廖立本人也自命不凡，"自谓才名宜为诸葛亮之二"，年未三十岁，被刘备擢拔为长沙太守，此人与马谡类同，是个纸上谈兵的人物，只能当高参，不能独当一面。吕蒙军未到，廖立已经弃城逃遁去益州报告刘备。刘备不深责，以其为巴郡太守。

也不是所有关羽管辖区都没有抵抗。廖立逃跑后，长沙郡的安城县（故治在今江西省安福县西六十里）、攸县（故治在今湖南省攸县东北四十里）、永新县（故治在今江西省永新县西四十里）、茶陵县（故治在今湖南省茶陵县东北八十里）四个县的官员共同集聚到阴山县（故治在今湖南省攸县西南三十里），拒绝吴将吕岱，兵戎相见。吕岱率兵攻入，四县方投降。不久，安城县长吴砀、中郎将袁龙又联络关羽，叛吴归蜀。吴砀占据攸县，袁龙占据醴陵。孙权派鲁肃攻攸县，吴砀突围逃走。吕岱攻破醴陵，斩袁龙。仅有零陵太守郝普固守不降。

当刘备听到廖立禀报后，得知孙权派兵掩袭三郡，立即亲率兵五万回公安，令关羽率三万兵争夺三郡。时关羽军驻益阳（今湖南省益阳市）。唐时称关州。《元和郡县图志》载："关州，在县（唐沅江县）东南五十八里。建安二十年，孙权以先主得蜀，使使求还荆州。先主言须得凉州乃相与。权患之，遣吕蒙袭长沙、零陵、桂阳三郡。先主引兵五万下公安，令关羽入益阳，此州盖羽屯兵之处，故以为名。"鲁肃兵少，孙权令吕蒙"急还助肃"。

吕蒙，字子明，汝南富陂人（今安徽省阜南县东南），不是一个等闲人物，屡建奇谋，智武双全。南宋洪迈《容斋随笔》卷十三称周瑜、鲁肃、吕蒙、陆逊为"孙吴四英将"。"曹操、刘备、关羽皆为所挫。"十五六岁时随其姐夫邓当讨贼，以"不探虎穴，安得虎子"的气魄杀入敌阵。从征刘表江夏太守黄祖时，"祖令都督陈就逆以水军出战，蒙勒前锋，亲枭就首"。周瑜围襄阳时，使甘宁据夷陵，曹仁分众攻甘宁甚急。吕蒙向周瑜献策，留凌统围襄阳，周瑜带优势兵力救甘宁，计成，并获敌马三百匹。

孙权执掌江东之初，曾对吕蒙、蒋钦说："你们现在都执掌一个方面，应该在学问上自我积累，对未来事业发展大有益处。"吕蒙说："在军中常常军务缠身，不容易抽时间读书。"孙权听了，就耐心地规劝他们说："我难道要求你们经常学典籍成为博士吗？但如今所学的都是平常内容。你说军务忙能忙过我吗？我青年时读《诗》《书》《礼记》《左传》《国语》，就是不读《易》。到统领江东事业以来又反复学习三史、诸家兵书，自我感觉大有裨益。像你们二人悟性较高，学习后必然大有收获，难道不是这样吗？应该挤时间读《孙子》《六韬》《左传》《国语》及三史。孔子说：'整日整夜不吃不睡去思考，没多大收益，不如学习。'汉光武帝领兵打仗时多么繁忙，仍然手不释卷。曹孟德也常说越老越要学习。你们何不以此借鉴自勉呢？""蒙始就学，笃志不倦，其所览见，旧儒不胜。"① 后来跟随孙权抗曹操于濡须（今安徽省无为市东北），"数进奇计"，劝孙权"夹水口立坞"，曹操来战不能下，"望权军，叹其整肃，乃退"。

当吕蒙接到孙权让其回益阳助鲁肃协防关羽的信时，已获得零陵太守郝普的旧友邓玄之，吕蒙将信藏起来，"夜召诸将，授以方略"。次日早晨故意装出攻城的样子，对邓玄之说：郝子太（郝普的字）想尽忠报国，但时机不对。然后散布了虚假情报。吕蒙说：左将军在汉中，被夏侯渊围住，关羽在南郡，现在孙权亲自去征讨。又说：你们那方正首尾倒悬，救死都来不及，哪有力量来救零陵呢？现在我的士卒精锐，人人都想拼命，而且还有后备部队正在路上。如果郝子太以危在旦夕的生命，期待毫无希望的救兵，那就像牛蹄小坑中的鱼，企图依赖长江汉水，回到大江大海中去，那是根本不可能的。接着吕蒙恫吓说：我方已筹划完备，准备发起进攻。不到一天，这座城池必然攻破，他自己死了无济于事，还要让百岁老母满头白发受到株连，岂不令人痛心吗？我估计这个人得不到外面的消息，以为援兵会到，所以他固执到这个地步。你可以去见见他，为他说说利害关系。

邓玄之进城向郝普转告了这番话，郝普害怕而顺从了邓玄之，出城投降。等吕蒙拿出孙权信件，郝普才知道刘备在公安，关羽在益阳，羞愧得无地自容。

---

① ［晋］陈寿撰，［南朝宋］裴松之注，陈乃乾校点：《三国志·吴书·吕蒙传》注引《江表传》，中华书局 1959 年版，第 1275 页。

这是一出绝妙的双簧。邓玄之、郝普被忽悠得云里雾里，完全中了吕蒙圈套。吕蒙以欺诈夺取三郡，当天就率军赶赴益阳。零陵郡治所泉陵（今湖南省永州市零陵区），距益阳水陆约七百里，昼夜兼行大体用四天时间。

相峙益阳

刘备回防荆州，命关羽率三万兵强夺三郡。关羽有一定战略思维：一是对东吴开战没有把握，他知道东吴将领们亦骁勇善战；二是不轻易撕破联盟关系。这是主要之点。从刘备、关羽一方军力，及关羽性情，不是不敢与东吴开战，而是尽力避免发生大的冲突，因主要敌人是曹魏，在关羽坐镇荆州前后九年，史料上没有一次关羽主动与东吴开战的记载。

关羽时有兵三万人，自选锐士五千人到益阳上游十里浅濑处，打算夜间渡河偷袭鲁肃军。鲁肃知道后派甘宁率一千三百兵连夜前往。关羽听说有兵把守，结柴营不渡。史留此处为关羽濑。

关羽不渡的原因大体有三点：一是关羽夜间渡河，属于偷袭，军事上称为出奇制胜。一旦知道鲁肃方有准备，但不知有多少兵马，当然就"住不渡"。二是孙权一方有一批猛将。仅鲁肃、甘宁以一万人驻益阳不在话下，吕蒙率二万人回防益阳，随之而到的还有凌统、潘璋、孙皎等，从兵力、将力、地理位置都没有稳操胜券的把握。三是因苏非之故。疑史载苏非即苏飞。苏飞为关羽副将，于建安十六年（211年）与关羽一起战乐进于青泥。苏飞原为刘表所置江夏太守黄祖的都督。甘宁在苏飞手下为将时，苏飞多次举荐甘宁，有知遇之恩。甘宁救过苏飞性命，有生死之义。《资治通鉴》载：赤壁大战前，孙权征黄祖时得苏飞。此前，"权先作两函，欲以盛祖及苏飞首。权为诸将置酒，甘宁下席叩头，血涕交流，为权言飞畴昔旧恩：'宁不值飞，固已损骸于沟壑，不得致命于麾下。今飞罪当夷戮，特从将军乞其首领。'"[1] 于是孙权赦免了苏飞。苏飞不愿与甘宁兵戎相见，在关羽不夜渡的决策中起到了影响作用。

不过有些提法过于偏激。"宁时有三百兵，乃曰：'可复以五百人益吾，

---

① ［宋］司马光撰：《资治通鉴》卷六十五，中华书局1956年版，第2078页。

吾往对之，保羽闻吾咳唾，不敢涉水，涉水即是吾禽。'"①其地名"关羽濑"，以其谐音贬关羽为赖。《元和郡县图志》在介绍益阳县时载："资水，一名茱萸江，南自邵州流入，经县南三十步。县西有关羽濑，南对甘宁故垒，昔羽屯兵水北，孙权令鲁肃、甘宁拒于此水。宁谓肃曰：'羽闻吾咳唾之声，必不敢渡，渡则成擒也。'羽夜闻宁处分，曰：'兴霸声也。'遂不渡茱萸江。"这些纯属当时吴人与关羽对立中过于抬高自己的夸大之词。

甘宁，字兴霸，巴郡临江人。年轻时很有力气，喜欢交结游侠，招集聚合一群轻浮放荡的年轻人，自任他们的首领。携带弓箭，手持铃铛，横行乡里。曾在刘璋手下做蜀郡丞，后造刘璋的反被击败归老家南阳，不久，率僮客八百人归刘表。不能受重用，托身黄祖三年。黄祖又以普通人供养他。甘宁在苏飞手下时，"祖都督苏飞数荐宁，祖不用"，才归顺了吴国。史称他"粗猛好杀，开爽有计略"，得到孙权的重视。做过一些轰轰烈烈的举动。《江表传》载：建安十八年（213年）春正月，"曹公率军到濡口，号称兵马四十万，临江屯驻。孙权率军七万迎战，使甘宁领三千人为前部先锋。部队刚刚驻扎下，孙权就密令甘宁，让其夜间偷袭魏军。甘宁于是选手下健将士卒一百余人，直接到曹营，拔鹿角，穿过各种障碍物进入营中。斩杀数十个魏兵，曹军吃惊害怕鼓声大作，举火把多如星斗，甘宁已回到驻地，作鼓吹，口呼万岁。当夜去见孙权，孙权高兴得称赞说："足可以惊吓曹阿瞒了吗？不过是借此看你的胆量罢了。"马上赏赐绢千匹，刀百口。孙权接着说："曹孟德有张辽，我有甘兴霸，足可以相抗衡！"

由此观之，在曹操数十万军中，敢以百余人纵横往来，确实胆识过人。但从另一方面看，甘宁也言过其实。建安二十年（215年），甘宁跟随孙权攻合肥，大军已出发，只有虎士千余人及吕蒙、蒋钦、凌统、甘宁，跟孙权驻逍遥津北。张辽募壮士八百人，刚刚天明，便披盔甲持长戟冲入敌阵，多次出入重围，孙权的兵马望风溃败，没人敢抵挡，几乎擒住孙权。甘宁还厉声责备鼓吹何以不作。据胡小伟《关公信仰研究系列·伽蓝天尊》载："《大司马》曰'师有功，则恺乐献于社'。郑康成云：'兵乐曰恺，献功之乐也。'

---

① ［晋］陈寿撰，［南朝宋］裴松之注，陈乃乾校点：《三国志·吴书·甘宁传》，中华书局1959年版，第1294页。

皆可证明鼓吹词是当时献功报喜之乐。"这是讲打胜仗才能给以鼓吹，都快要有擒王危机还要鼓吹，可见甘宁也是个讲大话的人。从战绩看，甘宁与张辽无法相比，与关羽也无法相比，奢谈"涉水即是吾禽"，可理解为鼓舞士气的一种方法。

后来甘宁庙亦配有关羽像。据清俞樾《茶香室丛钞》卷十五载："宋陆游入蜀记云：富池昭勇庙，吴大帝时折冲将军甘兴霸也。兴霸尝为西陵太守，故庙食于此。庑下有关云长像。"表明当时江东民间推崇甘宁，贬损关羽。还有江东一带流行的攻击关羽的曲牌，在宋人郭茂倩编著《乐府诗集》中有两首乐府歌词，其中《关背德》中有"关背德，作鸱张。割我邑城，图不祥"[1] 等都是地方割据中执政当局文人墨客的思想影响到民间形成的。

二、单刀俱会

吕蒙回师益阳后，孙、刘两家在益阳兵力各为三万人，双方剑拔弩张，大战一触即发。在解决三郡问题上，鲁肃成为孙权方第一责任人。当年鲁肃劝孙权将荆州南郡借给刘备，孙权命争三郡时鲁肃又是军队的主帅，解决好荆州归属已是鲁肃的主要责任。刘备、关羽都摆开了决战的架势，为妥善处置事态，鲁肃邀请关羽单刀俱会。

会谈时间、地点

关羽接到邀请，会众将商议。众将皆说不可往。关羽说："今日之会必为荆州，肃长于辩，非他人所能口折也，且不往，则见吾怯。"[2] 诸将都要求带兵前去。关羽又说："兵多见疑，各驻兵百步上。"竟单刀去面见鲁肃。

双方会谈的时间应是建安二十年（215 年）五六月间。世传五月十三日为关羽单刀赴会日，有一定可能性。从几则史料印证可知：

（1）《三国志·吴书·吴主传》载："未战，会曹公入汉中（今陕西汉中东，治所在南郑），备惧失益州，使使求和。"这表明孙、刘两方会谈前后，

---

① 胡小伟著：《关公信仰研究系列·伽蓝天尊》，科华图书出版公司 2005 年版，第 68 页。

② ［清］周广业、崔应榴纂辑：《关帝事迹征信编》卷二十三，国家图书馆藏，第 206 页。

是曹操入汉中之前。而曹操入汉中，才促成刘备退让，孙、刘两方握手言和，中分荆州。

（2）曹操入汉中以占领南郑为标志，时间为建安二十年（215年）七月。《三国志·魏书·武帝纪》载："秋七月，公至阳平。张鲁使弟卫与将杨昂等据阳平关，横山筑城十余里。攻之不能拔，乃引军还。"阳平关故址在今陕西勉县西白马河入汉水处。为汉中盆地西边门户，当川、陕交通要冲。

历史也确实会捉弄人。本来曹操派猛将夏侯惇、许褚攻张鲁弟张卫，卫率万人拒阳平关坚守，横山筑城十余里。由于山峻难登，士卒伤亡惨重，曹操不得已下令退兵，呼山上将士还。

这时发生了两起戏剧性事件，导致了张鲁丢失汉中。一起是张卫士众因曹操兵退开始松懈，晚上突然有野麋数千，冲坏张卫大营，引起军士惊慌。二起是由高祚率领的曹前军按命令回返时，夜间迷失方向，误进入张卫别营。而营中军士大惊，亦不知曹魏多少军马从天而降，军队慌乱退散。

跟在军队后边的侍中辛毗、主簿刘晔及时提醒夏侯惇和许褚，说咱们的部队已经占据了敌人的重要营地，贼已散走。夏侯、许二人还不肯信，夏侯惇亲自去看，归来报告曹操，才又进攻张卫。于是阳平关陷落，导致张鲁逃入巴中。南郑才掌握在曹操手中。

"八月，孙权围合肥。"①倒推一下，概孙权七月治兵，六月中分荆州，五月进行三郡问题的会谈。

双方会谈地点不是《三国演义》所讲的益阳鲁肃军营，也不是关羽军营。依史料应是靠近关羽一方的益阳一开阔之处。《三国志·吴书·周瑜鲁肃吕蒙传》及注《吴书》详细披露了会谈运筹过程。鲁肃"趋就羽"，"肃邀羽相见，各驻兵马百步上，但请将军单刀俱会"。双方都带了军队。《三国志考证》载《司马法》曰："六尺为步。"汉尺每尺合今零点七尺，双方军队当各在一百四十米以外驻扎。一些史料在印校上亦有刊误，称"但诸将单刀俱会"，手头中华书局陈乃乾校点本1973年1月北京第5次印刷的《三国志》则如本文上述表达"但请将军单刀俱会"。"请将军单刀俱会"符合情理，而

---

① ［晋］陈寿撰，［南朝宋］裴松之注，陈乃乾校点：《三国志·魏书·武帝纪》，中华书局1959年版，第45页。

"诸将军单刀俱会"不大符合情理，因为谈判时分析除鲁肃、关羽各带一兵刀外，其他将领仅限一二人参加，均不得带兵器，以防僵持时火并。

剑拔弩张单刀会

按史料所记，谈判一开始，鲁肃便抢先责备关羽说：

> 国家区区本以土地借卿家者，卿家军败远来，无以为资故也。今已得益州，既无奉还之意，但求三郡，又不从命。[①]

还未等关羽开口，也未等鲁肃说完，关羽一方有人抢话说：

> 夫土地者，惟德所在耳，何常之有！[②]

史料没交代发言人是谁，《三国演义》写到这一情节时说是周仓。近人孔另境《中国小说史料》转引清梁章钜《浪迹续谈》对周仓进行了考证。元时即有周仓的记载。元鲁贞《汉寿亭侯碑》已有"乘赤兔兮从周仓"语。清《山西通志》明确讲："周将军仓，平陆（今山西平陆县，西北距关羽家乡四十里）人。初为张宝将，后遇关公于卧牛山，遂相从。樊城之役，生擒庞德，后守麦城，死之。"亦见《顺德府志》，谓"与参军王甫同死"。[③]清袁枚《子不语》卷二十二载："相传东台白驹场关庙，周仓赤脚，因当日关公在襄阳放水淹庞德时，周仓下江挖坑故也。"[④]《运城地区古近人物传》称，周仓系山西平陆祁村人。少时家贫，靠从解州盐池担贩私盐谋生。后参加黄巾军。平陆坡底乡的黄河对岸黄巾寨，即是他的驻扎地。西祁村后来还盖了规模宏伟的周仓庙。广西荔浦也有周仓庙，有联：

---

①② ［晋］陈寿撰，［南朝宋］裴松之注，陈乃乾校点：《三国志·吴书·鲁肃传》，中华书局1959年版，第1272页。

③　朱一玄、刘毓忱编：《三国演义资料汇编》引梁章钜《浪迹续谈》，南开大学出版社2003年版，第604页。

④　朱一玄、刘毓忱编：《三国演义资料汇编》引袁枚《子不语》，南开大学出版社2003年版，第591页。

当蜀吴魏之交，扰攘一时能择主。

附刘关张而后，偏裨千古竟传名。

似此周仓有其人。

一般讲，双方约谈，随从人不得发言。敢于不加思考，抢先坦露胸襟，不等关羽同意就直率抨击过去。不像是文官马良，亦不像苏飞、关平、赵累、廖化。有人讲周仓是为关羽扛大刀者，那是小说家之言。从后来诸多资料记载周仓擒庞德的情节看出，周仓应是关羽帐下一员心腹猛将。

鲁肃厉声呵斥说：

此何为者也？我与若主言，若安得不逊，若岂能为樊将军邪？[①]

周仓辞色激烈地回答道：

为樊将军亦何难！[②]

关羽操刀站起来讲：

此自国家事，是人何知！[③]

让他离开，防止矛盾激化。关羽在双方几乎僵持和碰撞时这样处理显示了一位上将的风度，然后关羽正面解释给予回击：

乌林之役，左将军身在行间，寝不脱介，戮力破魏，岂得徒劳，无一块壤，而足下来欲收地邪？[④]

---

①② ［清］周广业、崔应榴纂辑：《关帝事迹征信编》卷二十三，国家图书馆藏，第206页。

③ ［晋］陈寿撰，［南朝宋］裴松之注，陈乃乾校点：《三国志·吴书·鲁肃传》注引《吴书》，中华书局1959年版，第1272页。

④ ［晋］陈寿撰，［南朝宋］裴松之注，陈乃乾校点：《三国志·吴书·鲁肃传》，中华书局1959年版，第1272页。

鲁肃也不示弱说：

> 不然。始与豫州观于长坂，豫州之众不当一校，计穷虑极，志势摧弱，图欲远窜，望不及此。主上矜愍豫州之身，无有处所，不爱土地士人之力，使有所庇荫以济其患。而豫州私独饰情，愆德堕好。今已藉手于西州矣，又欲翦并荆州之土。斯盖凡夫所不忍行，而况整领人物之主乎！肃闻贪而弃义，必为祸阶。吾子属当重任，曾不能明道处分，以义辅时，而负恃弱众以图力争，师曲为老，将何获济？[①]

据康熙五年丙午（1666年）冬翰林国史院庶吉士董笃行撰写的洛阳《关圣帝君行实封号碑记》、张镇撰《关帝志》载，关羽接着回答鲁肃：

> 昔高帝除暴秦而创洪基，光武驱新乱而复旧物，豫州亲帝室胄，吾子所知也。因天下乱，出死力百战而有一州，此弹丸之地，即封不为过。况天子存亡未可知？而讨虏坐拥江东之众，此岂有功德。在先世俨然受南面之赏，不过乘中州扰乱，从而壤割之耳。天命未改，尺土皆汉有也。吾久不向足下取全吴，君乃从吾家取三郡乎？此吾不解也。[②]

必须承认东吴地区自古文化较发达，鲁肃实则强词夺理，后又扯进关羽，软硬兼施，不肯让步。关羽到底是老成持重之人，不与之较。会谈以没有结果而告终。

当时的孙权一方实际有些不讲道理。赤壁战前，孙权秉承父、兄余烈，对黄祖用兵，志在夺取荆襄。而刘备亦是护卫荆州、北御曹魏的主力。刘表亡前已经将荆州托付刘备，刘备主持荆州事务是顺理成章的事。曹操南征荆州，不但使荆州易主，也促成了孙、刘联合。三个政治军事集团的介入，使荆州问题更加复杂。

---

① ［晋］陈寿撰，［南朝宋］裴松之注，陈乃乾校点：《三国志·吴书·鲁肃传》注引《吴书》，中华书局1959年版，第1272页。

② ［清］周广业、崔应榴纂辑：《关帝事迹征信编》卷二十三，国家图书馆藏，第207页。

从情理上讲，刘备、刘表宗亲，寄寓荆州多年，是有想法的。正如刘备、诸葛亮隆中对分析的那样："荆州北据汉、沔，利尽南海，东连吴会，西通巴蜀，此用武之国，而其主不能守，此殆天所以资将军。"后来的发展也表明刘备想拥有荆州，但不忍从刘表继承人刘琮手中强夺罢了。当曹操失败后，刘备便表刘表长子、时受刘表后妻、蔡瑁、张允等排挤的刘琦为荆州牧，不久刘琦病死，刘备受荆州旧部及自己属下拥戴，自然成了荆州之主。史料亦记载刘备为荆州牧。

从实际控制地盘讲，赤壁大战后，荆州的南阳郡、章陵郡、襄阳郡在曹操手中，南郡、江夏郡由孙权控制；刘备控制了武陵、零陵、桂阳、长沙及宜都郡五郡之地。无论从名义上、实际上刘备都是荆州之主。并把荆州牧府治设在公安，在那里迎娶了孙权之妹孙尚香。讲到借，仅孙权控制的南郡而已。而鲁肃在与关羽会谈时仅讲赤壁之战对刘备有恩，孙权集团不在于讲理，而在于战略上吞并荆州，以便虎视天下。

三、湘水协议

正当双方会谈处于僵局，战争迫在眉睫时，曹操的军队以夜间撤退时误入敌方阵地而胜敌，打败了张鲁，占领了张鲁所执掌的汉中郡治地南郑。

刘备怕曹操乘势挥师南下，刚刚夺取的益州就有得而复失的危险。在权衡益州、荆州孰轻孰重后，刘备选择的是益州。刘备亦想以益州为基础鼎立天下。因此，在曹操大军可能进取益州的压力面前，率军从公安回到江州（今重庆市）。复派人与孙权讲和，孙权也令诸葛瑾赴蜀回复，更寻盟好，遂将荆州分割，以湘水为界。江夏郡、长沙郡、桂阳郡属于东吴，南郡、武陵郡、零陵郡属于刘备，双方罢军。据韩祖康考证，"在衡山县（今湖南省衡山县）西北一百二十里，吴都督程普与蜀汉将关羽分界，共铸铜柱为誓。即此"[1]。

史界称吴、蜀汉中分荆州为"湘水协议"。

"湘水协议"后，荆州九郡大体魏、蜀、吴每方各三郡，三个霸主瓜

---

① ［清］韩祖康著：《关壮缪侯事迹》卷二，国家图书馆藏，第75页。

分了荆州。就面积而言，孙、刘两方大体相当，曹地盘略小；就人口而言，曹、刘两方相当，孙权稍少些。

当曹操打败张鲁，攻克南郑后，丞相主簿司马懿曾向曹操献策说："刘备以诈力虏刘璋，蜀人未附，而远征江陵，此机不可失也。今克汉中，益州震动，进兵临之，势必瓦解，圣人不能违时，亦不可失时也。"曹操说："人苦无足，既得陇复望蜀邪！"丞相主簿刘晔也劝谏说：

> 明公以步卒五千，将诛董卓，北破袁绍，南征刘表，九州百郡，十并其八，威震天下，势慑海外。今举汉中，蜀人望风，破胆失守，推此而前，蜀可传檄而定。刘备，人杰也，有度而迟，得蜀日浅，蜀人未恃也。今破汉中，蜀人震恐，其势自倾。以公之神明，因其倾而压之，无不克也。若小缓之，诸葛亮明于治国而为相，关羽、张飞勇冠三军而为将，蜀民既定，据险守要，则不可犯矣。今不取，必为后忧。[1]

曹操没有采纳二人的提议。七天后，有从蜀地到曹营投降的人表达了当时蜀地的形势："蜀中一日数十惊，备虽斩之而不能安也。"曹操又问刘晔，晔答道："今已小定，未可击也。"[2]曹操于是留夏侯渊督张郃、徐晃等守汉中，建安二十一年（216年）二月回到邺。

以上两则史料亦说明，曹操攻克南郡七天后，刘备已到益州。因为"备虽斩之而不能安也"。可以看出，刘备离开荆州时间概为六月。建安十三年（208年），曹操兵临荆州，促成了刘备、孙权的联盟。赤壁大战后，刘备用武力得到大半个荆州。曹操兵临汉中，促成了刘备、孙权第二次结盟。而这次结盟，以失去长沙、桂阳两郡为代价。孙、刘第三个回合的结果使孙权地盘向西延伸了一大步。这样，盟友加姻亲关系的两个集团之间的一场大战虽然避免了，但却为日后关羽败亡埋下了更大的隐患。

---

① ［晋］陈寿撰，［南朝宋］裴松之注，陈乃乾校点：《三国志·魏书·刘晔传》，中华书局1959年版，第445页。

② ［晋］陈寿撰，［南朝宋］裴松之注，陈乃乾校点：《三国志·魏书·刘晔传》注引《傅子》，中华书局1959年版，第446页。

　　※　　※　　※　　※

　　从历史发展脉络上看，刘备、关羽在荆州问题上有三点偏差：

　　其一，认识上的偏差。诸葛亮《草庐对》把占有荆州作为刘备集团一大战略重点，其措施仅是"西和诸戎，南抚夷越，外结好孙权，内修正理"。而没有分析到荆州这块肥肉的危险性。而庞统则看到了。其在劝谏刘备伐益州时讲："荆州荒残，人物殚尽，东有吴孙，北有曹氏，鼎足之计，难以得志。"见解深刻而准确。相比之下，诸葛亮的看法就有些书生气。但诸葛亮是刘备的主要谋臣，对刘备决策产生着重大影响。因刘备对荆州问题的危险性认识不足，以为中分荆州，便可以高枕无忧了。这是日后荆州倾覆的重要思想原因。

　　其二，关羽临阵决断偏差。刘备从益州率五万兵下荆州，使关羽三万兵夺南三郡。以当时孙权一方，在益阳鲁肃、甘宁仅一万人，对关羽三万人，正常讲，击败东吴是稳操胜券。加之刘备做后盾。然而，关羽贻误战机，以致吕蒙从零陵返回时，双方兵力相当，便不可再战。大体五天左右的时间差，失去了大好时机。关羽的仁慈为自己走麦城留下了隐患。

　　其三，荆州军事部署偏差。有两点失误：一是刘备任命内兄糜芳为南郡太守是一大失误。以糜芳的军事才能根本不能胜任这一职务。以及刘封领军上庸，两人都是刘备至亲，都不听关羽调遣，不以刘备事业为重，可看出，刘备牵制关羽的"仁而有度"，起了副作用。二是任命关羽董督荆州是另一大失误。应任命其为荆州牧，便于关羽统揽荆州事务，作出决策。

第十二章

北伐襄樊，威震华夏

三郡的争夺和较量使关羽认识到军事力量大小的作用。诸葛亮在荆州时，关羽实际处于协防荆州的地位。刘备攻取益州，诸葛亮、张飞、赵云西上，关羽被任命为董督荆州，在一定程度上有了经营荆州、加强荆州军事力量的自主权。争三郡风波过后，关羽在战略上进行了大的调整。

一、荆州防卫

荆州位置处于曹、刘、孙三方交界处，而且无险可守。随时承受北边曹仁、文聘的军事压力，东边鲁肃、吕蒙的军事压力，随时都可能爆发军事危机。为此，关羽从四个方面做出准备：

首先，加强荆州城的防御。用三年左右时间，修建了江陵南城，作为江陵城的屏障。江陵城是荆州牧府所在地，三郡争夺的残酷现实教育了关羽，认清了孙权的本性。为防止孙权对荆州用兵，关羽不得已而为之，加固了防御系统。《元和郡县图志》载："江陵府城，州城本有中隔，以北旧城也，以南关羽所筑。羽北围曹仁于樊，留糜芳守城，及吕蒙袭破芳，羽还救城，闻芳已降，退住九里，曰：'此城吾所筑，不可攻也。'乃退保麦城。"[①]可见江陵城城防坚不可摧，关羽为保卫荆州首府在城防上所做努力可谓用心良苦。

其次，打造积聚战器。据《吴录》载，关羽建安二十四年（219年）北

---

① ［唐］李吉甫撰，贺次君点校：《元和郡县图志》卷一，中华书局1983年版，第1051页。

伐前，"南郡（江陵）城中失火，颇焚烧军器"。[1] 在关羽北伐后期，吕蒙偷袭江陵，史料上亦称为"孙权袭取羽辎重"。这些都表明，关羽在董督荆州后做了大量的备战工作，准备了较雄厚的军事物资。

再次，扩充军队。关羽几十年戎马生涯深深懂得，英雄再了得，也不敌数万精兵。刘备入益州前，荆州兵力三万左右，刘备入川带走近二万人，荆州仅余一万人，因此，刘备在给刘璋信中称"关羽兵弱"。《资治通鉴》卷六十六载："今不往救，则曹操必取荆州。"在争三郡时，刘备遣关羽以三万兵驻益阳，应有刘备从益州带五万兵之部分。而刘备返益州时，以孟达兼领法正部属的四千之众，留屯江陵，为宜都太守。孙权、刘备两方分割荆州时，关羽保持军力三万人左右。

《三辅决录注》载："时关羽强盛，而王在邺，留必典兵督许中事。"[2] 史料没谈及关羽军力。从建安十九年（214 年）刘备命孔明、张飞、赵云入川，到关羽北伐的建安二十四年（219 年）大体五年时间，经过五年发展，推测荆州军力已有八万至十万。四五万兵不能称得上强盛。

可这样分析，三国战争年代兵民比例大体一比十。史载蜀、吴灭亡时的兵民比例可作参考：（1）《三国志·蜀书·后主传》注引《蜀记》载："又遣尚书郎李虎送士民簿，领户二十八万，男女口九十四万，带甲将士十万二千，吏四万人。"（2）《三国志·吴书·孙皓传》注引《晋阳秋》载："（王）浚收其图籍，……户五十二万三千，吏三万二千，兵二十三万，男女口二百三十万。"当时，关羽所管辖三郡，除曹魏控制襄阳地区外，男女口约一百七十万人。推测关羽军队已发展到数十万人，可支配七八万人。

最后，建筑诸多烽火台，设置斥候。据吕蒙偷袭荆州，给士仁的信中提到"大军之行，斥候不及施，烽火不及举"。关羽为及时掌握边境动态而设置。斥候，烽火台或瞭望台上的瞭望哨。按照英国迈克尔·鲁惟一《汉代行政记录》记载："假定一个燧的兵力是一个燧长和四个燧卒，那么，为了维

---

① ［晋］陈寿撰，［南朝宋］裴松之注，陈乃乾校点:《三国志·吴书·吕蒙传》注引《吴录》，中华书局 1959 年版，第 1279 页。

② ［晋］陈寿撰，［南朝宋］裴松之注，陈乃乾校点:《三国志·魏书·武帝纪》注引《三辅决录注》，中华书局 1959 年版，第 50 页。

持警戒这一简单目的，构成四十公里长的琼多勒长城的二十六个烽台，就需要一百三十人的兵力。居延地区，从南到北，整个防线长度总计在二百五十公里以上，根据上述情况，估计需要包括吏卒在内的兵力约为八百人。一个非常约略的数字，三千二百五十人，可以作为控制大约一千公里长的防御工事所必需的数字。"如果烽台建得不太密集，就会出现疏漏。关羽是心细之人，荆州大战时设置十重鹿角，依此推测，长江边的烽台、斥候、屯候、侦候等军事人员不在少数。①

除此之外，关羽还做了大量思想工作。据说关羽曾经给荆州将吏官兵一封信：

> 偶书黏座壁，我每坐帐中。燃烛看《春秋》，粗识大义，齐襄复仇，卓哉快事。乱贼肆不顾忌，我日夜图报君恩。今此荆州，扼咽喉上都，练兵屯谷，可让人哉，军中人具晓我意。②

关羽把荆州的战略地位，备战的意图都晓谕广大官兵，以此统一全体将士的思想。

二、拜封风波

关羽的再次受封，始于刘备称汉中王，而刘备称汉中王经过了历时四年的马拉松战。

曹操于建安二十年（215年）七月入南郑，二十一年（216年）二月还邺。留下夏侯渊、张郃等守汉中，但未授以御敌之策。北还之前，令"张郃督军三巴，欲徙其民于汉中"的决策也没实现。因为张郃孤军深入，从争三郡前线回返江州的刘备令张飞进兵，并指挥了与"数犯巴界"曹魏军的战斗。时任巴西太守的张飞与张郃对峙五十余日，最后张飞想办法将张郃引

---

① ［英］迈克尔·鲁惟一著，于振波、车今花译：《汉代行政记录》，广西师范大学出版社2005年版，第100页。

② ［清］黄启曙汇辑：《关帝全书》卷一《翰墨考》，国家图书馆藏，第76页。

出，在宕渠的瓦口（今四川省渠县城东、渠江对岸）决战，杀得张郃"弃马缘山，独与麾下十余人从间道退，引军还南郑"。张飞兴奋地在两军交战处立马勒石"汉将张飞大破贼首张郃于八蒙，飞所自题也"。张郃北还，刘备从江州亦还成都，时为建安二十年（215年）十二月末。

建安二十一年至二十二年（216—217年）不到两年时间，曹操这段时间除两次征东吴，汉中西线曹、刘两家没有大的冲突。

刘备为汉中王

建安二十二年（217年），法正劝刘备收复汉中，并蚕食雍、凉，广拓境土，为长久考虑。建安二十三年（218年），刘备带兵分两路包抄汉中。经过一年多的相持，建安二十四年（219年）正月发生了转机，在定军山黄忠斩曹操汉中统帅夏侯渊，又有些小的战斗，曹军大都失败，军士死伤严重。三月，曹操亲自率军出征，自长安出斜谷，也没挽回败局。刘备因险拒守，日久不决，魏军多逃亡。五月，曹操果断决策，全部撤出汉中诸军还长安。

刘备既得汉中，很快又在东西两个战线乘胜用兵。西北线上取得武都地区（治所在下辨，今甘肃成县西北三十里）。东面派宜都太守孟达从秭归向北挺进房陵（今湖北省房县），杀死曹操的房陵太守蒯祺。然后遣养子刘封与孟达会师上庸，上庸太守申耽投降。

这时刘备事业达到最辉煌的时期。益州、荆州已经连成一片。眼见得复兴汉室有了大的希望，为号召天下，刘备于建安二十四年（219年）七月在沔阳（今陕西省勉县高潮乡旧州铺）设坛场，自称汉中王。

七月庚子，群下上刘备为汉中王，别驾从事李朝撰表于汉献帝：

> 平西将军都亭侯臣马超、左将军长史领镇军将军臣许靖、营司马臣庞羲、议曹从事中郎军议中郎将臣射援、军师将军臣诸葛亮、荡寇将军汉寿亭侯臣关羽、征虏将军新亭侯臣张飞、征西将军臣黄忠、镇远将军臣赖恭、扬武将军臣法正、兴业将军臣李严等一百二十人上言曰：昔唐尧至圣而四凶在朝，周成仁贤而四国作难，高后称制而诸吕窃命，孝

昭幼冲而上官逆谋，皆凭世宠，藉履国权，穷凶极乱，社稷几危。非大舜、周公、朱虚、博陆，则不能流放禽讨，安危定倾。伏惟陛下诞姿圣德，统理万邦，而遭厄运不造之艰。董卓首难，荡覆京畿，曹操阶祸，窃执天衡；皇后太子，鸩杀见害，剥乱天下，残毁民物。久令陛下蒙尘忧厄，幽处虚邑。人神无主，遏绝王命，厌昧皇极，欲盗神器。左将军领司隶校尉豫、荆、益三州牧宜城亭侯备，受朝爵秩，念在输力，以殉国难。睹其机兆，赫然愤发，与车骑将军董承同谋诛操，将安国家，克宁旧都。会承机事不密，令操游魂得遂长恶，残泯海内。臣等每惧王室大有阎乐之祸，小有定安之变，夙夜惴惴，战栗累息。昔在虞书，敦序九族，周监二代，封建同姓，诗著其义，历载长久。汉兴之初，割裂疆土，尊王子弟，是以卒折诸吕之难，而成太宗之基。臣等以备肺腑枝叶，宗子藩翰，心存国家，念在弭乱。自操破于汉中，海内英雄望风蚁附，而爵号不显，九锡未加，非所以镇卫社稷，光昭万世也。奉辞在外，礼命断绝。昔河西太守梁统等值汉中兴，限于山河，位同权均，不能相率，咸推窦融以为元帅，率立效绩，摧破隗嚣。今社稷之难，急于陇、蜀。操外吞天下，内残群寮，朝廷有萧墙之危，而御侮未建，可为寒心。臣等辄以旧典，封备汉中王，拜大司马，董齐六军，纠合同盟，扫灭凶逆。以汉中、巴、蜀、广汉、犍为为国，所署置依汉初诸侯王故典。夫权宜之制，苟利社稷，专之可也。然后功成事立，臣等退伏矫罪，虽死无恨。[①]

刘备举行毕汉中王的礼仪后，还治成都，对群臣进行了改封：以许靖为太傅，诸葛亮为军师将军，署左将军府事，法正为尚书令，赖恭为太常，廖立为侍中，关羽为前将军、假节钺，张飞为右将军、假节，马超为左将军、假节，黄忠为后将军，赵云为翊军将军，拔魏延为镇远将军，领汉中太守，以镇汉川。

---

① ［晋］陈寿撰，［南朝宋］裴松之注，陈乃乾校点：《三国志·蜀书·先主传》，中华书局1959年版，第884页。

拜封前将军风波

传说中，黄忠、关羽二人有宿怨。元杂剧《走凤雏庞略四郡》通过黄忠之口讲，二人少年应举时，关羽曾在御史台里告状，以虚妄之词告黄忠，结果黄忠被打了二十大板，还受到处罚。汉时御史台掌管图书簿书、督部刺史、领侍御史、劾按公卿奏章等。东汉时没有应举制度。以关羽杀人亡命前，二十岁似不太可能到御史台诉讼。且黄忠为南阳人，关羽为解人，两地直线距离为五百里。二人宿怨不大可能是年轻时就存在。两人关系不睦倒是史实。因此，在对黄忠加封前，刘备、诸葛亮颇费了一番脑筋。诸葛亮对刘备说："黄忠名望素非关、张、马超之伦也，而今便令同列，张、马在近，亲见其功，犹可喻指，关遥闻之，恐必不悦，得无不可乎?"刘备回答说："吾自当解之。"①刘备派益州前部司马费诗前往荆州授关羽前将军印绶。

费诗到达荆州，传达了汉中王刘备的旨意，关羽听说黄忠地位和自己并列，大怒说："大丈夫终不与老兵同列!"不肯受拜。费诗劝勉道：

> 夫立王业者，所用非一。昔萧、曹与高祖少小亲旧，而陈、韩亡命后至。论其班列，韩最居上，未闻萧、曹以此为怨。今汉中王以一时之功，隆崇于汉升，然意之轻重，宁当与君侯齐乎!且王与君侯，譬犹一体，同休等戚，祸福共之。愚谓君侯，不宜计官号之高下，爵禄之多少为意也。仆一介之使，衔命之人，君侯不受拜，如是便还，但相为惜此举动，恐有后悔耳!②

关羽大感悟，遂即受拜。

应该讲，在刘备集团的武将中，对关羽的封赏是最高的。在班位的排列中，依次是前将军、右将军、左将军、后将军。而且四人又分三层，关羽假节钺，张飞、马超假节，黄忠没有这类待遇。假节，指授予符节，有杀犯有

---

① ［晋］陈寿撰，［南朝宋］裴松之注，陈乃乾校点：《三国志·蜀书·黄忠传》，中华书局1959年版，第948页。

② ［晋］陈寿撰，［南朝宋］裴松之注，陈乃乾校点：《三国志·蜀书·费诗传》，中华书局1959年版，第1015页。

军令者之权。而假节钺，指授予符节与斧钺，除有符节权外，表示有某种权力。节钺为帝王所拥有，以之授予大臣，表示增大其职权。这表明唯关羽在蜀汉中具有这种特殊的身份地位。

三、曹营内乱

曹操在赤壁战败后，生命最后几年，主要忙于剪除朝中异己，巩固扩大自己对朝廷的控制力，为其子曹丕代汉做准备。

据《后汉书·皇后纪》及《三国志·魏书·荀彧传》载：汉献帝自从都许以后，不过是守着皇帝位置而已。卫兵侍从，没有一个不是曹操的党羽姻戚。曹操在朝廷中，恣肆横暴，飞扬跋扈，凌驾于皇权之上。议郎赵彦曾为献帝谈论时事对策，曹操恨而杀之。其余献帝身边亲近的官员，也大多被杀戮。有一次，曹操有事入殿朝见献帝，皇帝怒不可遏，气愤地说："你如果能够辅佐我，就请宽厚待人，不然的话，就请你垂恩放开我们吧。"曹操脸色大变，俯首告辞。根据旧典，三公带兵入宫朝见者，可令虎贲持械当场逮捕。曹操出宫后，观望左右，吓得汗流浃背。自此以后，曹操再也不敢入宫朝见。

欲窃神器曹孟德

曹操对献帝皇后伏寿的处置，也是其不得人心的一个重要原因。

伏皇后名寿，琅邪东武（今山东省诸城市）人。父亲伏完，深沉有大度，举孝廉，稍迁五官中郎将，娶桓帝女儿阳安长公主刘华，为侍中。兴平二年（195年），献帝立伏寿为皇后，伏完为执金吾。次年即建安元年（196年）拜为辅国将军，不久又迁为屯骑校尉。

当时，董承的女儿在后宫为贵人，曹操诛杀董承后，寻找董贵人欲杀之。献帝说董贵人有身孕，多次为她求情，没得到同意。从这以后，伏皇后感到很害怕，就写信给父亲伏完，叙述曹操残酷逼迫的情况，请求伏完秘密处置曹操。屯骑校尉掌宿卫兵。宿卫兵中许多都是曹操心腹，因此伏完接信后，不敢发难。

建安五年（200年），伏完将信先后让守尚书令荀彧、妻弟樊普看。（伏完妻子为桓帝长女，当姓刘，妻弟为何姓樊，不明）建安十九年（214年），樊普将信呈给曹操。曹操为之大怒，强逼献帝废后，并假造策书道："皇后伏寿，出自卑贱之家，登上尊显的极位，居于后宫的正室之中，已经有二十年了。既无贤后徽音之美，又缺乏谨慎养身之福，阴怀妒恨，包藏祸心，怎么可以承天命，奉祖宗。现派御史大夫郗虑持符节诏策，收回皇后玺绶，让伏寿退出中宫，另迁他馆。呜呼哀哉！伏寿自取其祸，没将她绳之以法，已是她很大的幸运了"。①

十一月丁卯，曹操又令尚书令华歆作为郗虑的副手，率兵进入宫中捕捉伏后。伏后关闭门户，藏在壁中，仍被搜出。华歆牵着伏后从内室走出，当时献帝在外殿同郗虑座谈。伏后披散着头发，赤着脚经过皇帝身边，哭泣着告别说："不能再救我的命了吗？"献帝说："我的命也不知能活到什么时候！"又看了看郗虑说："郗公，天下能有这样的事吗？"从此，伏后被关闭在暴室，幽居而死。《后汉书》称："暴室在掖廷内，丞一人，主宫中妇人疾病者。其皇后、贵人有罪，亦就此室也。"②《三辅黄图》亦载："暴室，主掖廷织作染练之署，谓之暴室，取暴晒为名耳。"结合起来，暴室是由掖庭令管辖的囚禁宫人的监狱，平时犯罪的宫人从事织作染练。③

伏后生下的两位皇子，也全部被毒死。伏后在位二十年，兄弟及宗族受牵连而死去的有百余人，母亲刘盈（华）等十九人被迁徙到涿郡。伏皇后的姊妹四人亦被杀死。据《太平寰宇记》卷七云："五女冢在许昌县南二十里，曹操弑皇后伏氏并姊妹四人，葬于此。"

此后，建安二十一年（216年），曹操主要精力在朝中忙于装饰自己，先是"进公爵为魏王"，次年，献帝命曹操设天子旌旗，出入称警跸。警，即警戒；跸，即不得通行。曹操又"冕十有二旒"，乘金根车，坐六匹马驾的车。据《后汉书·舆服下》载：皇帝冕"系白玉珠为十二旒"，"驾六马"车。可见，曹操正忙于做皇帝梦。在具有传统宗法意识和皇权思想的人看来，这些都是"欲窃神器"，大逆不道的。加上"剥乱天下，残毁民物"，曹

---

① ② ［南朝宋］范晔撰：《后汉书·皇后纪》卷十下，中华书局2007年版，第133页。

③ 何清谷撰：《三辅黄图校译》卷三《未央宫》，中华书局2005年版，第171页。

操内部屡屡出现谋反和叛逆者，以汉室将兴，依托刘备、关羽为号召，造曹操的反，期望还政于汉献帝。

反曹事件迭起

仅建安二十三年（218 年）就发生了三起反曹事件。从时代背景上讲，三起事件都是刘备集团扩张势力加强，特别是许昌南边二三百里之地的荆州，关羽强盛而引发。

第一起，发生于春正月。汉太医令吉本与少府耿纪、司直韦晃等趁曹操没在许昌，发动了一次旨在援刘讨曹的军事行动。曹操的政治中心有五：许都、长安、邺城、谯郡和洛阳。许都为汉献帝都城，由曹操控制。但曹操经常驻邺城，处理军国大事，留长史王必带兵卫护监督献帝。《三辅决录注》载：

> 时有京兆金祎字德伟，自以世为汉臣，自日磾讨莽何罗，忠诚显著，名节累叶。睹汉祚将移，谓可季兴，乃喟然发愤，遂与耿纪、韦晃、吉本、本子邈、邈弟穆等结谋。纪字季行，少有美名，为丞相掾，王甚敬异之，迁侍中，守少府。邈字文然，穆字思然，以祎慷慨有日磾之风，又与王必善，因以间之，若杀必，欲挟天子以攻魏，南援刘备。时关羽强盛，而王在邺，留必典兵督许中事。文然等率杂人及家僮千余人夜烧门攻必，祎遣人为内应，射必中肩。必不知攻者为谁，以素与祎善，去投祎。夜唤德祎，祎家不知是必，谓为文然等，错应曰："王长史已死乎？卿曹事立矣！"必乃更他路奔。[1]

耿纪、吉本等率众夜间偷袭王必的军营，王必被箭射中，伤势严重。但严酷的政治斗争在戏剧性的社会生活中，使事态发生逆转。王必在反曹武装的进攻下受伤，以与金祎平时交往多，去敲门投金祎家。金祎的妻子不知是王必，以为是与金祎同时举事的吉邈，随口应声说："王必死了吗？你们的大事成功了吗？"王必这才知道金祎是主谋，于是联合严匡讨斩了他们。

---

[1] ［晋］陈寿撰，［南朝宋］裴松之注，陈乃乾校点：《三国志·魏书·武帝纪》注引《三辅决录注》，中华书局 1959 年版，第 50 页。

《三国志·魏书·武帝纪》称"王必与颍川典农中郎将严匡讨斩之"。造反的这些人都是皇帝、丞相身边的人。太医令，为掌管皇宫治病的行政长官，隶属少府；少府，俸禄二千石，第三品，掌管皇室财政开支、天子供养及宫廷杂务。司直，俸禄二千石，掌辅佐丞相，检举不法，位在司隶校尉上。他们有感于皇权被欺凌，有感于刘备集团兴复汉室很快就会实现，趁曹操在郏，于是造曹操的反。由于他们缺少军队的支持，谋划也不周密，以失败告终。

王必在事态平息十余天后，因伤重而死。曹操听到王必死讯，震怒。把朝廷百官召到邺城。命令叛乱发生时夜间出来救火者站在左侧，不救火者站在右侧。大多数官员以为救火者必无罪，都聚拢到左边。曹操以为不救火者不是帮助叛乱的人，给以释放，救火者是叛乱的同党，全部将他们杀死。[①]

第二起，发生于同年十月。宛（今河南省南阳市）守将侯音、卫开等反，执南阳太守，竖起拥刘反曹大旗。《曹瞒传》载："是时南阳间苦徭役，音于是执太守东里衮，与吏民共反，与关羽联合。"[②]当侯音造反时，南阳太守东里衮与功曹应余逃跑出城，侯音派部将率兵追赶，"去城十里相及"，用箭射他们，"飞矢交流"[③]，应余用身体掩护太守，被射七箭而死。兵将们捉住东里衮押解见侯音。南阳另一功曹宗子卿劝侯音说："足下顺民心，举大事，远近莫不望风；然执郡将，逆而无益，何不遣之。吾与子共戮力，比曹公军来，关羽兵亦至矣。"[④]侯音听从了他的意见，就释放了太守。功曹是太守的佐吏，在属吏中地位最高，主考察记录功劳，参与任免赏罚，或代行太守之事。南阳太守两位功曹与东里衮关系密切。宗子卿的话纯属欺骗，他趁夜晚逃出城去，与太守聚集拥曹城民包围侯音。时征南将军曹仁，屯樊城，镇荆州。曹操命曹仁、庞德立刻回师征侯音，这时恰巧曹仁率军赶到，共同攻打。经过三个月的战斗，城破，侯音被杀，城里参与暴动的百姓全部被杀死。曹操任命田豫为南阳太守。

---

① ［晋］陈寿撰，［南朝宋］裴松之注，陈乃乾校点：《三国志·魏书·武帝纪》注引《山阳公载记》，中华书局 1959 年版，第 50 页。

②③④ ［晋］陈寿撰，［南朝宋］裴松之注，陈乃乾校点：《三国志·魏书·武帝纪》注引《曹瞒传》，中华书局 1959 年版，第 51 页。

东里衮这个人无多大影响，不过此人有些晦气，也有些福气。先后两次被人捉住，又两次逃脱险境。第一次被侯音捉住，经宗子卿劝说，被释放；第二次，东里衮调任于禁军司马，水淹七军时被捉，东吴袭取荆州后，又被放。而且两个捉他的主将后来均被擒杀，也是一大怪事，大概是历史的巧合吧。

侯音作为南阳守将，有军队指挥权，有雄厚的群众基础。三点原因导致侯音失败：一是误信宗子卿的欺骗，关键时刻放了敌方太守，使自己由优势转变为劣势；二是曹仁、庞德军队到来，使自己陷入包围之中；三是关羽军没及时赶到，缺乏外力的支持。

第三起，《三国志·魏书·胡昭传》载：建安二十三年（218年），陆浑县（今河南省嵩县东北，洛阳附近）县长张固按照上边书信要求征调壮丁到汉中服劳役。推测是为配合汉中争夺战征调的民工。百姓们都非常厌恶到千里以外去，忧心如焚，而又害怕。为此，乡民孙狼率众造反，杀县主簿，向南归附关羽。关羽授予他官职官印，并给部分军兵，作为地方武装，仍回到梁县、郏县之间活动。自许昌以南，动荡不安，众多的反曹势力都响应关羽，使之成为北征相互呼应的力量。

四、襄樊作战

关羽留镇荆州九年、董督荆州大体六年时间，大大小小的战斗几乎没有停止过。史料记载的青泥争夺战，关羽大战乐进、徐晃；争三郡，与吴几乎面临开战的局面。

夺取襄阳，实现襄阳太守的职责，是关羽战略部署的最低纲领，是实现隆中对策的重要内容。关羽选择北伐时机，基于五方面考虑：一是与孙吴矛盾缓和。围绕地盘瓜分，双方争夺表面上结束，以湘水为界，各有所属，平息了事态。二是遥应西线，声援汉中。时曹操重兵在西线，趁曹操后方空虚，而采取重大军事行动。当时西线刘备率黄忠击斩夏侯渊，曹操亲率大军击刘备，刘备据险，曹操无奈，五月退返长安。三是蜀汉事业处于鼎盛时期。刘备得汉中，自为汉中王。刘备又派刘封、孟达进军占领了房陵、上庸，益州、荆州地盘连成一片，襄阳、樊城已处于西、南两面包围之中。四是曹操内乱接踵而至。客观上有了社会群众基础。五是有了征伐权力。七月，刘备派费诗到荆州拜封关羽为前将军、假节钺，实际授予了关羽征伐之权。关羽审时度势，发动了三国诞生前夜的襄樊战役。

率军北征

建安二十四年（219年）七月，关羽使南郡太守麋芳守江陵，将军士仁驻守公安，自率五万大军，从江陵出发，开始了北伐战争。由于关羽经过几年的拓边，其势力范围已经达到襄阳、樊城两个军事重镇。特别是建安二十三年（218年）十月，曹操南阳守将侯音反，曹仁、庞德用三个月才剿平，关羽抓住时机扫清了通往襄樊的敌对势力，铺平了通往襄樊的大道。其北伐不是突然决定的，是一个与曹魏南北争夺中的渐进过程。

史载，北伐前，关羽夜梦猪啮其足，疑其不祥，便对关平讲了这个梦，然后说，我年纪大了，是不是这次出去作战，不能回来了。关平进行劝解安慰，关羽义无反顾地率军出发。

关羽进攻襄阳、樊城，水陆并进，人马当为水军一万、步骑兵四万，留在公安、江陵大体三万。曹操襄、樊守将征南将军、假节曹仁、立义将军庞德与关羽军进行了激烈的战斗。

樊城曹魏诸将因为庞德从兄庞柔在蜀汉供职，对庞德多持怀疑态度。庞德对大家说："我受国恩，义在效死。我欲自击羽。今年我不杀羽，羽当杀我。"[1]后亲自与关羽交战，领教了关羽刀法精熟。一次与关羽对战中，单打独斗不是关羽对手，用暗箭射中关羽额头。庞德作战常骑白马，关羽军称庞德为白马将军，都惧怕三分。由于关羽军士气高昂，数量多于曹仁守军，樊城被围得水泄不通。曹操增派左将军于禁率七军三万余人救援曹仁。据《三国志·魏书·赵俨传》载：于禁等七军包括于禁、张辽、张郃、朱灵、李典、路招、冯楷七军。后张辽调任合肥一线，张郃到汉中一线，其军归属于禁。曹操担心于禁所率七军，不能阻止关羽进攻之势，又从汉中一线调平

---

① ［晋］陈寿撰，［南朝宋］裴松之注，陈乃乾校点：《三国志·魏书·庞德传》，中华书局1959年版，第546页。

寇将军徐晃屯宛，即南阳。徐晃军到时，正遇于禁等七军败殁。

与关羽对垒的曹方均是一流名将。

庞德字令明，原为马腾部将，史官称他"常陷阵却敌，勇冠腾军"。马腾入长安为卫尉，庞德留属马超。马超被曹操击败，先投张鲁，后归刘备。庞德投降了曹操，被拜立义将军，关门亭侯。

于禁字文则，以威严勇毅闻名，在征袁术时，率所部斩桥蕤等四大将。在攻张绣、擒吕布、征袁绍等多次战役中立功，被拜为虎威将军。当时在曹操军中，于禁、张辽、乐进、张郃、徐晃俱为名将，曹操每次征伐，常常令他们冲锋在前，退军时在后。于禁"持军严整，得贼财物，无所私人，由是赏赐特重"[①]。

徐晃字公明，关羽同乡，河东杨（今山西省洪洞县东南）人，原为杨奉部将，后归曹操。从征吕布、刘备、袁绍，屡建奇功，封都亭侯。后又从征袁谭、蹋顿、周瑜、马超、韩遂，皆有殊功。每次战阵，无不破敌斩将。为曹操五大名将之一。

曹仁作为魏方征南统帅，更不是等闲之辈。其威名在张辽之上。《傅子》载："曹大司马之勇，贲、育弗加也。张辽其次焉。"[②]孟贲、夏育，皆古之勇士。《前书音义》云："孟贲生拔牛角。夏育，卫人，力举千钧。"《尹子》云："孟贲水行不避蛟龙，陆行不避犀虎。"《战国策》："夏育叱呼骇之军，身死庸夫。"在抵御关羽进攻的战略防御上，曹仁令于禁、庞德七军屯樊城北十里，以成掎角之势。

擒禁斩庞

关羽军与曹仁、于禁、庞德近四万军队进行了殊死的搏斗。由此可见，关羽步骑兵不少于四五万人。且运用战略战术得当，使诸多曹魏一流上将没占便宜。亦可知在气势、军队人数上，关羽军都占有优势。

---

① ［晋］陈寿撰，［南朝宋］裴松之注，陈乃乾校点:《三国志·魏书·于禁传》，中华书局1959年版，第523页。

② ［晋］陈寿撰，［南朝宋］裴松之注，陈乃乾校点:《三国志·魏书·曹仁传》，中华书局1959年版，第276页。

时值八月，一连下了十几天雨，汉水暴涨，水溢堤面。据实地考察得知，樊城北数十里范围多是高低起伏的丘陵地带。水淹七军处位于现湖北襄阳市樊城区西北二十里处，邓城村赵家桥位置较高，据当地百姓讲，此地是关羽大战时的指挥部所在地，邓城村原是春秋战国时邓国都城所在地。整个战场东西横跨三十公里。于禁、庞德驻军处水深五六丈，于是率诸将登堤避水。关羽发挥水军优势，乘大船猛攻，于禁被迫投降，唯庞德不屈。《三国志·魏书·庞德传》记载了这次战斗过程：

> 羽乘船攻之，以大船四面射堤上。德披甲持弓，箭不虚发。将军董衡、部曲将董超等欲降，德皆收斩之。自平旦力战至日过中，羽攻益急，矢尽，短兵接战。德谓督将成何曰："吾闻良将不怯死以苟免，烈士不毁节以求生，今日，我死日也。"战益怒，气愈壮，而水浸盛，吏士皆降。德与麾下将一人，五伯二人，弯弓傅矢，乘小船欲还仁营。水盛船覆，失弓矢，独抱船覆水中，为羽所得，立而不跪。羽谓曰："卿兄在汉中，我欲以卿为将，不早降何为？"德骂羽曰："竖子，何谓降也！魏王带甲百万，威振天下，汝刘备庸才耳，岂能敌也！我宁为国家鬼，不为贼将也。"遂为羽所杀。[①]

宋孔平仲《咏于将军诗》以写真手法描绘了于禁七军被淹的历史情景：

> ……
> 沉阴苦雨十余日，汉水溢出高腾骧；
> 苍黄不暇治步伍，攀缘蹙踏半死伤；
> 计穷岂不欲奔走？四望如海皆茫茫；
> 鼍鸣鱼跃尚恐惧，万一敌至谁敢当；
> 遥观大船载旗鼓，闻说乃是关云长；
> 艨冲直绕长堤下，劲弩强弓无敌者；

---

① ［晋］陈寿撰，［南朝宋］裴松之注，陈乃乾校点：《三国志·魏书·庞德传》，中华书局1959年版，第546页。

虽有铁骑何所施？排空白浪如奔马；

将军拱手就絷缚，咋舌无声面深赭。[①]

……

关羽以优势水军，擒于禁、斩庞德、围曹仁，还"以舟兵尽生虏禁等步骑三万送江陵"[②]，连同于禁一并将他们押送到江陵大牢。这一仗在魏吴两国上层都产生了强烈的震动。时在长安的曹操得知庞德战死，于禁投降时，哀叹良久，非常悲伤地说："吾知于禁三十年，何意临危处难，反不及庞德也！"[③]

于禁等败后，关羽围曹仁于樊城，又派主簿廖化带兵围吕常于襄阳。在巨大政治军事压力下，九月，曹操所置荆州刺史胡修投降，襄阳陷落；南乡太守傅方投降，南乡陷落。《资治通鉴纲目》载："八月，汉中将关羽取襄阳。""羽又派别将围襄阳，刺史胡修、太守傅方皆降。"可见当时襄阳已经陷落。这时关羽威名传遍华夏大地。

※　　　※　　　※　　　※

关羽水淹于禁七军，是其一生政治军事生涯的巅峰之作。这得益于关羽抓住战机，趁曹操重兵在西线，后方空虚，长驱直入，一口气直逼襄阳、樊城两座城市。得益于天将大雨。关羽不但在陆战方面堪称一流，在水战方面也属一流。赤壁大战时，刘备水军与东吴联军取得巨大战果，就是明证。天降大雨大大增强了关羽军的战斗力，有利于发挥优势，消灭敌人。但最核心的、最关键的还是曹操营垒的众多反叛势力，鼓舞了关羽军队的士气，大大降低了曹军的战斗力。曹操的不得人心、丧失人心，成就了关羽的这一壮举。

---

① ［清］韩祖康著：《关壮缪侯事迹》，国家图书馆藏，第 81 页。

② ［晋］陈寿撰，［南朝宋］裴松之注，陈乃乾校点：《三国志·吴书·吴主传》，中华书局 1959 年版，第 1120 页。

③ ［晋］陈寿撰，［南朝宋］裴松之注，陈乃乾校点：《三国志·魏书·于禁传》，中华书局 1959 年版，第 524 页。

　　一次曹操与心腹爱将夏侯惇讨论代汉问题时，夏侯惇将军建议灭蜀后，东吴自然威服，到那时曹操再代汉。不期然，没有实现这一目标，曹操便病死，夏侯惇也因内疚而病死。一些人评论曹操生前不想当皇帝，这是不客观的。曹操私心极重，手段狠毒。为了个人威信，可以杀孔融；为了架空献帝，可以杀赵彦；为了保住性命，可以杀好友吕伯奢一家；为了报父仇，可以杀几十万无辜的百姓；为掩饰杀害伏皇后罪行，可以把三个女儿嫁给汉献帝。为了一点点政治利益，曹操可以无所不用其极，因此，招致官反、兵反、百姓反。

　　关羽顺应民意，并显示了一位绝伦逸群上将的风范，才在曹仁、于禁近四万军队面前，屡屡挫败强敌。可以说，没有曹操指挥，曹操营垒任何一员大将与关羽对敌都是要失败的。

第十三章

内忧外患，饮恨千古

一、南北夹击

对于关羽的胜利，曹操、孙权两个政治军事集团震惊、害怕、愤怒、报复交织在一起，战略态势随之发生了重大变化。

蜀汉刘备一方。建安十九年（214年），刘备定益州，张飞由南郡太守调任巴西太守，以麋芳为南郡太守。建安二十四年（219年），刘备命宜都太守孟达从秭归（今湖北省秭归县）向北进攻房陵（今湖北省房县），杀魏房陵郡太守蒯祺。

蒯祺是诸葛亮大姐夫。孔明有两个姐姐。大姐嫁给襄阳中庐县（今湖北省南漳县境内）的世族大家蒯祺为妻。二姐嫁给襄阳名人庞德公之子庞山民为妻。庞山民"有令名"，后为魏黄门吏部郎，早卒。其子庞焕，字世文，晋太康中为牂牁太守。

房陵被攻克后，刘备以向朗为房陵太守。为进一步向北展开攻势，刘备怕孟达不能取胜，于是派养子、副军中郎将刘封自汉中乘船沿沔水顺流而下，统领孟达军，进攻上庸。魏上庸太守申耽投降，刘备加申耽为征北将军，领上庸太守、员乡侯如故。又任申耽之弟申仪为建信将军、西城（今陕西省安康市西北）太守。刘封、孟达率军屯驻上庸，樊友代孟达为宜都太守。

因在攻克上庸、西城中立功，迁刘封为副军将军。孟达无论在协助刘备颠覆刘璋时，还是攻陷房陵、上庸、西城诸战事中，都作出了突出贡献。当时出现奇怪现象。无论是魏降将申耽、申仪兄弟加官晋爵，还是刘封，都有升迁，唯独对功绩最多的孟达不给奖赏，推测是诸葛亮因孟达军杀其姐夫从中作梗。这与后来刘封、孟达不援关羽，以及孟达投降魏国都有因果关系。

这时的刘备地盘达到鼎盛时期。汉中有汉中太守、镇远将军魏延把守，处于防御曹魏的第一线。汉中以南四百里为巴郡治所阆中，由右将军、假节领巴西太守张飞把守，处于第二线，为成都的屏障。汉中向东四百里是西城，由建信将军、西城太守魏降将申仪把守。西城东二百六十里上庸，由征北将军、上庸太守魏降将申耽把守。上庸东一百二十里为房陵，由太守向朗把守（后以邓辅为房陵太守）。房陵北南乡郡，是水淹七军后纳入蜀汉的，由郭睦把守。从郭睦的任命可证，水淹七军后关羽与刘备没有断绝联系。因为作为蜀汉的南乡郡太守，关羽不可能任命郭睦，只能由刘备任命。江陵西宜都郡由樊友把守。这样，由北到西到南，南乡郡、房陵郡、上庸郡、西城郡、汉中郡、巴郡、宜都郡、南郡连成一片。关羽攻樊城时，不但荆州与益州已打通，南阳郡析出的南乡郡也已由刘备方控制。这为关羽进一步展开攻势，提供了稳固的后方。

曹孙联盟

水淹七军是震动华夏大地的大事，三万军马被俘，曹操名将于禁投降，勇将庞德被杀，征南统帅曹仁被围。这些人都是东汉末年军事上的一流高手，在魏国产生了极大的反响。这是曹操军旅生涯以来少有的重大失败。加之此前的汉中失利，名将张郃被击败，勇将夏侯渊被杀，汉中不复为魏所有，并由此产生了一系列连锁反应：

（1）社会反应。韩祖康在《关壮缪侯事迹》中载："魏横海将军吕君碑曰：关羽荡摇边鄙，度刘民人，而洪水播溢，氾没樊城，平原十刃，外渎潜通，猛将骁骑，载沉载浮。于是不逞作慝，群凶鼎沸，或保城而叛，或率众负旌，自即敌门，中人以下，并生异心。"[1] 也就是说，关羽水淹七军后，自许昌以南，人心惶惶，不少人在谋划背叛曹魏，投靠关羽。

---

① ［清］韩祖康著：《关壮缪侯事迹》卷二，国家图书馆藏，第82页。

（2）内部反应。樊城内部军心也发生剧烈动摇。当时，城中人马数千，洪水不断上涨，"城不没者数板"，城高二尺为一板。"樊城得水，往往崩坏。"关羽乘船围城数重，外内断绝，粮食欲尽，救兵不至。城中将士都很恐惧。大多数主张弃城而去，向曹仁建议说："现在的危险，不是我们的力量可以抵挡的。可以趁关羽还没有合围，坐着轻快的船在夜里逃走，虽然丢失了城池，还可以保全性命。"曹仁疑惑不定。汝南太守满宠劝阻说："山洪急速倾泻，想来它不会长久。听说关羽派遣的一支部队已在郏城城下了，许昌以南地区的老百姓惶惶不安，人心浮动。关羽现在不敢马上向许昌进攻的原因，就是怕我们这支军队断绝他的后路。现在如果逃走，洪河以南的地区，就不再是魏国所拥有了。您应该继续坚持，等待救兵。"曹仁赞同这个主意。于是满宠杀白马，与诸将、兵卒盟誓。曹仁也激励将士，示以必死。将士齐心协力保卫樊城，没有一个异心者。

（3）上层反应。建安二十四年（219年）九月，丞相西曹掾魏讽趁曹操大军在长安与刘备对峙，看到关羽水淹七军，刘备集团屡屡战胜曹操，于是潜结荥阳任览、黄门侍郎刘廙之弟刘伟、王粲之子、张绣之子张泉、襄阳古学家宋仲子之子宋忠、长乐卫尉陈祎预谋袭击邺。"粲二子，为魏讽所引。"[①]西曹掾，初主领百官奏事，后改为主府内官吏署用。吏员正职称掾，副职称为属。长乐卫尉为皇太后长乐宫之掌门卫之职。结果还没到谋反所预定的时间，陈祎害怕了，将事情告诉了留守的魏太子曹丕。于是魏讽被杀，连坐诛杀数十人。魏讽这个人很有文才，倾动邺都，相国钟繇举荐他担任的此职，因此钟繇被牵连免官。

关羽与曹仁交战激烈时，既是对西线汉中争夺战中刘备的支援，又对争夺汉中的曹操以巨大压力，曹操不得不放弃对汉中的觊觎。

最大最重要的反应是曹操由长安及时返回洛阳。曹操感到了恐惧，因为襄阳距许昌仅五百余里，骁骑二三天便可到达。

如果樊城被攻克，关羽军就有席卷许、洛之势。建安二十四年（219年）九月，曹操毅然决定，放弃汉中，由长安返回，十月到达洛阳。召集军事

---

① ［晋］陈寿撰，［南朝宋］裴松之注，陈乃乾校点：《三国志·魏书·王粲传》，中华书局1959年版，第599页。

会议。曹操窘迫无奈地说："关羽昔在孤处，孤以其义故不杀。今还为吾患，馘三大将，没七军，其锋不可挡，不如迁许都，渡河而北，以避其锐。"①馘，音 guó，即擒获之意。关羽所擒获大将，除于禁、庞德外，推测为乐进。《三国志·蜀书·诸葛亮传》注引吴大鸿胪张俨《默记》，其《述佐篇》论及孔明与司马懿时讲："今蜀、魏为敌战之国，势不俱王，自操、备时，强弱县殊，而备犹出兵阳平，禽夏侯渊。羽围襄阳，将降曹仁，生获于禁，当时北边大小忧惧，孟德身出南阳，乐进、徐晃等为救，围不即解。"②因此得出，乐进参与了蜀、魏襄阳之战。乐进镇守襄阳后调合肥，与张辽、李典抗击孙权，水淹七军后，乐进调回襄阳一线，战死或病死。《三国志·魏书·乐进传》称其建安二十三年（218 年）死，没讲病死、战死。从此引文中曹操称大将的必是上将之人，故推测曹操感叹的"馘三大将"，应有乐进。

曹操想把都城迁到邺城去。丞相主簿司马懿、丞相主簿西曹属蒋济献计说："于禁等七军是被洪水所淹没的，并不是战争的失败，对于魏国的安全没有多大影响。刘备和孙权，外表亲密而内心却很疏远。关羽得志，孙权必定不高兴。可以派人劝孙权用军队偷袭他的后方，答应把江南割让给孙权，那么，樊城之围自然就化解了。"曹操采纳了这一建议，一边派使臣联络孙权，一边调度力量，对关羽军进行反击。

孙权一方。孙权是刘备抗击曹魏的同盟军，因为荆州问题，双方反目成仇。后将江南数郡协商划分，表面平息了纷争，但双方争夺荆州控制权的目的谁也没有削弱过。东吴统军人物鲁肃在时，以曹操尚存，宜辑和关羽。因此，在关羽、鲁肃相处的几年里，疆场纷错，数生狐疑，双方多次摩擦，鲁肃常以欢好抚之。建安二十三年（218 年），在吴蜀联盟中起重大平衡作用的鲁肃去世。

孙权用骑都尉、从事中郎严畯接替鲁肃，督率军队一万人，镇守陆口（今湖北省赤壁县城西北陆溪口，陆水入长江处）。大家都为严畯高兴，严畯

① ［清］张镇撰，宋万忠、武建华标注：《解梁关帝志》卷一《本传》，山西人民出版社 1992 年版，第 30 页。

② ［晋］陈寿撰，［南朝宋］裴松之注，陈乃乾校点：《三国志·蜀书·诸葛亮传》，中华书局 1959 年版，第 936 页。

一再推辞说："我是本分的读书人，不熟悉军事，没有军事才能而占据重要位置，灾难与悔恨必然随之到来。"①他说这番话时，情绪很激昂，以至于流下眼泪。孙权才以左护军、虎威将军吕蒙代鲁肃统军。并鲁肃人马万余，屯陆口。吕蒙既是一个非常有韬略的军事家，又是一个政治小丑。他刚到陆口时，表面"倍修恩厚，与羽结好"，暗地里盘算如何兼并荆州，消灭关羽。

鲁肃在时，吕蒙就向孙权密陈计策说：

> 令征虏守南郡，潘璋住白帝，蒋钦将游兵万人，循江上下，应敌所在，蒙为国家前据襄阳，如此，何忧于操，何赖于羽？且羽君臣，矜其诈力，所在反复，不可以腹心待也。今羽所以未便东向者，以至尊圣明，蒙等尚存也。今不于强壮时图之，一旦僵仆，欲复陈力，其可得邪？②

孙权很赞成他的计策，与吕蒙探讨取荆州与取徐州哪个更对吴国有利。吕蒙回答说：

> 今操远在河北，新破诸袁，抚集幽、冀，未暇东顾。徐土守兵，闻不足言，往自可克。然地势陆通，骁骑所骋，至尊今日得徐州，操后旬必来争，虽以七八万人守之，犹当怀忧。不如取羽，全据长江，形势益张。③

孙权尤其认为这个分析判断精当，孙、刘联盟名存实亡。孙权内心害怕关羽，水淹七军后，犹进一层。孙权原先想与关羽拉关系，派使臣为儿子求婚。关羽鄙视东吴妄图侵夺荆州的举动，从内心对孙权怀着仇恨，不但不答应婚事，还辱骂其使，孙权非常恼怒。《三国志·蜀书·关羽传》注引《典

---

①　［晋］陈寿撰，［南朝宋］裴松之注，陈乃乾校点：《三国志·吴书·严畯传》，中华书局1959年版，第1247页。

②③　［晋］陈寿撰，［南朝宋］裴松之注，陈乃乾校点：《三国志·吴书·吕蒙传》，中华书局1959年版，第1278页。

略》载:"羽围樊,权遣使求助之,敕使莫速进,又遣主簿先致命于羽。羽忿其淹迟,又自己得于禁等,乃骂曰:'貉子敢尔,如使樊城拔,吾不能灭汝邪!'权闻之,知其轻己,伪手书以谢羽,许以自往。"孙权表面同意关羽一方击讨曹仁,又害怕关羽得势,加害自己。十月,孙权称藩于曹魏,并写信给曹操:不久我将派遣军兵西上,想要偷袭攻取关羽。江陵、公安要地连接,关羽军如若失掉这二城,必定会自己奔逃。樊城贵军的围困,不用救援,将自行解除。乞求您保守这一秘密,不要泄露,以免让关羽有所防备。

关羽的崛起,使受侵害的曹魏与害怕将来受凌欺的孙吴走到了一起。

奉献玉玺

这期间,随着刘备西线胜利,关羽北伐胜利,襄阳男子张嘉、王休在汉水中捕鱼,得皇帝玉玺。《三国志·蜀书·先主传》载:"太傅许靖、安汉将军糜竺、军师将军诸葛亮……上言:'……又前关羽围樊、襄,襄阳男子张嘉、王休献玉玺。玺潜汉水,伏于渊泉,晖景烛耀,灵光彻天……'"[①]似此,应有其事,且是真实的传国玉玺。

《后汉书·光武帝纪》注引《玉玺谱》载:"传国玺是秦始皇初定天下所刻,其玉出蓝田山。丞相李斯所书,其文曰:'受命于天,既寿永昌。'高祖至霸上,秦王子婴献之。至王莽篡位,就元后求玺,不与,以威逼之,乃出玺投地,玺上螭一角缺。及莽败,李松持玺诣宛上更始;更始败,玺入赤眉;刘盆子既败,以奉光武。"到王莽时,"杜吴杀莽,不知取玺,公宾就斩莽首,并取玺"[②]。

此玉玺后又经历了若干变故。汉献帝光熹元年(189年),黄门张让等作乱,劫献帝走小平津,左右分散,掌玺者,投入井中。汉献帝初平元年(190年)天下群雄讨伐董卓时,孙坚击败董卓,进入洛阳,扫除汉宗庙,驻扎在城南,在甄官井上见有五色气,举军警怪,没人敢汲水。孙坚令人入井,捞得传国玺,方圆四寸,上纽交五龙,上一角缺,其文为蝌蚪文,因此

---

① [晋]陈寿撰,[南朝宋]裴松之注,陈乃乾校点:《三国志·蜀书·先主传》,中华书局1959年版,第888页。

② [宋]徐天麟撰:《东汉会要》卷九,上海古籍出版社1978年版,第133页。

后世传说不一。袁术欲称帝，听说孙坚得到传国玺，于是拘孙坚夫人，作为交换条件。

《三国志·吴书·孙策传》载："术死，长史杨弘、大将张勋等将其众，欲就策，庐江太守刘勋邀击之，悉掳之，收其珍宝以归。"盖袁术部将杨弘、张勋溃败时，其持玺者落入汉水中。张嘉、王休献给关羽，关羽转呈刘备。传有关羽上玉玺笺："玺藏汉水，伏于渊泉，晖景烛耀，灵光彻天。"

《后汉书·徐璆（音 qiú）传》载，在袁术败时，廷尉徐璆得到传国玺，似不可信。据《三国志旁证》讲，《魏书·太武纪》太平真君七年（446年），"邺城毁五层佛图，于泥像中得玉玺二，其文皆曰'受命于天，既寿永昌'"。其一旁刻"魏所受汉传国玺"。传国玺唯一而已，何来两个，似此徐璆所献为伪玺。因传国玺的重大特点是"灵光彻天"。孙坚在洛阳甄官井发现时就因这一物理现象。《三国志·蜀书·先主传》亦写到这一特点。因之不取《后汉书》说法。

这更增加了关羽军队的斗志，以为汉祚将移，这是汉高祖定国号的象征，是瑞命符应，不是人力所致。

关羽水淹七军后，为尽快攻克樊城，抢在曹操大军到来之前，多次派人督促刘封、孟达派兵帮助。而两位将军以上庸、房陵刚刚占领，政权不稳、民心不附为理由，不接受关羽指挥。

关羽水淹七军使其事业达到了顶点，也使自己的处境到了最危险的边缘。

曹魏反击

建安二十四年（219年）十月、闰十月开始，关羽受到南北夹击。北边曹操坐镇摩陂，直接指挥樊城保卫战。南边孙权坐镇，直接部署夺取荆州，秘密进行。

曹操在巨大的军事压力下，已患严重头疼疾病，想带病亲征关羽。曹操为此询问部下，大臣们都说："大王如不赶快出发，我军就一定会失败了。"唯独虎贲中郎将、侍中桓阶说："大王认为曹仁、满宠等领兵能不能随机应变独当一面？"曹操说："能。"桓阶又问："大王担心二人不肯尽力吗？"曹操说："不。"桓阶又问："那么为什么您要亲自前往呢？"曹操说："我只不过担心敌人太多，徐晃等形势不利罢了。"桓阶说："现在曹仁等处于敌人的重重包围中而誓死不背叛大王，实在是因为远方有大王带领重兵做他们的靠山。人处在万分危险的境地，一定会有拼死抗争的决心；内心怀有拼死抗争的决心，外面有强大的救兵，大王率领六军表明自己仍有雄厚的实力，何必担心失败而要亲自前往呢？"曹操认为讲得很好，于是驻军于摩陂（今河南省郏县东南），击败了孙狼（狼为蔑称，实为孙陆）所率梁县、郏县一带关羽的小部队，在这里亲自指挥整个大战。

在战略上，曹操甩出四枚棋子：

其一枚，徐晃所率军队多新兵，因关羽军队战斗力强难以对敌，八月便由南阳开赴阳陵坡（今湖北省襄阳市境内，距樊城十五里，距偃城十里）按兵不动，等待曹操的命令。曹操考虑徐晃轻进会吃败仗，续派徐商、吕建增援徐晃，并传达命令说："必须兵马到齐，才可以向前发起进攻。"

其二枚，派赵俨参曹仁军事。赵俨，字伯然，有智谋。在袁绍与曹操开战时，袁绍派使臣招降引诱豫州诸郡，诸郡多暗地沟通袁绍，唯俨所在阳安郡不动，受到曹操的夸奖。曹操手下诸将，多任意不团结，赵俨任司空掾属主簿，参谋军机，协调各方，各将领关系大为改善。曹操征荆州，以赵俨领章陵太守。此次赵俨以议郎参曹仁军事，与徐晃共同到襄阳一线，到后，关羽已包围曹仁。徐晃所督军马不足解围，各位将领催促徐晃下令进攻。赵俨对诸将讲道理稳住军心。

其三枚，继续调殷署、朱盖十二营军马增援曹仁。

其四枚，征召兖州刺史裴潜、豫州刺史吕贡，以及荡寇将军张辽救援樊城。

另存疑一处。曹操亦派乐进参与了增援樊城之战，前已述及。

史载，此前不久，丞相主簿温恢被派到东线为扬州刺史。曹操对扬州一线抗吴主要将领张辽、乐进说："扬州刺史晓达军事，动静与共咨议。"建安二十四年（219年）夏，孙权亦想趁关羽直逼曹军，打劫曹魏，攻合肥，这时中原各州都派兵驻守边境。扬州刺史温恢遇到兖州刺史裴潜，在一起议论军政大事时说："这一时期虽然有敌人，但不值得担忧，怕的却是征讨南方有变故。如今江水暴涨而曹子孝却孤军深入敌境，没有长远的准备。关羽勇猛善战，乘胜前进，必将给我们带来灾难。"事实证明了温恢的判断。果然关羽进攻樊城。水淹七军后，曹操召兖州刺史裴潜及豫州刺史吕贡等，亦召荡寇将军张辽。裴潜等行动迟缓。温恢密语裴潜等说："这一定是襄阳出现紧急情况应该奔赴那里。所以不实行会合的原因，就是不想惊动远方的民众。一两天内一定会有秘密书信催促您上路，张辽等人又将被征召。张辽等人一向了解君王的用意，如果他后被征召而先行到达，您就该接受责罚了。"裴潜受其言，放弃辎重，轻装速发，果然有催促的军令到。

曹操还曾任曹植为南中郎将，代理征虏将军，派他去救曹仁。正当曹植启行前，太子曹丕怕曹植获功，危及自己的储君地位，诱迫曹植饮酒。曹操传唤曹植有所交代和训诫，曹植喝醉了，不能应召，引起曹操大怒。曹丕保住了自己的地位，而有当太子潜能的曹植不但没有成行，而且此后政治上一蹶不振。

在战术上，曹操采取四条计谋：

一是驱虎吞狼。曹操得孙权"乞讨关羽自效"的信后，以此诘问群臣，群臣都说应当对这个消息保守秘密。司空军祭酒董昭却说：军事上崇尚权变，期望能把事处置合宜。应当表面上用保守秘密应答孙权，而内里却披露它。关羽闻听孙权军西上，如若他亲自回军救护，樊城之围就能迅速解除，我军便可从中大获其利，这样就可以让吴、蜀这两国贼寇相对争斗僵持，坐而待毙。如若真的秘而不露，让孙权得了志，这不是上策。此外，包围圈中的我军将官吏还不知道已经有救，他们每天计算粮谷，很恐惧，倘若他们因情况危急而萌生出其他意向，造成的危难就不会小。还是披露这条消息较为有利。况且，关羽为人比较强梁，他自恃这两座城池（江陵、公安）防守坚固，必然不会迅速撤退。

董昭的分析得到曹操赞同，于是飞快把信传给徐晃，使徐晃用硬弩射到樊城包围圈里，以及关羽的军屯之中。圈里的曹军闻知消息，志气百倍。但关羽怕中反间计，又谓襄阳旦夕可下，"犹豫不能去"。时建安二十四年（219年）十月。

二是瞒天过海。当时关羽一部屯驻偃城。偃城在樊城北五里。徐晃到后，不是正面交锋，而是于偃城南扬言挖战时用大壕沟，表示要截断其退路。关羽军分屯几处，屯偃城军队推测在五千人，面对数万敌兵的压力，关羽采取收缩兵力的方针，主动撤出偃城。徐晃得偃城后，北、东两面连营，形成对关羽军的包围夹击之势，两军大营仅有三丈远。时为十月底。

三是内外夹击。徐晃军队初步集结后，面对关羽围困曹仁的紧迫形势，各位将领纷纷责难徐晃，要求赶快救援。赵俨受曹操命参军事，解释说：现在敌人的包围本来就很坚固，水势仍然很大。而我们所率领的士兵又很少，况且曹仁与我们相互隔绝，不能合力发起进攻。如果发动进攻，只能使我们受损，不利于救援。当今之计不如前锋接近包围圈，派遣间谍通知曹仁，让他知道外边有救兵，以激励将士。估计北边的后续部队不超过十天就会到达，城内还能坚持得住。待我军到齐，然后里外一起投入战斗，打败敌人是肯定的。如果因为求援迟缓，上面怪罪下来，我愿承担责任。

于是做地道，消息数通，北军亦至，并势大战。按史料记载，在徐晃与关羽对阵时，樊城曹仁部队也同时出城进攻关羽别军，《三国志·魏书·满宠传》载"会徐晃等救至，宠力战有功，羽遂退。进封安昌亭侯。"满宠因英勇作战，由关内侯升为亭侯。徐晃、曹仁互通情报在十月，并势大战在闰十月。

四是声东击西。关羽在围头、四冢都有驻军。徐晃采取声东击西办法，扬言去打围头，而暗地里攻四冢。关羽见四冢将溃，亲自率步骑五千出战。关羽、徐晃既是河东老乡，又是朋友，两人感情很好，也互相敬重对方。对阵时，两个人只说许昌离别后及平生事略，不涉及军事。一会儿，徐晃突然下马宣令："得关云长头，赏金千斤。"关羽吃惊地说："大兄，这是说什么话？"徐晃说："这是国家的大事，不能有个人私情。"由于孙权偷袭荆州的信射入关羽军中，加之两个多月攻战，师疲势老，关羽军心开始低落，不能取胜，退走。徐晃军追入屯中，破其十重障碍，关羽军不少将士投入沔水而死。曹操原荆州刺史胡修、南乡太守傅方也被杀死。

徐晃攻破关羽军时间当为建安二十四年闰十月九日（219年12月3日），己亥年，乙亥月，丁巳日。有魏钟繇《贺捷表》可证。

钟繇原为魏相国，著名书法家。颍川长社（今河南省长葛市）人，东汉末举孝廉，除尚书郎、阳陵令，以疾去。又为廷尉正、黄门侍郎。助献帝出长安，拜御史中丞，迁侍中、尚书仆射，封东武亭侯。曹操执政时，任侍中、守司隶校尉，持节督关东诸军。钟繇经营关中，招集流散，使生产得以恢复，为曹操提供兵马，操将之比作萧何。后为大理，迁相国。一个月前，西曹掾魏讽反曹，被诛。因魏讽由钟繇推荐受牵连被免相国。时钟繇在家闲居。钟繇工书法，师法曹喜、蔡邕、刘德昇，博采众长，兼善各体，尤精于隶、楷。史称其书法"若飞鸿戏海，舞鹤游天"。

徐晃、曹仁联合击退关羽后，钟繇给曹操呈《贺捷表》，兹录于下：

> 臣繇言，戎路兼行，履险冒寒，臣以无任不获，扈从企伫悬情，无有宁舍。即日长史逯充宣示令命。知征南将军，运田单之奇，疬愤怒之众，与徐晃同势并力礰（yè）讨，表里俱进，应时克捷，馘灭凶逆。贼帅关羽已被矢刃。傅方反复，胡修背恩，天道祸淫，不终厥命。奉闻嘉憙，喜不自胜，望路载笑踊跃，逸豫臣不胜欣庆。谨拜表因，便宜上闻，臣繇诚惶诚恐，顿首顿首，死罪死罪。
>
> 建安二十四年闰月九日南蕃东武亭侯钟繇上 [①]

关羽步骑军退走后，水军战船仍封锁着沔水，和襄阳的联系仍被切断。这时，孙权已袭取了江陵、公安。关羽听到后，立即南撤。"羽军既退，舟船犹据沔水，襄阳隔绝不通，而孙权袭取羽辎重，羽闻之，即走南还。" [②]

被解围后的曹仁召集诸将商议下一步如何采取行动，大家都说："现在趁关羽危急追赶他，一定能把他擒获。"参军赵俨说："孙权趁关羽发兵进攻我军的机会，想偷袭关羽的后方，但又顾虑关羽回来救援。担心我们趁他们两败俱伤时再发兵攻击他们，所以他才说好话请求称藩。想利用机会有所行动，纯粹是想从中渔利。现在关羽已经败走，更应当保存他作为孙权的心腹大患。如果再深入追击关羽，孙权就会改变对待关羽的态度，那么对我们是不利的。大王一定以此深为忧虑。"曹仁于是解除了战争状态。

---

① ［东汉］钟繇撰：《钟繇小楷》，上海书画出版社 2006 年版，第 7 页。

② ［晋］陈寿撰，［南朝宋］裴松之注，陈乃乾校点：《三国志·魏书·赵俨传》，中华书局 1959 年版，第 670 页。

曹操听说关羽撤走，恐怕诸将追击，敕令曹仁勿追。时间为闰十月中旬。

当徐晃凯旋，曹操自摩陂出去七里迎接，大加赞赏说："敌人围营的战壕、鹿角有十重，将军一举获胜，终于攻破了敌人的包围，消灭了很多敌人。我用兵三十多年，以及所听说的古代擅长用兵的人，还没有长驱直入冲进敌人包围圈的。而且，樊城、襄阳被围困的程度比当年莒、即墨的围困还要严重，将军的功劳，超过了孙武、田穰苴。"又置酒大会，曹操亲自为徐晃把盏，慰劳说："保全樊、襄阳是将军的功劳啊！"当时各军都集合于摩陂饮宴，曹操到各军营，士卒多离队观望，唯独徐晃军营整齐，将士驻阵不动。曹操感叹说："徐将军可以说有汉将周亚夫的风度！"

于禁、庞德所督七军没有击败关羽，为何徐晃能击败关羽呢？主要有两点原因：

第一个原因是兵力悬殊。曹操知道关羽人多势众，难以争锋，到达洛阳后，先后调徐商、吕建、殷署、朱盖等十四营增派到樊城一线，接受徐晃指挥。每营多少人是个未知数。东汉末年，将军带兵人数不固定，既与官职有关，亦随时宜。《三国志·魏书·赵俨传》称，"太祖徙出故韩遂、马超等兵五千人，使平难将军殷署等督领"。殷署所带兵为五千人，且是原韩遂、马超的部从。如以每营五千计，徐晃、徐商、吕建三营加殷署、朱盖十二营，共计十五营盖为七万人。而关羽步骑兵当在四万人，因派到许昌以南游军部分，包围樊城为二万人，从公安、江陵调来一万人，关羽步骑兵，用于与徐晃对仗军队，当在三万人左右。七万人对三万人，力量悬殊。

第二个是主要原因，就是士气问题。徐晃军多新兵，但殷署兵为关西兵，战斗力强。关键是曹操让徐晃把孙权偷袭荆州的消息暴露给关羽军，加之围困樊城已有两个多月，久攻不下，士气低落，后方遭袭，斗志涣散，因此，关羽军往日威风顿减，失败是必然的了。

二、孙权毁盟

水淹七军后，关羽被胜利冲昏头脑，在联吴击魏这一点上越走越远。不是稳住或调动孙吴的力量，以牵制、分散曹魏的力量，巩固自己的后方，而是辱骂孙权为"貉子"，伤害了同盟者之间的感情。即便孙权心怀鬼胎，也应避免不测事情发生。

孙权吞并荆州的愿望由来已久，他惧怕关羽的军事实力，知其骁勇，不敢轻举妄动。就是否采纳吕蒙偷袭之计，犹疑不决，议之近臣。《三国志·吴书·是仪传》载："吕蒙图袭关羽，权以问仪，仪善其计，劝权听之。"是仪为孙权典机密骑都尉。《三国志·吴书·吴范传》载："权与吕蒙谋袭关羽，议之近臣，多曰不可。权以问范，范曰：'得之。'"吴范为孙权观风角军师。孙权犹豫中主战思想逐渐占了上风。

关羽另一重大盲目举动导致孙、刘关系彻底破裂。因为俘获于禁三万士卒后，史载送江陵。人多吃饭成了大事，江陵、公安两处给养又没供应上，关羽以乏粮为由，强行取孙权的湘关米。建安二十年（215年），吴、蜀分荆州时以湘水（今湘江）为界，两国于潇水、湘水合流处置关，以通商旅，谓之湘关，在零陵一带。《三国志·吴书·吕蒙传》载："魏使于禁救樊，羽尽禽禁等，人马数万，托以粮乏，擅取湘关米，权闻之，遂行，先遣蒙在前。"为孙权发兵提供了口实，于是点燃了吴、蜀荆州大战之火。时间是建安二十四年（219年）十月。

笑里藏刀的盟友

孙权在开战前对偷袭关羽进行了周密的策划，采取了两步走战略：

第一步，换将迷惑关羽。在关羽北伐，发动襄、樊战役时，为保后方无虞，关羽留一定数量军队于公安、南郡，防备东吴进犯。吕蒙给孙权上书说："羽讨樊而多留备兵，必恐蒙图其后故也。蒙常有病，乞分士众还建业，以治疾为名。羽闻之，必撤备兵，尽赴襄阳。大军浮江，昼夜驰上，袭其空虚，则南郡可下，而羽可禽也。"[1]于是对外称病重，孙权公开下达檄书。又暗地把吕蒙召回都城，商议偷袭荆州大计。关羽果然相信这个消息，逐渐撤兵赶赴樊城一线。

---

① ［晋］陈寿撰，［南朝宋］裴松之注，陈乃乾校点：《三国志·吴书·吕蒙传》，中华书局1959年版，第1278页。

就在吕蒙对外称病而到建业时，孙策女婿、定威校尉陆逊到吕蒙府上拜访问道："关羽和您接境，您怎么远离防区东下，不会有后顾之忧吗？"吕蒙说："正如你所讲的，但我有病很重。"陆逊说："关羽自恃他的勇气，欺压别人，开始建立了大功，神态骄傲，意志松懈，只顾向北进攻魏国，对我国不存戒心。如果把您有病的消息告诉他，他一定更加不作防备。然后出其不意，一定能捉住他，制服他。您为主上应当很好地筹划一下。"吕蒙说："关羽一向勇猛，本来就不能与他作对。况且他已经占据荆州，大施恩信。更加上他建有大功，胆略和气势更盛，不容易攻取。"吕蒙与孙权的密谋，即便是孙策的女婿亦不能直言相告。

当吕蒙发现陆逊计谋与自己所思所想正好合拍，求见孙权，孙权问谁可以代统大军。吕蒙表示，陆逊思虑深远，才气可以担当重任，我看他的智谋，终能担当要职，而且他还没有多少名气，不为关羽所畏惧，没有人比他更合适了。如果使用他，应当让他表面上隐藏真实意图，暗中察看有利形势，抓住战机，一定能攻克关羽。孙权采纳吕蒙的建议，拜陆逊为偏将军右部督代替吕蒙。时间大体在建安二十四年（219年）十月。

第二步，肉麻吹捧关羽。关羽的一个致命弱点是喜欢让人吹捧，其人品、武艺确实在三国上将中出乎其类，拔乎其萃。有时一经吹捧，也会轻飘飘，志骄意逸，丧失警惕。陆逊上任后，驻陆口，写了《与关羽书》《又与关羽书》，迷惑关羽：

前承观衅而动，以律行师，小举大克，一何巍巍！敌国败绩，利在同盟，闻庆拊节，想遂席卷，共奖王纲。近以不敏，受任来西，延慕光尘，思禀良规。

于禁等见获，遐迩欣叹，以为将军之勋足以长世，虽昔晋文城濮之师，淮阴拔赵之略，蔑以尚兹。闻徐晃等少骑驻旌，窥望麾葆。操猾虏也，忿不思难，恐潜增众，以逞其心。虽云师老，犹有骁悍。且战捷之后，常苦轻敌。古人杖术，军胜弥警，愿将军广为方计，以全独克。仆书生疏迟，忝所不堪，喜邻威德，乐自倾尽，虽未合策，犹可怀也。傥明注仰，有以察之。①

看书有"徐晃等少骑驻旌"之语，应是在曹操复派遣徐商、吕建、殷署、朱盖等十四营兵之前。而曹操是在建安二十四年（219 年）十月由长安还洛阳后派遣的数十支增援部队。水淹七军是在当年八月。陆逊写这两信当在八月下旬。文中以极其卑躬之词，骄羽亲羽。以"利在同盟"加以掩护，以"共奖王纲"为诱饵，以超越春秋城濮之战、楚汉相争时韩信攻赵之战的高帽给关羽戴。

中国社会科学院研究员胡小伟对此评价说："卑词甘言，誓重同盟，背后乃收买叛将，不宣而战，令人猝不及防，无疑是中国军事史上的'创新'战例。"

关羽看陆逊书，有谦下自托之意，对东吴的戒备有所改变。从公安、江陵撤军，增援襄樊一线。并写了回信，宣示自己的观点：

> 将军坐镇西藩，为吴右肩，下车未远，遽怀老夫，中心藏之。共奖王室，幸甚！幸甚！目前小捷，遏敢贪天之功第。荆州与陆口接壤，为衅已非一日，寡君报公子之命，丞相有破曹之勋。旧属宗盟非吴土地，乃阿蒙不揆大义，狡然西窥。老夫不戒戎军，而悍御无术。将军慨然以操猾为忧，岂睹其篡逆不共戴天，尚以蜀为汉室宗胄或能用命，抑事在荆，而指在洛，亦惟将军为之。老夫之言诚如皦日，勿昵小功，终成大德。②

明代吴从先《小窗四纪》卷四有"拟关寿亭报陆逊书"，与此文略同，特标明，读者辨之。

关羽丝毫没有觉察魏、吴联手，丝毫没有分析到充满溢美之词的陆逊信是进攻荆州的信号弹，还蒙在鼓里，高度评价陆逊"以操猾为忧""共奖王

---

① ［晋］陈寿撰，［南朝宋］裴松之注，陈乃乾校点：《三国志·魏书·陆逊传》，中华书局1959 年版，第 1345 页。

② ［清］黄启曙著：《关圣帝君圣迹图志》之《翰墨考》，国家图书馆藏，第 352 页。

纲"的政治观点。可以说达到了吕蒙设计诓骗关羽、迷惑关羽的目的，有过之而无不及。吕蒙当初只是设想以陆逊代自己，因为陆逊不出名，并与关羽没有摩擦而麻痹关羽。陆逊上任后一封政治诓骗书让关羽认为，东吴起用陆逊，是改变了吕蒙西窥的战略安排，在政治目标上又回到赤壁大战时的结盟关系。而事实恰恰相反，不是吴、蜀正在寻求合作，而是吴、魏进行了秘密合作，开始了颠覆荆州的大动作。关羽不但稍撤荆州军赶赴襄樊前线，而且轻率地强取湘关的米粮，进一步激化了刘、孙两集团的矛盾。

从关羽败亡看，关于关羽在荆州撤军问题，是一个牵涉战略全局的大问题。陆逊给关羽吹捧信后，《陆逊传》载，"羽览逊书，有谦下自托之意，意大安，无复所嫌"。[1]而《吕蒙传》则记载："吕蒙设计时，给孙权上疏：'羽讨樊而多留备兵，必恐蒙图其后故也。蒙常有病，乞分士众还建业，以治疾为名，羽闻之必撤备兵，尽赴襄阳，大军浮江，昼夜驰上，袭其空虚，则南郡可下，羽可禽也。'羽果然信之，稍撤兵，以赴樊。"[2]关羽撤的是哪里的部队呢？应该是长江数百上千公里防卫东吴的部队。吴蜀双方边界大体上千公里，依关羽用兵习惯，加倍兵力守御，约需五千人。"稍撤军"，估计两千人。关羽收缩兵力，造成重大伤害，也可以说是颠覆性的。这给吕蒙白衣渡江可乘之机，吴军"昼夜兼行，至羽所置屯候，尽收缚之，是故羽不闻知。"[3]看来关羽在重要部位重兵把守，中计后压缩的是重点部位的屯候、斥候、吏兵。

公安江陵倾覆

孙权拜其舅吴景之子吴奋为吴郡都督，以镇东方。然后分三路出兵，袭击关羽。

陆逊把关羽调整布防，如何抓住战机，擒制关羽向孙权提出一整套方

---

① ［晋］陈寿撰，［南朝宋］裴松之注，陈乃乾校点：《三国志·魏书·陆逊传》，中华书局1959年版，第1345页。

② ［晋］陈寿撰，［南朝宋］裴松之注，陈乃乾校点：《三国志·吴书·吕蒙传》，中华书局1959年版，第1278页。

③ ［晋］陈寿撰，［南朝宋］裴松之注，卢弼集解，钱剑夫整理：《三国志集解·吴书·吕蒙传》，上海古籍出版社2009年版，第3302页。

案。孙权直接指挥了对荆州的争夺战。"闰月，权征羽。"

史书记事有很大伸缩性，所说"闰月，权征羽"应是指闰月即第二个十月攻陷重要城镇。集结部队，发兵进攻荆州当在十月下旬。因关羽擅取湘关米导致孙权出兵。取湘关米的缘由是关羽俘获曹兵将乏粮。孙权决策、军队集结及出兵距关羽水淹七军时间不会太久。

东吴军队分三路向西挺进。一路左护军、虎威将军吕蒙及中郎将韩当。进军方向是公安、江陵，直捣荆州政治中心。二路偏将军右部督陆逊。进攻方向是夷陵、房陵、南乡，实行大迂回包围。三路右护军蒋钦。督水军，入沔。进攻关羽水军。以都护征虏将军孙皎为后继。此外，中司马诸葛瑾也参加了偷袭荆州之战，因战功受封宣城侯。武卫都尉孙桓曰："从讨关羽于华容，诱羽余党，得五千人，牛马器械甚众。"① 蒋钦、孙皎征荆州返回时病死。可见，孙吴偷袭刘备、关羽荆州地盘，是倾国而动。

（一）吕蒙兵不血刃兼并荆州

吕蒙、韩当到寻阳（今湖北省黄梅县西南），伏精兵于艨艟中，摇橹人穿百姓衣，扮成商贾人模样。寻阳到公安大约一千二百里，因船上尽藏精兵，加上逆流而上，估计每小时十里，昼夜兼行，一天二百里，也需要六天时间。吕蒙为什么要选取在寻阳出发，推测其艨艟船为特殊结构，打造一批这类战船在长江上不大可能，而是在寻阳旁边的彭蠡泽（今彭泽湖）里早已秘密制造。

民间传说，称吕蒙乔装成商人，藏在今洪湖市东的吕蒙口镇，该处有白衣庵，建于镇后红杨树林丛，相传此处为吕蒙营垒。

船行至关羽所置江边屯，数百、上千人的"商队"，轻而易举地将守江军士收缚，关羽的屯候亦失去了作用，因此关羽不知。

吕蒙率军先到公安。关羽部将士仁在公安拒守，吕蒙令骑都尉虞翻去劝降士仁。虞翻到城门，对守兵说：我和你们的将军有话讲。士仁不同意相见。于是以虞翻名义写了一封劝降信：

① ［晋］陈寿撰，［南朝宋］裴松之注，陈乃乾校点：《三国志·吴书·宗室传》注引《吴书》，中华书局1959年版，第1217页。

明者防祸于未萌，智者图患于将来，知得知失，可与为人，知存知亡，足别吉凶。大军之行，斥候不及施，烽火不及举，此非天命，必有内应。将军不先见时，时至又不应之，独守萦带之城而不降，死战则毁宗灭祀，为天下讥笑。吕虎威欲径到南郡，断绝陆道，生路一塞，案其地形，将军为在箕舌上耳，奔走不得免，降则失义，窃为将军不安，幸熟思焉。①

叙来一波三折，尽得跌宕之妙。吕蒙的劝降信水平之高，古今独步。软硬兼施，既有危言耸听，又有编造的所谓"内应"，更多的是恫吓，起到了震撼人心、抓住人心、摧毁人意志的诱惑作用。士仁读罢信，流涕而降。

紧接着，虞翻对吕蒙说："此谲兵也。"应当带士仁共行。于是留兵守城，带士仁一同到南郡。南郡太守麋芳开始仅同意讲和，吕蒙让士仁劝降，麋芳带牛酒出城投降。揣测是假投降，设下计策，准备找机会聚而歼之。麋芳作为刘备内弟，居于如此重要位置，即便与关羽有矛盾，亦不应有如此举动。

吕蒙没有派驻军队占据江陵，便在一片沙滩上奏乐庆贺胜利。虞翻很有先机，对吕蒙说："眼下忠实一心投降的只有麋将军，城里的人哪能全部相信？为什么不迅速进城掌握其各战略据点呢？"吕蒙即派兵部署和占领了所有要道和军事重地，因此城中之计未行。东吴兵不血刃而降荆州两座核心城市，表明关羽失败不可逆转。时间盖闰十月上旬。

《三国志·吴书·虞翻传》载："时城中有伏计，赖翻谋不行。"由此可知，伏计者必是麋芳与潘濬，因吴军"持其管钥"，即占领了各重要据点，而计未成功。

吕蒙入城，尽得关羽及众将士家属，皆给以抚慰，约令军中不得侵扰百姓，有所求取。吕蒙手下有位低级军官，是吕蒙的同乡，私取民家一笠，以覆遮铠甲。铠甲虽是公物，吕蒙犹以犯军令，不能因同乡原因废军令，垂泪将其斩首。于是全军二万人无不震栗。因此，道不拾遗，吕蒙还从早到晚到

---

① ［晋］陈寿撰，［南朝宋］裴松之注，陈乃乾校点：《三国志·吴书·吕蒙传》注引《吴书》，中华书局 1959 年版，第 1279 页。

当地知名人士家里问长问短，有疾病的就给以治疗，饥寒的人就赐给衣服、粮食，以收买人心。

关羽府库所藏财宝，皆封存以待孙权到来。

史载，孙权攻克江陵后，将吏都归附，唯荆州治中从事潘濬称病不见。孙权带人到潘濬床前看望他，潘濬躺在床上不动，老泪纵横，非常悲痛。孙权称呼其字说："承明，远古时，观丁父，都国的战俘，周武王以为军师；彭仲爽，申国的战俘，周文王任命其为令尹；此二人都是荆州的先贤，一开始虽然被囚押，后皆擢用，成为楚地名臣。难道你就不可以效法他们，不肯投降吗？难道你怀疑我孙权没有古人的肚量吗？"使侍从以手巾拭其面，潘濬马上起来下地拜谢。于是潘濬也投降了孙权。刘备领荆州时，潘濬为治中从事，"备入蜀留典州事"，"亦与关羽不穆"。治中从事为州刺史的助理，主管州府文书案卷，居中治事，与别驾从事分别为州府内外总管。

潘濬投降后，被孙权拜为辅军中郎将，积极为孙权卖命。时武陵郡从事樊胄与零陵郡北部都尉、裨将军习祯联合，诱导诸少数民族部落，图谋以武陵、零陵南部之地联络刘备击吴。孙权使潘濬带兵五千前往，双方战斗月余，粮尽，樊胄被杀。习祯妹嫁庞统弟庞林，是蜀汉腹心人物，习祯字文祥，"有风流，善谈论，名亚庞统，而在马良之右"。习祯于是占领七县之地，自立为邵陵太守，坚持服事于蜀汉。孙权派遣潘濬讨伐习祯，所到之处都被攻下，只有习祯所亲自率领的几百人上山继续抵抗。潘濬几次写信给习祯，多次譬解，叫他投降，习祯都不做回应，潘濬于是只带几个人亲自上山，要求与他交谈，习祯就对他说："我一定要做汉朝之鬼，不做吴国之臣，逼迫我也是没有用的。"因此开弓放箭射向潘濬，潘濬猛攻，习祯坚持一个月，军粮和箭支全部用尽。他面对不可挽回的败势，万分悲愤地对部下说："我受汉厚恩，应报之以死！"于是拔剑自刎。刘备听说习祯败死的消息，为他举办了丧礼，追赠他为正式的邵陵太守。习祯之子习温历任晋长沙、武昌二郡太守，在朝臣之位三十年，不为自己求取声名。很有酒量，喝下一石才醉。①

---

① ［晋］习凿齿撰，黄忠贤校补：《校补襄阳耆旧记》卷一，中华书局2018年版，第24页。

（二）陆逊势如破竹取西线诸城

陆逊率军队向西挺进，被孙权任用为宜都太守，拜抚边将军，封华亭侯。刘备所置宜都太守樊友弃城逃走。宜都郡各城长吏及蛮夷君长皆降。陆逊表请孙权后，授给他们金银铜不同的印，以安抚刚投降的宜都官吏，时为建安二十四年（219年）十一月。

陆逊又派李异、谢旌等领兵三千人，在秭归（今湖北省秭归县）攻蜀将詹晏、陈凤。李异带领水军，谢旌率领步兵，断绝险要，所到皆克。陆逊军势如破竹，又攻蜀房陵太守邓辅、南乡太守郭睦，大破之。秭归大姓文布、邓凯等联合少数民族兵数千人，与益州方面取得联系和获得支持，进行反抗。陆逊又派谢旌出兵击讨文布、邓凯，二人逃走，刘备用以为将。陆逊令人诱降他们，结果文布率众投降。陆逊先后斩、获、招、纳达数万人。孙权以陆逊为右护军、镇西将军，进封娄侯。一个月的工夫，不但使荆州陷落，就连荆州与益州相连的宜都、秭归、房陵、枝江、夷道、襄阳均归属东吴，然后陆逊还屯夷陵，守峡口以防刘备的进攻和报复。而刘备当时没有任何动作，恰是件不可理喻的事情。

三、兵溃麦城

关羽听说南郡陷落，马上由襄、樊一线向南撤退。派人给吕蒙书信斥责他，吕蒙回书谎称："蒙昔日与关将军结好，乃一己之私见；今日之事，乃上命差遣，不得自主。"关羽无奈，又多次派人与吕蒙联系，请求和解。吕蒙则厚待使者，还带使者周游城中，家家致问，或让亲属给在关羽军中的子弟写信。关羽部队南归路上，私下里相互传递小道消息，都知道家中无事。《三国志·吴书·吕蒙传》载："羽人还，私相参讯，咸知家门无恙，见待过于平时，故羽吏士无斗心。"《三国志·蜀书·关羽传》则载："权已据江陵，尽虏羽士众妻子，羽军遂散。"可见，孙权颠覆公安、江陵两城是关羽军溃散和失败的致命原因。

荆州城西门外，有一座和城墙毗连的土山包，名叫掷甲山。传说关羽从襄樊一线撤回到荆州城边的土山上，将士们的家眷各自呼唤家人名字，吴兵纷纷向土山处射下带有家书的无头箭，一批将士见了便纷纷丢掉兵器，脱去衣甲，各自逃命。关羽约束不听，因此军心涣散。应该讲大体符合历史情况。

困守麦城

北有曹操大军，南边荆州首府陷落。关羽知道处境万分危急，于是"还当阳，西保麦城"。[①]"会权寻至，羽自知孤穷，乃走麦城"。[②]这是关羽重大的战略行动，进逼江陵，欲攻不能，部分将士离散，士气一落千丈，对关羽是生死抉择的考验。

麦城也因中国军事史上这一特殊战例和一代战神关羽的短暂驻扎而闻名遐迩。

麦城的地理位置。麦城位于江陵城北侧一百二十里处，在沮、漳三角洲上。据清《当阳县志》记载："麦城在治东南五十里，沮漳二水之间，相传楚昭王（前515—前488年在位）所筑。"其城垣呈现一个巨大的椭圆形。城垣周长为十六点五里左右，面积约为十二点二平方里，相当于楚国都城纪南城的五分之一，位居楚第二大城市。据《元和郡县图志·河南道五》称，下邳城有三重，大城周曰一十二里。似此，麦城比下邳要大。沮漳二河均发源于荆山，漳河在麦城东，沮河在其西，两河在城南交汇流入长江。麦城是楚国都城郢都（今湖北省江陵县纪南城）的北方门户，是北屏楚都的军事重镇。公元前506年，伍子胥怀着家仇私恨率吴师进攻楚都郢前，率先攻打麦城。楚麦城守将斗巢凭城高池深固守。伍子胥损兵折将。最后在麦城东修筑驴城，麦城西修筑磨城，以期困守麦城。在迫斗巢率军出战时，伍子胥派人混入楚军中，夜间从内部打开城门才攻陷了麦城，可见麦城城防十分坚固。

麦城因关羽失败而蒙上（霉）气之名。据当阳市文化馆副研究馆员董乐义考证，在春秋、战国时，麦城是风水宝地。"麦城者，乃财兴富裕之城

---

① ［晋］陈寿撰，［南朝宋］裴松之注，陈乃乾校点：《三国志·吴书·吴主传》，中华书局1959年版，第1121页。

② ［晋］陈寿撰，［南朝宋］裴松之注，陈乃乾校点：《三国志·吴书·吕蒙传》，中华书局1959年版，第1279页。

也。""麦"字引申为招财致富、商业发达、经济繁荣之意。因其特殊的地理位置，古代水上交通发达，因此成为荆山地区与江汉一带联结的交通枢纽。凭舟楫之便，西通巴蜀，南下吴越，颇得便利。春秋时走麦城，就会交鸿运。因为这里商贾云集，街巷纵横，人流熙熙攘攘。《古当阳》一书载，楚国时麦城车水马龙，闹市如潮，酒肆相连，高朋满座，驿馆不夜。市场、商行、店铺、作坊、货栈、馆舍、酒楼，应有尽有，是楚国商业贸易中心城市。到战国末年，秦将白起大军拔郢，楚都东迁到陈（今河南省周口市淮阳区）。由于楚国政治中心东移，麦城才失去往日的辉煌，但仍不失荆楚一大重镇。建安七子之一的王粲在建安十年（205 年）曾登麦城东南隅城楼，睹物思情，追古抚今，写下了千古名篇《登楼赋》。[1]清《当阳县志·艺文》记述明清之际麦城诗：

> 二水之间古麦城，岸花汀草带愁生。
> 孤舟莫向城边泊，月夜千家捣练声。

描写明清之际麦城内从事染织的手工业十分发达，所以才有月光下千家捣练之声传响不绝。

关羽军屯麦城时，推测兵力仍有两万左右。可以推算一下，关羽军在襄樊一线作战时为五万人。经与徐晃军战斗，被击退，损失五千人。返回荆州途中与吴军亦应有战事，损失五千人。到荆州城下，将士叛逃一半，还应有两万人。《三国演义》讲关羽军到麦城时仅剩几百人是不科学的。偌大一个麦城，围长为十六点五里，城外是两万吴军包围，几百人马焉能防守？

那么，关羽困守麦城多长时间呢？大体一个月。可以计算一下。闰十月九日被徐晃军击败后，关羽军并没有受到致命伤害，因此史书交代关羽犹豫不定，没有马上退返荆州，大约五天时间。当得知荆州失陷的确切消息时，从樊城一线到江陵约五百里，关羽军路途中行军、阻截、延宕、求和等军事行动大约二十天，即十一月上旬到达荆州（江陵）城下。关羽军退军路线是

---

① ［后魏］郦道元注，［清末］杨守敬、熊会贞疏，段熙仲点校，陈桥驿复校：《水经注疏》卷三十二注引《沮水注》，江苏古籍出版社 1989 年版，第 2700 页。

樊城—当阳—江陵—当阳—麦城—夹石—章乡。由江陵折回当阳，然后退返麦城，有一百五十里，大约也需五天时间。关羽坚守到十二月中旬便一个多月，退一步坚守到十二月上旬也一个月时间。

关羽守城时，企图重整旗鼓，只因上庸刘封、孟达援军不发，孤城一座，内无粮草，外无救兵，伤员药品奇缺，军心极为不稳。东吴曾经对关羽劝降。据《三国志旁证》载："杭世骏曰：《江表传》云，孙权使朱俊往喻关羽，令降，羽乃作像人于城上而潜遁。"孙权遣使劝降，关羽答应，让孙权军队退兵十里，东吴军果然退兵十里。关羽伪降，立幡旗做假人于城上，准备逃往西川。

夹石受阻

关羽不知北边曹魏是否对自己用兵，是以不能向北走，经大林再奔向上庸的捷径，只能走"临沮小路"。

十二月二十一日晚（后边论及时间的确定），大约戌时，关羽引关平、赵累等残部十余骑，弃城西行，"兵皆解散"，突出北门，往西川进发。关羽逃离麦城时带多少兵马亦是一历史疑案。因史料太简单，且有矛盾。《三国志·吴书·吴主传》称："兵皆解散，尚十余骑。"而《三国志·吴书·吕蒙传》则称："西至章乡，众皆委羽而降。"推定，孙权传讲得粗，是最后关羽所率逃亡人数，而非逃出麦城时人数。吕蒙传讲得细，关羽逃离麦城时人较多，到"章乡"，绝大多数人不愿意离开故土，都投降了东吴。此是关羽军第二次发生大规模叛逃事件。其中包括关羽有计划地解散了部队，他同情部下不愿离开故乡的感受。

关羽逃奔西川，想速归刘备，以求东山再起。在西去的线路上有两种选择。因樊城到江陵一线的西部，全是崇山峻岭，麦城到最近的蜀控制地房陵（关羽不知房陵已被吴军攻占），上庸，仅有两条路可通。

第一条路是沿漳河而西上。从麦城北返当阳至大林（今当阳市陈院乡北境），过阜山（今房县南），可达上庸。这是公元前611年戎人伐楚的路线。路程近，是奔向西川的捷径，但山道崎岖。一些学者认为关羽即是从这条路奔上庸途中，经"漳乡"时被东吴擒杀的。

第二条路是沿沮河西上。经章乡、夹石，可达房陵、上庸。《三国演义》表达为"沿临沮小路而来"，是符合历史的。

由上边引用史料亦可证，途经麦城西边的章乡，而非漳乡，即在章乡发生了大规模解散部队和叛逃的事件。关羽没有其他选择，北上走捷径，疑有曹魏军队。当时的关羽并不晓得曹操阻止其部将们追击自己，只能选择沿沮水而上这唯一线路。

孙权、吕蒙早已算定关羽不肯投降，必定奔临沮小路败逃，在其西逃道路上派重兵围追堵截。史料交代较粗，只表达为"权使朱然、潘璋断其径路"，"权征关羽，璋与朱然断羽走道，到临沮住夹石"。关羽、关平、赵累一行十数骑行至夹石，遭到截击。

据传说，孙权、吕蒙布置三道防线截击关羽。第一道防线是朱然，在麦城西北黄林岗；第二道防线在九子山、锦屏山和分水岭一带，由潘璋率兵堵截；第三道防线是马忠在夹石。关羽军在出逃前共饮红井水进行盟誓。关羽率关平、赵累冲过第一道、第二道防线后，在第三道防线夹石被马忠设绊马索砍（刺）成重伤。

《三国演义》讲关羽父子在夹石被绊马索绊倒后被擒，纯属小说者言。有的观点因此附会关羽父子在夹石被马忠部所擒，似不确。

据实地考察，夹石一段现称为罗汉峪，属于湖北省远安县洋坪镇余家畈村地界，为湖北224省道公路标记十公里处，东距今远安县城七十里。这一段山势陡峭，奇峰绝壁，两侧山上古木参天，葛藤缠绕，遮天蔽日，谷曲幽深，溪水湍急。两边峭壁相距仅三十米，此地现称回马，也称回马坡，是一个三岔路口。因关羽之故，清同治七年（1868年）后人在此紧贴山崖临河勒碑建亭，记载这千古恨事。亭里碑刻写道："呜呼！此乃关圣帝君由临沮入蜀，遇吴回马之处也。"

笔者认为，关羽等在夹石遭到堵截是实，并发生激烈交锋，而被擒地应在章乡。

史载，孙权在江陵非常关注关羽的行踪，让骑都尉兼知医术的虞翻占筮，得兑下坎上，这是节卦，九五爻变临卦，虞翻说："不出两日，关羽必当断头。"孙权亦使吴范占卜，同样应验。吴范亦通晓占候，在郡内有名气。

孙权和吕蒙策划袭击关羽，和亲信大臣们商量，多数人说不行。孙权就此事询问吴范，吴范说："可以捕获关羽。"后来关羽在麦城派使者请求投降。孙权问吴范说："他究竟能否投降？"吴范说："他有逃跑的征候，说投降是假的。"于是孙权派潘璋、朱然截断关羽的道路。当关羽逃离麦城时，侦察人员回来说，关羽已经离去了。吴范说："虽然离去，但不能脱身。"孙权问关羽被擒获的时间。吴范说："明天中午。"孙权就装置日晷和设下漏刻，等待这个时辰。到了中午，擒获关羽的信息没有到，孙权问其中的原因，吴范说："时间还没到正午呢。"过了一会儿，有风掀动帷幕，吴范击掌说："关羽被捉住了。"很快，外面高呼万岁，传报擒获了关羽。据《后汉书·郎顗传》注："风角，谓候四方四隅之风，以占吉凶也。"占风候是否科学，不得而知。分析是按关羽逃跑时间、可能擒获的地点、押解传报时间几方面综合得出的预言。

遇害地点

记载关羽被擒获、斩首的史料有六处。

其一，《三国志·蜀书·关羽传》载：权"遣将逆击羽，斩羽及子平于临沮。"

其二，上书注裴松之评价《吴书》记载说："孙权遣将潘璋逆断羽走路，羽至即斩，且临沮去江陵二三百里，岂容不时杀羽，方议其生死乎？又云'权欲活羽以敌刘、曹'，此之不然，可以绝智者之口。"

其三，《三国志·吴书·吴主传》载："十二月，潘璋司马马忠获羽及子平、都督赵累等于章乡，遂定荆州。"

其四，《三国志·吴书·吕蒙传》载："会权寻至，羽自知孤穷，乃走麦城，西至漳乡，众皆委羽而降。权使朱然、潘璋断其径路，即父子俱获，荆州遂定。"

其五，《三国志·吴书·潘璋传》载："权征关羽，璋与朱然断羽走道，到临沮，住夹石，璋部下司马马忠禽羽，并羽子平、都督赵累等。"

其六，《三国志·吴书·朱然传》载："建安二十四年，从讨关羽，别与潘璋到临沮禽羽，迁昭武将军，封西安乡侯。"

从以上几则史料看，关羽父子被擒地不很明确。孙权传称为"章乡"，朱然传称为"临沮"，潘璋传称为"夹石"，关羽传称为"临沮"。结合地形地貌及表达角度可得出以下判断：

（1）关羽父子等被擒、斩应为同一地点，在临沮县境内。

（2）为什么孙权传称章乡，而潘璋传却讲在夹石呢？实际潘璋传所写为细节，主要表达在夹石阻击了关羽父子，因之，在夹石双方肯定有过激烈的战斗。

（3）关羽父子等被斩肯定在章乡，即今关陵附近。关羽不大可能在夹石被擒，押解到章乡斩首。押解过程中听到孙权命令后斩亦不可能。关羽父子被擒后，在原地听候孙权处置较符合情理。

（4）孙权传讲得较准确，即关羽父子被擒不在夹石，而在章乡。为什么潘璋传表述为夹石呢？其实史料讲的本意是在夹石截击到关羽父子。潘璋传和孙权传表述的观点如何统一呢？社会口碑史料丰富了这一细节，即关羽父子在夹石遇到阻截后，双方激战。《太平御览》卷三百六十六引《吴录》载："关羽走，孙权使虞翻筮之"曰："必当断头伤其耳。"果如翻言。这是史书记载，应有其事。看来混战中关羽被重伤头部。据当地传说，夜间混战中，关羽十数人被数百上千山越大汉包围。关羽被砍破腹部（一说肠子流出），这时关平、赵累等已先后被擒。关羽驱战马往东逃想返回麦城，因伤势过重，关羽只能把心爱的宝刀扔到路边沮河中，这才有陶弘景《古今刀剑录》所述关羽"惜刀投水"。原先大惑不解，何以一代战神关羽会投刀束手被擒呢？主要原因是其伤势过重，无法使用武器，为求速速逃走，才万般无奈将宝刀投到沮水中。在章乡一带，跑出一百一十里，即两个多小时后，终因失血过多，关羽落马，为马忠等擒获。史料讲，"璋部下司马马忠擒羽，并羽子平、都督赵累等"。一人不可能擒三虎，应该是三人均被马忠所部擒获。

《水经注》卷三十二介绍漳水时写道："又南历临沮县之章乡南，昔关羽保麦城，诈降而遁，潘璋斩之于此。"试想，关羽这一东汉末年最重量级人物，不押到江陵，必在被擒地附近待孙权命。据董乐义研究员分析，《水经注》把古漳溢误以为章乡。《三国志·吴书·吕蒙传》亦称"乃走麦城，西至章乡"，故章乡在麦城之西无疑。因此，关羽父子被擒、斩应为临沮之章

乡，而不是当阳之漳溙。一些史料所说斩于临沮，为宏指，因章乡属于临
沮县。

关羽神勇，何以被擒呢？关羽有三方面劣势：

一是麦城到夹石一百六十里，关羽等已经急行军近五个小时，人困马
乏，兵法忌之，曰"必蹶上将军"。即便人不累，马已乏，焉能与战？

二是进入险境。东汉末年史书提到的夹石有两个：一在湖北远安县罗汉
峪沟；二在安徽桐城市北四十七里。均是地势险恶、丛林茂密之处。黄武七
年（228年）吴鄱阳太守周鲂诓骗魏大司马曹休时，吴朱桓献计，用万人封
锁道路，可把曹休十万人马歼灭，是在后一夹石。关羽被擒获在前一夹石。
可见途经险境是关羽逃跑选择方向一大失误。

三是遇到了生力军。担任阻击的朱然、潘璋不是等闲之辈。《三国志·吴
书·潘璋传》载："璋为人粗猛，禁令肃然，好立功业，所领兵马不过数千，
而其所在常如万人。"朱然"临急胆定，尤过绝人"，亦是东吴一员猛将。特
别是潘璋部从多山越之人，有较强战斗力。以关羽十几骑，对千人，力量悬
殊，以逸待劳，关羽已届六十岁，不再有四十岁斩颜良的雄风了。

由于关羽万人敌的神勇，其父子被擒获后，孙权想不斩关羽，以敌曹
操、刘备。议及近臣，左右说："狼子不可养，后必为害，从前曹操攻占下
邳俘获关羽，不杀掉他，给自己留下很大隐患，以至于要迁都，现在难道还
能饶他一命吗？"于是孙权命潘璋就地处斩关羽父子等。

被害时间

关羽被害日期，传说中九月、十月均有，皆无所据。正史中多处讲到
月份。《三国志·蜀书·关羽传》载，关羽在汉献帝二十四年率众攻曹仁于
樊。孙权蹑其后，遣将逆击羽，斩羽及子平于临沮。这里仅说到年。《三国
志·吴书·吴主传》载：二十四年"十二月，〔潘〕璋司马马忠获羽及其子
平、都督赵累等于章乡，遂定荆州"。而《三国志·魏书·武帝纪》载："二
十五年春正月，至洛阳。权击斩羽，传其首。"从字面上看，关羽父子被袭
杀或为建安二十四年十二月，或为二十五年正月。其实曹操传中所记是他从
摩陂回到洛阳时间和传首时间，而对袭杀时间一笔带过，不能把传首时间与

被斩时间混为一谈。关羽父子死于汉献帝建安二十四年农历十二月无疑。

具体日期如何确定，这是正史和民间传说都没有的。《三国志通俗演义》在卷之十六"汉中王痛哭关公"一节中提到，关羽被斩后，孙权大宴众将，关羽魂附吕蒙，吕蒙毙命，时间是十二月初七（公元 220 年 1 月 29 日）。清学者赵翼《陔余丛考》卷三十五《关壮缪》及徐观海《圣迹纂要》均认同此说。关羽研究专家蔡东洲、文廷海《关羽崇拜研究》也依此说。唯一持异议的是，由山西解州关帝庙文管所编、曲公游著《关羽评传》记述关羽殉难日期是建安二十四年十二月二十二日（公元 220 年 2 月 13 日），被吴方伏兵阻杀于临沮章乡，指挥者乃吴将潘璋。笔者认为这个时间与史实较接近。因为十二月初七被害与建安二十五年（220 年）春正月把关羽首级送到洛阳时间差距太大。传送关羽首级是孙、曹之间最大的事件，不会有任何耽搁，曹操在哪里就会传首到哪里。江陵距洛阳约一千二百里，即便有十人队伍护送也就是十天左右。可以比照一下。司马懿擒斩孟达，与此距离大体相当，仅八日到其城下。孙权传关羽首路途十天左右为妥。因此，倒推一下，建安二十五年正月传首洛阳，如果是前一年十二月初七，那就走了二三十天，不太合乎情理。前一年十二月二十二日被击斩更接近历史的真实性。

关羽父子遇害时间推定为被擒当天的下午五时左右。可以推算一下：章乡距江陵一百六十里左右，快马传递重要军事情报，至少也需四小时。《三国志·吴书·吴范传》载：是日中午十二时孙权得到擒获关羽的报告，即早晨八时左右被擒。对关羽的处置也是大问题。孙权召集随行重臣商议大体一个小时，然后信使返回需用四小时，因此推定当天下午五时左右，关羽父子遇害。关羽享年六十一岁，关平享年十九岁。都督赵累亦同时遇害。由于关羽身份在蜀汉与东吴关系中处于特殊地位，或在传报信息时由于重伤而薨，或言语相向，被潘璋杀死。

建安二十五年（220 年）春正月，曹操从摩陂回到洛阳。孙权击斩关羽传其首给曹操。孙氏此举，意在嫁祸于曹魏而减轻刘备对东吴的仇恨。曹操早知孙吴诡计，便以诸侯礼葬关羽头于洛阳。现河南省洛阳市偃师区有酒雾村。据当地百姓讲，几位押解关羽首级将官到此用餐，因为当时关羽头开始腐烂，有异味，询及店主方法，店主告之，喷酒可解其味，酒雾村由此而来。

关羽被斩后，孙权令以诸侯礼葬其尸骸。传说吴人配以沉香木雕刻的首级，用金丝楠木做棺椁，以铁链悬空吊于墓宫。现关羽尸骸墓古称大王冢，在当阳，即今关陵。

关羽从"亡命奔涿郡"到遇害，追随刘备，忠于刘备，力扶危汉。刘、关、张三人忠耿耿，义烈烈，患难相扶，志同道合。关羽以一解梁武夫起步，到开创蜀汉大业，打下了一片继汉秉忠的基业，以他百折不挠、出生入死的拼搏进取精神留下了气壮山河的足迹，以"拼将一死酬知己，致令千秋仰义名"的评价写进了人们心中。

据说，留守麦城的周仓将军在麦城听到关羽被害的消息，悲痛万分，自刎身亡。现麦城西南约六里处有周仓墓，墓前石碑上书"汉武烈侯周将军之墓"。

跟随关羽逃亡的数十骑中还有廖化。《三国志·蜀书·廖化传》载：关羽主簿廖化被吴军擒获后，归属吴国。但廖化思念归顺刘备，过不多久，假装死去，当时的人以为是真的。于是廖化携带老母日夜遁逃。正碰上刘备带兵东征，在秭归相遇。刘备非常高兴，任命廖化为宜都太守。后逐渐升为右车骑将军，授予符节，兼任并州刺史，封为中乡侯。蜀国灭亡后，迁徙洛阳，半路上因病去世。

清光绪年间刊行的《荆州府志》和《江陵县志》载：关平随父镇守荆州时，娶赵云之女赵氏为妻，生有一子名为关樾。吴兵袭取荆州时，关平妻子赵氏领儿子关樾乔装逃出荆州城，到安乡一民家避难，改姓门。直到西晋灭吴后，赵氏才带儿子出来恢复关姓。清雍正十年（1732年）朝廷确定由关樾一支后裔世袭五经博士。

关羽败亡，使刘备蜀汉事业产生了巨大挫折。可概括为两个失去：

一是失去八郡之地。关羽受刘备命，董督荆州，后期掌控的荆州包括南郡、武陵郡、零陵郡、宜都郡、南乡郡五郡，另有孟达、申耽、申仪兄弟叛投曹魏带走西城、上庸二郡，陆逊攻夺房陵郡，此三郡为益州刺史部范围，合起来共八郡之地。而且失去十几万军队。关羽所率四万人，后增兵一万人，江陵、公安两万人，各地约四万人，总计大约十一万人。

二是失去了兴复汉室的机会。益州有十二个郡及属国，荆州九郡，赤壁大战后刘备控制大半，中分荆州后，蜀亦控制接近一半。当时，益州、荆州连成一片。水淹七军后，曹操南乡郡太守傅方投降关羽。距离洛阳、许昌等政治中心越来越近。关羽失败后，这些地方被曹魏、孙吴瓜分，不亚于第二次赤壁之战的重新分割势力范围。关羽失败，奠定了三国的疆界，使蜀国局限于巴蜀和汉中地域内。诸葛亮六出祁山而无收获，与孔明军事才能有关系。根本原因还是国小民穷，长年黩武，加速了蜀汉走向灭亡。蜀汉建国之初，仅益州刺史部总人口就达六百万人，到咸熙二年（265年）后主投降，历经四十五年，人口不但没有增加，反而锐减到九十余万人。回味法正与孔明争议治蜀方略不无道理。

关羽失败了，时人、后人都发表了不少感慨和浩叹。诸葛亮在《后出师表》中亦感叹"然后吴更违盟，关羽毁败，秭归蹉跌，曹丕称帝"。

蜀汉后期任大司马蒋琬东曹掾的杨戏于延熙四年（241年）著《季汉辅臣赞》，其赞关云长、张益德云：

> 关、张赳赳，出身匡世，扶翼携上，雄壮虎烈。藩屏左右，翻飞电发，济于艰难，赞主洪业，侔迹韩、耿，齐声双德。交待无礼，并致奸慝，悼惟轻虑，陨身匡国。[1]

史学家、《三国志》作者陈寿在总结关羽失败原因时说：

> 关羽、张飞皆称万人之敌，为世虎臣。羽报效曹公，飞义释严颜，并有国士之风。然羽刚而自矜，飞暴而无恩，以短取败，理数之常也。[2]

---

① ［晋］陈寿撰，［南朝宋］裴松之注，陈乃乾校点：《三国志·蜀书·杨戏传》，中华书局1959年版，第1080页。

② ［晋］陈寿撰，［南朝宋］裴松之注，陈乃乾校点：《三国志·蜀书·关张马黄赵传》，中华书局1959年版，第951页。

四、身后之事

关羽败亡，兵挫坚城之下，令多少正义之士扼腕长叹，这不但是蜀汉事业的巨大损失，也是正义人格的一次挫折。关羽地盘最大时，也是蜀汉地盘最大时期，已经初步实现了跨有荆、益的目标。当时的力量，大于东吴，稍逊于曹魏。如果按当时政治军事态势，刘备布军得当，完全能够实现匡扶汉室的夙愿。遗憾的是，刘备疏忽，伟大目标擦肩而过。

关羽遇害后，直接或间接导致了吕蒙、曹操、刘封、孟达、张飞、刘备等亡故。

诡计高手吕蒙病亡

定荆州后，孙权"以蒙为南郡太守，封孱陵侯，赐钱一亿，黄金五百斤。蒙固辞金钱，权不许。封爵未下，会蒙疾发"。封爵还未下，吕蒙发生重病，司马法称"赏不逾日"。[①]有的亦称"赏不逾月，国之常典"，可见吕蒙疾发距封赏之日不远。

史载，孙权在公安，把病重的吕蒙迎置内殿，悬赏为吕蒙治病者。医生为吕蒙施以针灸，孙权就为他难过。多次想看吕蒙的病情变化，又怕他费神，于是常常隔着窗户观看。只要略能下食就高兴，与左右说笑。如果发现他吃不下饭，就唉声叹气。病中发现好转，就为他下达敕令，群臣都来庆贺。后来病情反而加重，孙权就亲自守候在他身边，命令道士为他祈祷，请求上苍保全他的性命。医治无果，终于在宫殿里"吐血而亡"，享年四十二岁。亦有说吕蒙患喉癌或食道癌而亡。以此推之，吕蒙于灵帝熹平七年（178年）生，建安二十四年十二月三十日（公元220年2月21日）前，即袭杀关羽后一周左右去世。

吕蒙身患何病不明，其病情加重乃至不可救药，由偷袭荆州劳累、心力交瘁引起无可置疑。吕蒙死后葬荆州蒲圻，南梁盛弘之《荆州记》载：长沙

---

① ［晋］陈寿撰，［南朝宋］裴松之注，陈乃乾校点：《三国志·吴书·吕蒙传》，中华书局1959年版，第1279页。

蒲坼县有吕蒙冢，中有髑髅极大。吕蒙身材长大可见一斑。

吕蒙称得上诡计的高手，《三国志》作者陈寿在评价吕蒙时称赞说："吕蒙勇而有谋断，识军计，谲郝普，禽关羽，最其妙者。"[①] 不讲道义，不讲同盟关系，背离社会公德，即便胜利也不值得效法。不过，由此可以警示后人，在军事战线辨别敌我友须慎之又慎。

一代枭雄曹操忧死

关羽势如破竹占领襄阳以南，又水淹七军，曹操从汉中西线迅疾撤回，没敢回许昌，十月，回到洛阳，召开军事会议。立即部署亲自南征关羽。在群臣劝说下，驻军摩陂，击溃了关羽别将的游军，等待徐晃的消息。徐晃用四计击退关羽，在南北夹击下，关羽被斩杀。建安二十五年（220 年）春正月，曹操返回洛阳，孙权传关羽首级给曹操。刘备称汉中王整整半年后的庚子日，即正月二十三日（公元 220 年 3 月 15 日），曹操带着惴惴不安的心绪和遗憾死于洛阳。

史学界认为，曹操之死，由于汉中之败和樊围之急。这个结论是对的。说到底是由于樊城之围着急而死。史学家们分析说，曹操西行不得志而发病，及襄樊围急，狼狈还救。当关羽水淹七军后，曹操群臣一致认为，如果曹操不亲征，魏国事业就太危险了，事实就是这样。假设，孙权不夹击，关羽早一天攻拔樊城，占有襄樊，就可以直接威胁许昌、洛阳，时人议论的关羽有争天下之志，就其军事实力是可能的，就其主观意志是不可能的，因为忠于蜀汉事业是关羽毕生的追求。

曹操死后，太子曹丕继为丞相，称魏王。同年十月，逼迫汉献帝让位，曹丕接受献帝的禅让。魏王派使者向曹节索要皇后玺绶，曹后怒而不给。多次索要后，曹后将玺掷摔在轩栏下，并泪流满面地哭道："上天不保佑啊！"左右不敢仰视。汉献帝被废为山阳公，曹操次女曹节降格为山阳公夫人。

曹丕即皇帝位，定都洛阳，改元黄初，史称魏文帝。

---

① ［晋］陈寿撰，［南朝宋］裴松之注，陈乃乾校点：《三国志·吴书·吕蒙传》，中华书局1959 年版，第 1281 页。

吓反孟达赐死刘封

建安二十五年（220 年）七月，孟达忿恚刘封强夺自己的鼓吹，又惧关羽覆败，疑受牵连之罪，率部曲四千余家投降曹魏。《魏略》载孟达辞先主表：

> 伏惟殿下将建伊、吕之业，追桓、文之功，大事草创，假势吴、楚，是以有为之士深睹归趣。臣委质以来，愆戾山积，臣犹自知，况于君乎！今王朝以兴，英俊鳞集，臣内无辅佐之器，外无将领之材，列次功臣，诚自愧也。臣闻范蠡识微，浮于五湖；咎犯谢罪，逡巡于河上。夫际会之间，请命乞身。何则？欲洁去就之分也。况臣卑鄙，无元功巨勋，自系于时，窃慕前贤，早思远耻。昔申生至孝见疑于亲，子胥至忠见诛于君，蒙恬拓境而被大刑，乐毅破齐而遭谗佞，臣每读其书，未尝不慷慨流涕，而亲当其事，益以伤绝。何者？荆州覆败，大臣失节，百无一还。惟臣寻事，自致房陵、上庸，而复乞身，自放于外。伏想殿下圣恩感悟，愍臣之心，悼臣之举。臣诚小人，不能始终，知而为之，敢谓非罪！臣每闻交绝无恶声，去臣无怨辞，臣过奉教于君子，愿君王勉之也。[①]

孟达文中称"荆州覆败，大臣失节，百无一还"，是夸大其词，推脱责任，宜都太守樊友、荆州主簿廖化就先后逃归刘备。从宏观上讲，荆州刘备方各郡县没有多少作战能力，倒是不争的事实。

魏文帝曹丕非常欣赏孟达的"姿才容观"，任命他为散骑常侍、建武将军，封平阳亭侯。合房陵、上庸、西城三郡为新城郡，以孟达领新城太守。不久，魏文帝遣征南将军、荆州刺史夏侯尚、右将军徐晃与孟达一起攻打驻守在上庸的刘封。西城太守、原魏将申仪复叛投魏，刘封被击破返还成都，"封既至，先主责封之侵凌达，又不救羽。诸葛亮虑封刚猛，易世之后终难

---

① ［晋］陈寿撰，［南朝宋］裴松之注，陈乃乾校点：《三国志·蜀书·刘封传》注引《魏略》，中华书局 1959 年版，第 993 页。

制御，劝先主因此除之。于是赐封死。……使自裁。先主为之流涕"①。历史上一些研究者认为，"昭烈以刘封失救，至于赐死，虽死犹为垂泪，则昭烈君臣兄弟之大义，直可以质鬼神矣"！

孟达后来反复于魏、蜀之间，孔明设计借司马懿之手将其斩首。

刘备张飞为谊身亡

关羽败亡，令曾盟誓共创大业的刘备异常震怒，伺机报复东吴。建安二十六年（221年）四月丙午，刘备在成都武担山之南（今四川成都市北校场内）设坛场，即皇帝位，改元章武，并加紧征吴步伐。

作为大魏皇帝的曹丕亦非常关注吴蜀两国关系。此前，黄初元年（220年），曹丕诏问群臣让大家分析刘备是否为关羽报仇，攻打东吴。议者都认为："蜀国，不过是一个小国。他的名将唯有关羽。如今关羽已死，蜀军已破，国内惶恐不安，已没有机会再出兵了。"侍中刘晔说："蜀国虽然狭小力量微弱，但刘备总是谋划想威武自强。他势必动用军队，用以表示尚有余勇余力。况且关羽与刘备名义上是君臣，实际上恩若父子。现在关羽虽然死了，刘备如若不为他兴兵报仇，从二人由始至终的情分讲，就显得很不够。"

刘备果然不听诸多大臣苦谏，召张飞率军一万，由阆中会合江州。临发，张飞被其帐下将张达、范强刺杀。两人带着张飞首级顺流而下，去投降孙权。张飞死后，相传身躯葬于阆中官衙大堂（今四川省阆中市城西街）。后人在墓前建阙立庙。现张飞庙为四合庭院式，自唐以后多有诗词赞颂。在四川云阳飞凤山麓亦有墓。背山临江，相传张飞被杀后，头被范强等抛于江中，为人葬于此。所以民间有"身在阆中，头葬云阳"。唐时始建祠，有张飞塑像。三峡工程中，张飞庙随云阳新县城迁至双江镇。主像由泥塑改为铜像。庙门楹联较多，兹录其一：

> 雄猛让一人，武善提戈文握管。
> 精英传万代，唐曾显姓宋留名。

---

① ［晋］陈寿撰，［南朝宋］裴松之注，陈乃乾校点：《三国志·蜀书·刘封传》，中华书局1959年版，第994页。

秋七月，刘备亲率军七万伐吴。孙权遣书请和，吴南郡太守诸葛瑾给刘备书信一封，谏阻伐吴，直录如下：

> 奄闻旗鼓来至白帝，或恐议臣以吴王侵取此州，危害关羽，怨深祸大，不宜答和，此用心于小，未留意于大者也。试为陛下论其轻重，及其大小。陛下若抑威损怨，暂省瑾言者，计可立决，不复咨之于群后也。陛下以关羽之亲何如先帝？荆州大小孰与海内？俱应仇疾，谁当先后？若审此数，易于反掌。[①]

诸葛瑾之书纯属诡辩，夺人之州，杀人之将，还一本正经论大小、海内。为《三国志》作注的裴松之按捺不住心中激愤，就此专门进行注释，给以抨击。裴松之说：关羽出兵沔、汉，攻打魏国，其志在匡主定霸。而孙权包藏祸心，为魏国扫除其害，实则是剪除勤王之师。拯救汉朝的宏图大略，从此断送。刘备、关羽相知，"有若四体，股肱横亏，愤痛已深"。[②]哪能是你不着边际的废话所能挽回的呢？

刘备盛怒不许，顺流东下，一路旗开得胜，步骑到秭归，水军屯夷陵。在东吴严密防控下，双方相持一年。次年（222年），夏六月，吴将陆逊大破刘备于猇亭，火烧连营数百里。刘备步道逃归鱼复县（治所在今四川省奉节县东北），得病，改为永安。

时孙夫人在吴，听说刘备兵败，恨吴蜀为仇，投江而死。《三国志通俗演义》为罗贯中原著，没有这一情节。毛纶、毛宗岗父子改定本，即现通行本《三国演义》增加了孙夫人投江情节。其理由是孙夫人听说刘备猇亭兵败，讹传先主死于军中，遂驱车至江边，望西遥哭，投江而死。后人立庙江滨，号曰枭姬祠。

增加此情节有所本。据朱一玄、刘毓忱《三国演义资料汇编》引《曲海

---

① ［晋］陈寿撰，［南朝宋］裴松之注，陈乃乾校点：《三国志·吴书·诸葛瑾传》，中华书局1959年版，第1233页。

② ［晋］陈寿撰，［南朝宋］裴松之注，陈乃乾校点：《三国志·吴书·诸葛瑾传》注引裴松之评语，中华书局1959年版，第1233页。

总目提要》转《太平府志》记载："枭矶上有孙夫人庙,香火极盛,序记诗文不下百十,俱云旁考传记,孙夫人以孙、刘不睦,互相攻击为仇,痛自愤恨,投水于枭矶之下,以故后人祠之。"似此孙夫人投江而亡是可信的。时年三十一岁。孙夫人庙有对联云:

> 郎志图曹,妾身属汉,忆昔日束装旋返,慷慨西行,漫云儿女情长,英雄气短;
>
> 兄思绝蜀,妹敢忘吴,想当年设计赚归,仓皇东去,从此望穿江水,梦绕湘云。

枭矶,在安徽省芜湖西七里,原在江心,属芜湖市,后因泥沙淤积,与江相连,属无为县境。

刘备虽然没有取胜,但后人看到了一位明主对部下、兄弟的肝胆之情,看到了不负誓言的浩然正气。章武三年(223年)春二月,诸葛亮由成都到永安,四月,刘备弥留之际托孤于诸葛亮,尚书令李严为副。先主遗诏敕后主:

> 朕初疾但下痢耳,后转杂他病,殆不自济。人五十不称夭,年已六十有余,何所复恨,不复自伤,但以卿兄弟为念。射君道,说丞相叹卿智量,甚大增修,过于所望,审能如此,吾复何忧,勉之,勉之!勿以恶小而为之,勿以善小而不为。惟贤惟德,能服于人。汝父德薄,勿效之,可读《汉书》《礼记》,闲暇历观诸子及《六韬》《商君书》,益人意智,闻丞相为写《申》《韩》《管子》《六韬》一通已毕,未送,道亡,可自更求闻达。[①]

四月二十四日,一代枭雄刘备逝于永安宫(今重庆市奉节县奉节师范学校内),享年六十三岁。

---

① [蜀汉]诸葛亮撰,[清]张澍编:《诸葛亮集》,中华书局1960年版,第106页。

刘备、关羽、张飞三人终于实现了"同年同月同日死"的誓言。

《三国志》作者陈寿评价刘备道："先主之弘毅宽厚，知人待士，盖有高祖之风，英雄之器焉。及其举国托孤于诸葛亮，而心神无贰；诚君臣之至公，古今之盛轨也。机权干略，不逮魏武，是以基宇亦狭。然折而不挠，终不为下者，抑揆彼之量，必不容己。非唯竞利，且以避害云尔。"①

翻译成现代文为：先主胸怀宽广，意志刚毅果敢，宽容厚道，善于发现人才，礼贤下士，具有汉高祖的风度，有英雄人物的度量。至于他把整个国家和辅佐太子的大事委托给诸葛亮而毫不怀疑，确实是君臣都出于最大的公心，是古今最好的楷模。先主临机应变的才干和方略，比不上魏武帝曹操，因此国家的版图也比较狭窄。但是他受到了挫折而不灰心，始终不愿屈居曹公之下。这可能是揣摩曹公的度量一定不会容得下自己，而不是与他争利，而且也可以避免受害，如此而已。

史学家习凿齿评价说："先主虽颠沛险难而信义愈明，势逼事危而言不失道。追景升之顾，则情感三军，恋赴义之士，则甘与同败。观其所以结物情者，岂徒投醪抚寒含蓼问疾而已哉！其终济大业，不亦宜乎！"

晋张辅《名士优劣论》评价说："玄德威而有恩，勇而有义，宽宏而大略乎！诸葛孔明达治而知变，殆王佐之才。玄德无强盛之势，而令委质。张飞、关羽，皆人杰也，服而使之。夫明暗不相为用，能否不相为使。武帝虽处安强，不为之用也。况在危急之间，势弱之地乎！若令玄德据有中州，将与周室比隆，岂徒三杰而已哉！"②

五月，刘禅袭位于成都，改元建兴。

蜀汉后主建兴七年（229年）四月丙午，孙权称尊号，即皇帝位。改元黄龙元年。景耀三年秋九月（280年），追谥关羽为壮缪侯。

---

① ［晋］陈寿撰，［南朝宋］裴松之注，陈乃乾校点：《三国志·蜀书·先主传》，中华书局1959年版，第892页。

② 朱一玄、刘毓忱编：《三国演义资料汇编》注引《全晋文》卷一百五《名士优劣论》，南开大学出版社2003年版，第14页。

※　　※　　※　　※

荆州这个敏感地区由于关羽败亡，刘备战败病死，由吴、魏两国瓜分。两国各设荆州行政长官。魏国荆州首府治所在新野（今河南省新野县），下辖七郡，由东到西依次是江夏郡、襄阳郡、南阳郡、南乡郡、新城郡、上庸郡、魏兴郡。吴国荆州首府治所在江陵（今湖北省荆州市），下辖十一郡，由南往北依次是临贺郡、桂阳郡、零陵郡、湘东郡、衡阳郡、长沙郡、武陵郡、江夏郡、南郡、宜都郡、建平郡。

本来属于刘备集团的荆州就这样永远地丢失了。一代雄杰关羽以其忠贞高义为世人传颂。

下编

第十四章

关羽的政治思想

关羽是影响到东汉末年政治局势的重要人物。他既是顺应历史潮流而生的凡人，又是以超凡脱俗的影响被当时政治巨头们另眼相待的英雄。从最底层的一介平民武夫到鼎立一方的大员，为曹操、孙权、刘备三位杰出人物所亲所近，所恶所惮，在东汉末年屈指可数。画圣吴道子曾画关公像，明李宗周题额为：乾坤正气，日月精忠，满腔义勇，万代英雄。这是对关羽凛然正气的肯定。

一、浓厚的正统观

关羽既是威风八面的一员猛将，又是温文尔雅的一员儒将，在全国庙宇和人们心目中，身穿绿色战袍，赤脸三缕长须，手把《春秋》细目入神的活脱脱的关羽就会浮现出来。这不但是文学作品的渲染、造神运动的推波助澜，更主要的是历史上真正的关羽性情使然。特别是家学渊源，使他成为封建礼教的卫道者。

家庭的熏陶在关羽心灵中播下儒雅的种子。本书开篇中曾介绍过，关羽祖父、父亲两代研究《易》《春秋》。作为名将关羽，自幼年就受其父的深刻影响和教诲，把《春秋》作为必修课。《三国志·蜀书·关羽传》注引《江表传》称："羽好《〈春秋〉左氏传》，讽诵略皆上口。"这条记载又见《三国志·吴书·鲁肃传》注引《江表传》。东吴重要将领吕蒙与鲁肃评价关羽时讲："斯人长而好学，读《左传》略皆上口。"其他有关资料亦多次说到关羽家庭传《春秋》，关羽年少习之，手不释卷，很多细节、精要之处都能背诵。

《春秋》是一部由孔子编定的编年史。是按照鲁国从隐公至哀公十二个国君的次序，记述了周王朝及各诸侯国前后二百五十余年的重大历史事件。其主要特点是把儒家伦理观贯穿其中，对事件寓以褒贬。因此，《孟子·滕文公下》说："孔子成春秋，而乱臣贼子惧。"《春秋》记述历史过于简单，称为经。于是就有解释《春秋》的三个学派左丘明、公羊高、谷梁赤，分别称为左氏传、公羊传、谷梁传。《左氏春秋传》比孔子《春秋》在文字篇幅上有了很大的扩张。比如：《春秋》记载晋国国君灵公失为君之道，而被大夫所杀的事件，只用了十三个字："秋九月乙丑，晋赵盾弑其君夷皋。"而《左传》记述这一历史事件，则用了三百一十二个字，把事件的产生、发展和结束做了详细、生动的记录，既有情节又有人物。关羽勤读、爱读《春秋》，称得上东汉末年研究《春秋》的专家、学者型将领。

正统的纲常观

浓厚的正统观主要表现为传统的纲常观。自从西汉时期董仲舒提出"罢黜百家，独尊儒术"的主张，加之汉朝统治者奉行以儒家经典治国，在社会士人及百姓中都产生了深刻影响。东汉光武帝刘秀尤其好经读史，任何一个时代的思想都是统治阶级的思想。封建统治者的推崇，使孔子学说根深蒂固，逐渐形成人们的行为规范。在纲常观中孔子的"君君、臣臣、父父、子子"普遍为人们所接受。其核心是等级观、秩序观。有悖等级的事就是犯上，有悖正常秩序的就是作乱。关羽对犯上作乱甚至大逆不道深恶痛绝。

关羽投身围剿黄巾义军，就出于这一目的。他要维护的是东汉王朝的封建秩序，才南征北战，东挡西杀。

但不能说所有围剿黄巾军的都是出于传统的纲常观。试举几例，首屈一指是曹操。曹操出身宦官世家，受家庭、社会影响，行为乖张。他虽然在围剿黄巾义军中卓有战绩，在维护和延续东汉王朝时作出了一定贡献，但在本质上是与关羽大相径庭的。无论是自行决断重大朝政问题，还是鸩杀皇后、皇子，他都凌驾于朝廷之上，以致他死后，其子曹丕逼汉献帝禅让，废皇帝为山阳公，其实都是曹操生前铺垫的结果。

再说董卓，既骁勇又狡诈，妄行废立，并且鸩杀了少帝刘辩。这些不但有违封建纲常，在传统的士人心目中就是大逆不道。因此，董卓乱政，招致天下起义军讨伐。曹操乱政，招致"奸贼"的骂名。

即便是关羽的主子刘备，在这方面与关羽思想也有差距。同是结盟兄弟，刘备骨子里是匡扶汉室加成为人中之龙。《三国志·蜀书·先主传》载："先主少时，与家中诸小儿于树下戏，言：吾必当乘此羽葆盖车。"叔父子敬急忙制止说："汝勿妄语，灭吾门也！"年少原因也罢，戏言也罢，刘备维护封建纲常的立场与关羽还是有较大区别的。

关羽以维护封建纲常为己任，无论是在诸侯割据时，还是在京城许昌生活期间，都表现得淋漓尽致。他至死追随刘备，是为了匡扶汉室；他不留曹营，与曹魏兵戎相见，是不满曹操的奸雄行径。

关羽在许田射鹿时，欲斩曹公，跟随刘备积极参与密谋诛曹的重大行动，是关羽封建纲常观的最集中表现。关羽对孙权集团既联盟又保持一定距离，内心是对他们与曹魏勾勾搭搭不满。在争三郡的单刀俱会时，鲜明表达出"尺土皆汉有"的政治立场。关羽以自己独特的思维方式、行为方式，实践着做一名忠臣良将的心愿。

传统的孝悌观

浓厚正统观的另一个表现是传统的孝悌观。《论语·学而》讲："孝悌也者，其为仁之本与。"这是说，儒家思想核心"仁"的重要内容是孝悌。孝悌的核心是处置家庭内部关系的准则。有两件事关羽表现得棱角分明。

一是对子女的教育。据《关圣帝君圣迹图志》卷之二《翰墨考》中所记，关羽教导子女们要"读好书，说好话，行好事，做好人"。并发表感慨说："愿天常生好人，愿人常行好事。"这不但涵盖了常意的"善""仁"的内容，更包含了希望子女以及社会公德要符合封建礼教的言行、举止、规范。

二是拒绝关、孙联姻。婚姻问题上也表明了关羽鲜明的个性特点。关羽军事实力最强盛时，孙权派人登门为其子求婚，遭到关羽唾骂。孙权、曹操在这方面是政治高手。孙权一生中两次向蜀汉集团人物求婚：一次是赤壁大战后，刘备集团傍略江南四郡。看到迅速膨胀的刘备势力，孙权把小妹孙尚香嫁给了刘备。而这次是为自己儿子求婚。

据有关专家统计，东汉皇室、亲族大臣中，贵族门第婚占79%，世亲婚占90%，近亲婚占60%，娣媵婚占50%。以孙权霸主之子娶代理荆州牧之女，也算门当户对。

关羽不同意这门婚事，推测有以下几点考虑：（1）对孙吴有抵触情绪，他把孙权看作"窃命"。大汉臣子焉能与"窃命"通婚。（2）不对等。孙权子与刘备女通婚才对等，否则陷关羽于不义。（3）刘备与孙权在两家婚姻上闹僵，关羽岂能步其后尘。（4）关羽疼爱子女，不能让她们再遭遇孙权虎狼之口。（5）孙权提出通婚，实际是一种阴谋。两家剑拔弩张，没有任何情感基础。从荆州发展历史可看出，关羽的决策是正确的。

崇高的克己观

正统观的另一个表现就是克己观。自从儒学的正统地位被确立后，封建的伦理纲常对人们言行的束缚越来越严，克己主义的道德信条完全成为制约人的自然性情的桎梏。它以压抑和泯灭人们的各种情感和欲望，来实现封建伦理秩序的稳定。它要求人们不苟言笑，一举手一投足，都得合乎礼教的规范，"非礼勿视，非礼勿听，非礼勿动"。在这种道德观念的教化下，人们变得呆板麻木，毫无个性，整个社会也因此丧失了活力。刘备、关羽在前期军旅生涯中，屡战屡败，一个重要原因是兵力少，而兵力少，地盘小的一个重要原因是不能冲破各种束缚，不忍心用强力聚敛财物用于军需。特别是关羽两次请求曹操娶秦宜禄弃妇杜氏，是关羽浓厚封建克己观的最典型注脚。

当阳一带社会流传，关羽以"声禁重，色禁重，衣禁重，香禁重，味禁重，室禁重"为人生准则。所谓"声禁重"，就是不要太多地去听那些缠绵之音；"色禁重"就是不要好色纵欲；"衣禁重"就是衣服不要太讲究；"香禁重"就是不要过分地打扮自己，涂脂抹粉，耽误事业；"味禁重"就是食物不要太多太珍贵；"室禁重"就是办公场所和居住不要太大太宽。据《帝王世纪》载，最先提出这一思想的是黄帝，关羽有继承和发展。[1]关羽效法

---

① ［晋］皇甫谧等撰，刘晓东、陆吉等点校：《帝王世纪》，录自《二十五别史》，齐鲁书社2000年版，第7页。

古代圣贤思想，一切按照远古圣贤标准去做，确实是圣贤精神的实践者、传承人。

二、匡扶汉室的政治追求

刘备集团的政治路线，系统阐述是在刘备、诸葛亮隆中对策中，但率先提出则是刘、关、张三人结盟时，再早也可以讲是关羽发端的。

《关圣帝君圣迹图志》中"诣郡陈言"篇写道，关羽二十岁辞别父母时说过，现在汉王朝岌岌可危，时代呼唤匡扶社稷、拯救黎民于水火的人。关羽以天降大任、重整汉室、安抚黎民为己任。这些思想，《三国演义》等文学作品中没有，不像妄加编撰，盖有些出处和依据。

为匡扶汉室，关羽与刘备、张飞遂结桃园之盟，才有围剿农民义军的行动，才有与各割据诸侯搏杀，以致喋血身亡。可以说，关羽毕其一生是实践匡扶汉室政治目标的一生，是拯救百姓、以图社会安居乐业的一生。

在刘备、曹操、孙权三个霸主中，曹操谋求的是称帝代汉，他死后，便由其子曹丕完成了这一遗愿。孙权谋求的是鼎立一方。东吴多次称藩于曹魏，或两家多次联姻。刘备集团则不然，他们忧国忘家，一身正气，可以在一定条件下与东吴联姻、联盟，但从未承认曹魏的合法性，从未与曹魏联姻。正因为此，社会上乃至曹操营垒中忠于汉室的臣子都把刘备、关羽看成匡扶汉室的旗帜，响应和投靠。

三、实践隆中对策，发动襄樊战役

发动襄阳、樊城战役是否为刘备指使且不说，应该讲这是刘备集团政治追求中的重大举动。

隆中对策，世人皆知。其核心是东联东吴，北拒曹操，一旦天下有变，"则命一上将将荆州之军以向宛、洛"。且不说隆中对策的科学与否。关羽是这一战略的执行者、实践者。

其一，东联东吴。在争三郡的双方谈判中，关羽从始至终，没有强词夺理，而是以理服人。在关羽独镇荆州六年间，亦没有兵戎相见。应该讲关羽是基本做到了，没做到的是在策略上处理失当。关羽与孙权关系破裂，责任方无疑是孙权。孙权、刘备是姻亲加结盟关系。借南郡，孙权集团处理成借荆州全州，以至抢夺江南三郡，这是孙权集团对刘备集团提出的不合理的领土要求。在关羽努力下，经刘备允许，把刘备集团控制的长沙郡、桂阳郡划归孙权。

善良的关羽在东吴毁盟，暗藏杀机，偷偷实施夺取荆州战略时，回复陆逊信中还讲："阿蒙不揆大义，狡然西窥"，"老夫之言，诚如曒日"。的确光明磊落的关羽万万没想到三郡已划给东吴，并不能满足孙权集团贪婪的要求，他们想的是"全据长江"。关羽在联吴策略上有失误，但在吴蜀联盟这个重大问题上，确是东吴毁盟。退一步讲，即便是诸葛亮坐镇荆州，东联东吴也必然以损失地盘为代价，不过不会出现荆州倾覆的悲剧。

其二，《隆中对》称，"一旦天下有变"，"将荆州之军以向宛、洛"。关羽北伐时，魏营内乱频仍，这表明，关羽不是盲目实施这一战略思想。当时刘备已率军取得西线的胜利。且西线、东线的中间地带西城、上庸、房陵也已属于刘备。关羽北伐从时间的选择、战略战术运用上是正确的。关羽败亡，失荆州，使刘备匡扶汉室目标不能实现，关键还是刘备对人事安排的重大纰漏，糜芳、士仁、潘濬三人都与刘备有千丝万缕的联系，此三人背叛是荆州倾覆的首要原因。

第十五章

关羽的军事思想

荆州失陷了，关羽最后殉了自己为之奋斗的事业。但能迫曹操敬畏，几欲迁都，以避其锐；使孙权联姻以固其盟；让先主刘备所重，在军事斗争为主的年代，单恃其勇是不可能的。元李汉杰称"魏武挺超世之姿，而据中原；先主乘险固之利，而割巴蜀；孙权绍父兄之业，而尽有江东之地。彼三人者，当干戈扰攘之际，自奋才略，仗剑策马，握兵数十万，辟地数千里，慨然以英武相交。胜不骄，败不沮。各得其志，列为敌国，皆强对也"。

在东汉末年封建割据中，能倚刘而抗曹孙两雄的，唯有关羽。关羽名播海内外，不但其人格伟大，其在东汉末年的风云将领中，是一个掌控一方、位于战略要地举足轻重的人物。因此，从战略思维研究关羽成功和失败很有必要。

一、关羽军事战略思维的"得"与"失"

关羽是武将，起点较低，其战略思维是逐步明确和形成的。他起步时基本是唯先主命是从，后期执掌荆州事务，有相对的指挥决断舞台。

战略思维的"得"

关羽军事战略思维的轨道是伴着刘备集团事业和自己军旅生涯而成熟的。关羽跟随刘备起兵时，仅是一位侍卫。《三国志·蜀书·关羽传》载："先主与二人寝则同床，恩若兄弟。而稠人广坐，侍立终日，随先主周旋，不避艰险。"嗣后才慢慢起步。

三十二岁，随刘备投公孙瓒时，刘备为别部司马，关羽为部曲军候。

同年，刘备为平原相，关羽为别部司马；

四十岁，破吕布后为中郎将；

同年，刘、关、张反出许昌，斩杀徐州刺史车胄后，代行下邳太守；

四十一岁，下邳失陷后暂栖身曹操，为偏将军；

同年，斩颜良后为汉寿亭侯；

四十九岁，随刘备寄居荆州时为刘备集团水军统帅；

五十岁，赤壁大战后为襄阳太守、荡寇将军；

五十二岁，刘备西上益州，与诸葛亮、张飞共镇荆州；

五十四岁，孔明等西上援刘备取成都，关羽统领荆州事务；

五十五岁，董督荆州，即代理荆州牧；

六十岁，前将军，假节钺；

六十一岁，遇难。

关羽定格在荆州，其军事战略思维逐渐形成。

关羽战略思维的特点主要是服从服务于刘备的总体战略意图。独镇荆州六年，特别是发动襄樊战役是关羽战略思维成熟的重要标志。

首先，须弄清楚关羽发动襄樊战役的目的是什么？大体有两点：一是兵锋所指曹操，二是夺取襄阳、樊城。这两点既统一又有区别。所谓统一，就是发动襄樊战役统一于刘备匡扶汉室的政治总目标。区别在于发动攻取襄阳、樊城战役，仅在于夺取两座城市，而不是北伐曹操的全面战争。这一战事的展开，既可占据军事要地——襄阳，虎视中原，又可实现刘备任命其襄阳太守的职责。

关羽在赤壁大战后被任为襄阳太守，如何认识这一职务，史界亦有区别。东汉末年，除司隶校尉部行政长官称司隶校尉外，十二个刺史部行政长官均称刺史，后改称牧，有时也混用。比刺史低一级郡的行政长官称太守。刘备任命关羽为襄阳太守应是襄阳郡的行政长官。这也可从张飞、赵云的任命给以佐证。张飞被任为宜都太守，赵云被任为桂阳太守，二人都是郡的行政长官。

刘备任用关羽为襄阳太守有三点玄机：

玄机之一，针对曹操，把关羽推到抗曹第一线。赤壁大战后，曹操败逃时，任命乐进为襄阳太守，襄阳的实际控制权在曹操手中。刘备的任命仅是遥封，仅是政治上给以地位，借以鼓励调动属下。也表明曹操占有襄阳的非正义性，表明自己夺取这座城市的合法性。

玄机之二，针对孙权，两不相让。赤壁大战是孙、刘联盟战胜曹操、奠定三分天下的重大历史事件。大战发生在荆州，起因在荆州，就荆州的势力划分，三方明争暗夺，钩心斗角，长达十年。

赤壁大战后孙权任命周瑜为南郡太守，周瑜死后任命程普为南郡太守。治所在江陵城。对南郡这个战略要地刘备没有退缩，荆州牧刘表死后，继任者是刘琮。曹操败后，刘备表封刘琦继任，刘琦死后，刘备被拥戴为荆州牧。荆州牧焉能不控制州府所在地？封关羽为襄阳太守，主要表明荆州未来归属应该是刘备地盘。

玄机之三，调控关羽。纵观刘备所封属下职务，唯有关羽职务是遥封，也最重要，且是第一线。从赤壁大战到刘备率军入川，在荆州的几乎所有恶仗、大仗，都离不开关羽冲锋陷阵。从中领悟出关羽雄烈过人的一面，也能看出刘备在发挥关羽优长中，做到的"仁而有度"的风采。

其次，关羽发动襄樊战役的战略部署。

当时的政治背景是：

建安二十二年（217年）曹操设天子旌旗，出入像皇帝那样，警戒清道，戴只有皇帝才能佩戴的十二旒的冕，坐金根车，套六匹马拉的车，并设五个副车。史书上称是天子给曹操的待遇，实际是为"尊者讳"。曹操这一系列被传统观念和忠君人士看作大逆不道的行为必然招来一些人的反对。次年春天正月，太医令吉本父子三人与少府耿纪、司直韦晃联络，攻许昌，火烧曹操长史王必军营，图谋南援刘备、关羽，挟天子以攻魏。冬十月，曹操宛城守将侯音、卫开反，与关羽联络。政治军事形势都要求关羽出兵，以顺应人们的愿望。

当时的军事态势是：

建安二十三年（218年），刘备率众将进兵汉中，曹操派曹洪击斩吴兰、

雷铜，张飞、马超奔回汉中。刘备军驻阳平关，与曹操西线主帅夏侯渊、张
部相拒。二十四年（219年）春，刘备南渡沔水，斩夏侯渊及曹操所署益州
刺史赵颙。三月，曹操亲率大军至阳平关，刘备敛众拒险，"积月不拔，亡
者日多"，五月曹操返回长安。刘备遂占有汉中。

紧接着，刘备遣孟达从秭归向北攻破房陵后，又令刘封统孟达连破上
庸、西城，这时对襄阳已经形成了战略合围。

关羽采取的战略对策是：抓住时机，配合刘备，主动出击。

一是拓清周边，为夺取襄阳扫清道路。"初曹仁讨关羽，屯樊城，是月
仁围宛。"① 从史料提供的时间判断，在建安二十三年（218年）十月，曹仁
被调到宛城平叛侯音之前，就与关羽为争夺襄阳以南、江陵以北城邑有战
事，而且相当激烈。这才出现史料记载的曹仁屯樊讨关羽的记载。可以说，
侯音、卫开反叛曹操，牵涉了曹军部署，曹仁回军包围宛城，关羽军队趁机
扫除了通往襄阳的障碍。

二是联络曹操内部反曹势力。《三国志·蜀书·关羽传》载："梁（梁
国，治所在睢阳，即今河南省商丘市）、郏（今河南省郏县）、陆浑（今河南
省嵩县东北）群盗或遥受羽印号，为之支党。"梁国在许昌东偏北四百里，
郏县在许昌西一百二十里，陆浑在许昌西三百里。显然，曹操的政治中心地
带都有受关羽指挥的地方小部队。

三是派游军到郏县一带骚扰。关羽派部队到这里，既可以视为对当地义
军的援助，也可以制造舆论，瓦解曹仁军心。《三国志·魏书·满宠传》载：
"闻羽遣别将已在郏下，自许以南，百姓扰扰。"② 在曹操上层已引起恐惧心
理。《三国志·魏书·桓阶传》载："曹仁为关羽所围，太祖遣徐晃救之，不
解。太祖欲自南征，以问群下。群下皆谓：'王不成行，今败矣。'"③ 实际关
羽的军事实力远没达到令曹操全军失败的威胁。不过是关羽战略战术运用得

---

① ［晋］陈寿撰，［南朝宋］裴松之注，陈乃乾校点：《三国志·魏书·武帝纪》，中华书局
1959年版，第51页。

② ［晋］陈寿撰，［南朝宋］裴松之注，陈乃乾校点：《三国志·魏书·满宠传》，中华书局
1959年版，第722页。

③ ［晋］陈寿撰，［南朝宋］裴松之注，陈乃乾校点：《三国志·魏书·桓阶传》，中华书局
1959年版，第632页。

体，取得扰乱曹操军心民心的效果。

四是亲率大军攻襄阳、樊城。以夺取两个战略城市为目标，巩固和扩大荆州势力和实力。襄阳、樊城，两城市既可西通巴蜀，又是许昌、洛阳的屏障，曹操一而再，再而三派一流上将增援两城市，以至于要亲征，更显出两城一经被占领，骁骑便可一二日抵达曹操的政治中心许昌。

战略思维的"失"

其分为前期、中期、后期，各有三点。

前期三点：一是缺乏争取刘备的支持协同。攻打襄阳、樊城绝不是两个城池的得失问题，是关乎曹、刘、孙三家重大战略利益调整的问题。更重要的是不应把受到斥责、心怀异志的士仁、糜芳留在后方，这里与善于用兵布阵的曹操有一定差距，曹操在与袁绍对峙时，大敌当前把自己心腹二曹（曹仁、曹洪），二夏侯（夏侯惇、夏侯渊）安排在后方，以防不测，而把各降将放在一线，直接指挥。二是没有把孙权纳入统一战线的范畴。仅做到了提防、防范，而忽视了联络、配合。三是忽略了人才的作用。荆州是人才荟萃之地。人才中既有冲锋陷阵的骁将，也包括胸有韬略的高参。即便在关羽董督荆州时亦如此。如，长沙太守廖立，被诸葛亮称为与庞统齐名的楚之良才，"当赞兴世业者也"，虽然被任用为长沙太守，但并没有吸收到荆州的最高参谋部来，展其骥足。另外潘濬也是不可多得的人才，是后来蜀汉大将军蒋琬的姨弟。其投降孙权后，在击斩樊胄时，显示了非凡的军事素质。习祯也是不可多得的人才，时任零陵郡北部都尉、裨将军，在抵抗叛将潘濬中英勇牺牲。此三人是三国时一流人才，而关羽没有布局好。

关羽防备孙权偷袭荆州应该是做到了。经过三郡争夺战的关羽对此印象是深刻的，教训也是惨痛的，但防不胜防。孙权一方为夺取荆州诡计迭出。即便在吕蒙装病、陆逊骄捧之后，关羽留在荆州的重兵也是"稍撤"，表明关羽仍很谨慎地对待孙权，提防他们的偷袭。史称关羽大意失荆州是不恰当的。

中期三点主要表现为刺激孙权，并使之走到了自己的对立面。

一为拒婚。"权遣使为子索羽女，羽骂辱其使，不许婚，权大怒。"

二为拒援。关羽围攻樊城时，孙权主动请求给以帮助，两次致意关羽。一次是派使者，另一次是派主簿。关羽嫌孙权军事行动迟缓，骂其使者。"权闻之，知其轻己，伪手书以谢羽，许以自往。"孙权心中的怨恨在不断增加。

三为夺粮。强夺湘关米。关羽水淹于禁七军后，俘获曹兵三万人，用粮成为大问题。关羽强抢孙权在湘关的军粮，迫使孙权在违盟路上下最后的决断。

关羽战略思维失误还在于驭军失当。关羽的军事才能在三国时是罕有匹敌的。

在晚期，即襄樊大战后期，亦有三点缺憾。主要标志是在返回江陵时如何形成统一意志、选择正确的撤退方向和凝聚人心、保持斗志三方面皆失算。关羽从襄阳、樊城一线转而南下时，其五万兵力基本未损，如果指挥得当，集中优势兵力突破一点，不会出现败走麦城的结局。其弊病主要有三：

一是盲目返回。应探孙权兵力部署和态势后再确定方向。

二是盲目讲和。这是最关键的一点。孙权都袭取了荆州，还不切实际地想通过交涉解决问题，而不是积蓄士气，采取军事措施。因而涣散了斗志，加之吕蒙的攻心战术，士气瓦解。

此前一年，魏赵俨在任关中护军时也发生过类似事件。时刘、曹双方争夺汉中，按照命令，在赵俨所辖诸军中，要派遣二千五百人去援助守汉中。出发前，士兵们与家人告别，非常难过。在平难将军殷署带领下出发，一天后部分士兵因不愿去汉中，而发生大规模叛乱。赵俨采取三项对策：其一，在士兵未叛前，赵俨已洞悉士兵们的情绪，亲自去慰问，并嘱咐殷署警惕发生兵变。其二，部分士兵叛乱后，赵俨一方面宣示剩下士兵的得失利钝，进行抚慰鼓励，一方面搞清楚并抓获谋反的首领，进行惩治，其余不问。其三，把敦厚士兵与情绪较大游移士兵分开。在细节操作上，赵俨召见各营主事，按名册，审核每人平时表现，立刻进行区分，坚定地留在汉中，慌乱游移的派往东方，结果稳定了军心，保住了曹操汉中二万人的性命。

关羽军溃散，首先在于关羽指导思想上不明确。对孙吴存有侥幸心理，结果屡屡中其诡计；其次缺少过细的思想工作，缺少必要的治军措施。另外，因关羽"善待卒伍"。宁可自己涉险而逃，也不忍杀戮溃散的将士。

三是盲目逃走。以关羽武勇，及其子关平、周仓、赵累等，白天杀开一条血路，奔回四川应没问题。选择树林密布的山路，又是夜晚。加之当时暴雨刚过，河流冲塞道路，其武勇优势就转化为劣势，成擒是必然的了。

二、关羽在战术运用上的特点

关羽家庭环境是他具备优良军事素质的先决条件。自幼受父亲关毅的教导和熏陶，不但在儒家经典方面有浓厚的传承、积累，在军事知识、军事理论方面亦有深厚的功底。

马超投靠刘备时，关羽写信给孔明，问马超人才谁可比类，孔明回信说："马孟起文武兼备，威猛刚烈超过一般将领，是当世的杰出人物，恰如刘邦帐下英布、彭越一类人物，能够和张益德并驾齐驱，不相上下，然而比不上美髯公你超群绝伦啊！"当然，诸葛亮的评价不单指勇武，是全方位定评，有阿谀之嫌，却表明关羽军事思想、武勇、决断、组织指挥的超常水准。这些主要得益于《春秋》一书。关羽熟读《春秋》在东汉末年是超乎常人的。而《春秋》的一个最显著特色是军事教科书。

《左传》中描写战争的篇章占了很大一部分，在所记二百四十二年历史上，列国间军事行动四百八十三次。不但写战场，而且写战争的思想，把战争与政治、外交联系起来，并注重战略思想的记载及战略思想对战争的指导作用。汉代以后，许多有名的军事家、战将都喜爱《左传》。孙权就把《左传》看成与《孙子》同样的将帅必读的兵书。宋代名将岳飞尤好读《左传》和《孙吴兵法》。就连毛泽东同志对《左传》许多战例都非常精通。这些事实表明，《左传》中有用兵之谋，起兵书的作用。关羽军事思想、军事理论有一定造诣，由于史料缺乏，仅能从他的军事生涯中进行剖析。

治军从严

当阳大战后，诸葛亮出使东吴，商洽联盟破曹时，回答孙权疑虑时讲"关羽精甲万人"，说明关羽所率领的军队是骁勇的。曹操的大部分一流战将都与他交过手，很知道关羽军队的战斗力。《三国志·魏书·武帝纪》注引《三辅决录注》载："时关羽强盛，而王在邺，留必典兵督许中事。"①关羽强盛主要是指军事力量、军威、军队战斗力。就连曹操营垒内几起造反的将领、大臣，都认为"睹汉祚将移，谓可季兴"。即便是关羽荆州之失，也不是战场上败阵失算，关羽是在五万荆州兵大体没有伤亡前提下败亡的。

《三国志·吴书·吴主传》载："遣都尉赵咨使魏。魏帝问曰：'吴主何等之主也。'咨曰：'聪明仁智、雄略之主也。'帝问其状，咨曰：'纳鲁肃于凡品，是其聪也；拔吕蒙于行阵，是其明也；获于禁而不害，是其仁也；取荆州而兵不血刃，是其智也；据三州虎视天下，是其雄也；屈身于陛下，是其略也。'"孙权的使者还夸耀，这不同于"不战能屈人之兵，上之上者也"。以破坏同盟、偷袭为手段，古今罕见。

一些历史学者常常把关羽比作项羽，实不尽然。项羽是在两个敌对营垒战斗时，在垓下连连败北，四面楚歌，才走向乌江的。

另一则例子很典型。关羽率军北伐前，"南郡城中失火，颇焚烧军器。羽以责芳，芳内畏惧"。关羽大军出发后，留南郡太守麋芳守江陵、将军士仁守公安，二人本来负责军资供给，在前线需要时，又不提供，"羽言：'还当治之'"。后来二人叛投孙权。应该讲关羽对他们的行为严厉斥责是治军所在，不能因为二人对刘备不忠，就错怪关羽。何况麋芳身为刘备内弟，这样不顾全大局，不知大小，不知是非，叛投敌国，受到关羽责备和警告是治军之所在。

能屈能伸，能柔能刚

为将之道在于能进能退，能弱能强，能柔能刚。曹操在夏侯渊每战胜时则告诫他："为将当有怯弱时，不可但恃勇也。"这就是知己知彼，知天知地，知内知外，而采取灵活的战术原则。

关羽、鲁肃在益阳对峙时，关羽想夜晚偷袭鲁肃军，挑选五千精兵待命。当晚上听到甘宁咳嗽声，便不渡，关羽还说"此兴霸声也"。关羽知甘

---

① ［晋］陈寿撰，［南朝宋］裴松之注，陈乃乾校点：《三国志·魏书·武帝纪》注引《三辅决录注》，中华书局 1959 年版，第 50 页。

宁是孙权帐下一员骁将，关键是晚上行动，在于偷袭，既有准备，便不涉险。再者晚上行动多有不便，况且需要渡河，半济之中击之是兵家之大忌，到陌生地带去攻击有准备、有埋伏的军队，便失去了优势，也没有胜算，于是取消了当夜的军事行动。另外，关羽得知孙权袭取后方，从襄阳一线撤退下来，救援江陵，兵临城下，知麋芳已降，往北退九里，说："此城吾所筑，不可攻也！"然后西保麦城。

注重保护自己，防范敌人

荆州作为三国诞生前夜曹、孙、刘三家必争之地，其疆界犬牙交错。为实现北拒曹操的战略目标，关羽从董督荆州时便做出军事准备，其中之一就是在与孙吴之交界处，主要集中于公安、江陵附近沿江修建许多烽火台、瞭望用的斥候，派重兵把守，用于掌握敌人动静。一旦敌人入犯，马上掌握敌情，便于采取军事行动。

在与敌人对垒时，关羽则采取多设置鹿角、沟堑的方法。鹿角是军营外围深埋的交叉木桩，起防备和阻止攀越的作用。两次见录于史料。其一，赤壁大战后，周瑜围曹仁于江陵，刘备"别遣关羽绝此道"。曹操派李通接应曹仁。《三国志·魏书·李通传》载："通率众击之，下马拔鹿角入围，且战且前。"[1] 鹿角几重没做交代。其二，曹操派徐晃支援曹仁。关羽设置多重障碍。《三国志·魏书·徐晃传》载："贼围堑、鹿角十重。"[2] 一般情况下，二层、三层，多则五层、六层，关羽心细、持重，设置十重木桩和沟壕的障碍，可谓层层设防，布置严密，以求万无一失。

巧借地形地貌，水陆并用

指挥水军和步骑兵进行大兵团式作战在东汉末年是不多见的，而且取得重大军事成果的，一属赤壁大战；二属水淹于禁七军。一用火，一用水，二

---

① ［晋］陈寿撰，［南朝宋］裴松之注，陈乃乾校点：《三国志·魏书·李通传》，中华书局1959年版，第535页。

② ［晋］陈寿撰，［南朝宋］裴松之注，陈乃乾校点：《三国志·魏书·徐晃传》，中华书局1959年版，第529页。

者交相辉映。实践证明，关羽具备指挥大型战役的军事才能。水淹于禁七军，以理推之，绝不是史书上所讲，连天大雨，平地水深数丈。关键是所讲汉水溢出堤岸不够科学，应该是关羽及时洞察了敌方地形，巧妙运用自然资源，水灌曹军，一举击溃三万人的精锐之师，擒、斩曹操一流上将二人，这在古代战争史上也是典型的杰作。可惜的是这次战果没有得到延续和科学利用，导致事业发展走向了反面。

第十六章

关羽的人格魅力和名将风采

关羽以叱咤风云的神姿永远留在人们的记忆中，以义薄云天的魅力让世人赞颂。对关羽的评价，绝不是《三国演义》等文学作品出现后引导的结果。在关羽战斗、生活的时代，乃至近两千年的历史长河中，关羽的正面形象就有了非常鲜明的社会公认色彩。唐朝礼部尚书虞世南称赞关羽是"利不动，爵不絷。威不屈，害不折。心耿耿，义烈烈。伟丈夫，真豪杰。纲常备，古今绝"。可谓恰如其分。

一、超人之勇，口碑久远

关羽从起事涿郡，征战于徐、兖，奔走于冀、豫，立功于江、淮，战殁于荆、楚，可谓神威赫赫，其勇猛实力是先决条件。

在以冷兵器为主要作战手段的时代，衡量、评价一名大将主要有两个标准：一是本人的勇武素质，二是领兵打仗的能力。东汉末年，曹操、孙权、刘备三方及相关诸侯中，一流上将有几十人，但被用"虎"形容的为数不多。称"虎"就是不一般的勇猛。

其一，吕布，以勇武超常为时人称道。《三国志·魏书·吕布传》载："待将军譬如养虎，当饱其肉，不饱则将噬人"，"太祖曰：'缚虎不得不急也'"。《三国志》作者陈寿的评价是："吕布有虓虎之勇。"

其二，孙坚，被称为江东猛虎。

其三，许褚。《三国志·魏书·许褚传》载："军中以褚力如虎而痴，故号曰虎痴。"

其四，于禁。《三国志·魏书·于禁传》载："拜禁虎威将军。"

其五，吕蒙，被称为吕虎威。

除此，则称关羽、张飞为熊虎。见诸以下史料：

（1）《三国志·吴书·周瑜传》载："瑜上疏曰：'刘备以枭雄之姿，而有关羽、张飞熊虎之将，必非久屈为人用者。……聚此三人，俱在疆场，恐蛟龙得云雨，终非池中物也。'"①

（2）《三国志·吴书·吕蒙传》载："蒙曰：'今东西虽为一家，而关羽实熊虎也，计安可不豫定？'"②

除称为"虎臣"外，关、张二人还被当时魏、吴两方称为"万人敌"。

（3）魏名臣及重要谋士程昱说："刘备有英名，关羽、张飞皆万人敌也。"③

（4）《三国志·魏书·郭嘉传》注引《傅子》载："嘉言于太祖曰：'备有雄才而甚得众心。张飞、关羽者，皆万人之敌也，为之死用。'"④

（5）《三国志·蜀书·先主传》注引《傅子》载：征士傅干说："刘备宽仁有度，能得人死力。诸葛亮达治知变，正而有谋，而为之相，张飞、关羽勇而有义，皆万人之敌，而为之将。"⑤

（6）《三国志》作者陈寿评价中称："关羽、张飞皆称万人之敌，为世虎臣。"

无论是从评价次数还是评价的高度，关羽都是曹操、孙权各方公认的名将。如果单从评价来判断，关张的评价要超过吕布。所谓"熊虎"，即兽中

---

① ［晋］陈寿撰，［南朝宋］裴松之注，陈乃乾校点：《三国志·吴书·周瑜传》，中华书局1959年版，第1264页。

② ［晋］陈寿撰，［南朝宋］裴松之注，陈乃乾校点：《三国志·吴书·吕蒙传》，中华书局1959年版，第1274页。

③ ［晋］陈寿撰，［南朝宋］裴松之注，陈乃乾校点：《三国志·魏书·程昱传》，中华书局1959年版，第428页。

④ ［晋］陈寿撰，［南朝宋］裴松之注，陈乃乾校点：《三国志·魏书·郭嘉传》，中华书局1959年版，第433页。

⑤ ［晋］陈寿撰，［南朝宋］裴松之注，陈乃乾校点：《三国志·蜀书·先主传》注引《傅子》，中华书局1959年版，第883页。

之王，力大无穷。所谓万人之敌，概能敌万人，这些都有夸张色彩。用来表达心中的畏惧和超众的体能武艺。

当然，没称"虎"和"万人敌"的魏、吴两方一流上将也有十数人，但关、张的影响要比他们更强烈、更久远。《三国演义》称吕布英勇为第一，《三国志平话》中张飞打败吕布，推张飞为武勇第一。而民间传说："一吕二赵三典韦，四关五马六张飞，七黄八许，九魏十姜维。"同意三国研究专家盛巽昌先生看法，"据《三国志》，三国英雄武艺最高强者，应首推关羽、张飞"。从以上评价亦可知，"万人敌"的称号，名震敌国，与他们同时代的其他勇将都是没有的。①

汉代以后称赞将领勇武，都用关、张来比喻。《晋书·刘遐传》称西晋刘遐每临战阵，"率壮士陷阵摧锋，冀方比之张飞、关羽"。古代多称州为方，冀方即冀州一带。前秦皇帝苻坚派梁负出使于张久靓，夸本国将帅，有名叫王飞、邓羌的将领，"关、张之流，万人之敌"。《宋书·檀道济传》载：南朝宋武帝刘裕名将檀道济有勇力，时人以比关、张。《齐书·文惠太子传》载：南朝齐国垣历生拳勇独出，时人以比关、张。《襄阳耆旧记》《南史·齐武帝诸子传·文惠太子》均载：南朝齐时人蔡道贵，极为勇武，被当时的人们比为三国的关羽、张飞。《魏书·杨大眼传》载：北魏杨大眼、崔延佰被称为"诸将之冠""国之名将""当世推其骁果，皆以为关、张弗之过也"。当崔延佰击败秦州义军后，统帅肖宝夤说："崔公，古之关、张也。"《陈书·肖摩诃传》载：陈国吴明彻北伐高齐时，有一西域人，箭无虚发。明彻对大将肖摩诃说："若殪（斩杀）此胡，则彼军夺气，君有关、张之名，可斩颜良矣。"以上都是史料正式记载，而且年代距三国时期较近。有的是西晋，距三国时不足一百年。即便是南北朝时期，距三国时方二百年。因此，清人赵翼《廿二史札记》卷七《关张之勇》称："可见二公之名，不惟同时之人望而畏之，身后数百年，亦无人不震而惊之。威声所垂，至今不朽，天生神勇，固不虚也。"

唐人郎君胄的《壮缪侯庙别友人》一诗极力赞扬关羽的勇武：

① ［明］罗贯中著，盛巽昌补证：《三国演义补证本》第五回补⑨，上海画报出版社1995年版，第42页。

将军秉天资，义勇冠今昔。

走马百战场，一剑万人敌。

谁为感恩者，竟是思归客。

流落荆巫间，徘徊故乡隔。

离宴对祠宇，洒酒暮天碧。

去去勿复言，衔悲响陈迹。①

宋人撰写的《武成王庙从祀赞》这样评价关羽："勇气凌云，实曰虎臣，勇加一国，敌号万人，蜀展其翼，吴折其麟，惜乎忠勇，前后绝伦。"②

剔除各种传说，仅史书记载中，表明关羽勇武最有说服力的有三个典型细节：

一是斩颜良。建安五年（200年）四月，北方两大军事集团袁绍与曹操为争夺地区霸主兵戎相见。袁绍派大将颜良进攻曹操所置东郡太守刘延于白马。颜良为袁绍名将，勇冠绍军。曹操则派张辽、关羽为先锋援救刘延。《三国志·蜀书·关羽传》载，关羽"望见良麾盖，策马刺良于万众之中，斩其首还。绍诸将莫能挡者，遂解白马之围"。这是曹操与袁绍的第一仗，首战告捷，曹操因此表关羽为汉寿亭侯。这一仗，不但挫败了袁绍军的锐气，使河北军马震惊，还为曹操击败袁绍起到了威慑作用。从关羽斩颜良可以看出关羽在万军中取上将首级的勇武风采。

二是水淹于禁七军。曹仁在襄阳被关羽包围，曹操派于禁、庞德等七军于襄阳城北驻扎援助曹仁，关羽以名将睿智和超凡胆识，与之抗衡，并巧妙利用汉水，指挥骑、步、水军大兵团作战，一战擒获三万曹军。使称为虎威将军的于禁投降，可谓降龙伏虎；称为立义将军的庞德被杀，可谓立义；称为假节、征南将军的曹仁龟缩于樊城内，可谓败北。在关羽得胜巨大政治波冲击下，曹操所置荆州刺史胡修、南乡太守傅方投降。曹仁、于禁、庞德均为曹操一流战将，骁勇无比，在关羽面前都成了败军之将。元胡琦对此给以高度评价：关羽"鸣鼓则曹仁丧胆，扬旗则吕常束手。遂降于禁，诛

---

① 朱一玄、刘毓忱编：《三国演义资料汇编》，南开大学出版社2003年版，第46页。

② 朱一玄、刘毓忱编：《三国演义资料汇编》本事编，南开大学出版社2003年版，第131页。

庞德，掳傅方，执胡修。于是威震中原，莫不响应。曹公之雄，用兵制胜，自谓无前，至议徙都，以避其锐。当是之时，义师之气，可谓振矣。非有勇者能如是乎"？①

三是刮骨疗毒。《三国志·蜀书·关羽传》记载，关羽曾经被箭射中，穿透其左臂，后来箭伤处虽然愈合，但每到阴雨天气，骨常疼痛。医生说："箭头有毒，毒素渗入了骨头里，应该割开左臂上的伤口，刮去骨头上的毒素，然后这个病痛才会消除。"关羽便伸出胳膊，让医生剖肉刮骨。当时关羽正请一些将领相对饮食，一边吃喝，手臂上的鲜血一边流淌，接血的盘子都装满了。而关羽仍然割肉取酒，像平常一样说笑自然。明祝枝山称"刺人于万众之中，割臂于谈笑之顷，则其绝勇天授，不假言矣"！这不但表现出关羽超乎凡人的毅力雄风，也透露出关羽极端的个人英雄主义和坚毅的性情。

关羽威名为三国各方所共识。东吴军队统帅陆逊把关羽比作曹操、刘备同重量级人物。

嘉禾元年（232年）十月，魏辽东太守公孙渊称藩于吴。次年三月，孙权派太常张弥、执金吾许晏、将军贺达率兵万人，带丰厚宝货去笼络公孙渊。结果公孙渊反目，杀张弥等。孙权暴怒，想亲征，陆逊上书说："陛下以神武之姿，诞膺期运，破操乌林，败备西陵，禽羽荆州，斯三虏者当世雄杰，皆摧其锋。"②可见关羽在敌国上层的威慑作用。

明万历年间著名学者胡应麟发表感慨说："汉之末，曹操所惮者，备也，不在权也；权所惮者，关羽也，不在操也。"③就连《三国志·吴书·吴主传》也公然写明"权内惮羽，外欲以为己功，笺与曹公，乞以讨羽自效"。这些都充分表明关羽在晚年的驭军水平和勇武神姿引发的强烈震撼。

---

① ［清］周广业、崔应榴纂辑：《关帝事迹征信编》卷二十四，国家图书馆藏，第244页。

② ［晋］陈寿撰，［南朝宋］裴松之注，陈乃乾校点：《三国志·吴书·陆逊传》，中华书局1959年版，第1350页。

③ ［清］周广业、崔应榴纂辑：《关帝事迹征信编》卷二十四，国家图书馆藏，第255页。

二、义薄云天，非凡气概

人之有忠义，犹天地之有元气。作为社会，忠正之气树，社会则和谐；作为人，忠义之气树，则百毒不侵，万古不磨，无愧于天地之间。表现在关羽身上的忠义，大体含以下几个方面：

君臣之义，忠无二心

刘备与关羽的关系，既有兄弟情手足义，但本质上是君臣之义。无论战事多么惨烈，前景多么暗淡，生活多么困苦，关羽对刘备始终追随。元同恕在《关侯庙记》中称关羽"操百诱而不动，事备千险而不移"。元胡琦在《汉寿亭侯考辨》中称赞："宁辞千金之赏，而不肯做背刘之事。"如果说刘、关、张结盟中，刘备有特殊身份、背景、手段，还不如说关羽、张飞二人品德高尚。糜芳是刘备内弟，在刘备最困苦时与其兄糜竺一起追随刘备，与刘备的关系也是非常特殊的。但在最关键时刻，却投降了孙权。史书称："芳为南郡太守，与关羽共事，而私好携贰，叛迎孙权，羽因覆败。"关羽自从涿郡投在刘备旗下，便与张飞为之御侮。以至于在高唐时被打败，征张纯时被击溃，始终不离不弃。此后，无论在公孙瓒处，还是与曹操、吕布、袁术的战事中，由于兵微将寡，多次被敌军击败，关羽对刘备始终追随左右，没有二心。明缪天成评价说："昭烈身不阶尺土，萍寄于小沛，星散于徐州，败新野，走当阳，依江夏，天下无投足之地。公独患难相从，心如金石。"[①] 这里既有刘备弘量雅毅的一面，也有关羽不忘厚恩的耿耿忠心和以义为核心的处世原则，是共同的秉性、政治追求把他们聚到了一起。

最典型最具说服力的是假投降曹操，拜书封金辞曹操一段历史，被几千年人们传为佳话。关羽四十一岁时，建安五年（200 年）正月，刚刚反出许昌的刘备，因董承衣带诏事件牵连，遭曹操报复进攻。被曹操击败，刘备

---

① 朱一玄、刘毓忱编：《三国演义资料汇编》引《古今图书集成·方舆汇编·职方典》第一百七十八卷，南开大学出版社 2003 年版，第 506 页。

奔袁绍，张飞奔汝南，关羽暂栖身曹操，以保护二位嫂夫人。曹操"壮羽为人"，"礼之甚厚"。曹操为笼络关羽，传说三天一小宴，五日一大宴，在生活上对关羽的优厚远远超过刘备。最终关羽还是离曹而去，投奔故主，"横刀拜书去曹公"，显示了"千古凛凛国士风"。曹操评价说："事君不忘其本，天下义士也。"① 能让敌人肯定才是社会和历史肯定的。

据胡小伟考证，后世最早把关羽生平概括为"义"的是元代的胡琦。胡琦字光玮，巴郡人，为元代中期寄寓当阳的失意儒士。在研究关羽中，首先编纂了《关王事迹》，从关羽祖系、生平年谱、身后灵异，到历代封赠、碑记、题咏等汇集一处，为系统研究关羽生平提供了素材。

历代研究者仅从关羽大节上去评价和肯定关羽，是不知关羽内心世界。关羽降曹表现为大智大勇：其一，关羽降曹是为保护二位嫂夫人，这是大义的一种表现。宁可自己以身涉险，保护两位嫂夫人的职责不能丢失，是关羽尽刘备之忠、行自己之义的风范。其二，表现为生死不惧。到曹操营垒，还敢谈与刘备"誓以共死"，还敢谈"终不留"，这些都要冒巨大生命危险。之所以曹操没杀关羽，是关羽智谋高曹一等。利用其爱才尚义的特点而骄之、捧之。从关羽给曹操的几封信也可看出，关羽用心良苦。关羽在给张飞信中，一语破的："操之诡计百端，非羽智缚，安有今日？"主要是稳住了曹操，完成了保护二位嫂夫人的使命。

元代诗人宋元高度赞扬关羽为：

> 一面荆州赤手擎，当时华夏震威名。
> 平生不背刘玄德，独有曹公察此情。②

最核心、最本质的当属身处绝境，矢志不渝。东吴袭取荆州后，关羽退到当阳，西保麦城时，不但陆逊已在西线攻克秭归、房陵，阻止了刘备可能的救援路线，而且朱然、潘璋截断了关羽西去之路。关羽在这种绝境中，口

---

① ［晋］陈寿撰，［南朝宋］裴松之注，陈乃乾校点：《三国志·蜀书·关羽传》注引《傅子》，中华书局1959年版，第940页。

② 朱一玄、刘毓忱编：《三国演义资料汇编》本事编，南开大学出版社2003年版，第142页。

头假降，实则以求速归刘备，才有临沮之难，表明关羽对刘备和蜀汉事业赤胆忠心的高贵品质。

知恩补报，历久弥坚

关羽报效刘备，认为刘备对他有厚恩，因此才誓以共死。从史料看，刘备对关羽有两恩：一是收留之恩。关羽青少年时杀恶霸亡命天涯，属于朝廷追捕的罪犯。经过数千里奔波，历经千辛万苦到了冀州，靠贩粮为生；又到涿郡才认识刘备。关羽到幽州涿郡离家乡几千里，可以说是举目无亲的浪子，是生活困苦、历经沧桑的落魄人。刘备不仅收留了他，优厚的吃、住待遇，并与之结盟，各抒肝胆，而且还寝则同床，恩若兄弟。这对于二十几岁的关羽印象是极深刻的，政治上、生活上的反差使他念念不忘。二是知遇之恩。关羽本人能力素养都超过常人。逃难时历尽坎坷，过的是半乞讨、半打工卖苦力的日子。从一介武夫到给刘备当侍卫。而且在军旅生涯中，刘备对关羽的使用、任职都超过张飞。这固然有秉性、知识的缘故，也表明刘备善于用人，使属下佩服，做到了"弘毅宽厚""仁而有度"，吸引关羽紧随自己。

刘备对关羽的使用都高于其他将领。

在反出许昌，斩杀徐州刺史车胄后，关羽被刘备委任为下邳太守。对于下邳太守这一职务不明确，有的史学家说是被任为徐州刺史，亦有可能，因为刘备当时已是陶谦上表的豫州牧，王忱《魏书》则持此说。刘备逃出许昌后，极想扩大地盘，发展势力。当斩杀曹操徐州刺史车胄后，以关羽领徐州刺史，兼行下邳太守事，以便控制徐州，又能调动安抚关羽与自己同心抗曹。

另一个特殊之处是刘备为汉中王后，刘备任命张飞、马超假节，而对关羽的任命是假节钺。假节，是指皇帝或王授予大臣持节的权力。有了这种权力，可以杀犯有军令者，不必上奏。《后汉书·光武帝纪》注载："节所以为信，以竹为之，柄长八尺，以旄牛尾为其眊三重。"督军者使持节为上，持节次之，假节为下。假节唯军事得杀犯军令者。而假节钺是在假节的同时，授予斧钺。《古今注上·二下》载："大将军出征，特加黄钺者，以铜为之，以黄金涂刃及柄，不得纯金也；得赐黄钺，则斩持节诸侯，王公建之。"① 笔者理解，有斧钺为标志的仪仗队，这是天子才有的，表明皇帝或统军人物对将领的尊宠，同时授予征伐之权。

曹操对关羽也有知遇之恩，在剿灭吕布后，拜关羽中郎将。攻克下邳，擒关羽后，拜为偏将军。斩杀颜良后拜为汉寿亭侯。即便曹操再有恩于关羽，关羽也不会跟随他，主要是没有共同的价值取向。曹操追求的是凌驾于朝廷之上，选择时机取而代之。关羽追求的是匡扶汉室。

刘备集团在中国历史上是一个特殊的集团，关键是这批人人格高尚，以天下为己任，以苍生为念，有共同的价值取向。为此可以忧国忘家，可以血洒疆场，视金钱为无物。这批人的"英雄""万人敌""天下奇才"等评论大都出自政治对手之口，因此经得起历史的检验。

刘备作为这个集团的领军人物，身体力行，率先垂范。史料中称赞刘备人格伟大之处比比皆是，无论上层还是百姓，无论政治对手还是盟友，众口一词。曹操称刘备为"英雄"，而且认为天下只有两个英雄，一个是刘备，一个是自己。大儒孔融称刘备"忧国忘家者"，袁绍称刘备"弘雅有信义"，周瑜称刘备"天下枭雄"。刘备颠沛几十年，一生中败阵屡屡，几次丢弃妻子。为给关羽报仇，不惜举倾国之力。在临终前，教导诸皇子"勿以恶小而为之，勿以善小而不为。惟贤惟德，能以服人"。《三国志·蜀书·先主传》还记载，刘备兄弟三人怒鞭督邮后，逃遁到平原立足，"郡民刘平素轻先主，耻为之下，使客刺之。客不忍刺，语之而去，其得人心如此"。《魏书》补充说，"平原郡郡民刘平交结武士图谋刺杀刘备，刘备不知道就对刺客非常尊重并给以款待，刺客告诉原委而去。当时人们困苦饥饿，刘备对外抵御强敌，对人民给以救济。凡士人以下，都同席而坐，同桌而餐，因此刘备受人民拥戴"。

诸葛亮作为刘备的主要谋臣，是刘备集团核心成员之一。诸葛亮为后人称赞不仅是其智，在诸多方面彰显了伟大的人格力量。对刘备事业，忠心不二，鞠躬尽瘁，死而后已。在最困难的时候投奔刘备，所谓"受任于败军

① ［清］韩祖康著：《关壮缪侯事迹》卷二，国家图书馆藏，第80页。

之际，奉命于危难之间"。一生六出祁山，志在匡扶汉室。治军严谨，街亭之失，不但挥泪斩马谡，还自贬三等。执政公平，实行赏罚必信的国策。无恶不惩，无善不显，使社会做到了"道不拾遗，强不侵弱"，被司马懿称为"天下奇才"。诸葛亮在廉洁奉公方面也堪称楷模。孔明生前对刘备讲，"若臣死之日，不使内有余帛，外有赢财，以负陛下"，史称"如其所言"。

张飞、赵云等亦都是耿介忠正之士，是共同的人格把他们凝聚在一起。元郝经读《后汉书》时评论说：

> 羽、飞从昭烈嚖血起义，夙定君臣之分，期复汉室，百折兴王，阚如两虎，啸风从龙，夹之以飞，雄猛震一世，号称万人敌。羽报效于操，致书而去。飞瞋目横矛，而与操决。矫矫义烈，上通于天，汉于是乎不亡。及羽擒于禁，飞败张郃，掎角荆梁，蟠垣万里，示天下形势，贼不足平也。羽威震许洛，权操堕胆，枭潜鼠伏。阴谋掩袭，壮哉乎，为汉家一死无憾也。羽以死事昭烈，昭烈与飞以死报羽，君臣三人，始终不渝，共死一义，古所未有也。[①]

三、坦荡磊落，心皦日月

关羽心地善良，杀人出奔和最后被杀都由善良引发。关羽亡命奔涿郡，斩杀豪强是因为恶霸强抢少女，出于义愤而打抱不平。大有路见不平、拔刀相助的侠义风范。关羽不是因为个人恩怨，维护的是人间正义。敢于冒死罪去救人、寻仇，可见青少年时关羽便有强烈的正义感和社会责任感。

以至于后来的许田愤奸、痛斥糜芳，包括求娶秦宜禄弃妇杜氏，都表现出磊落坦荡的气概。最具代表意义的是关羽处理孙权关系时，在陆逊吹捧下，仍保持清醒的政治头脑，他给陆逊信中，对两边利益关系分析透彻，对仇视共同敌人给以鼓励肯定，又指出吕蒙西窥的错误，同时说"老夫之言诚如皦日"，表明了关羽伟大的人格力量。就连与关羽为敌的吕蒙也不得不承

---

① ［元］郝经：《续后汉书》，转引自胡小伟《关羽传》初印本序。

认关羽的优秀品德，"其人长而好学，梗亮有雄气"。这表达和肯定的是关羽所具备的光明磊落的英雄之气和豪杰之胆略。

四、鄙薄利禄，惟圣惟贤

曹操为实现笼络收买关羽，实施了一系列手段。其一，在政治上有三次诱以官。第一次，建安四年（199年）正月，刘备三兄弟求助曹操剿灭吕布后，关羽随刘备入许昌，曹操表其为中郎将。第二次，建安五年（200年）因董承衣带诏事件暴露，曹操率大军击溃刘备，擒关羽，拜羽为偏将军。第三次，同年，关羽被曹操任命为先锋，阻止袁绍军马，在白马斩颜良，表关羽为汉寿亭侯。其二，惑以禄。在物质利益上，曹操也采取相应措施。关羽初投曹操时，曹操"礼之甚厚"。关羽斩颜良后，"重加赏赐"。但关羽不为名所累，不为利所惑。传说中曹操还选美女给关羽，而关羽不为色所迷。关羽不愧是洁身自好、豪气干云的伟丈夫。

《关公文化大透视》一书总结中华民族十大传统美德很有见地，包括：仁爱孝悌，谦和好礼，诚信知报，精忠爱国，克己奉公，修己慎独，见利思义，勤俭廉正，笃实宽厚，勇毅力行。关羽所言所行，体现和丰富了中华民族优良的文化传承。

第十七章
历史上的关羽之谜

一、刘、关、张故里之谜

由于《三国演义》的广泛传播，人们对历史上的刘、关、张形象蒙上了传奇的色彩。刘、关、张故里到底在哪里呢？

刘备故里

《三国志·蜀书·先主传》记载刘备家乡与《三国演义》所述是一致的。刘备，涿郡涿县人。志没讲到刘备的故里，但从记载地理方位特征出发，"舍东南角篱上有桑树生高五丈余，遥望见童童如小车盖，往来者皆怪此树非凡，或谓当出贵人"。①现河北省保定市涿州市林家屯乡楼桑村，俗称大树楼桑村，是当年刘备故里。

北魏郦道元《水经注·巨马水》中有明确记载："巨马水……又东经涿县郦亭楼桑里南，即刘备之旧里也。"元代史恒德《涿鹿八景记》载："楼桑在郡西南十五里，乃汉昭烈故乡。"《明一统志》载："在顺天府涿州西南一十五里，即汉昭烈故居。"《帝京景物略》卷八"畿辅名迹"载"涿州西南十五里，道右大桑，高十丈，层荫如楼，其荫百亩，汉昭烈故居桑也。……桑侧，昭烈古庙，唐乾宁五年建者。前将军关、桓侯张，配焉"。

---

① ［晋］陈寿撰，［南朝宋］裴松之注，陈乃乾校点：《三国志·蜀书·先主传》，中华书局1959年版，第871页。

笔者曾徒步到大树楼桑村考察。1996年6月，涿州市委、市政府在昭烈古庙遗址建汉昭烈皇帝刘备故里碑，碑在村北五十米处。其记述："涿州大树楼桑村乃汉昭烈皇帝刘备故里。原有昭烈旧宫及神祠、碑刻，因年代久远，人世沧桑，已荡然无存。"

现大树楼桑村属涿州市松林店镇。这里有五个楼桑村，从东而西：大树楼桑，西二里为楼桑镇，再西四里为楼桑铺，再西一里为黄楼桑，及毗邻的楼桑庙村。推测，东汉末年仅有大树楼桑，历史的原因，又分出其他四村，而楼桑庙村因建汉昭烈庙而名，这里是刘、关、张结盟之处。先取名三义庙，后改三义宫。建庙为隋唐时，当时人烟稀少，刘备同宗部分迁到这里，成为该村刘姓人较多的原因。

关羽故里前文已述，从略。

张飞故里

张飞故里在《三国志·蜀书·张飞传》中只简单地表述为："张飞字益德，涿郡人也。"《三国演义》通过张飞自述："世居涿郡，颇有庄田。""吾有庄客数人，同举大事。"刘、关、张三人通报姓名后"同到张飞庄上，共论天下大事"。《三国演义》所讲张飞"庄"有所本。

从张飞的西乡侯可知，东汉末年张飞故里规范的地名为涿郡西乡县桃庄。据乾隆《涿州志》卷一"古迹"载："州西南里许，汉张桓侯生于此。遗址尚存。"桃庄距涿郡城八里许，上边的里许是概说。

桃庄为汉代邑名，因张飞大名，三国后便称为张飞店。民国初年，涿州知州以直呼其名不雅，遂更名为忠义店，沿袭至今。桃庄在古驿道西侧，现在位于京深高速公路西侧，与公路东侧的楼桑庙三义宫遥相呼应。现忠义店村隶属于涿州市桃园街道办事处，仍有"张飞井""汉张桓侯古井碑记""汉张桓侯故里"石碑等。随着旅游文化的兴起，涿州市有关部门在忠义店村南重建张飞庙，并将张飞古井遗物移入。井口石似为东汉末年遗留的原物。其形状内圆外方，为一整块白色带黄的岩石凿成，井口因吊猪肉勒磨的沟痕经历了近两千年沧桑，睹物思源，张飞卖肉、悬肉事好像发生在昨天一样。

据李京生《汉三公九卿考》载:"涿州市城区西北部朱仙坡镇上坡村与北京市房山区东长沟村交界处,为古西乡故城遗址。……桓侯张飞即封于此。"可信。

二、刘、关、张家庭之谜

家世对一个人思想、品格的形成会产生重大影响。研究刘、关、张三人家世状况,对于认识他们的思想形成有着重要意义。

刘备家世

刘、关、张三人家世都富于传奇色彩。在《三国演义》中,刘备被称为汉献帝的皇叔,在辈分上史实与演义所述差距较大。《三国志·蜀书·先主传》载:"先主姓刘,讳备,字玄德,涿郡涿县人,汉景帝子中山靖王胜之后也。胜子贞,元狩六年封涿县陆城亭侯。"依梁章钜《三国志旁证》注引《地理志》载:"陆成,中山国县名,贞为中山靖王之后,故封中山国之陆成县侯,'成'字无土旁也。"故《三国志》所记涿县陆城亭是错误的。《水经注·滱水》载:"滱水东北经蠡吾县故城南,《地理风俗记》曰:县,故饶阳之下乡者也,自河间分属博陵。汉安帝元初七年,封河间王开子翼为都乡侯。顺帝永建五年,更为侯国也。又东北经博陵县故城南,即古陆成。汉武帝元朔二年(前127年),封中山靖王子刘贞为侯国者也。"据《史记·建元已来王子侯者年表第九》载:"刘贞封侯在元朔二年六月甲午。"这表明,刘备远祖刘贞所封为陆成侯,而非陆城亭侯。

依《中国历史地图集》,陆成在今河北省保定市蠡县正南十五里处,即今保定市博野县解营。按照《水经注》提供的滱水走向,推定应该在蠡县大百尺一带。史载,汉景帝有十四个儿子,刘胜排行老六,汉景帝前元三年(前154年)夏六月,刘胜被封为中山王。刘胜其人乐酒好肉,妻妾成群,有儿子一百二十多个,其中二十人封侯,刘贞是最早封侯的。

《三国志·蜀书·先主传》载:"胜子贞,元狩六年(前117年)封涿县陆城亭侯,坐酎金失侯,因家焉。"据张作耀《刘备传》考,《汉书》所载,与《三国志》有别。刘贞为陆成侯，前汉没有县、亭侯之别。刘贞"坐酎金免"是史实。所谓"坐酎金失侯"，实是元鼎五年（前112年），汉武帝采取大规模的削藩行动，以便加强中央集权。"汉制，宗庙每年八月饮酎酒祭祖。用酿过多次的醇酒和牛、羊、豕三牲为供品，皇帝主持祭祀。从正月初开始酿酒，八月酿成，称为酎。"[1] 每年八月新酒酿成后，皇帝要在宗庙举行大祭，称谓"天子饮酎"。"饮酎"时，诸侯王和列侯都要献金助祭，称为"酎金"。据《汉书·武帝纪》和《史记·平准书》注引如淳的话说："《汉仪注》诸侯五岁以户口酎黄金于汉庙，皇帝临受献金，金少斤两，色恶，王削县，侯免国。"仅元鼎五年，"九月，即中山靖王刘胜死后第一年，列侯坐献黄金酎祭宗庙时不如法夺爵者百六人"[2]，即不按规定办而被夺爵者一百零六人。刘贞便是其中一个。由此看来，刘贞一开始定居在蠡县，后来其子孙一支移居涿县郦亭楼桑里。

从公元前112年刘贞失侯，至公元196年刘备被封为宜城亭侯，中经三百余年，历史上不见刘备直系先人封侯。裴松之注及元人胡三省注《资治通鉴》时亦不明刘备祖上世系。《三国志通俗演义》卷之四"曹孟德许田射鹿"一节载刘备先祖，自刘贞以下皆为侯，至其祖父刘雄为东郡范令，失侯。不知何所据尔。刘备祖父刘雄官至东郡范县（今河南省范县）县令。其父刘弘早逝，家道逐渐衰落。刘备十五岁游学，全靠叔父刘元起资给，后靠与母亲编卖草鞋度日，其生活窘迫可见一斑。

从以上史料可以看出，刘备祖父、父亲没有给他留下什么资财，就连其叔父也在大树楼桑居住这一点可知。刘备喜犬马、服饰、音乐、乐交豪杰，是其少年时家境。到遇关羽、张飞时，其家庭已处于穷困潦倒之中。不过，由于中山大商的资助，才得以聚集起一支队伍。

关羽的家世扑朔迷离，史料中没有蛛丝马迹。据近人钱静方《小说丛考》：关公家世，演义不详，即陈寿《三国志》未明载，以故世罕知之。前已述，从略。

---

① ［晋］葛洪集，成林、程章灿译注：《西京杂记全译》卷一，贵州人民出版社1993年版，第4页。

② ［汉］班固撰：《汉书·武帝纪》卷六，中华书局2012年版，第162页。

张飞家世

史料中对张飞家世同样没提供任何线索。唯一可供借鉴的是《三国演义》和民间传说。《三国演义》载，张飞"世居涿郡，颇有庄田，卖酒屠猪，专为结交天下壮士"。考刘、关、张结盟的张飞"庄后桃园"，现为"三义宫"，距张飞家三里许。当时兵荒马乱，人口锐减，加之地处边陲，一般农户也都有几十亩薄田，张飞家推测在几百亩。建安八年（203年），"是时天下户口减耗，十裁一在"①。曹丕称帝时，"今涿郡领户三千，孤寡之家，参居其半"②。《晋书·地理上》载：范阳（治所涿县，今涿州市）国，统涿县、良乡县（今北京市窦店一带）、方城县（今故安县西南）、长乡县（今涿州市义和庄一带）、遒县（今涞水县）、故安县（今易县）、范阳县（今定兴县固城镇）、容城县（今容城县北）。其八县共一万一千户。平均每县才一千多户，晋时与东汉末相去不远，可见当时人烟极为稀少。

传说张飞十几岁时在舅舅李志教导下，请王养年师傅教古文典籍，并传授武艺。王养年在官军中任职多年，因不满朝政日非的现状，愤而辞职。王养年耿直善良的性格对张飞有很大教益。为改变张飞暴躁的性格，教他练书法和绘画。十五岁时张飞父母先后去世，十六岁时王养年也病故在张飞家。张飞还为师傅举行了隆重的葬礼，在坟前立了一通碑，刻有"王公讳养年之墓"，"文化大革命"前是碑尚存。③

推测张飞家颇富有是史实，由于受人点拨，加之张飞聪颖，勤学苦练，张飞除武艺被称为"万人敌"外，其书法、绘画也有一定造诣，大体可信。他的摩崖字独具一格。清朝纪晓岚是名震文坛的巨匠，其诗云："慷慨横戈百战余，桓侯笔札定然疏。哪知榻本摩崖字，车骑将军手自书。"张飞在宕渠大破张郃后亲自在岩石上刻字："汉将张飞率精兵万人大破贼首张郃于八

① ［晋］陈寿撰，［南朝宋］裴松之注，陈乃乾校点：《三国志·魏书·张绣传》，中华书局1959年版，第262页。

② ［晋］陈寿撰，［南朝宋］裴松之注，陈乃乾校点：《三国志·魏书·崔林传》注引《魏名臣奏》，中华书局1959年版，第680页。

③ 史简编著：《三国人物外传》，中国民间文艺出版社1989年版，第253页。

濛。立马勒石。"① 为后人传颂，并将张飞列为中国古代书法名人。可惜年代久远，风雨侵蚀，张飞手书勒字已荡然无存。世传张飞绘画也很出名。他画的美女，能与三国魏文帝曹丕齐名。《历代画征录》载："张飞，涿郡人，善画美女。"据说现涿州城内古楼北墙上的《女娲娘娘补天图》，房树村西万佛阁内的壁画，就出自张飞手笔。②

刘、关、张三个家庭共性的特点是：有着浓厚的中国古代经典传统，生活在基层，有一定文化造诣，家庭多遭变故和创伤，对社会现实和社会未来有诸多不满和祈求。

三、关羽北伐之谜

襄樊之战，既是关羽为蜀汉事业拼杀中达到的辉煌顶点，也是其一生及刘备复兴汉室大业的转折点。试想，关羽不北伐，就不会走麦城，也不会有夹石之难。但不能以此推断北伐是轻启战端。应该讲，当时环境和形势下，北伐之战是应该的。从目前史料判断，刘备没有授命关羽北伐。关羽在战争初期是对的，不对的恰恰是与刘备联络不够，兵力部署不当，更重要的是关羽傲气造成的，关羽毁亡证明一句真理，性格决定命运。

蜀汉事业在崛起过程中，有几个大的转折点：

第一个转折点，赤壁之战。

赤壁战争之前，刘备无论是任豫州牧、徐州牧，都没能实现对一州的管理，时间不长，便被颠覆。由于刘备帝室之胄，以及弘雅爱民形象，加之有一批关羽、张飞、赵云熊虎之将，被世人尊崇。

东汉末年是弱肉强食时代，实力智慧决定一切。兵微将寡，战略战术上屡屡失当，导致刘备集团屡战屡败，最后被迫与孙权结盟。在诸葛亮的运筹和东吴将领的协助下，赤壁大战扭转危局。刘备充分利用周瑜与曹仁在江陵相持一年的时间里。抓住时机定江南，有了自己的地盘。曹仁被迫撤出江

---

① ［清］梁章钜撰，杨耀坤校订：《三国志旁证》卷二十三，福建人民出版社 2000 年版，第 587 页。

② 史简编著：《三国人物外传》，中国民间文艺出版社 1989 年版，第 254 页。

陵，周瑜为南郡太守。孙权为巩固孙、刘联盟，独具慧眼，把其妹孙尚香嫁给刘备。刘备在地盘瓜分中受益最多，有了真正意义上的根据地。

第二个转折点，益州战役。

赤壁之战后第三年，建安十六年（211年），益州牧刘璋深恐曹操进军巴蜀，派遣法正迎刘备入蜀，以防不测。后互为仇敌。经过三个年头的征战，刘备攻占成都，领益州牧，刘备终于有了自己可观的根据地。关羽也进一步得到重用，董督荆州，代行荆州牧职责。

第三个转折点，汉中战役。

建安二十三年（218年）春，刘备发动汉中战役。次年春，大破夏侯渊于定军山，与曹操相持数月，曹操因"积月不拔，亡者日多"，及荆州战线的牵制，主动撤出。刘备得到汉中，地盘进一步扩展。

第四个转折点，上庸战役。

建安二十四年（219年）夏，刘备遣刘封、孟达夺得汉中东部房陵、上庸、西城三郡，把荆、益二州连成一片。

刘备一方节节胜利，曹操节节败退，不但汉中争夺时失败，距其政治中心许昌不远的上庸、房陵等数郡陷落，其内部也先后发生三起反曹拥刘事件。

从整个政治军事战略格局看，曹操的统治陷入危机。许昌以南，往往遥应关羽。西线，曹操领兵在汉中与刘备对峙。在这样大的背景下，关羽发动了襄樊战役。从时间背景和形势发展趋向看，都是顺理成章的。

问题是关羽进攻襄阳、樊城，既可请示刘备，亦可不请命。因关羽被刘备任命为襄阳太守后，与曹魏襄樊驻军的战斗从来没有停止过。按照《三国志·魏书·武帝纪》记载：在建安二十三年（218年）十月，侯音反曹魏前，曹仁就"讨关羽，屯樊城"。这是魏国史官所记。从战斗格局看，真实情况应是关羽在建安二十三年（218年）夏天，就对襄、樊一带曹魏势力进行蚕食。到建安二十四年（219年），"先主为汉中王，拜羽为前将军，假节钺"，"是岁，羽率众攻曹仁于樊"，这就是说刘备授权假节钺在前，才有了关羽率军大规模进攻曹仁的"襄樊战役"。假节钺是何意呢？即天子或王授予臣下符节与斧钺，以表示信任和具有某种特权。实际上刘备授予了关羽征伐之权，并不存在遣关羽攻樊，或奉命攻樊的问题。

四、关羽使用兵器之谜

一部《三国演义》，讲的是魏、蜀、吴从奠基人乱世争雄，到三国归晋。表面看是写历史，其实是各类英雄、枭雄、奸雄竞技大舞台，尤其是为蜀国君臣树碑立传，是刘、关、张、孔的英雄谱。全书大约三分之二篇幅刻画和涉及这几位英雄人物，其中关羽的勇武忠义是《三国演义》着力塑造的重头戏。由于是小说，长期以来，人们对驰骋沙场几十年的武圣关羽用何种兵器至今仍然莫衷一是。刺颜良，有人认为是矛；单刀俱会，又有人认为是刀，《三国演义》则具体地讲述为青龙偃月刀。孰是孰非，一头雾水，需要我们在透视历史中去揭示其真面目。

首先，无论是史学界、传说，抑或演义本身，较普遍和较多的认为关羽使用的武器是刀。《三国志·吴书·鲁肃传》载，建安二十年五月，鲁肃住益阳，与关羽相拒，鲁肃邀关羽相见，"各驻兵马百步上，但请将军单刀俱会"[①]。当鲁肃责问关羽，关羽助手起立应答后，鲁肃厉声呵之，辞色甚切。"羽操刀起谓曰：'此国家事，是人何知？'"两处用"刀"字，可以使人理解为腰刀，也可理解为长柄大刀。近人多次引用南朝梁陶弘景《古今刀剑录》记载："关羽为先主所重，不惜身命，自采武都山铁为二刀，铭曰万人，及羽败，惜刀，投之水。"[②]如史料确切，其两刀至少一把是腰刀，另一把就肯定是长柄大刀，不可能是两把腰刀或两把长柄大刀。因为不但关羽造二刀，张飞也造过一刀。清梁章钜《三国志旁征》中引《古今刀剑录》云："张飞初拜新亭侯，自命匠炼赤朱山铁为一刀，铭曰新亭侯蜀大将也。后被范强所杀，强将此刀入吴。"任何史料也没讲过张飞使用武器为刀。其蜀字不妥，腰刀无疑。

有一种观点认为，长柄大刀出现较晚。否认汉末已有长柄刀。我们不能

①　［晋］陈寿撰，［南朝宋］裴松之注，陈乃乾校点：《三国志·吴书·鲁肃传》，中华书局1959年版，第1272页。

②　［清］梁章钜撰，杨耀坤校订：《三国志旁证》卷二十三，福建人民出版社2000年版，第587页。

把装备到士卒与某一领域使用武器混为一说。

从中国古代兵器发展史角度可以知道，兵器作为作战的工具，随着科技、经济、社会及军事斗争的发展和需要，不断演进。古代的冷兵器有长短、投掷、远射、防身、护体等多样种类。比如：戈戟矛是长兵器，主要用于作战。剑、朴刀、匕首是短兵器，既可用于作战，更多的是用于防身。弓弩主要是远射。抛石机用于抛掷。盾牌、铠甲用于护体。从夏朝、商朝到近代，冷兵器经历了不断进化的过程。据英国著名居延汉简研究专家迈克尔·鲁惟一的《汉代行政记录》记载，西汉时在西北一带防御中便有了木制安装的长斧、长锤、长杖、长杆等兵器。

据任继愈、王兆春编著的《中国古代兵器》一书记载："长柄刀是由刀身和长柄两部分构成的，用于劈砍的单面侧刃格斗兵器。由新石器时代晚期的石刀，经过青铜小刀的长期演变而成。""长柄刀刀身较长，刃薄而脊厚。商、周时期已经出现了长柄青铜刀，因制造的数量不多，所以使用较少。直到秦代，长柄刀仍然不是军队的装备兵器。"这里讲各级将领使用和装备普通士兵是两个不同的问题。

汉时出现了新型钢刀，这种刀直体刀身，刀薄脊厚，柄较短，柄首上加有圆环，人们称它为"环首刀"。《中国古代兵器》更明白具体地写道："东汉以后，钢制长柄刀的使用增多。三国时期使用长柄刀的名将甚多，如关羽、黄忠、庞德等。晋代的长柄刀柄长四尺，刀长三尺，下有镈，装备步兵使用。"由此看来，东汉末年，不是没有出现长柄刀，而是在步兵中还未普及。到了晋代，才普及到步兵中。是书已经非常具体写明关羽使用的是长柄大刀。

从史料记载中亦可证东汉末年已使用长柄武器。

《三国志·魏书·典韦传》载："韦好持大双戟与长刀等，军中为之语曰：帐下壮士有典君，提一双戟八十斤。""太祖行酒，韦持大斧立后，刃径尺。"《三国志·魏书·武帝纪》注引《魏书》载："议者多言'关西兵强，习长矛，非精选前锋，则不可以挡也'。公（曹操）谓诸将曰：'战在我，非在贼也。贼虽习长矛，将使不得以刺，诸君但观之耳。'"

《资治通鉴》卷六十六亦载，马超诸将"关西兵习长矛"。同书卷六十七记载，建安二十年（215 年），吴、蜀两方中分荆州后，孙权亲率众十万围合肥，遭到张辽率八百敢死队的冲击。他们冲到孙权麾下。孙权大惊，"众不知所为，走登高冢，以长戟自守"。[①]

另据《茶香室三钞》卷二十六载张桓侯铁鞭条："国朝王培荀《听雨楼随笔》云：涿州，古范阳也，张桓侯故里，在城西十里有庙，山门前有铁铸蛇矛，不知为当年故物否？《寰宇记》云：墓在四川阆州厅东二十步，学使吴白华题诗云：'儿童知俎豆，寇盗避鞭弹。'则侯兼善用鞭用弹矣。嘉庆间，桂军门涵得侯所用铁鞭，重五十斤，长六尺，送悬墓前，为之记。"清朝一斤相当现在五百九十六克，张飞铁鞭约合今六十斤。

从以上资料可证，东汉末年，在军队中已开始使用长刀、长斧、长矛、长戟、长鞭。

需要搞清楚的是，关羽究竟是否使用过青龙偃月刀。成都武侯祠谭良啸考证认为，关羽手中的刀不是青龙偃月刀，关羽根本没用过青龙偃月刀。这个观点是对的。因为到了宋代才出现青龙偃月刀。关羽使用的仅是长柄钢刀。

《三国演义》写刘、关、张桃园结义后，置买了良马，然后刘备命良匠打造双股剑，张飞打造丈八蛇矛，关羽造青龙偃月刀。青龙偃月刀又名"冷艳锯"，重八十二斤，汉时一斤相当现在二百四十四克，约合现在四十斤。俗话讲，兵器一寸长一分功。从关羽性格及东汉末年经济、社会发展实际去分析，关羽的刀不但是长柄钢刀，而且与众不同。传说关羽迷于兵器，极想得到一件称心如意的上等兵刃。让几位手艺高超的铁匠师傅锻打两个月，才锻出一把大刀。关羽不满意，又打造一个月，才打造出一把光灿灿、冷森森的宝刀。关羽所用武器为长柄钢刀，上边铭有青龙有可能，但为偃月形似有些牵强。

那为什么《三国演义》中关云长使用青龙偃月刀呢？这个说法大略起于宋代。据宋周密《癸辛杂识续集》载龚圣与作《宋江三十六人赞》云："大刀关胜，岂云长孙？云长义勇，当其后昆。"岳飞曾经画关羽像全身着甲，横马持刀，回头顾望，须飘动，犹如疆场获捷，缓辔回营之状。头上悬"汉寿亭侯"封印，旁落"岳飞之印"。有人把此画刻于石上，今存于龙门文物

① ［晋］陈寿撰，［南朝宋］裴松之注，陈乃乾校点：《三国志·魏书·张辽传》，中华书局1959年版，第519页。

研究所。到元代刊行的《三国志平话》里面，关羽就使用大刀在沙场上冲锋陷阵了。

随着青龙偃月刀在宋朝的出现，从外形看比原先长柄钢刀更威武、更有震撼力。为表现关羽的威武性格，到了明代，经过演唱文人及罗贯中的艺术加工，《三国演义》中的关云长就成为一个"身长九尺，髯长二尺，面如重枣，唇若涂脂，丹凤眼，卧蚕眉，相貌堂堂，威风凛凛"，胯下骑赤兔千里驹，手握青龙偃月刀，昂首挺胸，三绺髯飘逸的绝世英雄了。

五、关羽刮骨疗毒医者之谜

《三国志·蜀书·关羽传》载："羽尝为流矢所中，贯其左臂，后创虽愈，每至阴雨，骨常疼痛，医曰：'矢镞有毒，毒入于骨，当破臂作创，刮骨去毒，然后此患乃除耳。'羽便伸臂令医劈之。时羽适请诸将饮食相对，臂血流离，盈于盘器，而羽割炙引酒，言笑自若。"从史学家陈寿的传神笔下，简洁洗练生动地叙述了关羽刮骨疗毒的过程。人们普遍认为刮骨疗毒是关羽发动襄樊战役之时，因此医者不是华佗，非也。这里有个重大错误，就是错误地判断时间。

《三国志》中对刮骨疗毒既未明确讲时间，又未讲医者是谁，而《三国演义》中既讲了时间，又讲了华佗刮骨过程。人们把时间定位在关羽攻樊城时，其实是受《三国演义》的误导。

《三国志通俗演义》卷之十五第八节"关云长水淹七军"中是这样描写的：关羽水淹七军后，樊城守将曹仁受到深深震撼，诸将无不丧胆，商议趁关公军围未合，乘舟夜走，虽然失城，尚可全身。曹仁同意这个意见，而满宠却劝阻大家不要弃城，否则许昌以南非国家所有。曹仁采纳满宠之说，杀白马立誓。这种背景下关羽亲自领兵四面攻打樊城，在北门关羽立马扬鞭对樊城发动政治攻势进行劝降。曹仁在敌楼上，见关公在麾盖下，急招五百弓弩手，往麾盖一齐射去，关公右臂上中了一箭，翻身落马。这里交代的时间和环境非常具体。议者皆判断此时关羽中毒箭，而华佗已久别人世，因此不是华佗为关羽刮骨疗毒，否认了《三国演义》华佗刮骨情节的真实性。

应该讲，如果关羽被毒箭射中及刮骨疗毒是在进攻樊城战役时，那么华佗不是刮骨疗毒医者的结论是成立的。关键是在时间的定位上出现问题。我们不能用错误的前提去考证华佗有无参与其事，也不能用《三国演义》提供的时间作为依据。

《三国志·蜀书·关羽传》对刮骨疗毒这一事件是这样记载的："先主收江南诸郡，乃封拜元勋，以羽为襄阳太守，荡寇将军，驻江北。先主西定益州，拜羽董督荆州事。羽闻马超来降，旧非故人，羽书与诸葛亮，问超人才可谁比类。亮知羽护前，乃答之曰：'孟起兼资文武'，雄烈过人，一世之杰，黥、彭之徒，当与益德并驱争先，犹未及髯之绝伦逸群也。"羽美须髯，故亮谓之髯。羽省书大悦，以示宾客。"然后的引文则是接本文开头刮骨疗毒事件的描写。

论者出现失误，在时间判断上有二：一是襄樊大战中为流矢所中，这是受《三国演义》影响；二是认为襄樊大战前不久为流矢所伤。两者都不对，原因是把《三国志》叙述刮骨疗毒事件的行文顺序作为关羽一生事迹同步起来。其实陈寿没这样做。刮骨疗毒史料交代是作者的追述，一个"尝"字非常关键，追记关羽曾经为流矢所中。按语言思想环境，即关羽在马超归属刘备前为流矢所中并刮骨疗毒。而写这段史料的目的则是突出关羽精神的东西，即突出关羽自负、刚傲、威猛性格。

那么，关羽为流矢所中在哪年呢？历史无载。推测应在公元208年，即建安十三年。原因是为流矢中需符合以下两个条件：（1）发生的大体时间应该是马超归属前，即建安十九年（214年）前。作者才能用"尝"字。（2）流矢所中正常情况下只有大战役、中等战役才能发生，一般格斗不会描写为流矢所中。

考公元214年前有一定规模战役是赤壁之战和傍略江南四郡之战。刘备未攻下成都之前，吴、蜀联盟较为稳固，没有发生索还荆州，激化吴、蜀两家矛盾兵戎相见的征战。因此，关羽为流矢所中必是发生于与曹魏作战时。而赤壁之战和傍略江南四郡之战皆发生于公元208年。世传华佗于公元208年去世。亦有建安二十二年（217年）被曹操所杀之说。若此，一代名医华佗仍在人世间。按关羽地位身份和高傲性格，只有神医才能配神将。华佗与关羽在性情及对曹操的立场上大体相近，且华佗在此期间正好请假回家乡谯郡，曹使人召他，华佗不回。从时间上吻合。因此，由华佗为关羽刮骨疗毒是可能的。至于为什么华佗传和关羽传中不载，《三国志·魏书·武帝纪》注引张华《博物志》载：曹操"又好养性法，亦解方药，招引方术之士，庐江左慈、谯郡华佗、甘陵甘始、王九真、郭凯等善围棋，太祖皆与埒能"。华佗是曹操老乡，长期为曹操服务。而曹操与刘备、关羽势同水火，即便是华佗去医，关羽也不能张扬，而是需保护恩人的性命和利益。

从《三国演义》刮骨疗毒一节的描述，看出作者涉猎史料时详于《三国志》《后汉书》对华佗被杀细节的掌握，华佗为关羽刮骨是可能的，不过时间上张冠李戴罢了。

六、刘备、关羽、张飞、孔明姻亲、血亲之谜

魏、蜀、吴作为东汉末年中原产生的三个政权，是中华大地上中原汉族政治权力争夺的结果。正如《三国演义》开篇所说："话说天下大势，分久必合，合久必分。"因为处于政治结构经常变化中，人们的经济、政治、社会联系必然随着政治的融合而密切，随政治的相对割绝而疏远。三国产生前，中原在东汉王朝统治下。各诸侯割据称雄一方，类似东周末年，朝廷已失去统领和支配诸侯的权力和威严，是一个挂名的皇家招牌罢了。政治的统一、分化、重新组合，影响着人们的姻亲、血亲关系，有的一家分在几国，有的靠姻亲进行政治联盟，有的翁婿相敌，时亲时疏。关羽、张飞、刘备、孔明四人的这种关系就十分复杂而微妙。

关羽姻亲

1. 关羽与赵云是连襟。据有关资料载关平娶赵云之女，生子名叫关樾。关羽失荆州父子同时遇害时，关平夫人赵氏带小关樾，逃出城在安乡民家避难，改姓门。直到西晋灭吴后，赵氏才带儿子及家眷出来复关姓。世代相居荆州，以守陵冢为业。清代雍正年间，关樾嫡系奉祀洛阳关林，乾隆年间奉祀荆州关庙，特准世袭五经博士，并免除一切杂派差役。荆州成为关羽后代

重要一支之乡。

2. 关羽与李恢是连襟。《三国志·蜀书·关羽传》载，关羽董督荆州时，日益强盛，孙权派使者为其子向关羽女求婚，遭关羽辱骂。据传关银屏荆州失陷之前，正在蜀都探望刘备、张飞，因此不曾遇害。在诸葛亮安排下，关银屏嫁给了云南守将李恢之子李蔚。关银屏在当地教百姓耕种、纺织和读书，把中原文化带到西南，促进了西南一带地方经济、社会的发展。直到她死后，还留下梳妆台、金莲山等遗迹。世传关羽之子关索随孔明南征，建立功勋，并传关银屏、关索姐弟情谊融洽。现在，云南澄江市有关银屏与李蔚合葬墓，是当地重点文物保护单位。因此，关银屏嫁李蔚之事是可信的。

张飞姻亲

1. 张飞是刘禅岳丈，其两个女儿均嫁刘禅。长女于章武元年，纳为太子妃，建兴元年，立为皇后，建兴十五年（237年）去世。死后尊号为敬哀皇后。敬哀之妹在其姐去世后入为贵人。次年，延熙元年（238年）春正月，册封为皇后。蜀亡后，随后主迁于洛阳。

2. 张飞是夏侯渊侄女婿。《魏略》载："建安五年，时霸（夏侯霸）从妹年十三四，在本郡，出行樵采，为张飞所得。飞知其良家女，遂以为妻，产息女，为刘禅皇后。"从妹就是堂妹，即夏侯霸叔伯之女，实夏侯渊兄或弟之女，那么张飞就成了夏侯渊的侄女婿了。建安五年（200年），正是刘备在小沛失败后投奔袁绍，关羽降曹，张飞出走之际。可知张飞小沛失散后向西逃亡，路经夏侯渊家乡谯郡，谯郡距小沛三百里，距汝南亦三百里，大体走向东北—西南，三点大体一线。莽张飞从小沛奔谯郡，再由谯郡到汝南某地栖身，兵荒马乱，良家女在外拾柴砍柴也是情理中事。

夏侯霸归蜀一事亦可佐证。夏侯霸为夏侯渊次子。时曹爽、司马懿争权，曹爽为司马懿所杀。夏侯霸与曹爽有亲戚关系，怕受牵连便逃归蜀汉。夏侯渊被黄忠击斩，张飞夫人曾请求为夏侯渊安葬。夏侯霸入蜀后，受到刘禅接见，并向他解释：你父夏侯渊是在战场上遇害的，不是先帝杀的。刘禅指着自己的儿子说："这是夏侯氏的（外）甥。"他对夏侯霸厚加爵宠，满朝文武以国舅呼之，霸倾心事蜀。

刘备姻亲

1. 刘备是孙权妹夫。赤壁之战，刘备得孙权帮助，结成联盟，大破曹孟德。在战争结束阶段，刘备趁机攻占了江南四郡，称雄一方。孙权见刘备英霸之气，而近在江东之邻，为保住江东地盘，笼络刘备，便将妹孙尚香嫁给了刘备，这时是建安十四年（209年）。建安十六年（211年），孙权闻刘备攻取益州，遣人派船迎其妹还吴，自此后刘备、孙尚香没再相见，仅不到三年夫妻关系。

刘备发动征吴战争，为关羽报仇，兵败夷道猇亭。刘备、孙尚香夫妇虽有摩擦，但感情淳笃。因吴、蜀相互仇杀，并误传刘备在军败时遇害，孙尚香投长江自杀，后人在江边建有枭姬祠。

2. 刘备与麋竺、麋芳的姻亲关系。刘备在陶谦死后被推举为徐州牧，这引起袁术不满。袁术派兵争徐州，刘备、关羽前往迎敌，吕布在袁术鼓动下袭取下邳。在袁术、吕布联合攻击下，刘备败逃到海西屯驻。当时连续荒年，陷入饥困之中，生存成了问题。《三国志·蜀书·麋竺传》载：别驾从事麋竺，"于是进妹于先主为夫人，奴客二千，金银货币以助军资，于时困匮，赖此复振"。麋竺、麋芳兄弟为先主周旋，不畏艰难险阻。益州平定后，麋竺为安汉将军，班在军师将军诸葛亮之右，即之上，受到尊崇。后其弟麋芳为南郡太守，在东吴大军偷袭荆州时，叛投孙权，导致关羽毁败。麋夫人为人贤惠，长坂坡激战时，保护阿斗刘禅，当得到赵云救援，为不连累刘禅逃生，《三国演义》称其为投枯井而亡。

3. 刘备与吴壹的姻亲关系。《三国志·蜀书》中没有吴壹传，但从其他史料可知吴壹是蜀汉后期重要将领，官至车骑将军，封县侯。吴壹的父亲与刘璋的父亲刘焉是老朋友，因此全家迁到蜀地。刘焉之子刘瑁娶吴壹妹后，不久得疯病而死，吴壹妹寡居。刘备定益州，孙尚香被孙权接回吴地，于建安二十四年（219年），吴壹妹被立为汉中王后，章武元年五月又册封为皇后。建兴元年（223年）五月，后主刘禅继位，吴壹妹被尊为皇太后。延熙八年（245年）去世。

诸葛亮姻亲、血亲

1. 诸葛兄弟。建安十二年（207年），客居荆州的刘备枉屈盛情，三顾诸葛亮于隆中草庐，从而引出一段求贤请贤的千古佳话。转战沙场二十余载的四十七岁老将刘备缘何冒严寒、屈尊三顾于年仅二十七岁的青年，仅仅是因为诸葛亮有"逸群之才、英霸之器"吗？事情当然不那么简单，这还因为诸葛亮是荆襄深有影响、有巨大实力的人物。

　　弄清这个问题，不得不说一下诸葛亮的家世。诸葛亮自称西汉诸葛丰之后。诸葛丰，字少季，在西汉元帝（前 75—前 33 年）时任司隶校尉，掌管纠察京师百官及所辖司隶部七个郡，因刚正廉洁，敢于执法，受到汉元帝嘉奖。后因触犯元帝宠臣许章，被降为城门校尉。又因直言重臣的罪行，触怒元帝，被免为庶人，遂病殁于家。诸葛丰到诸葛亮约二百年，推算孔明应是诸葛丰的八世孙或九世孙。其祖父以上几代，史书没有记载。但从孔明之父和叔父仕途情况看，其家也应算厅级干部子弟。诸葛亮父亲诸葛珪，字君贡，曾任泰山郡的郡丞，即协助太守处理行政司法等事务或代行郡守事，为六百石官员。诸葛亮八岁时，父亲去世，由其叔父诸葛玄照顾寡嫂及三个侄子、两个侄女。诸葛玄生年不详，但知其与袁术、刘表等人关系都不错，后来出任豫章太守。

　　诸葛亮兄弟三人。兄诸葛瑾长他八岁，仕吴，深得孙权信任，后任左将军，封宛陵侯，直至大将军、左都护等要职。因孔明四十七岁建兴五年（227 年）方有其子诸葛瞻，因此早年将其兄诸葛瑾第二子诸葛乔过继过来，官至蜀驸马都尉，建兴六年（228 年）去世，年仅二十五岁。乔子攀官至行护军翊武将军，因亮有胄裔，因此攀归吴，时间不长亦去世。诸葛亮弟名均，仕蜀，官至长水校尉，后有子诸葛望，官职不详。诸葛亮子瞻年十七娶刘禅女儿，拜骑都尉，后与辅国大将军董厥共同主持尚书事务。景耀六年（263 年）在阻击邓艾军时战死，年三十九岁。长子尚一起战死。次子京及攀子显等，咸熙元年（264 年），即蜀亡前一年，内移河东郡。诸葛京在晋朝时曾任郿县令。[①] 后位至江州刺史。诸葛亮还有一子名诸葛怀，晋泰始五年（269 年），诏令"赴阙受秩"，即应朝廷诏做官，他谢辞了诏令。另外，

---

　　① ［晋］陈寿撰，［南朝宋］裴松之注，陈乃乾校点：《三国志·蜀书·诸葛亮传》注引《晋泰始起居注》，中华书局 1959 年版，第 932 页。

据旧时蜀中父老相传，诸葛亮有个女儿①，名叫诸葛果，其命名的理由是她爱好神仙之术"必证仙果，故名果也"。

诸葛瑾生有恪、乔、融三子。长子诸葛恪，少年英发，机敏善辩，后任吴大将军兼太子太傅，在权力角斗中，为皇族孙峻所杀。诸葛恪长子绰早死，次子竦、幼子建，均被孙峻捕杀，全门皆尽。瑾第三子诸葛融，袭父爵，官至奋威将军，其兄诸葛恪被诛后，受牵连，服毒而死，其三子皆被杀。

值得一提的是同族诸葛诞，字公休，为诸葛亮族弟。仕魏，任镇东大将军，仪同三司，都督扬州，深得士心，进封高平侯，转为征东大将军，后反魏降吴，被击破，斩诞并夷三族。时人评论说：诸葛氏兄弟"蜀得其龙，吴得其虎，魏得其狗"。

2. 诸葛亮的岳丈黄承彦。早在东汉时期，襄阳就是一个经济繁荣、世族豪强集中之地。在襄阳豪强蔡氏家族和南郡蒯氏家族的支持下，刘表将荆州州治由武陵郡汉寿（今湖南常德东北）迁至襄阳，这样此地的豪族势力也就更为强盛了。襄阳一带较强的豪族主要有蔡、蒯、庞、黄、马、习等家。蔡家的蔡讽、蔡瑁，庞家的庞德公、庞统，蒯家的蒯越、蒯良、蒯祺，黄家的黄承彦，马家的马良、马谡，习家的习珍、习祯等为各家的代表人物。蔡讽为辽东郡太守，于建光元年（121 年）夏，与高句丽、鲜卑战斗中阵亡。②蒯越、蔡瑁、蒯良一起佐刘表平定境内，刘表才得以强大。因此，刘表为荆州最高军政长官，蔡瑁为荆州第二号人物，蒯越为刘表谋主，是刘表政权的两大支柱。

诸葛亮与荆州这股势力的上层人物均有着或远或近的关系。首先是与黄承彦和刘表关系。据《襄阳记》载："黄承彦者，高爽开朗，为沔南名士，谓诸葛孔明曰：'闻君择妇，家有丑女，黄发色黑，而才相配。'孔明许，即载送之。"③这样黄承彦做了诸葛亮的岳父。同书另载："汉末诸蔡最盛，蔡

---

① 余明侠著：《诸葛亮评传》，南京大学出版社 2011 年版，第 29 页。

② ［宋］朱熹著，朱正清主编：《资治通鉴纲目》卷八，泰山出版社 2008 年版，第 445 页。

③ ［蜀汉］诸葛亮撰，［清］张澍编：《诸葛亮集》故事卷一《诸葛篇》，中华书局 1960 年版，第 159 页。

讽姊适太尉张温，长女黄承彦妻，小女刘表后妇，瑁之姊也。"由此可知，诸葛亮的岳母和刘表后妻（蔡瑁的姐姐）是同胞姊妹，加上诸葛亮与刘表有故旧关系（通过叔父诸葛玄），后刘表次子刘琮又娶了蔡氏的侄女，因而是亲上加亲。

3. 诸葛亮与蒯、庞二族关系。诸葛亮有两个姐姐。大姐嫁给襄阳中庐县（今湖北省南漳县境内）的世家大族蒯祺为妻。蒯祺仕魏，官至房陵太守。建安二十四年（219 年），刘备"遣宜都太守扶风孟达，从秭归北攻房陵，杀房陵太守蒯祺"。《襄阳记》载："庞德公子字山民，亦有令名，娶诸葛亮小姊。"[1] 诸葛亮的二姐嫁给襄阳名人庞德公之子庞山民为妻。山民"有令名"，后为魏黄门吏部郎，早卒。而庞统是庞德公的侄子，诸葛亮与庞统既是志同道合的挚友，又是表亲。而庞统的弟弟庞林，娶了襄阳城南"宗室富盛，世为乡豪"的习家习祯之妹。

正因为诸葛亮有着如此复杂而多层次的姻亲关系，因而刘备才不惜屈尊三顾。也正因为诸葛亮在人才荟萃的襄阳，通过种种姻亲关系，怀抱管仲之志，精习经史，从而形成了他渊博的学识和卓绝的政治组织才能。诸葛亮自建安初随其叔父诸葛玄来到襄阳，到建安十三年（208 年）随刘备一起离开襄阳，十几年间这种人际关系为其发挥作用和以后的政治前途打下了深厚的基础。

七、刘备没给关羽封侯之谜

刘备与关羽、张飞的关系，千古一奇。名为君臣，恩若父子，义为兄弟。关羽为刘备鞍前马后，誓死追随。无论是在涿郡时，关羽、张飞为之御侮，不避艰险，还是在平原县时，与二人寝则同床，恩若兄弟。徐州一战，刘、关、张失散后，关羽身陷曹营，当得知刘备在袁绍军中时，关羽拜书封金，千里走单骑。而关羽在襄樊战役后期，败走麦城，被东吴袭杀，刘备不顾股肱大臣劝谏，不顾大敌曹操动态，义无反顾发动了对东吴的东征。这充

---

① ［蜀汉］诸葛亮撰，［清］张澍编：《诸葛亮集》故事卷一《诸葛篇》，中华书局 1960 年版，第 159 页。

分表明刘备与关羽人所共知的特殊关系。正如费诗被派往荆州拜封关羽时所说："王与君侯，譬犹一体，同休等戚，祸福共之。"可以肯定地讲，关羽在刘备集团中地位、影响都高于其他人，是蜀汉创业时集团核心层人物。但史料所载，刘备生前没有给关羽封过侯，这是何原因呢？

按《三国志·蜀书·先主传》载，刘备本人被封为侯是在徐州时，曹操为利用刘备对抗袁术，"表先主为镇东将军，封宜城亭侯"，时为建安元年（196年）。据《后汉书三国志补表三十种》载：刘备在建安二十五年，以骠骑将军徙封南昌侯，未见正史记载。刘备作为领军人物生前对部从有过六次封侯：

第一次，赤壁大战后。刘备利用周瑜与曹仁在江陵对峙，南征武陵、长沙、桂阳、零陵四郡，皆降。然后，对集团骨干人物给以物质赏赐，并进行封赏。封孔明为军师中郎将；关羽为襄阳太守、荡寇将军；张飞为宜都太守、征虏将军、新亭侯。这次被封侯的仅张飞一人。

第二次，进攻雒城时。军师中郎将庞统为流矢所中而卒，追赐为关内侯。

第三次，攻拔成都后。封马超为平西将军、前都亭侯。这是在汉献帝封马超都亭侯基础上改封。

第四次，刘备为汉中王以后。拜关羽为前将军、假节钺；拜张飞为右将军，假节；拜马超为左将军，假节；拜黄忠为后将军，赐爵关内侯。

第五次，法正死后。建安二十五年（220年），法正时为尚书令、护军将军。因在夺取益州及汉中诸战役时功勋卓著，法正卒后，"先主为之流涕者累日。谥曰翼侯"。赐其子法邈爵关内侯。

第六次，刘备为蜀汉皇帝后。章武元年（221年），张飞迁车骑将军，领司隶校尉，进封西乡侯；马超迁骠骑将军，领凉州牧，进封斄（tái）乡侯①，时关羽已于公元220年战殁，黄忠也于这一年去世。

刘备去世后，建兴元年（223年），孔明才被封为武乡侯，开府治事，旋又领益州牧；赵云为中护军、征南将军，封永昌亭侯，迁镇东将军。

---

① 斄城在今陕西省武功县西南二十里，一说在眉县境内。此职属虚名遥领。

关羽威名赫赫，被孔明称为"绝伦逸群"，与刘备"同休等戚"，生前刘备没有给其封侯，细品原因有四：

其一，建安五年（200年），曹操东征刘备，刘氏集团溃散，关羽身陷曹营。因斩颜良、解白马之围，曹操表封关羽为汉寿亭侯。所谓表封，即曹操报请，汉献帝册封，刘备对这一封号是承认的，并没有另封或改封。比如，建安二十四年（219年）秋，群下上先主为汉中王，表予汉献帝，其上表之人一百二十多位，表上所载关羽官职和爵位是荡寇将军、汉寿亭侯，张飞是征虏将军、新亭侯，马超是平西将军、都亭侯，黄忠是征西将军。由此可见，关羽辞曹时封金没挂印，刘备及其政治集团仍承认关羽汉寿亭侯爵位。

其二，反映刘备的高超驭人艺术。对封侯这样的重大政治举动，刘备采取三种方式：一是心腹使之。张飞是刘备老乡，也是刘氏集团猛将，在攻略四郡时，史料未明张飞功绩。四郡平定后，册封张飞为新亭侯，不涉他人。这里有刘备把握关羽亭侯与张飞亭侯大体平衡的出发点，亦有隆崇老乡、心腹之意。因为赵云在夺取荆州南四郡中亦发挥了与张飞相同的作用，不给封赏，可看出心腹人之中仍有差距。二是特殊影响册封。在刘备攻打成都前的关键时刻，马超来降，刘备说，"我得益州矣"。马超没有攻城，仅兵临成都，刘璋就投降了。在占据益州的关键战役中发挥了重要作用。给马超原先都亭侯基础上加一"前"字，封为前都亭侯。三是因战功而赐爵。黄忠原先在政治地位上没有进入刘备集团核心层。定军山一役，击斩魏军西线主帅夏侯渊，对于夺取汉中发挥了至关重要的作用，因此被刘备赐爵关内侯。传说中黄忠、关羽不睦，刘备把握既不让关羽离心，又嘉赏黄忠，不但为后将军，而且赐爵关内侯。其他如庞统战死赐爵，法正卒后追谥及赐其子爵都是出于相同目的。历史上赐爵仅是一种政治待遇，与封侯是有区别的。

其三，次递封侯，因立有战功不断提高侯位级别。后汉的侯爵有关内侯、亭侯、乡侯、县侯之分。关内侯是最低层的侯。至于应册封哪个等级的侯，根据战功和影响由统治者确定。正常情况下，只能由朝廷定。东汉末年献帝逐渐成了傀儡，都是由领军大员上表后便称册封了。但封侯赐爵由低级别到高级别这一规律没变。例如，文聘原为刘表大将，降曹后封为关内侯，后因功徙封延寿亭侯。再如，张辽以吕布都尉率众降，建安初封为关内侯，后徙封都亭侯，建安二十一年（216 年）徙封都乡侯。由此可见，关内侯、亭侯、乡侯逐层升级，但也有起步时就跨越前边侯爵的。比如孔明一步便封为武乡侯，没有封过亭侯、关内侯。刘备赐爵黄忠关内侯，在地位上仍比关、张、马的亭侯低一格，既恩崇黄忠又表示区别。

其四，刘备生前不轻易封侯。即便是托孤重臣孔明，刘备生前都没封过其侯位，赵子龙长坂坡保护刘禅，战功赫赫亦没封过侯，在刘禅执政时方被封为永昌亭侯。

总之，刘备生前没有给关羽封侯，基于汉廷已经封侯，其待遇已处亭侯地位，为保持政治平衡，又使之处于好驾驭位置，没改封、徙封关羽，仅是在所担任职务上高于重于刘备集团核心层其他成员。既表明刘备用人谨慎，又说明刘备政治手段有很大局限性。

八、刘备不发兵援荆州之谜

荆州沦陷，关羽毁败，在蜀汉事业上是最大的挫折和失败，蜀汉上层是没有预想到的。关羽率兵攻打曹魏的襄阳、樊城。是关羽在得到刘备所赐假节钺后的行动。作为蜀汉第一位上将确实战略布局欠妥，但刘备的态度也是十分重要的。

刘备主观上的失误

荆州处于魏、蜀、吴三国交界处，而且荆州九郡中三方各有一定的地盘，三方心里都知道未来荆州属谁是一个未知数，应该讲，关羽武勇谋略在三国属一流，其执掌荆州六年时间，使荆州在事业上迅速发展起来。曹、孙两方均未在荆州占多大便宜。刘备集团也对关羽倚如泰山。但北伐曹操，这是战略上非常大的举动，无论刘备首肯还是授权，抑或关羽相机而动，蜀汉首领刘备都有不可推卸的责任。无论曹操一方在保卫襄樊战役中，还是孙权一方在吞并荆州的偷袭中，曹、孙两方均是集团首脑亲自决策、亲自指挥、亲自调兵遣将、亲自提出战术措施。而刘备一方从史料看未见任何动静，甚至到陆逊攻破房陵等这些不属于荆州地盘时亦未见动静，这不能说不是重大的问题。可以肯定地讲，刘备不直接指挥对曹作战，关羽不可能有胜利的把握，因为其军事力量使然，这是刘备、关羽都知道的。即便是关羽轻启战端，刘备亦应派人前去探察了解沟通，以便协调整个大局，确保蜀汉大业。

刘备不派兵赴荆州，是其主观上的思考。襄樊战役决定着关羽的命运，也关乎蜀汉的事业。从六七月关羽择师北上到十二月父子遇害，半年时间，刘备应该知道基本战况。史料没有见到关羽将战事进展随时报告成都的记载，这在重大战事上是罕见的。而且五月曹操已从汉中撤出，即便是刘备对凉州有小的战事，可以说没有大的威胁。这里边刘备集团沉浸在胜利之中，刘备享受汉中王的美誉仅是一个表象，有"见事迟"的弱项，本质的是刘备"仁而有度"，对关羽的警惕和驾驭问题。

刘备、关羽关系密切，恩若兄弟，此一时，彼一时，应该讲刘备还是有主见和驾驭力的，但对关羽也有逆反心理。从蜀汉大业讲，关羽任何的成功都是蜀汉事业的成功，任何失败都是蜀汉事业的损失。刘备对关羽傲性深有感触，出于大局，既笼络之，又驾驭之。见于史料的有几怒：

一怒，刘备兵败当阳、飘摇江渚之时，关羽发怒对刘备说："往日若从羽言，可无今日之困。"刘备说："是时，亦为国家惜之耳，若天道辅正，安知此不为福邪。"这是指许田射鹿时，关羽欲斩曹公一事，被刘备制止。

二怒，建安二十四年（219 年），汉中战役，黄忠斩曹操名将夏侯渊，刘备称汉中王，赏赐有战功的部属，拜关羽前将军，假节钺；拜张飞为右将军，假节；拜马超为左将军，假节；拜黄忠为后将军，赐爵关内侯。当刘备派遣州前部司马费诗拜送封赏，关羽闻黄忠为后将军，大怒说："大丈夫终不与老兵同列！"不肯受拜。经费诗一番苦口婆心劝说后，关羽才大感悟，立即受拜。

包括马超降后，关羽写信给孔明，孔明答信称赞关羽"绝伦逸群"，给他高帽戴。史料仅画龙点睛写出几例，近两千年前的关羽狂傲之态可见。刘备对襄樊之役不过问，不是路远，也不是因为刚坐上汉中王宝座沉浸在欢乐之中，而是有意识地磨炼关老爷的性情，不至于使趾高气扬的关老爷忘乎所以。

关键之点是刘备防关羽尾大不掉。当时就有这个说法。曹魏齐王统治时期，镇东将军毋丘俭、扬州刺史文钦反叛，王肃献计于司马懿说："昔关羽率荆州之众，降于禁于汉滨，遂有北向争天下之志。后孙权袭取其将士家属，羽士众一旦瓦解。今淮南将士父母妻子皆在内州，但急往御卫，使不得前，必有关羽土崩之势矣。"[①]

当时关羽水淹七军后，梁国、郏县、陆浑农民义军都与关羽取得了联系，关羽给他们印及封号，并且派游军到距许昌近百里的郏县活动，大有吞并许昌之势。这是刘备既高兴又担忧的。高兴的是曹魏处境岌岌可危，担忧的是，关羽如果得志，汉中王能否驾驭关羽是未知数。关羽、刘备关系莫逆，形势发展，人们的思想会发生变化。作为一州之军政要员，三国初创时，其地位为一路诸侯，不同于受人直接指使的将军。刘备不发兵，按情理应与诸葛军师商量过，应是诸葛亮的意见，不往救任其自生自灭。就如刘封一样，为怕刘封在刘备易世之后不好管理，而借机出杀之下策。刘、诸葛对关将的感触应该是非常深刻的。

刘备取得益州、汉中后，连成一片，不另遣各路大将支援关羽，是维护自己刚刚夺取的地盘。关羽小胜，刘备高兴；大胜，提心；小败大败都不会影响刘备的汉中王。刘备在自封为汉中王给献帝的表中称："臣等辄依旧典，封备汉中王，拜大司马，董齐六军，纠合同盟，扫灭凶逆。以汉中，巴、蜀、广汉、犍为为国，所署置依汉初诸侯王故典。"[②]刘备没把荆州作为汉中王管理下的地域，亦可证刘备对荆州的态度。

话说回来，无论如何刘备亦不想失去荆州地盘。刘备疏忽造成四个没有想到：

一是没想到荆州之失。荆州从赤壁大战后归属刘备，经过多年经营，地盘几经变化，毕竟是刘备集团第一块根据地。荆州士心、民心、吏心都占有优势。一旦瓦解，没有想到。

---

① ［晋］陈寿撰，［南朝宋］裴松之注，陈乃乾校点：《三国志·魏书·王朗传》，中华书局1959年版，第419页。

② ［晋］陈寿撰，［南朝宋］裴松之注，陈乃乾校点：《三国志·蜀书·先主传》，中华书局1959年版，第885页。

二是没想到关羽身首异处。刘备不派兵援助关羽，仅是防止关羽无法驾驭，并不是把他推向深渊。以关羽多年军事积累和百战武艺，即便败，亦应安排退路。没有保持与西川的通道，亦是关羽一大失策。

三是没想到糜芳、潘濬反叛。肯定地讲，糜芳、潘濬不叛，关羽就不会败亡。糜芳在刘备最困苦时都不离不弃，潘濬亦是刘备直接任命，二人归吴是荆州倾覆的罪魁祸首。

四是没想到关羽不派兵求援。传说关羽几次派人求救于刘备，都被刘封截阻。从史料看，刘备没有见到关羽求救的记载。

不发兵援荆州有诸葛亮的因素

从一系列史料上看，关羽对诸葛亮是尊重的，二人并无瓜葛。关键是政治家们处理问题都是政治眼光和政治手段。

从诸葛亮的思维方式和处理问题方式看，其主流是秉公正、谨慎、"开诚心，布公道"、"犯法怠慢者虽亲必罚，服罪输情者虽重必释，游辞巧饰者虽轻必戮"。千百年来，人们对诸葛亮进行歌颂、肯定其人格是对的，但其执法峻苛。《郭冲一事》载："亮刑法峻急，刻剥百姓，自君子小人，咸怀怨叹。"[①]特别其对性情刚烈者敢下绝手，排斥小圈子以外者也屡见不鲜：

其一，借刘备刀杀刘封。刘封作为刘备养子，勇猛刚烈。刘备事业最鼎盛时期，做房陵、上庸方面军的主帅。不援助关羽，致使蜀汉大业受损，可以说罪责难逃。后又与孟达争鼓吹，逼反孟达，并在夏侯尚、徐晃、孟达进攻下，败还成都。"诸葛亮虑封刚猛，易世之后终难制御，劝先主因此除之。于是赐封死，使自裁。""易世"是何意？盖为诸葛亮以后执政扫清道路。

其二，借司马懿刀杀孟达。孟达叛蜀率部曲四千余家降魏后，魏文帝以达为散骑常侍、建武将军，封平阳亭侯。合房陵、上庸、西城三郡为新城郡，以达为新城太守。建兴五年（227年），诸葛亮由成都到汉中，史书称其想引诱孟达作为外援，给孟达写信进行策反工作：

① ［蜀汉］诸葛亮撰，［清］张澍编：《诸葛亮集》故事卷二《遗事篇》，中华书局1960年版，第168页。

往年南征，岁末乃还，适与李鸿会于汉阳，承知消息，慨然永叹，以存足下平素之志，岂徒空托名荣，贵为乖离乎！呜呼孟子，斯时刘封侵陵足下，以伤先主待士之义。又鸿道王冲造作虚语，云足下量度吾心，不受冲说。寻表明之言，追平生之好，依依东望，故遣有书。①

信的背景和原意是，诸葛亮平定南中以后，在归途中遇到魏降人李鸿，李鸿对孔明说，前段时间去孟达那里，正好和王冲相遇。王冲给孟达说，你降魏后，孔明切齿恨之，想杀你妻子，因先主不许，才得以保全。在信中，孔明否认王冲的话，让孟达"量度吾心"。

孟达降魏的前几年，深受魏文帝曹丕宠爱重用，而且结识了曹丕少年时密友夏侯尚、桓阶。但好景不长，夏侯尚、桓阶先后死去，失去了朝中的依靠。而朝廷中另一位重臣司马懿对孟达不信任。蜀后主建兴五年（227 年），孟达谋归蜀。正巧诸葛亮听了李鸿之言，勾起了他的思绪，才给孟达写信进行策反。信的原意把孟达降魏的责任推到了刘封身上，是其侵凌孟达造成的，以打消孟达重归蜀汉的顾虑。孟达收到诸葛亮信后，多次与诸葛亮书信交往，他告诉诸葛亮想背叛曹魏，起三郡兵应亮。其中一封信写道：宛去洛八百，去此千二百里，闻吾举事，当表上天子。比相反复，一月间也，则吾城已固，诸军足办。吾所在深险，司马公必不自来；诸将来，吾无患矣。②并送给诸葛亮"玉玦、织成障汗、苏合香"。谁料诸葛亮派郭模去魏国诈降，故意到与孟达有矛盾的重新投降魏国的魏兴太守申仪处，郭模就把孟达与诸葛亮来往，送礼物之事告诉了申仪，并说："玉玦者，即事已决；织成者，言谋已成；苏合香者，言事已合。"③结果，申仪将这一重要军事情报报告曹丕。曹丕开始不相信。司马懿便派参军梁几前往探察，让其入朝。孟达心虚，不敢入朝，于是反叛。公元 228 年正月，魏国派司马懿征讨并杀死了孟

① ［晋］陈寿撰，［南朝宋］裴松之注，陈乃乾校点：《三国志·蜀书·费诗传》，中华书局1959 年版，第 1016 页。

② ［晋］常璩撰，刘琳校注：《华阳国志校注》，成都时代出版社 2007 年版，第 69 页。

③ ［蜀汉］诸葛亮撰，［清］张澍编：《诸葛亮集》故事卷二《遗事篇》，引司马彪《战略》，中华书局 1960 年版，第 177 页。

达。史料还说诸葛亮"亦以达无款诚之心，故不救助也"。孟达在被司马懿包围时，还困惑不解，给诸葛亮去信告之"吾举事八日而兵至城下，何其神速也"！实际是孔明有意出卖情报，借司马懿之手除掉了孟达。

史载，孟达决心叛魏以后，"于是连吴固蜀，潜图中国，蜀相诸葛亮恶其反复，又恐其为患，……因露泄其谋"。一般论者多认为诸葛亮是因孟达"反复"，此仅是其一。诸葛亮绝不是从蜀汉大业全局出发，而是心胸狭小。因孟达奉刘备命进攻房陵时，杀死了魏房陵太守蒯祺，蒯祺是孔明大姐夫，属于借机报复孟达。包括孟达在攻取房陵以后及与刘封攻取上庸等地功多不赏，都应该是孔明的作用。在逼反孟达问题上，诸葛亮也脱不了干系。在对待孟达问题上，诸葛亮与刘备意见不一样，孟达降魏后，诸葛亮"欲诛达妻子，赖先主不听耳"。可看出孔明欲置孟达死地心计一斑。

其三，借杨仪刀杀魏延。魏延是蜀汉中期智勇双全的猛将，与魏国作战时，多次拓境夺城，屡挫强敌。后升为前军师征西大将军、假节、南郑侯。其统兵打仗本领在蜀中期当属一流。但孔明执政时，喜欢顺我者昌，廖立因讲了些对蜀国政治军事的个人看法，诸葛亮则以"诽谤先帝，疵毁众臣"罪名，将其废为庶民。魏延亦因性情刚直，不是孔明小圈子的人而受到排斥。孔明去世前，密与长史杨仪、司马费祎、护军姜维商议，做身后安排，令延断后。魏延当时职务仅次于诸葛亮，军政大事不与他商量，让魏延断后，结果本来就水火不容的杨仪、魏延相互攻伐，杨仪诈以魏延欲投降魏国为借口，蒙蔽蜀国大部分官兵，杀害了魏延父子。

诸葛亮人格伟大，是史有定论的。但他在攫取权力的道路上欣赏权谋也是史有记载："亮躬耕陇亩，好为《梁父吟》"。《梁父吟》（即《梁甫吟》）一诗如下：

> 步出齐城门，遥望荡阴里。
> 里中有三坟，累累正相似。
> 问是谁家冢，田疆古冶子。
> 力能排南山，文能绝地纪。
> 一朝被谗言，二桃杀三士。

谁能为此谋? 国相齐晏子。[①]

　　田开疆、古冶子和公孙接是春秋时期齐景公的三个勇士。因为一次路过一个地方,三勇士没理睬晏婴,因而得罪了齐相晏婴,晏婴便在齐景公那里陷害他们。并设计了一个非常狠毒的计谋:齐景公赏赐给三个勇士两个"万寿金桃",让他们凭功劳去享受两个桃子。公孙接认为一次杀死大的野猪,又一次杀死猛虎,保护了景公,可食桃。田开疆说我多次带兵攻打敌国,并胜利,可以吃桃。古冶子认为伴齐景公出游,黄河中大鼋叼去了驾车的马,当时年少还不会游泳,就在水里逆流百步,顺流九里,找到妖鼋而杀掉,左手抓住马尾,右手提着鼋头跳上岸,河边的人都认为是河神,似这样的功劳应该吃桃。田开疆、公孙接说我们没有你勇猛,功劳没有你大,如果我二人取桃就吃是贪,然而不敢死,不是勇士所为,于是自刎而死。古冶子说,二勇士为此而死,我岂得生,是不仁。不知耻辱而讲自己的功劳,还夸大其词,是不义。悔恨自己所作所为,于是也自刎而亡。这就是有名的"二桃杀三士"故事。[②]

　　史载,诸葛亮非常爱好《梁父吟》,常诵读在口,抱膝长啸,其本意是欣赏用巧妙手段达到政治目的。

　　诸葛亮绰号"卧龙",他的目标绝不是自称的比作管仲、乐毅。刘备白帝托孤时也曾说过:"君才十倍曹丕,必能安国,终定大事,若嗣子可辅,辅之,如其不才,君可自取。"刘备是以至公讲这话的。如果诸葛亮没有帝王思想,刘备何以将他比作曹丕?又何以让其"自取"。《魏略》亦记载:"亮在荆州,以建安初与颍川石广元、徐元直、汝南孟公威等俱游学,三人务于精熟,而亮独观其大略,每晨夜从容,常抱膝长啸,而谓三人曰:'卿三人仕进可至刺史郡守也。'三人问其所至,亮但笑而不答。"[③]

　　李严作为刘备白帝城托孤大臣之一,曾劝诸葛亮受九锡,晋爵称王。诸

---

　　① 〔蜀汉〕诸葛亮撰,〔清〕张澍编:《诸葛亮集》卷二,中华书局1960年版,第54页。

　　② 〔清〕王士禛选,闻人倓笺:《古诗笺》五言诗卷一,上海古籍出版社1980年版,第26页。

　　③ 〔晋〕陈寿撰,〔南朝宋〕裴松之注,陈乃乾校点:《三国志·蜀书·诸葛亮传》注引《魏略》,中华书局1959年版,第911页。

葛亮在答李严书中称"若灭魏斩叡，帝还故居，与诸子并升，虽十命可受，况于九邪"！[①]"十命"何意，盖为国王、皇帝。诸葛亮心中追求和自许的是比刺史、郡守更高的职务。

因此，国学大师章太炎曾提出独特见解，他认为，关羽镇守荆州，手握重兵，骄狂不可一世，不但刘备易代之后难以对付，即使刘备健在之时，诸葛亮也很难越过关羽这道屏障而攫取更大的权力。故"诸葛氏"宁可丢失荆州，也要假吴人之手除掉关羽。上海大学历史系教授朱子彦深入阐述了这一观点，指出关羽之败，败在吴魏联盟绞杀，但真正把关羽送上断头台的可能是自家人诸葛亮。因为关羽、张飞的地位均高于诸葛亮，这对于有远大政治抱负的孔明，是一个不可逾越的障碍。笔者大体认同这一观点。而孔明待人处事偏激，执法峻苛，缺少容人量物大家风范，应是主要原因。

九、荆州失陷之谜

襄樊之役，使护御蜀汉的大树倒下了，威震华夏、万人敌的关羽身首异处，确实令蜀汉君臣悲愤至极。益、荆二州失一州，汉室复兴成为画饼。究其原因，有六叹：

一叹：战略目标失误

荆州的失陷在于关羽攻打襄阳、樊城，而攻二城的初衷是实现《隆中对》战略的重要步骤。毛泽东对姚鼐《古文辞类纂》收录的苏洵《权书·项籍》作批注："其始误于隆中对，千里之遥而二分兵力。其终则关羽、刘备、诸葛三分兵力，安得不败。"[②]毛泽东以军事家兼史家的眼光，指出隆中对策导致荆州失陷，最终导致蜀国灭亡。荆州不失，就可能统一天下，使汉朝得以延续。权衡三国，唯蜀国有这样的能力。由于孔明对策失误和刘备疏忽，匡扶汉室成为画饼。曹魏、孙吴统一全国无论从军事实力和人心方面都是

---

① ［蜀汉］诸葛亮撰，［清］张澍编：《诸葛亮集》卷一《答李严书》，中华书局 1960 年版，第20 页。

② 孙宝义、刘春增、邹桂兰著：《毛泽东读〈三国〉》，国际文化出版公司 2013 年版，第 76 页。

不可能的。

中国社会科学院历史所研究员朱大渭从利益角度也点评得非常精妙："《隆中对》把荆州作为蜀国北伐中原的一个战略据点，忽视了荆州在扬州上游，关系吴国的安危，孙权对荆州是势所必争的，否则便不能有吴国。刘备、诸葛亮在夷陵之战以前，对此始终无深刻认识，从而反复同吴国争夺荆州，把蜀军主力十余万消耗在荆州战场，刘备、关羽也为此丧命。故蜀国庞统、法正、赵云，皆主张放弃荆州，集中主力北上争夺雍、凉和关中，并有吴国为援，如此蜀国政治军事形势当会改观。因为刘备、诸葛亮未觉察战略计划的错误，所以对吴国必全力争夺荆州，毫无思想准备。他们把蜀汉两大战略据点之一的荆州重任，只交给关羽一人担当，以一人之智力，如何能对付魏、吴两大敌对强国。"[①]可见，战略目标失算导致军事部署的谬误，使关羽殉国，荆州丧失。

二叹：关羽战略思维不高

陈寿称关羽为"刚而自矜"。目中无人、性格自负是主要原因。关羽作为一代名将，特别是其集忠、义、勇、智于一身在中国历史上不多见。关羽最大的弱点、致命的弱点是狂傲，缺少大帅的风范。作为荡寇将军关羽应该是很合格的，但作为董督荆州军政，特别是举足轻重雄踞一方的帅才还显不足。

虽然我们不应该把关羽与曹操、孙权相比较，作为独当一面的元勋，政治上不成熟，在战争年代就会殃及自身。这里最重要的是与东吴关系失策。刘、关、张请诸葛亮出山时《隆中对》就有："孙权据有江东，已历三世，国险而民附，贤能为之用，此可以为援而不可图也。""若跨有荆益，保其岩阻，西和诸戎，南抚夷越，外结好孙权，内修政理；天下有变，则命一上将将荆州之军以向宛、洛，将军身率益州之众出于秦川，百姓孰敢不箪食壶浆以迎将军者乎？诚如是，则霸业可成，汉室可兴矣。"[②]这里论及的外结好孙权是重要战略思想，而关羽在实行这一方针时是有偏颇的。

---

① 卢晓衡主编：《关羽、关公和关圣》，社会科学文献出版社 2002 年版，第 38 页。

② ［晋］陈寿撰，［南朝宋］裴松之注，陈乃乾校点：《三国志·蜀书·诸葛亮传》，中华书局 1959 年版，第 912 页。

对孙权两骂一抢，性情上刚烈，在政治上就必然吃亏。《三国志·蜀书·关羽传》在论及关羽败亡原因时重点讲了这一点。这就是发动襄樊战役前，关羽不但没有结好孙权，而且"权遣使为子索羽女，羽骂辱其使，不许婚"。从而招致孙权"大怒"。因之史论其"忠愤有余，而权谋不足"。而且在围攻樊城时，孙权要求帮助他，关羽做法又一次激怒孙权。《典略》载："羽围樊，权遣使求助之，敕使莫速进，又遣主簿先致命于羽。羽忿其淹迟，又自己得于禁军，乃骂曰：'貉子敢尔，如使樊城拔，吾不能灭汝邪！'权闻之，知其轻己，伪手书以谢羽，许以自往。"[1] 其实关羽也知道仅凭荆州之力不可能灭孙权，其性情狂傲暴躁，在关键时刻有失帅者风姿。孙权则老成持重，显示了王者风范。另一次令孙权震怒是关羽尽擒于禁七军后，"人马数万，托以粮乏，擅取湘关米"。可以说以前孙权还没下定决心对关羽出兵，擅取湘关米后，孙权才下决断。接二连三地惹是生非，招致孙、刘联盟的离心离德。《三国志·蜀书·廖立传》载："是羽怙恃勇名，作军无法，直以意突耳。"廖立的话被诸葛亮认为带攻击色彩，后人看来，也有一定合理成分。

三叹：力量对比悬殊

虽然当时关羽荆州军队强盛，仅是人们的直观感觉。刘备占有益州，又在汉中击败曹操。从赤壁之战，到"汉中之役"，"上庸、房陵之役"，荆州、益州连成一片，在人们心目中确实刘备屡屡挫败强敌，大有汉室可兴的迹象。因此，许昌的金祎、吉平讨王必，宛城守将侯音反叛。但冷静下来分析，在军队的实力上，刘备的力量与曹操相比仍有一定的差距，更不用讲关羽所董督荆州的军力了。

在荆州争夺中，曹魏、孙吴一方与关羽一方力量对比悬殊。可概括为四强四弱：

（1）统帅部，孙、曹强，关羽弱。孙权、曹操是东汉末年两大巨头，直接指挥，直接谋划，属于强强联合，关羽在政治影响力、号召力上稍逊一等。

（2）参谋部，孙、曹强，关羽弱。孙、曹一方一流谋略家有司马懿、吕

---

① ［晋］陈寿撰，［南朝宋］裴松之注，陈乃乾校点：《三国志·蜀书·关羽传》注引《典略》，中华书局1959年版，第942页。

蒙、陆逊，关羽一方基本没有。

（3）军力，孙、曹强，关羽弱。孙、曹两家投入总兵力为十数万人，关羽能调动军力在五万左右。

（4）战将，孙、曹强，关羽弱。孙、曹两家一流战将，有曹仁、于禁、庞德、徐晃、满宠、潘璋、甘宁、朱然、蒋钦、孙皎、韩当，计十数位。而关羽一方除他本人外，只有苏飞、关平、赵累、周仓、廖化、糜芳、士仁等，而且还有的叛变投敌。关羽有天大本事，也是不能取胜的。换句话说，即便刘备指挥，诸葛亮为军师，进行这场战役，也是注定要失败的。

清代学者宋实颖发感慨说："孙权鼠子稍为掎角，或昭烈命一彪虎上将，斜趋襄阳，与侯首尾相应，则汉室可兴、魏可灭也！司马懿、蒋济谋之于魏，吕蒙、陆逊谋之于吴，合两国之君臣，老谋谲计，处心积虑，以挡侯一旅无继之师，神鬼变幻于俄顷之间。虽使太公、穰苴复生，不能不败。故汉之亡，不亡于秋风五丈原之星陨，而亡于麦城临沮之一跌也！此天使然，岂战之罪乎？然侯无蚍蜉蚁子之援，而慷慨赴难，父子俱死，上以报君臣朋友之大义，下以壮千古忠臣志士之声灵，使吴虽能害侯之身，未尝不悚惕震动于侯之遗威。如雷霆怒潮之不可亵视也。侯之功何如哉！侯之德何如哉！"[1]一席评论真实客观表达了关羽败亡的一个重要原因是力量不足。

四叹：内部贪生怕死

一是后方投降，这是主要直接原因。留守江陵、公安的士仁、糜芳、潘濬对荆州的丢失负有直接责任。《三国志》作者陈寿将丢失荆州的责任归于他们是对的。当时留守后方的核心人物糜芳，是糜竺的兄弟、刘备的内弟。兄弟俩自陶谦死后一直追随刘备，对刘备事业作出了重大贡献。在刘备被袁术、吕布联合打击下，被迫军屯东海时，糜竺不但进妹为刘备夫人，还给大批金银，使刘备几乎垂危的事业复振。刘备对糜氏不薄，糜竺为安汉将军，班在诸葛亮之右，得益州后对糜竺"赏赐优宠，无与为比"。糜芳任南郡太守，也是不可多得的重任。但糜芳在关键时刻背叛了刘备，史称："芳为南

---

① ［清］周广业、崔应榴纂辑：《关帝事迹征信编》卷二十三，国家图书馆藏，第 227 页。

郡太守，与关羽共事，而私好携贰，叛迎孙权，羽因覆败。"①麋芳本无坚守之意，据《吴录》称："初南郡城中失火，颇焚烧军器。羽以责芳，芳内畏惧，权闻而诱之，芳潜相和。及蒙攻之，乃以牛酒出降。"②士仁字君义，广阳人，为将军，驻公安。士仁"与羽有隙，叛迎孙权"。潘濬时为荆州治中，是州刺史的助理，主管州府文书、卷宗，居中治事，与别驾从事分别为州府内外总管。"亦与关羽不穆。"虽然他们都不是主动投降，但作为一座城市的领导人物，都没有反抗，便双手奉献了城池，甚至怀着对关羽的私愤，投降了孙权。

应该说这三位人物是把关羽送上断头台的直接责任人，他们是忠于刘备的，为什么又都背叛了刘备呢？除几人自身定力不够、贪生怕死的原因外，大体有两种原因：其一，体制障碍。关羽董督荆州，而人员都由刘备安排，下属没有畏惧感，因此号令不听。其二，关羽武断。不善于做思想工作，喜欢凌人，平时威多恩少，目空一切，必然导致上下离心。如果刘备任命关羽为荆州牧，估计此三人态度就不会如此。

二是左邻拒援。关羽围攻樊城战役处于白热化时，不但后方反叛，而且到相邻的上庸、房陵搬兵，刘封、孟达不肯出兵。"自关羽围樊城、襄阳，连呼封、达，令发兵自助。封、达辞以山郡初附，未可动摇，不承羽命。令羽覆败，先主恨之。"③上庸距襄阳四百里，房陵距襄阳仅三百里，如果联手攻襄阳、樊城，应该顺利得多。二将不顾大局，致使襄阳、樊城久攻不下，客观上给孙吴偷袭提供了时机，因而，二将对荆州的沦陷有着不可推卸的责任。

五叹：刘备不援

荆州地处魏、蜀、吴三方交叉处。关羽发动襄樊战役的后期，由两强

① ［晋］陈寿撰，［南朝宋］裴松之注，陈乃乾校点：《三国志·蜀书·麋竺传》，中华书局1959年版，第970页。

② ［晋］陈寿撰，［南朝宋］裴松之注，陈乃乾校点：《三国志·吴书·吕蒙传》注引《吴录》，中华书局1959年版，第1279页。

③ ［晋］陈寿撰，［南朝宋］裴松之注，陈乃乾校点：《三国志·蜀书·刘封传》，中华书局1959年版，第991页。

魏、吴围剿关羽，可想关羽处境。如果关羽单单与曹仁作战，刘备不派兵援助是可以理解的。七月，于禁、庞德助曹仁时，刘备在汉中受到曹操所率大军的威胁，也是可以理解的。十月，曹操便从长安返回到洛阳，目的就是对付南线的关羽。

曹操从长安返回的时间应为九月上旬，即水淹七军后。可推算一下，长安到洛阳近千里。以曹操出汉中七月治兵，九月到，大体一个多月，其返回时剔除出征时部队集结时间，中间路程也需一个月。史称曹十月回到洛阳，可推定九月上旬曹从长安回返。

刘备、孔明延宕多长时间呢？曹操九月上旬从长安回返，中间有十月、闰十月，十一月刘备所置宜都太守樊友，弃郡而逃，刘备重新给其安排，以及陆逊占领房陵，这些不属于荆州的地盘丢失，刘备、孔明都是非常清楚的，这期间四个多月时间。

清代诸多学者认为，刘备、孔明部军无方，"假令云长守荆襄，而得益德、子龙为掎角，魏延、黄忠、马超、马岱为轴毂，其子关兴统川兵数千为游击"[①]，就不会有东吴席卷荆州之势。刘备、孔明使关羽孤军远镇长江上游，"前无扞蔽，后鲜救援，是置之死地而弃之"[②]。没有把襄樊战役作为整个大局的一个重要部分来考虑，而是显示威风。刘备得汉中后，"备于是起馆舍，筑亭障。从成都到白水关，四百余区"[③]。不把军国大事放在首位，把主要精力放在虚荣上，坐视关羽一人北抗曹魏，南抗东吴，导致关羽孤军无援，最后失败。刘备、诸葛亮负有主要责任。

六叹：盟友不友

北伐襄樊，擒禁斩庞，威震华夏，关羽追求的"扶刘兴汉"事业达到辉煌顶点。可这时东吴奇袭荆州，兵不血刃，使关羽被迫退师，接着便是"众皆委羽"，军士离叛，西保麦城，身死临沮，给蜀汉事业造成极大的损失。这是古今中外军事史上一大奇观，关羽没有败在正面敌人曹魏手下，而是亡

---

① ②　[清]周广业、崔应榴纂辑：《关帝事迹征信编》卷二十四，国家图书馆藏，第253页。

③　[晋]陈寿撰，[南朝宋]裴松之注，陈乃乾校点：《三国志·蜀书·先主传》注引《典略》，中华书局1959年版，第887页。

于盟友手中。

这里边有关羽善良和大意的成分，关羽对当时水淹七军的胜利，对蜀、吴两国的关系还是有正确认识的。关羽在回给陆逊信中表达了这样的思想，"荆州与陆口接壤，为衅已非一日"，"旧属宗盟非吴土地，乃阿蒙不揆大义，狡然西窥"，"老夫之言诚如曒日"，"勿昵小功，终成大德"。关羽并没有放松对东吴的警惕。讲大意失荆州，是有些夸大关羽的失误。

关键是东吴采取的是大动作，阴谋诡计，使关羽一败涂地。不但"湘水协议"中的地盘，乃至整个荆州损失殆尽。胡小伟专家就此点评得极妙："可知战略中最难防范的就是盟友之中的蓄意背叛。"使人防不胜防。

南宋洪迈《容斋续笔》卷十一载："自古威名之将，立盖世之勋，而晚谬不克终者，多失之于恃功矜能而轻敌也。关羽手杀袁绍二将颜良、文丑于万众之中。及攻曹仁于樊，于禁等七军皆没，羽威振华夏，曹操议徙许都以避其锐，其功名盛矣。而不悟吕蒙、陆逊之诈，竟堕孙权计中，父子成擒，以败大事。"

反思东吴夺取荆州的历史，在东吴的重大谋臣统帅中，周瑜采取的是限制联合的战略，鲁肃采取的是团结联合的战略，吕蒙、陆逊则采取的是分庭抗礼、壮大自己图存的战略。

建安二十二年（217年），孙吴方面联刘抗曹战略的倡导和执行者鲁肃去世，孙权让从事中郎将严畯代肃，"畯固辞，至于流涕"，"权乃以左护军、虎威将军吕蒙兼汉昌太守以代之"。从重要将军的更替看，孙权还是知道吕蒙拟采取的战略，怀疑对蜀作战的胜利前景，不愿意撕裂吴、蜀联盟的关系。即便是吕蒙再次密言荆州可取之策，孙权也仅是"尤以此言为当"，而没有大力支持和鼓励与刘备集团的公开对立。在吕蒙、陆逊的劝谏下，加之关羽多次激怒孙权，使孙权臣藩曹操，而不惜与刘备开战。

吕蒙采取迷惑、偷袭、分化、孤立的策略，以及进而消除关羽存在，全据荆州的战略。

骄兵迷惑三计：一曰瞒天过海之计。吕蒙攻取关羽全据长江的战略经孙权同意后，不是公开调动军力，在战场上用计策战而胜之，而是诡计百出。吕蒙确实是玩弄诡计的高手。他一面进行攻取荆州的暗地谋划，一面"外倍修恩厚，与羽结好"，等待时机。二曰李代桃僵之计。关羽作为蜀汉上将，也不是一般的智慧。为迷惑关羽，吕蒙假称卧病，临时换将。因为三年的交往，关羽熟知吕蒙"西窥"荆州的意图，也知道吕蒙武勇韬略。年轻名弱的陆逊代替吕蒙，进一步麻痹关羽，暗地却加紧夺取荆州的战争准备。三曰假痴不癫之计。陆逊上任后，给关羽一封信，极力推崇关羽，颂扬其威勇。书信说，"前承观衅而动，以律行师，小举大克，一何巍巍！敌国败绩，利在同盟，闻庆拊节，想遂席卷，共奖王纲"。把关羽捧得不知东南西北。"……于禁等见获，遐迩欣叹，以为将军之勋足以长世，虽昔晋文城濮之师，淮阴拔赵之略，蔑以尚兹"。同时还假惺惺以朋友姿态进行劝谏。"曹猾虏也，忿不思难，恐潜增众，以逞其心。虽云师老，犹有骁悍。且战捷之后，常苦轻敌，古人仗术，军胜弥警，愿将军广为方计，以全独克"。其心态之真诚，倒会使关羽增加怀疑。

谲兵攻取四计：一曰明修栈道，暗度陈仓。吕蒙如何调动军队，不让城内知道，不让关羽知晓呢？《三国志·吴书·吕蒙传》详细地进行了叙述："使白衣摇橹，作商贾人服，昼夜兼行，至羽所置江边屯候，尽收缚之，是故羽不闻知。"没有与荆州兵正面接触，便来到荆州，可见吕蒙对每个细节都经过反复推敲。二曰无中生有，釜底抽薪。吕蒙选择薄弱环节，恫吓之中谎称内应。先到公安，士仁不肯相见，乃与书劝降。其书构思精绝，用意委婉，绵里藏针，有如千军，士仁得书，流涕出降。三曰搬弄是非，从中渔利。在关羽北征襄樊之前，麋芳因江陵失火，焚烧了大量军械，受到关羽严厉责备。《吴录》载，"权闻而诱之，芳潜相和。及蒙攻之，乃以牛酒出降"。吕蒙利用关羽与麋芳因失火的畏惧心理，搬弄是非，从中渔利。一开始麋芳暗地联络同意讲和。一旦吕蒙大兵压境，要发起进攻，麋芳及潘濬还想通过等待时机进行反扑，聚而歼之，其计不行，便顺水推舟，假戏真唱，投靠了东吴。当时关羽所控荆州主要城池是江陵和公安。前者是荆州府衙所在地，后者是刘备执掌荆州时所在地。无论是政治地位，还是军事力量，都较强大。两地不战而降，其他郡县望风归顺，不走即降，使关羽后路断绝。四曰攻心为上，四面楚歌。昔项羽败乌江，人皆离散。吕蒙利用掏心战术，使关羽军失去战斗力。关羽南还荆州辖境时，孙权已率大军抵达南郡。一路上关羽多次派人求和、求降于东吴，吕蒙厚待其使，周游城中，家家致问，或手书示信，进行策反工作。关羽吏士无斗心，无力回天，军心瓦解。以致关羽到麦城孤守时才几百人，已是溃不成军。在麦城诈降不仅没有骗过孙权，而且一举一动都在孙权的掌握之中，并洞察到关羽忠于刘备必然向西逃亡，提前设伏，在夹石被潘璋司马马忠擒获，并被杀害。

归结起来，失荆州不是关羽武勇不行，而是其狂傲性格导致与东吴破裂，导致与属下的离心离德，甚至导致刘备不派兵增援。否则，即便失败，应该不致身首异处，也不可能使执掌六年荆州大印的关公一败涂地。

十、关羽陵墓之谜

关羽作为东汉末年雄霸一方的代理荆州牧，他的死有传奇色彩，他的陵墓亦有传奇色彩。按照严格的封建社会宗法制度，皇帝之墓方称为陵，王侯之墓称为冢，百姓之墓称为坟。后来，出现了文、武圣人，其墓称为林。据史料记载关羽墓有四个：

当阳关陵

关羽被害地在荆州刺史部南郡临沮县章乡。由于关羽政治地位和影响，孙权害怕刘备报复，嫁祸于人，将关羽首级传送给曹操，其身躯以侯礼安葬在当阳。

开始称大王冢，始建于东汉末年，位于今当阳城西五里。西临沮水，坐西朝东，与九子山相对，南宋时建陵墓围墙，广植松柏，到明朝建筑扩大，始名关陵。

关陵分五院四殿，沿中轴线依次是石坊、华表、三园门、马殿、拜殿、正殿、寝殿、陵墓。其陵墓为圆形封土，高七米，墓顶古树参天，墓围用青石垒成，墓门正中立有明代石碑一通，上镌刻"汉寿亭侯墓"。相传，吴人以侯礼葬其尸骸，刻玉为其首。亦传在关羽遇害两年后，蜀汉章武元年（221年），刘备伐吴，专程到大王冢祭拜关羽，并在玉泉山建关羽祠。

洛阳关林

建安二十五年（220年）正月，孙权派人将关羽首级献给曹操，传说曹操以诸侯礼葬其首级，铸金为其身。明万历二十年（1592年），由朝廷拨款开始修建关林。关林位于洛阳市南七里的关林镇。之所以称为关林，是因为与孔林匹配。孔子被称为孔圣人，其山东曲阜埋葬地称为孔林。因关羽被封建统治者捧为武圣人，其陵墓所在地被称为关林。关林沿中轴线，由南到北是仪门、大殿、二殿、三殿、石坊、碑亭、陵墓。陵墓高十米，墓前有石碑一通，上镌刻"忠义神武灵佑仁勇威显关圣大帝林"。

成都关羽衣冠冢

由于关羽在蜀汉的特殊身份，关羽死后，蜀汉政权于成都建衣冠冢，以祭祀这位开国功臣。宋人赵抃在《成都古今集记序》中载："关羽墓，仁显者，孟蜀末僧也，作《华阳记》云'墓在草场，庙在荷圣'。此目击之。"可见，五代时成都就保留了关羽墓，到清朝时仍然存在。清代吴振棫《养吉斋余录》载："成都万里桥南，亦有（关羽）墓，相传先主招魂以葬者，岁久荒圮。"[1] 这就是说，关羽成都墓，仅是衣冠冢，其作用是招魂和祭祀。蜀汉后主刘禅在景耀三年（260年），给关羽加谥号为"壮缪"，既褒扬其对蜀汉事业所作贡献及个人勇武为壮，又包含事业功败垂成为缪。

关庄村关羽墓

据朱正明著《关公圣迹》载："20世纪90年代末，笔者的老朋友柴继光教授对我讲了一件事，令我吃了一大惊，又令我大惑不解，在距洛阳不远的偃师县佃庄乡关庄村有个土冢，据说里面葬的是关羽首级。明代嘉靖年间，冢前曾立有一通石碑，上书'汉寿亭侯武安王协天护国大将军关侯之墓'。1979年，古冢塌陷，经考古队发掘，发现了大量汉代文物，在墓室里只发现了一个人的头骨，没有身躯。"考历代对关羽加封，明万历六年（1578年）加封关羽为"协天护国忠义大帝"，历朝均没有"协天护国大将军"之称。

---

① ［晋］陈寿撰，［南朝宋］裴松之注，陈乃乾校点：《三国志·蜀书·先主传》，中华书局1959年版，第876页。

推测为明万历封的演变。

为何一个地方有两个关羽墓？关林《敕封碑记》记载了这样一个传说："万历中，有皇华如秦，道出于洛，夜宿邮亭，梦帝求购新宅。及觉，询及父老，遂展拜于冢下。"陈长安主编《关林》介绍说："随着人们对关羽的崇敬，皇帝对关羽的追封，关氏后裔也因祖宗的光耀派人专司守墓，开始了一年一度的清明祭扫冢墓活动。可以说，洛阳关林庙会因民间的自发'朝冢'祭祀祈愿活动而缘起。"从这里，世人可以理解洛阳两个关羽冢以及两冢之间的关系。

或可推断，关庄村关羽冢为东汉末年葬关羽首级之处，关林乃是明万历二十年（1592年）另辟新区所建的祀祠场所。算作一说吧。真实情况有赖于进一步发掘和研究。

十一、"风雨竹"之谜

据《关帝事迹》转《闻人诠南畿志》载：明宣德四年（1429年），僧人正广善创建徐州铁佛寺时，因挖地基得石刻，乃是由苏轼题帖的碑刻。两棵竹子虬枝铁干，竹叶错落成文，藏五言绝句一首：

> 不谢东君意，丹青独立名。
> 莫嫌孤叶淡，终久不凋零。[①]

传这是关羽羁留曹营时，画给在袁绍那边刘备的，主要表达心迹，不畏强权所逼，保持个人节操。

据《中国美术家人名辞典》称，"凡言画竹者始自五代李夫人，不知实创自关羽也"，意关羽是我国画竹的鼻祖。民国八年（1919年）刊行的《解县志》有关"风雨竹"的一段评论说："关圣遗像与汉寿亭玉印，是否汉时真迹，代远年湮，无从稽考，唯有风雨二竹，相传圣帝在许时所手绘，暗寄昭烈，以自明心迹。以画为书，以避曹嫌。岂知帝之为人，刚烈性成，绝不

---

① ［清］周广业、崔应榴纂辑：《关帝事迹征信编》卷十九，国家图书馆藏，第60页。

为诡秘行动，其不肯终留曹营，已不惮明言。一旦辞去，拜书封赐，光明磊落，又何假为此暗昧之事。"是否关羽真迹已无从查考。

目前，已知关羽《风雨竹诗》有多种版本碑刻：

（1）明朝徐州铁佛寺为最原始。一通石碑，两棵竹子，藏诗四句。

（2）《胡栋志》载：山东肥城县，清朝孟邦珍中丞所修关帝庙中一通碑刻。

（3）《钱唐县志》载：孤山竹阁关帝庙有石刻竹。该碑为孤山僧真礼所摹勒。后人评其为"兹仪若凤，兹笔若龙，矫矣壮节，谡然雄风"。

（4）《曾巩金石录跋尾》载：长安碑林为康熙丙申（1716年）由韩宰刻，"笔法小异，其一种苍劲古秀之气，犹扑人面宇也"。

（5）涿州楼桑庙"风雨竹"碑刻。后人在其碑上题诗一首："美髯遗雨竹，笔意著千秋，字迹精神在，横斜万古留。"

（6）上海松江区"风雨竹"碑刻。据记载，清雍正年间，王奕仁在朝为官时，见正阳门关帝庙有风雨竹石刻，买拓本带回松江，刻于石上。

（7）定州石刻馆"风雨竹"碑刻。此碑为清道光年间所制。碑面上方刻风雨竹诗，诗下边是"汉寿亭侯之印"，再下面是风雨竹画。竹画右侧是清道光定州直隶同知劳沅恩于己酉（1849年）初秋写的跋。碑阳为关羽佩剑捋髯昂首全身立像，四周分别绘有八宝图。

（8）襄阳卧龙冈古隆中"风雨竹"碑刻。

清卢湛《圣迹图志》谓"不谢东君意"一诗为风竹图，另有雨竹图。风雨竹共四竿，两通石碑。其雨竹图所藏诗为：

炎精嘘不然，鼎足势如许。
英雄泪难尽，点点枝头雨。[①]

据传，清姑苏（今苏州市）府学西北隅，一土阜上有碑刻汉寿亭侯画竹一枝，左右多唐、宋、元人题跋。

---

① ［清］周广业、崔应榴纂辑：《关帝事迹征信编》卷十九，国家图书馆藏，第62页。

十二、三国第一猛将之谜

在中华民族追逐大道、贤德、美善的漫漫五千多年历史长河中，大丈夫所具有的"富贵不能淫，贫贱不能移，威武不能屈"是人们向往称赞的主流价值观。而威武不能屈的本质是永不言败的斗志，敢为人先的豪迈，敢与鬼魅争高下的肝胆，挽狂澜于既倒的气概！从国人的文化偏好及影响看，东汉末年、三国这一特殊历史时期所涌现的将领，谁武艺第一，最为人们关注，最为人们所热议。

按照《三国志》观点，东汉末年、三国时期第一勇将当属关羽无疑。原因如下：

（1）在我国浩如烟海的历史文献记载中，被称为"万人敌"的将领，仅仅有项羽、关羽、张飞而已。项羽被公认为秦末第一猛将。关、张在魏、吴两国高层谋士中，多次被誉为"万人敌""熊虎将"。以此推之，关、张双双应为东汉第一猛将。

（2）"威震华夏"在我国历史记载上，仅关羽有此美称。

（3）关羽斩杀一流猛将最多，诸如颜良、文丑、庞德、于禁、乐进、蔡阳等。

（4）关、张之勇为后人所效法。清代赵翼的《廿二史札记》，就"关张之勇"有专节论述。择其要者摘录如下："汉以后称勇者，必推关、张。其见于二公本传者，袁绍遣颜良攻刘延于白马，曹操使张辽、关羽救延。羽望见良麾盖，即策马刺良于万人之中，斩其首还，绍将莫能挡者。当阳之役，先主弃妻子走，使张飞以二十骑拒后。飞据水断桥，瞋目横矛曰：'身是张益德，可来共决死！'敌皆无敢近者。二公之勇见于传记者止此，而当其时无有不震其威名者。"魏程昱、刘晔称关、张万人敌，"此魏人服其勇也。""周瑜密疏孙权曰：'刘备以枭雄之姿，而有关羽、张飞熊虎之将，必非久屈为人用者'。""此吴人之服其勇也。"

他还引用《晋书》中把勇将刘遐比作关羽、张飞；王飞、邓羌、梁菘、赵昌、李玄序之勇比之关、张；《宋书》把檀道济比作关、张；《南史》《魏书》《陈书》均有将猛将比作关羽、张飞。赵翼总结道："以上皆见于各史者，可见二公之名，不惟同时之人望而畏之，身后数百年，亦无人不震而惊之。威声所垂，至今不朽，天生神勇，固不虚也。"

南宋抗金名将岳飞说"当效法关张"，亦彰显了关羽、张飞之声威远著。关、张之勇，已成为国人共识。

有人说，吕布应该是东汉末年、三国时的第一猛将。

有的朋友仅凭毛宗岗《三国演义》描写的内容作为评价第一猛将的依据，是不恰当的。把毛宗岗的观点硬安在罗贯中头上，更是张冠李戴。在罗贯中笔下，吕布被捧为东汉末年、三国时第一猛将，主要理由有两点：一是刘、关、张"三英战吕布"，三打一，吕布英雄之气立显。二是东汉末年有俗语"人中吕布，马中赤兔"，增加了神秘光环。

先阐释第一个关键点。"三英战吕布"问题，是否史实先不论，从小说角度分析，请看四种版本的《三国志演义》中对"三英战吕布"的描述。

其一，《三国志通俗演义》被学界称为嘉靖壬午本。虎牢关前，吕布战公孙瓒，公孙瓒败逃，被张飞拦住截杀：

> 吕布见了，弃了公孙瓒，便战张飞。飞抖擞神威，酣战吕布。八路诸侯见张飞渐渐枪法散乱，吕布越添精神。张飞性起，大喊一声。云长把马一拍，舞八十二斤青龙偃月刀，来夹攻吕布。三匹马丁字厮杀。又战到三十合，两员将战不倒吕布。刘玄德看了，心中暗想："我不下手，更待何时。"

在这里，张飞独战吕布时，没写单挑多少回合。

其二，《西班牙藏叶逢春刊本三国志史传》载：

> 两合，瓒拨回马落荒而走。吕布骤赤兔马赶来，那马日行千里，飞走如风，看看赶上公孙瓒，吐画杆戟往后心便刺，旁边一将，睁圆环眼，倒竖虎须，挺丈八蛇矛，飞马大叫，"三姓家奴休走，燕人张飞在此！"吕布见了，弃了公孙瓒，便战张飞。飞抖擞神威，酣战吕布。八

路诸侯一起助喊。关云长见张飞渐渐枪法散乱，吕布越添精神。张飞性起，大喊一声。八路诸侯见张飞战住吕布，都结住阵势，立马在门旗下看。两员战将战到五十合，不分胜负，云长把马一拍……

此版本多出张飞战吕布五十回合，关云长上，且是关云长看张飞枪法散乱。

其三，《日本藏夏振宇刊本三国志传通俗演义》载：

> 吕布见了，弃了公孙瓒，便战张飞。飞抖擞神威，酣战吕布。八路诸侯见张飞渐渐枪法散乱，吕布越添精神，张飞性起，大喊一声……

此版本没有张飞与吕布战五十回合的交代，有八路诸侯看张飞如何，与嘉靖本略同。

其四，《北京藏汤宾尹校本通俗三国志传》，同叶逢春本，有关云长看张飞枪法渐渐散乱，有战五十回合内容。

这些版本虽异，都接近罗贯中原本。由此看出，罗贯中笔下的吕布，是当时第一猛将。

但毛宗岗对罗贯中处理方法有意见，在修订整理时，削去张飞枪法散乱的描写，把贬损张飞语言去掉，但仍保留三打一的框架。

大家知道，罗贯中《三国志通俗演义》是在其师施耐庵《三国志演义》基础上编纂改写加工而成。施本原貌不得而知，但其成书源流，确是宋元话本《三国志平话》。

且看《三国志平话》对"三英战吕布"的描述：

> 第三日，吕布又搦战，众诸侯出寨，与吕布对阵。张飞出马持枪。［三战吕布］张飞与吕布交战二十合，不分胜败。关公愤怒，纵马抡刀，二将战吕布。先主不忍，使双股剑，三骑战吕布，大败走，西北上虎牢关。

这是关、刘一起上，与三人分三次上味道大变。

次日，吕布下关，叫曰："大眼汉出马！"张飞大怒，出马，手持丈八神矛，睁双圆眼，直取吕布。二马相交，二十合，不分胜败。［张飞独战吕布］张飞平生好厮杀，撞着对手，又战三十合，杀吕布绵旗掩面。张飞如神，吕布心怯，拨马上关，坚闭不出。

在"三英战吕布"中，从《三国志平话》描写看出，张飞与吕布先战二十回合，不分胜负，关羽，刘备上，吕布败逃。

吕布单挑张飞时，张、吕战五十回合，吕布被张飞杀得大败，用军旗掩面，不敢出战。在《三国志平话》中，张飞是三国第一条好汉，吕布是张飞手下败将。为何罗贯中没有袭用《三国志平话》中吕布的表现呢？本人分析，罗贯中与吕布是老乡。据《三国演义》研究专家孟繁仁先生考证，罗贯中是山西太原清徐县人，吕布是九原人。清代顾祖禹《读史方舆纪要》有载，九原在太原北，清徐在太原南，相隔不甚远。

第二，"马中赤兔，人中吕布"问题。其出处是《三国志·吕布传》注引《曹瞒传》载："时人语曰：'人中有吕布，马中有赤兔。'"把"有"字去掉，感情色彩改变不少，吕布成了唯一的佼佼者。

其实，《三国志》对猛将的描述与概括，多相互矛盾。写孙坚，"所向无前"；写庞德，"勇冠腾军"；写典韦，"帐下壮士有典君，提一双戟八十斤"；写许褚，"勇力绝人"；写孙策，"猛锐冠世"；写吕布，"善战无前"；写马超，"超有信、布之勇"；写黄忠，"勇毅冠三军"；写张辽，"权人马皆披靡，无敢当者"；写乐进，"无坚不陷"；诸如此类。

吕布并不是常胜将军，多次吃败仗。历史记载的有七次：

其一，初平元年（190年），孙坚率军从洛阳南线征讨董卓。斩华雄，击败吕布。

其二，初平三年（192年），王允、吕布杀死董卓，董卓部将李傕、郭汜等反，攻克长安，吕布战败，逃走，投袁绍。

其三，兴平元年（194年），曹操、吕布争夺兖州，相守百余日，蝗虫起，各罢兵。九月，吕布到乘氏。李氏是乘氏大姓，有李典叔父李乾及宾客数千家，其中有李典宗族部曲三十家。曹操派李乾还乘氏。在李乾帮助下，吕布被其县人李进所破。

其四、其五，兴平二年（195 年），曹操两次击破吕布，一次在巨野，二次在东缗。吕布投奔刘备。

其六，建安元年（196 年），吕布部将郝萌反，吕布从厕所墙上逃走。

其七，建安三年（198 年），曹、刘联军围攻下邳，十二月二十四日城破，吕布投降，被杀死。

总之，吕布被捧为东汉第一猛将，是罗贯中的杰作，与历史无关。真正的猛将应该是历史真实的。《三国志平话》作为说书艺人的稿本及传说，比罗贯中所描述要更贴近历史真实。不可否认，罗贯中《三国志通俗演义》的影响是巨大的，第一猛将的桂冠就非吕布莫属了。

十三、刘、关、张驻屯新野之谜

以刘备、关羽、张飞为核心的蜀汉集团在崛起过程中，受到的磨难、坎坷比曹魏、孙吴两个集团要艰辛得多、复杂得多。他们没有父兄的资产和光环，而是由三位平民打出了一片继汉秉忠的天地。

从汉灵帝光和六年（183 年），刘、关、张三位伟大英雄在涿郡（今河北省保定市涿州市）结盟起步，历经刀林箭雨，虽然败多胜少，然跌而不挠，在汝南上蔡古城被曹军击败后，不得已投奔了荆州牧刘表。"曹公既破绍，自南击先主，先主遣麋竺、孙乾与刘表相闻。表自郊迎。以上宾礼待之。益之兵，使屯新野。"[1] 建安六年（201 年）"冬十一月，曹操征刘备，奔刘表，屯新野。"[2] 从两则史料的递进关系看，刘、关、张驻守新野的开始时间为建安六年（201 年）十一月。到建安十三年（208 年）九月止。剿灭袁绍残余势力，废三公，自封丞相独霸朝纲的曹操率大军进攻荆州。"九月，公到新野，

---

① ［晋］陈寿撰，［南朝宋］裴松之注，陈乃乾校点：《三国志·蜀书·先主传》，中华书局 1959 年版，第 876 页。

② ［宋］熊方等撰，刘祐仁点校：《后汉书三国志补表三十种》中《谢钟英三国大事表补正》载《袁纪》，中华书局 1984 年版，第 853 页。

琮遂降，备走夏口。"[①] 逼迫刘、关、张集团又一次战略大转移，当阳大败后，联合孙权，与曹操进行赤壁决战，形成中国历史上的三国鼎立局面。算起来，刘、关、张在新野驻屯大体七年时间。这七年，既是赋闲的七年，又是借重历史机遇，东山再起的七年，也是蜀汉政权开国奠基的孕育期。清乾隆新野县知县徐金位说，"帝纂承汉统，虽在西蜀，而得诸葛于新野，则帝业肇于此矣。"[②] 细细品味，南阳新野期间对于蜀汉集团的战略意义特殊而重大。

（一）战略转移，确定三足鼎立的战略目标

新野是块风水宝地，人杰地灵。东汉光武帝起步在新野，刘备、关羽的事业亦起步在新野，实现了由弱到强的重大转变。几位英雄驻守新野，不是逃避战争，也不是谋一城一县一域，他们身居南阳郡新野县，活动在荆州，放眼的是天下。特别是刘备偕关羽、张飞，三赴隆中，寻访到旷世奇才诸葛亮，扭转了颓势。

刘备际遇诸葛亮有两方面因素：

一是刘备求贤求才的主观要求。处于迷茫又急切建功立业的刘备集团，不肯荒废时日，髀肉之叹是刘备心灵写照。《九州春秋》载，"备住荆州数年，尝于表坐起至厕，见髀里肉生，慨然流涕。还坐，表怪问备，备曰：'吾常身不离鞍，髀肉皆消。今不复骑，髀里肉生。日月若驰，老之将至矣，而功业不建，是以悲耳'。"[③]

髀肉之叹表现了刘备戎马倥偬、不甘寂寞的英雄之气，豪杰之胆，以及时不我待、建功立业的雄心壮志，也是他寻觅人才的原动力。

二是几位高贤大德的推荐。首先是徐庶推荐。"时先主屯新野，徐庶见先主，先主器之，谓先主曰：'诸葛孔明者，卧龙也，将军岂愿见之乎？'先主曰：'君与俱来。'庶曰：'此人可就见，不可屈致也。将军宜枉驾顾之。'"[④]

---

① ［晋］陈寿撰，［南朝宋］裴松之注，陈乃乾校点：《三国志·魏书·武帝纪》，中华书局1959年版，第30页。

② ［清］徐金位纂修：乾隆《新野县志》卷七。

③ ［晋］陈寿撰，［南朝宋］裴松之注，陈乃乾校点：《三国志·蜀书·先主传》注引《九州春秋》，中华书局1959年版，第876页。

④ ［晋］陈寿撰，［南朝宋］裴松之注，陈乃乾校点：《三国志·蜀书·诸葛亮传》，中华书局1959年版，第912页。

其次是司马德操的推荐。习凿齿《襄阳记》载，"刘备访世事于司马德操。德操曰：'儒生俗士，岂识时务！识时务者在乎俊杰。此间向有卧龙、凤雏。'备问为谁？曰：'诸葛亮庞士元也'。"[①] 史料没提到庞德公向刘备推荐一事。习凿齿《襄阳记》载："诸葛亮为卧龙，庞士元为凤雏，司马德操为水镜。皆庞德公语也。"[②] 庞德公，襄阳人，与司马德操友善，兄事德公。德公之子山民，娶了诸葛亮小姊。曾任魏黄门侍郎，早卒。从子庞统。司马德操的评价是从庞德公处引进的。可以想见，推荐诸葛亮、庞士元入仕、一展骐骥是德操与德公预谋已久之事。

三赴隆中的时间，见于两则史料。

建兴五年（227年）诸葛亮给后主刘禅的《出师表》中称："受任于败军之际，奉命于危难之间，尔来二十有一年矣。"[③] 往前推算，诸葛亮出山时间为建安十二年（207年）。《资治通鉴纲目》进一步明确了时间，"建安十二年，丁亥，冬，刘备见诸葛亮于隆中"[④]。即是年冬三月访孔明三次。

这就有了千古传诵的《草庐对》，也称《隆中对》。有的学者认为是刘备个人三顾茅庐，非也！刘、关、张虽说三人，"譬犹一体"[⑤]，在没有战争的前提下，重大政治举动焉能独往？不过在谈实质问题时，刘备"因屏人曰"，即关、张被"屏"于门外。

刘备寻访人才，第一位的是咨询未来发展方略；第二位的是麇集雄才。刘备见到诸葛亮首先问"欲信大义于天下"之计，诸葛亮早已成竹在胸。分析政治军事大势，提出六大观点：一是曹操已有百万之众，不可与之争锋；二是孙权居江东三世，国险民附，可为援而不可图；三是荆州系用武之国，其主不能守，是上天赐给将军的礼物；四是益州沃野千里，天府之国，刘璋

---

① ［晋］陈寿撰，［南朝宋］裴松之注，陈乃乾校点：《三国志·蜀书·诸葛亮传》注引《襄阳记》，中华书局1959年版，第913页。

② ［蜀汉］诸葛亮撰，［清］张澍编：《诸葛亮集》，中华书局1960年版，第165页。

③ ［晋］陈寿撰，［南朝宋］裴松之注，陈乃乾校点：《三国志·蜀书·诸葛亮传》，中华书局1959年版，第920页。

④ ［宋］朱熹著，朱正清主编：《资治通鉴纲目》，泰山出版社2008年版，第614页。

⑤ ［晋］陈寿撰，［南朝宋］裴松之注，陈乃乾校点：《三国志·蜀书·费诗传》，中华书局1959年版，第1015页。

暗弱，智能之士都希望得到圣明的君主；五是跨有荆、益后，西和诸戎，南抚夷越，内修政理，外结孙权，以待天下有变；六是时机成熟时，荆州之军出宛、洛，益州之军出秦川。这样霸业可成，汉室可兴。

不可否认，邀请诸葛亮加盟反曹大业，以及明确未来方向、战略，是刘、关、张集团在新野期间最大的政治收获。《隆中对》成为蜀汉开国的政治纲领，诸葛亮的对策既有"霸业可成，汉室可兴"的战略目标，又有战略步骤、战役措施、战术原则，使刘备在政治上更加清醒，思想上更加振奋。诸葛亮的加盟，一步进入核心层，对于规划未来，联合东吴，协助刘备处理军国大事，使蜀汉事业进入了理性发展时期。改变了前几十年处处受制于人的局面，加速了蜀汉政权的崛起。

（二）壮大军力，水陆并举

刘、关、张集团寄寓荆州的几年里，大部分时间是在新野度过的。即便建安十年驻屯樊城，新野仍是刘、关、张辅佐刘表的前沿阵地。这里距离许都仅三百余里。曹魏有战略压力，刘表、刘备同样有战略压力。加快军事斗争准备，刻不容缓。曹操主力的北征和荆襄南之地人才荟萃，为刘、关、张集团加快军事建设提供了宽松的政治环境和良好的社会人力资源。

蜀汉军队在蜀汉历史上的实质性壮大得益于新野期间关羽的创建水军和诸葛亮的献策。在此后的东联孙权、赤壁大战、旁略江南四郡等重大开国军事活动中都起到了决定性作用。

除水军外，蜀汉骑步兵也得到较大发展，应归功于诸葛亮的"游户发调策"。《魏略》载：

> 刘备屯于樊城。是时曹公方定河北，亮知荆州次当受敌，而刘表性缓，不晓军事。亮乃北行见备……亮曰："今荆州非少人也，而著籍者寡，平居发调，则心不悦；可语镇南，令国中凡有游户，皆使自实，因录以益众可也。"备从其计，故众遂强。备由此知亮有英略，乃以上客礼之。《九州春秋》所言亦如之。[1]

---

① ［晋］陈寿撰，［南朝宋］裴松之注，陈乃乾校点：《三国志·蜀书·诸葛亮传》注引《魏略》，中华书局 1959 年版，第 913 页。

《诸葛亮集》遗文篇亦载此文。上边谈到的曹公方定河北，即击杀袁谭于南皮（今河北南皮）为标志。南皮为东汉勃海郡治地。"十年（205 年）春正月，攻谭，破之，斩谭，诛其妻子，冀州平。"① 诸葛亮在这年北行见刘备。诸葛献"游户发调策"后，分析因家庭事务又返回隆中，且不能脱身，才有两年后的三顾茅庐。

诸葛之策，开拓了刘备兵源的思路。当时荆州政局稳定，北方因战乱到荆州落脚谋生的游民众多，是挑选新兵的重要社会资源。新野鼎盛时期，刘备骑步兵大体构成：（1）从汝南败退带来的涿郡、豫州、徐州、汝南等地残部三千人；（2）荆州刘表拨付五千人；（3）新野发展一万余人。以当阳之战的状况推断，刘备的骑步兵约二万人。因为护卫十万民众步行南撤，兵力分散，人心惶惶，在曹纯虎豹骑及文聘军冲击蹂躏下，伤亡、流失等因素，最后会于夏口的二三千人。《江表传》载，"备虽深愧异瑜，而心未许之能必破北军也。故差池在后，将二千人与羽、飞俱，未肯系瑜，盖为进退之计也。"② 关羽、张飞赤壁大战期间所带二千人骑步兵部队，应是当阳战后保存的蜀汉军事精华，里面包括赵云、陈到等名将。

（三）高举三面旗帜，凝聚蜀汉事业骨干队伍

刘备集团有三面旗帜对社会有影响力：一是刘备帝室之胄、左将军、豫州牧的身份。二是雅量信义的社会影响。诸葛亮在《草庐对》中评价刘备："将军既帝室之胄，信义著于四海，总揽英雄，思贤如渴。"③ 诸葛亮的看法表达了刘备集团在社会民众中的形象。三是讨逆除奸大旗。建安四年（199 年）正月，曹刘联军剿除吕布，到许昌面帝，曹操与刘备"出则同舆，座则同席"④，其间，曹操与刘备讲，想取代汉献帝。"曹操与刘备秘言，备泄于

---

① ［晋］陈寿撰，［南朝宋］裴松之注，陈乃乾校点：《三国志·魏书·武帝纪》，中华书局1959 年版，第 27 页。

② ［晋］陈寿撰，［南朝宋］裴松之注，陈乃乾校点：《三国志·蜀书·先主传》注引《江表传》，中华书局 1959 年版，第 879 页。

③ ［晋］陈寿撰，［南朝宋］裴松之注，陈乃乾校点：《三国志·蜀书·诸葛亮传》，中华书局1959 年版，第 913 页。

④ ［晋］常璩撰，刘琳校注：《华阳国志校注》，成都时代出版社 2007 年版，第 272 页。

袁绍，绍知操有图国之意，操自咋其舌流血，以失言诫后世。"① 为控制颠覆东汉皇权，自从把汉献帝迁到许都，曹操就安排人监视献帝行动，谁为献帝设谋就会惨遭杀害，把献帝玩于股掌之上。诸侯和社会上对曹操的包藏祸心多有了解。刘、关、张在重大原则问题上旗帜鲜明，才有刘备与曹操的分道扬镳。

为实现献帝血诏，刘、关、张建安四年（199 年）五月反出许都，在徐州斩杀曹操所置徐州刺史车胄，举起了讨曹大旗。被刘表安排在新野就是站在抗击曹操的最前沿。这期间有两次大的讨逆军事行动。

博望坡之战，见于三则史料：

其一，"刘表使刘备北侵，至叶，太祖遣典从夏侯惇拒之。备一旦烧屯去，惇率诸军追之，典曰：'贼无故退，疑必有伏。南道窄狭，草木深，不可追也。' 惇不听，与于禁追之，典留守。惇等果入贼伏里，战不利，典往救，备望见救至，乃散退。"②

其二，"使拒夏侯惇、于禁等于博望。久之，先主设伏兵，一旦自烧屯伪遁，惇等追之，为伏兵所破。"③

其三，"先是，与夏侯惇战于博望，生获夏侯兰。兰是云乡里人，少小相知，云白先主活之，荐兰明于法律，以为军正。"④

这场战役，刘备设伏击败夏侯惇、于禁，赵云生擒夏侯兰，并推荐他做了军正。时间发生在建安七年（202 年）十月，因为《三国志·魏书·李典传》行文所述此战发生在曹操与袁谭、袁尚黎阳（今河南浚县）大战时。事实上，抓住曹操主力被牵制的机会，向许昌方向逼近，以求一逞，才有战略意义。诸葛亮当时尚未出山，应该是徐庶协助刘备谋划了这场战役。

---

① ［宋］李昉编纂，夏剑钦校点：《太平御览》卷第三百六十七《舌部》，第四册，河北教育出版社 1994 年版，第 66 页。

② ［晋］陈寿撰，［南朝宋］裴松之注，陈乃乾校点：《三国志·魏书·李典传》，中华书局 1959 年版，第 534 页。

③ ［晋］陈寿撰，［南朝宋］裴松之注，陈乃乾校点：《三国志·蜀书·先主传》，中华书局 1959 年版，第 876 页。

④ ［晋］陈寿撰，［南朝宋］裴松之注，陈乃乾校点：《三国志·蜀书·赵云传》注引《赵云别传》，中华书局 1959 年版，第 949 页。

有的学者把"北侵至叶"与博望坡之战视为两次战役，不恰当。两则史料分别有"烧屯去""烧屯伪遁"，可以判定为同一战役无疑。

淯水之战。历史上的淯水，又称白河。建安二年（197年）正月，曹操曾带兵征张绣，在宛城淯水段大战。张绣本来投降了曹操，因曹操霸占张绣之婶张济遗孀邹夫人，而引起战争。曹操损失了儿子曹昂、侄子曹安民、勇将典韦。据新野民间流传，刘、关、张集团与夏侯惇等曹魏将领在新野淯水段发生过激烈战斗。关羽在淯水上游的石门厅，即今新野沙堰镇鹊尾坡西南水淹曹军。东汉时湍水、涅水会流后，再与淯水交汇。乾隆《新野县志》载："石门厅，在沙堰望夫石后，本汉召信臣所筑以蓄水灌田者，后昭烈（刘备）与曹军对垒，关壮缪（关羽）于此囊沙闸水以淹曹军，今遗址宛然。"从文物遗存看，当年关羽用沙袋闸水，即截水，然后在鹊尾坡与曹军大战，应是历史真实的一幕。

刘、关、张屡屡挫败曹操兵马，鼓舞了匡扶汉室、维护大汉一统的主流民意，体现了忠正为主体的中华优秀传统价值观，南阳乃至荆州一大批文臣武将先后投到刘备麾下。检索《三国志》，史书有载的：

> 南阳籍：黄忠、魏延、陈震、宗预、刘邕、黄柱、郝普、傅彤、张存等。
>
> 荆州其他地域：徐庶、诸葛亮、马良、马谡、庞统、刘封、廖立、杨仪、霍峻、向朗、向宠、蒋琬、廖化、冯习、张南、辅匡、董厥、赖恭、殷观、习祯、杨暨、邓方、潘濬等。

这些人中许多文武大臣名震敌国，成为蜀汉栋梁之材。除后来辅佐关羽的荆州治中从事潘濬、零陵太守郝普变节外，均成为蜀汉集团执政的主要力量，为蜀汉定鼎西川作出了历史性贡献。

（四）蜀汉紧密核心层增丁添口

蜀汉核心层有三层圈：一层冀州核心层，涿郡起事的刘、关、张及赵云；二层冀豫徐荆核心层，一层人员加麋竺、诸葛亮、庞统；三层冀豫徐荆益核心层，一、二层人员加法正、李严、黄权等。

东汉末年的战争生涯中，刘、关、张集团与亲眷聚少离多，特别是刘备集团心系社稷的胸襟、道德崇高的人格特点，更加挤压了家庭成员团聚的时间。因之他们成婚、后嗣都受到了影响。

在荆州期间，刘备集团主要在新野、樊城两地活动，有资料称，前期在新野，诸葛亮出山后在樊城。

刘备得子较晚。

到达荆州前，数丧嫡室，先有两个女儿。任豫州牧期间，驻小沛娶甘夫人。陶谦夫人也姓甘，分析两位甘夫人为同宗。建安七年（202 年）收刘封为义子。"刘封者，本罗侯寇氏之子，长沙刘氏之甥也。先主至荆州，以未有继嗣，养封为子。"[①] 刘备到达荆州，先居于宜城，收养刘封应在宜城时。

刘禅，字公嗣，先主长子。"后主袭位于成都，时年十七。"[②] 刘备章武三年病逝于白帝城，时为公元 223 年，以此推断，刘禅应于建安十二年（207年）生于新野。他的出生，保证了蜀汉政权的延续性。

据有关资料称，刘备与孙权妹孙尚香有子，名箕斗。建安十六年（211年）刘备西上益州，孙夫人归吴，当于公元 212 年在东吴出生，与新野无缘。

刘备次子刘永、三子刘理，均为穆皇后所生。穆皇后吴苋，吴懿的胞妹，刘备建安十九年（214 年）得益州方纳为夫人，此二人与荆州无缘。

关羽得子女也较晚。

长子关平，字定国。据晋常璩《华阳国志》载："初，羽随先主从公围吕布于濮阳，时秦宜禄为布求救于张杨，羽启公：'妻无子，下城乞娶宜禄妻'。公许之。及至城门，复白。公疑其有色，自纳之。后先主与公猎，羽欲于猎中杀公，先主为天下惜，不听。故羽常怀惧。"[③]

吕布被刘曹联军剿灭于建安三年十二月癸酉日（199 年 2 月 7 日）。可知，关羽妻在身边，而无儿子。因此，《关帝圣迹图志》所载关平生于汉光

---

① ［晋］陈寿撰，［南朝宋］裴松之注，陈乃乾校点：《三国志·蜀书·刘封传》，中华书局1959 年版，第 991 页。

② ［晋］陈寿撰，［南朝宋］裴松之注，陈乃乾校点：《三国志·蜀书·后主传》，中华书局1959 年版，第 893 页。

③ ［晋］常璩撰，刘琳校注：《华阳国志校注》，成都时代出版社 2007 年版，第 273 页。

和元年（178 年）五月十三日，于史无据。

清关公文化学者周广业引《陵庙纪略世系图》，关平字定国，有子樾。并推定："《华阳国志》载建安三年，帝尚无子，则平生已晚，临沮被难，年当在二十内外。"① 因此推定关平生于建安六年（201 年）左右。出生地在汝南，抑或新野。

次子关兴。"关兴字安国，弱冠为侍中，中监军。"② 我国古代二十岁为弱冠。何时为中监军呢？按《汉将相大臣年表》载："章武三年癸卯，四月，帝（刘备）崩，太子禅继位，改是年为建兴元年（223 年），关兴任中监军。"③ 何时任侍中呢？"后主建兴二年（224 年）甲辰，关兴任侍中"④。即是年关兴二十岁。依此，关兴先任中监军，后任侍中，与《三国志·蜀书·关羽传》表述不同。可见，关兴建安九年（204 年）出生于新野。

关银屏，关羽之虎女。推测建安十年（205 年）生于新野，排行第三。关羽有女史料明载，生于何时？名字是什么？仅有民间传说。据云南省澄江县有关记载，关银屏后嫁于汉兴亭侯、安汉将军李恢之子李遗（蔚），安居澄江，教人们内地的生产生活方式，被当地称为关三小姐，死亡后与李遗合葬于澄江市金莲山上。其夫妻墓现为澄江市文物保护单位。

少子关索。关羽第三子，排行第四。世俗多认为关索为《三国演义》虚拟人物。本人曾考关索为关羽长子。随着资料的进一步发现，不断校正认识。据我国三国志演义古版汇集编辑委员会主编陈翔华在《日本藏夏振宇刊本三国志传通俗演义》中就关索其人，从版本学角度进行考证，此书卷十一《诸葛亮六出祁山》有注云：

《补注》按《逸史》前载，关索随孔明平定南方，回成都，卧病不起，后遂不入本传。恐难取信于人。当时皆指关兴是关索，非也。往往

---

① ［清］周广业、崔应榴纂辑：《关帝事迹征信编》卷二十三，国家图书馆藏，第 219 页。

② ［晋］陈寿撰，［南朝宋］裴松之注，陈乃乾校点：《三国志·蜀书·关羽传》，中华书局 1959 年版，第 942 页。

③④ ［宋］熊方等撰，刘祜仁点校：《后汉书三国志补表三十种》中《汉将相大臣年表》，中华书局 1984 年版，第 1011 页。

传说云南、四川等处，皆有关索之庙。细考之，索的是蜀将也。小说中直以为关羽之子，其传必有所本矣。今略附于此，以俟后之知者。[①]

陈翔华考证出，《新唐书》卷五十九艺文志丙部小说家类，有晚唐卢肇《逸史》三卷。按此注观点，陈翔华认为：其一，关索确实为蜀将；其二，他参加了诸葛亮的南征战争；其三，他是关羽的儿子。陈翔华论之，既然夏振宇刊本的撰注者已经看到了小说中的关索故事，并且断定"其传必有所本"，那么关索其人其事必早于此刊本以前久已存在，绝非夏振宇刊本、周曰校刊本等自我作古而擅以增入。这应该是毋庸置疑的史实。

近日重读中华书局版《诸葛亮传》，其中张澍引《杂记》亦载：

后帝赴洛，洮阳王恂不忍北去，与关索定策南奔，卫灌发铁骑追至，得霍弋、吕凯合攻，方退，诸葛质为使，入蛮邦结好。时孟虬为王，祝融夫人曰："却之不仁。"虬从母命，回报洮阳王，住永昌。《杂记》所云诸葛质，瞻子也。然云霍弋、吕凯合攻，误矣。吕凯于雍闿之役被杀，此时安得与霍弋合攻。[②]

虽然个别细节有误或变故，但可以肯定，关索确有其人，蜀汉败亡刘禅赴洛阳时仍在人世间。不但没有被庞德之子庞会报复杀害，还因其对南中熟悉，与诸葛瞻另一不见历史记载的儿子诸葛质策划南逃。这与关索曾随诸葛亮南征有高度契合。似此，关索应于建安十二年（207年）出生于新野，在蜀汉灭亡的公元265年故去，年五十九岁，是可信的。

十四、传国玺之谜

传国玺是封建社会帝王得国的重要标志，是最高权力的象征，为历朝各

---

① 陈翔华：《日本藏夏振宇刊本三国志传通俗演义》影印本，国家图书馆出版社2010年版，三国志演义古版汇集序第15页，正文第1761页。

② ［蜀汉］诸葛亮撰，［清］张澍编：《诸葛亮集》，中华书局1960年版，第158页。

派军事集团分外重视。但传国玺这一承载皇权的特殊宝物，至今下落不明。

1. 玉玺的出处。《后汉书·光武帝纪》注引《玉玺谱》载："传国玺是秦始皇初定天下所刻，其玉出蓝天山。丞相李斯所书，其文曰：'受命于天，既寿永昌'。高祖至霸上，秦王子婴献之。至王莽篡位，就元后求玺，不与，以威逼之，乃出玺投地，玺上螭一角缺。及莽败，李松持玺诣宛上更始；更始败，玺入赤眉；刘盆子既败，以奉光武。"

2. 东汉末变故。汉献帝光熹元年（189年），黄门张让等作乱，劫献帝走小平津，左右分散，掌玺者，投入井中。汉献帝初平元年（190年）天下群雄讨伐董卓时，孙坚击败董卓，进入洛阳，扫除汉宗庙，驻扎在城南，在甄官井上有五色气，举军警怪，没人敢汲水。孙坚令人入井，捞得传国玺，方圆四寸，上钮交五龙，上一角缺，其文为蝌蚪文，因此后世对玺文解读个体有差异。袁术欲称帝，听说部将孙坚得到传国玺，于是拘孙坚夫人，作为交换条件，玉玺到了袁术手中。

3. 出现差异。一说关羽得到，一说曹魏徐璆（qiú）得到，一说孙策所得。试作如下分析。

徐璆所得论。《后汉书·徐璆传》载，袁术败，广陵太守徐璆从孙坚妻处得到传国玺，献给曹操。似不可信。《三国志旁证》载，《魏书·太武纪》，即北魏太武帝拓跋焘太平真君七年（446年），"邺城毁五层佛图，于泥像中得二，其文皆曰"受命于天，既寿永昌"。其一旁刻"魏所受传国玺"。传国玺唯一而已，何来两个，似此徐璆所献为伪玺。

孙策所得论。《三国志·吴书·孙破虏讨逆传》载，袁术死后，其长史杨弘、大将张勋率余部投奔孙策，被庐江太守刘勋截击，"收其珍宝以归"，分析包括玉玺。后来孙策用诓骗计，攻克庐江，其珍宝含玉玺自然归孙策。但吴孙皓投降时，《江表传》载，"送金玺六枚，无有玉，明其伪也"。是否在孙氏手中不明。

再谈关羽所得玉玺。《三国志·吴书·孙策传》载，"后术死，长史杨弘、大将张勋等将其众欲就策，庐江太守刘勋邀击之，悉虏之。收其珍宝以归。"盖袁术部将杨弘、张勋被击溃时，持玺者落入汉水中。而此玉玺为张嘉、王休所得。《三国志·蜀书·先主传》载，太傅许靖、安汉将军麋竺、军师将军诸葛亮等劝刘备称帝的表章中有较详细记载。"又前将军关羽围樊、襄阳，襄阳男子张嘉、王休献玉玺，玺潜汉水，伏于渊泉，晖景烛耀，灵光彻天。""今天子玉玺神光先见，玺出襄阳，汉水之末，明大王承其下流，授予大王以天子之位，瑞命符应，非人力所致。"这表明，张嘉、王休打鱼所得传国玺，献给了关羽，关羽转献给了刘备。最突出的是此传国玺灵光彻天的物理现象与孙坚所得玉玺所具有的物理现象相同。东汉末年通信极不发达情况下，皇帝的宝物所具有的这种物理现象不可能民间掌握！因之推定，蜀汉所得传国玺为原玺无疑。

蜀汉末，公元265年刘禅投降，推定其传国玺献司马昭。西晋后大乱，传国玺下落不明。

十五、赵云际遇刘备之谜

赵云际遇刘备，见于两则史料。

《三国志·蜀书·赵云传》注引《赵云别传》有这么一段话：

"云身长八尺，姿颜雄伟，为本郡所举，将义从、吏兵诣公孙瓒。时袁绍称冀州牧，瓒深忧州人之从绍也，善云来附，嘲云曰：'闻贵州人皆愿袁氏，君何独回心，迷而能反乎？'云答曰：'天下汹汹，未知孰是，民有倒悬之厄，鄙州论议，从仁政所在，不为忽袁公，私明将军也。'遂与瓒征讨。时先主亦依托瓒，每接纳云，云得深自结托。云以兄丧，辞瓒暂归，先主知其不返，捉手而别，云辞曰：'终不背德也。'先主就袁绍，云见于邺（今河北省临漳县西南）。先主与云同床眠卧，密遣云合募得数百人，皆称刘左将军部曲，绍不能知。遂随先主至荆州。"

这则裴松之选择的注脚，叙述了刘备、赵云相识、相交的详细过程。

然而，《三国志·蜀书·赵云传》却讲："赵云字子龙，常山真定人也。本属公孙瓒，瓒遣先主为田楷拒袁绍，云遂随从，为先主主骑。"这是初平三年（192年）的事。

两则叙述刘备、赵云相交的史料，云别传详尽，却有兄丧不返的细节，而正传则没有反映这一事件，而是二人在公孙瓒处已经交契有归，其中旨趣，耐人寻味。赵云究竟是何时何地追随刘备的呢？

（一）刘备投公孙瓒的时间、地点考

刘备投奔公孙瓒的时间。依《三国志·蜀书·先主传》载：刘备"为贼所破，往奔中郎将公孙瓒，瓒表为别部司马，使与青州刺史田楷以拒冀州牧袁绍。数有战功，试守平原令，后领平原相。"这段话透露了两个信息，涉及刘备投公孙的时间点。一是刘备"为贼所破"，二是公孙瓒当时职务为中郎将。

"为贼所破"的时间。东汉大厦倾倒的标志性事件是董卓进京，董卓进京后，妄行废立，黜杀汉少帝刘辩，立汉献帝刘协，引发天下群雄讨伐董卓。《三国志·蜀书·先主传》引《英雄记》载："灵帝末年，备尝在京师，复与曹公俱还沛国，募召合众。会灵帝崩，天下大乱，备亦起军，从讨董卓。"讨董卓时刘备的职务是青州刺史部平原郡高唐县令，刘备在高唐起兵无疑。由于讨卓联盟各诸侯号令不一，盟主、勃海太守袁绍、冀州牧韩馥、南阳太守袁术等心怀叵测，时间不长，诸侯之间开始相互攻伐，联盟分崩离析。综合史料记载，刘备从讨董卓阶段，曾经到丹阳、沛国两次募兵，一次随毋丘毅诣丹阳，时间在何进、蹇硕争夺立储君时，即公元189年。一次随曹操前往沛国，在灵帝驾崩前后，即公元190年四月前后。讨董卓联盟瓦解，约在汉献帝初平元年（190年）夏秋之交，刘、关、张回到高唐县（今山东禹城西南），不久受到黄巾军余部何仪、何曼的攻城略地，人数达十数万人。转战青、徐、兖、豫四州，对于一个弹丸之地的高唐县和不足一千兵马的队伍，怎能招架，刘备"为贼所破，往奔中郎将公孙瓒"，据《后汉书三国志补表三十种》之谢钟英《三国大事表》标明，事情发生在初平二年（191年），但月份不详。

（二）公孙瓒任中郎将时间

公元184年十一月，西凉北宫伯玉、边章、韩遂反叛，虽经左车骑将军皇甫嵩、车骑将军张温、荡寇将军周慎、中郎将董卓先后讨伐，未果；187年四月，凉州刺史耿鄙讨韩遂，大败；汉阳太守傅燮阵亡；马腾、王国又叛。朝廷征召涿县县令公孙瓒率三千幽州突骑增援凉州战事。六月，中山前太守张纯、太山原太守张举气愤没让自己率领这支乌桓军队去西凉，心生异志而反叛。公孙瓒改变行军路线，开始追讨张纯，在蓟中打败张纯，有功，迁骑都尉。

188年九月，朝廷又派中郎将孟益率骑都尉公孙瓒征讨张纯。十一月，公孙瓒与张纯大战于石门（见《后汉书·灵帝纪》），大破之，朝廷没有封赏；此后，辽东属国乌丸贪至王率种人（族人）投降公孙瓒，"迁中郎将，封都亭侯"，见《三国志·魏书·公孙瓒传》。

初平二年（191年）十一月，公孙瓒在东光战胜青、徐黄巾三十万大军，威名大震。拜奋武将军，封蓟侯。

公孙瓒的中郎将应在"迁骑都尉"的187年及188年十一月"大战石门"后，且在191年十一月"拜奋武将军，封蓟侯"之前所得。

《后汉书·公孙瓒传》则表述为"诏拜瓒降虏校尉，封都亭侯，复兼领属国长史"。长史，按钱大昭讲："郡当边戍者，丞为长史。"边缘郡的武将长史相当丞或相的职责，即实际的执政者。公孙瓒任属国长史与属国乌丸贪至王率种人诣瓒降，是同时发生的相互关联的两件事，虽没写明时间，应是指公孙瓒在围剿与张纯合伙反叛的乌桓丘力居取胜后所得、发生。其任属国长史更早些。

古代将领以军功为进阶授爵的前提，此阶段公孙瓒进行的战斗有安平之战、东光之战、界桥之战等。刘备的别部司马，试守平原县令，推测为参加公孙瓒与韩馥的安平之战立功所得；东光之战后，公孙瓒私署任命了大批官员。严纲为冀州刺史，田楷为青州刺史，单经为兖州刺史。"又悉置郡县、守、令。"刘备的平原国相就是这时任命的。这是191年十一月东光之战后所封。郝经的《续后汉书》称，"冬十月，瓒表昭烈为别部司马，使为楷拒绍。"这里虽写明时间，其表刘备为别部司马的月份似不妥。

刘、关、张投奔公孙瓒的地点。当时的公孙瓒在哪里呢？在安平。安平县属幽州刺史部涿郡，现为河北省衡水市属县。安平东南距高唐三百二十里。

袁绍起兵讨董卓时，驻军河内郡治地怀县。除公开讨卓外，正在谋求兼并冀州牧韩馥。

韩馥在讨伐董卓时首鼠两端。他怕袁绍成事后吞并自己。在讨伐董卓时负责粮草供应。但他常常克扣粮草，并盼望袁绍失败，为袁绍所痛恨。袁绍接受逢纪的献计，趁公孙瓒强势崛起，发信约他南来，实际是借公孙瓒打压韩馥，自己从中渔利。冀州牧韩馥是个懦弱毫无胆识的人，一定会害怕，然后再派人晓以利害，韩馥就会让出冀州牧。事情果然按照这一思路演进。公孙瓒迅速率强大军队南来，与驻守安平的韩馥军对垒，恰恰这时，刘备遭到黄巾军的攻击，向西北奔逃三百二十里到安平投靠了师兄公孙瓒。《三国志·魏书·袁绍传》载："后馥军安平，为公孙瓒所败。瓒遂引兵入冀州，以讨卓为名，内欲袭馥，馥怀不自安。"公孙瓒与韩馥的安平之战，正中袁绍打压韩馥之计，为袁绍七月顺利成为冀州牧铺平道路。以时间推之，此战应发生在初平二年（191年）六月，在严酷的军事压力下，才有韩馥主动交出冀州大印，袁绍七月成为冀州牧。因之，刘备六月在安平投公孙瓒较为合理。

（三）赵云投奔公孙瓒的时间、地点

按照本文开篇引文，赵云由郡推荐，率领义从吏兵投奔了公孙瓒。即带领自发跟随的壮士和官吏组成的士兵。

赵云投奔公孙瓒的时间。《三国志·蜀书·赵云传》没有写明，仅有一句"本属公孙瓒"。赵云投奔公孙瓒在何时呢？从赵云投奔公孙瓒的社会背景和原因来分析，便一目了然。

背景之一，"本郡所举"。赵云投公孙瓒是被常山郡推举而去。常山郡治元氏（今石家庄市元氏县殷村镇故城村）。初筑于赵孝成王十一年（前215年），汉高祖刘邦三年（前204年），置恒山郡。汉文帝刘恒继位后，避恒字讳，改恒山郡为常山郡。东汉光武帝建武十三年，省真定国入常山郡。赵云不是从自己的家乡真定县出发。可想见赵云在常山郡里有较大名气。常山郡百姓官吏不喜欢袁绍而乐意接纳公孙瓒。

背景之二，赵云投奔公孙瓒时，袁绍任冀州牧。即赵云投奔公孙瓒肯定在袁绍七月任冀州牧之后。公孙瓒深忧冀州官民跟随袁绍，而孤立自己，对赵云的到来大加赞赏。

背景之三，社会大环境，东光之战后公孙瓒威名大震。

"初平二年，青、徐黄巾三十万众入勃海界，欲与黑山合。瓒率步骑二万人，逆击于东光南，大破之，斩首三万余级。贼弃其车重数万辆，奔走渡河，瓒因其半济薄之，贼复大破，死者数万，流血丹水，收得生口七万余人，车甲财物不可胜算，威名大震。"

这是 191 年十一月发生的重大社会事件。从背袁绍、亲公孙瓒的举动看，赵云喜欢解"民有倒悬之厄"的宗主，喜欢行仁政的长官。综合之，赵云投奔公孙瓒，当在初平二年（191 年）农历十二月。

赵云投奔公孙瓒的地点。袁绍收获冀州前给公孙瓒发信，邀他南来取冀州。结果冀州牧被袁绍所得。公孙瓒当时在安平战胜韩馥，见袁绍不劳而获，心有不甘，恰巧公孙瓒从弟公孙越在支援袁术部将孙坚时，被袁绍军流矢射死，公孙瓒大怒，乘战胜黄巾军的锐气，屯军磐河。然后给朝廷上疏，历数袁绍十大罪恶。《后汉书·公孙瓒传》描写为"于是冀州诸城悉叛从瓒"。《后汉书·袁绍传》则描述为"公孙瓒大破黄巾，还屯磐河，威震河北，冀州诸城无不望风响应"。各城均背袁绍而支持公孙瓒。推测赵云此时由常山郡治地元氏率义从吏兵到达驻扎在磐河的公孙瓒军营，时间为界桥之战前夕。公孙瓒驻军磐河，故道流经今山东乐陵，早已堙废。

看来，赵云投公孙瓒比刘备投公孙瓒晚半年左右。

（四）赵云为何追随刘备？

赵云追随刘备，基于两点：

一是情感基础。刘备、赵云结识于公孙瓒军营，刘备先于赵云投靠公孙瓒。二人每次相遇，刘备深深佩服赵云禀赋人格体魄，用心交契。赵云则感恩刘备的亲切情谊，誓言"终不背德"。从历史看，刘备与心腹大将们交结方式主要是结拜、结盟、说教和共同生活起居。对关羽、张飞采取结盟方式，不赘述；对赵云采取"同床眠卧"等方式；对牵招采取结拜方式。据孙楚的《雁门太守牵招碑》载："君于刘备，少长河朔，英雄同契，为刎颈交。"牵招，河北安平观津人（今河北省衡水市武邑县东南），十几岁时曾经与刘备共同在观津县学者乐隐门下求学。两人因此结拜为生死不渝的异姓兄弟。乐隐后来为车骑将军何苗长史，在何进与宦官斗争中，何苗站在宦官一边，被袁绍、袁术兄弟所杀。牵招结识刘备在关羽、张飞之前，赵云结识刘备在关羽、张飞之后。刘备效法燕赵仁人志士燕丹子，运用同盟、同器、同床眠卧等方法，感情投入，结成同休等戚的关系。牵招后来投奔袁绍，为督军从事，兼领乌丸突骑。曹操领冀州后，辟为从事、中护军、雁门太守等，由于刘备驻地飘忽不定，信息断绝，不得已天各一方。但牵招远不如关羽、张飞、赵云，关、张、赵无论前途多么渺茫，道路多么坎坷，都会寻寻觅觅，找到刘备这个核心，这是多么可贵的人格精神啊！

二是价值观基础。简言之，赵云追求的是仁政。"民有倒悬之厄"，顾念的是苍生之苦。面对社会动荡，他的理想国是寄托于仁君治国，百姓安居乐业。从赵云追随刘备政治军事生涯可以看出来。刘备攻克成都后，就要犒赏功臣，分房分地分金银，赵云劝谏说："霍去病以匈奴未灭，无用家为。今国贼非但匈奴，未可求安也。须天下都定，各返桑梓，归耕本土，乃其宜尔。"这与刘备以民为本、忧国忘家思想是一致的。赵云一生中众多的举动光彩照人。在刘备最失意落魄时投奔之；博望坡之战生擒发小夏侯兰，举荐给刘备，不留在自己身边；长坂坡忠以卫上，义贯金石；因赵云持重，被选为内卫统领；孙夫人带小主人返吴，赵云、张飞截江夺阿斗；在争夺汉中时勇救黄忠、张著，施空城计吓退数万曹军，被士兵呼为"虎威将军"；一出祁山失利，亲自断后，军资无损，诸葛亮提出分赐将士，赵云说，失利怎能赏赐，诸葛亮大善之！攻打桂阳获国色樊氏，而拒娶；为报关羽遇害之仇，先主征吴前进诤言；都表现出超常的高尚的大丈夫情怀。

本文开头讲述赵云投刘备的两种观点，不是对立的，是互为补充的。别传讲赵云以兄丧为托词离开公孙瓒是不大可能的。正传中公孙瓒遣刘备帮助青州刺史田楷抗拒袁绍时，赵云已成为刘备集团骑兵主管，应该是历史的原貌。赵云在邺城寻找到刘备，不是离开公孙瓒八年后，才去找刘备。而是建安五年（200年），刘备参与汉献帝密诏，图谋消灭曹操，曹操进攻徐州，刘备、关羽、张飞、赵云失散，刘备逃奔袁绍处，赵云赴邺城重归刘备。这与关羽千里走单骑寻找刘备，有异曲同工之妙。

（五）赵云为先主主骑，与袁绍交战

其一，界桥之战。发生在初平三年（192年）正月。公孙瓒与韩馥战于安平，公孙瓒取胜。袁绍召公孙瓒来夺冀州，结果冀州被袁绍所得，这时，其从弟公孙越被袁绍流箭射死，然后爆发了第一次公孙瓒与袁绍之战。刘备、赵云均参加了战斗。公孙瓒以白马义从为天下无敌，不做部署，贸然冲过去，被叛韩馥投袁绍的麹义西凉军打败。公孙瓒所署冀州刺史严刚被擒杀。《三国志通俗演义》中写界桥之战中，公孙瓒被文丑追赶，赵云突然出现，大战文丑，不分胜败。或有所本。

其二，初平三年（192年）夏，在龙凑（今山东省德州市东北）处于平原国与冀州刺史部交界处。从战略意图看，龙凑之战在于夺取对平原国的控制权。《汉晋春秋》载，袁绍给公孙瓒的书信称，"龙河之师，羸兵先诱，大兵未济，而足下胆破众散，不鼓而败"。公孙瓒用老弱病残引诱绍军，还没有击鼓，用来诱敌的士兵被吓跑，冲撞后军，招致失败。

其三，巨马水之战。初平三年（192年）秋，袁绍派大将星工高手崔巨业率数万军队包围故安，久攻不下，退军南还，公孙瓒、刘备等率三万人追击之于拒马水，大破其众，死者七八千人。乘胜南下到平原，以风卷残云之势，挺进五百里，至此，刘备的平原国相才落实到位。

其四，泰山之战。公孙瓒调整军事部署。刘备、关羽、张飞、赵云按照公孙瓒部署被派到青州一线，先屯军高唐。《三国志·魏书·武帝纪》载，"袁术与袁绍有隙，术求援于公孙瓒，瓒使刘备屯高唐，单经屯平原，陶谦屯发干，以逼绍"。刘备处于与袁绍战斗第一线。袁绍攻公孙瓒，"先主与田楷东屯齐"。齐在兖州刺史部的泰山一带，这表明刘备与袁绍战斗中，从高唐向东南推进到泰山，向前扩张了二百里。与田楷、刘备相对峙的袁绍一方是袁谭、张部领兵数万人，双方连战二年，互有胜负，"粮食并尽，士卒疲困，互掠百姓，野无青草"，和亲后各自退军。时间是初平三年至初平四年（192年至193年）。此后，因曹操父亲在徐州费亭被害，曹操进攻陶谦，应陶谦请求，田楷与刘备赴徐州，帮助陶谦，刘备实现又一次战略转移，赵云遂随刘备到徐州。

刘备被陶谦表为豫州刺史，又继陶谦任徐州刺史，在徐州争夺战时，刘备几经失败，经历了投袁绍，奔汝南，再投刘表，赵云在刘备失徐州后，有过短暂失散，后赵云赴邺归刘备募兵，准备东山再起，与关羽、张飞汝南重新聚会，又被曹操击败，投奔了荆州刘表。

赵云下一次在史料中出场，是201年刘备集团投刘表，驻守新野，博望坡之战，赵云生擒夏侯兰，荐之刘备，为军正。

十六、江陵沦陷之谜

三国历史上，最复杂、最诡谲、最揪心的是荆州争夺战。其奇葩在于曹魏、蜀汉、孙吴三方势力的彼此交织角力。惊险变幻，跌宕起伏，明枪暗箭，策反投敌，纷繁错乱，士卒离散。镇守荆州的蜀汉前将军、假节钺的一代战神关羽军事生涯从巅峰跌落谷底，神鬼变化于一瞬，走到了生命的尽头。其吊诡程度，冠绝三国任何一次战役。

建安十三年（208 年）岁末，刘备得荆州，在于刘孙始建联盟，起底是关羽的一万精甲水军及刘琦的一万步骑军；孙吴出兵协助，赤壁大战，刘孙联军大败曹孟德，曹从华容道逃窜，刘备遂有荆州江南诸郡，后又讨得南郡，分出宜都郡。刘备为荆州牧，统领荆州六郡。

建安二十四年（219 年）岁末，刘备失荆州，在于曹孙勾结联盟，董督荆州的关羽率四万精锐北征曹魏，蜀汉荆州驻军叛变；老盟友孙吴偷袭，曹孙联军大败关云长，关羽父子罹难。

前一联盟是公开的弱弱联合，后一联盟是秘密的强强联手，其得其失均在蜀汉与曹魏之间展开，有孙吴的介入中完成的。

关羽在荆襄一线作战基本没有损兵折将。关键是东吴的偷袭。东吴偷袭成功的原因是蜀汉荆州守军的叛国。《三国志·蜀书·麋竺传》载："芳为南郡太守，与关羽共事，而私好携贰，叛迎孙权，羽因覆败。"清著名学者何焯说："伤天下三分，不归一统，始于荆州失、关侯败，故以三叛人终之。"[①]这是指陈寿把蜀书杨戏传《季汉辅臣赞》里，麋芳、士仁、潘濬三叛人放在蜀汉君臣赞的最后，是他们的行为造成蜀汉没能统一天下。

史学家陈寿在《麋竺传》里附带述及其弟麋芳，并且把麋芳作为荆州之失、关羽败亡的罪魁祸首，这是对的。荆州首府江陵的沦陷，是导致荆州之失，导致关羽殒命的关节点。麋竺、麋芳兄弟是忠于刘备的。为何在如此重大问题上麋芳丧失节操呢？

---

① ［晋］陈寿撰，［南朝宋］裴松之注，卢弼集解，钱剑夫整理：《三国志集解·蜀书·杨戏传》注引何焯评语，上海古籍出版社 2009 年版，第 2820 页。

请看麋氏兄弟投奔刘备的历史。

《三国志》记载，麋竺、麋芳，徐州东海郡朐县东北海中大洲郁洲人，今江苏省海州南。祖先世代经商货殖，做养马养牛生意。用陶朱公计术，"日益亿万之利，货拟王家"①。麋家货财如山，不可算计。珍珠如鸡卵般大，散满于庭，被称为宝庭，外人不得偷看。奴仆上万人，资产万亿。徐州牧陶谦聘麋竺为别驾从事。曹操曾推荐麋竺为代理嬴郡太守、偏将军，麋芳为彭城相。嬴郡是从泰山郡分出了五个县专为麋竺而设立，麋竺"素履忠贞，文武昭烈"②，文武兼备。麋竺、麋芳对蜀汉事业贡献巨大。

其一，陶谦卒，别驾麋竺率徐州上层到小沛迎接豫州牧刘备兼任徐州牧。

其二，麋氏兄弟放弃曹操所表封的官职，一心追随刘备。

其三，建安元年（196年），刘备与吕布、袁术作战失利，转驻广陵海西，这里邻近麋竺家乡。当时军队非常困苦，将士大小都自己找食物吃。麋竺看到这种情况，不但把妹妹嫁与刘备为夫人，送仆众两千人，还送"黄金一亿斤，锦绣毡罽，积如丘垄，骏马万匹"③，军队士气得到恢复。

其四，建安六年（201年），刘备从汝南败逃荆州，麋竺、孙乾周旋刘表、刘备关系，被任用为左将军从事中郎。

其五，建安十九年（214年），益州平定，拜麋竺为安汉将军，班在诸葛亮之上。麋竺雍容大度，敦厚文雅，刘备以上宾礼待他，但从未让他带过军队，对他的赏赐和宠幸，却特别优厚，没人能与他相比。此前一年，张飞、诸葛亮、赵云西上益州，麋芳就已接替张飞，任南郡太守。

其六，从汉献帝兴平元年（194年），刘备为徐州牧起，到建安二十四年（219年）荆州倾覆，麋竺、麋芳追随刘备二十五年，与袁术四战一平一和一败一胜，与吕布四战三败一胜，与曹操四战二败二胜，鞍前马后，颠沛

① ［晋］陈寿撰，［南朝宋］裴松之注，卢弼集解，钱剑夫整理：《三国志集解·蜀书·麋竺传》注引赵一清评语，上海古籍出版社2009年版，第2577页。

② ［晋］陈寿撰，［南朝宋］裴松之注，卢弼集解，钱剑夫整理：《三国志集解·蜀书·麋竺传》注引《曹公集》，上海古籍出版社2009年版，第2576页。

③ ［晋］陈寿撰，［南朝宋］裴松之注，卢弼集解，钱剑夫整理：《三国志集解·蜀书·麋竺传》注引赵一清评语，上海古籍出版社2009年版，第2578页。

流离，艰苦备尝。

刘备对麋竺、麋芳是以心腹使用的。刘备待麋芳不薄，为何要当千古罪人呢？有些人认为，私好携贰的麋芳因火烧军器，怕受关羽处罚而降吴。试问，投降不是件光彩的事，何必还要带牛酒投降，如此兴奋？史料显示很是蹊跷。

请看以下几则史料：

（1）《三国志·吴书·吕蒙传》注引《吴书》载："（士）仁得书，流涕而降。翻谓蒙曰：'此谲兵也，当将仁行，留兵备城。'遂将仁至南郡。南郡太守麋芳城守，蒙以仁示之，遂降。"

（2）《三国志·吴书·吕蒙传》注引《吴录》载："初，南郡城中失火，颇焚烧军器。羽以责芳，芳内畏惧，权闻而诱之，芳潜相和。及蒙攻之，乃以牛酒出降。"

（3）《三国志·吴书·虞翻传》载："后蒙举军西上，南郡太守麋芳开城出降。蒙未据郡城而作乐沙土上，翻谓蒙曰：'今区区一心者麋将军也，城中之人岂可尽信，何不急入城持其管钥乎？'蒙即从之。时城中有伏计，赖翻谋不行。"

（4）《三国志·吴书·潘濬传》注引《江表传》载："权克荆州，将吏悉皆归附，而濬独称疾不见。权遣人以床就家舆致之，濬伏面著床席不起，涕泣交横，哀咽不能自胜。"

（5）《三国志·蜀书·关羽传》载："麋芳、士仁素皆嫌羽轻己，羽之出军，芳、仁供给军资，不悉相救。羽言：'还，当治之'。芳、仁咸怀惧不安，于是权阴诱芳、仁，芳、仁使人迎权。"

（6）《三国志·蜀书·杨戏传》载："潘濬字承明，武陵人也。先主入蜀，以为荆州治中，典留州事。亦与关羽不穆，孙权袭羽，遂入吴。"

从以上几则史料分析，可得出以下结论：

其一，江陵沦陷，首要的是人员配置不洽和职责不清。荆州是刘备靠自己努力打下的第一块根据地，是实现隆中对策跨有荆益的两州之一，在蜀汉匡扶汉室战略中占据重要位置，然而其将领配备的弊病是才不配位。麋芳、士仁两位将军，在蜀汉历史上诸多大小战役中，从没担当过重要职务，也没有见于史料的战绩。而担任荆州首府江陵、公安驻军最高军事长官，明显不能适应未来荆州保卫战的素质要求，政治上层次低，从士仁流涕而降看，他是不愿背叛刘备的，但没有担当大将的风范，如换成习珍，有政治坚定、宁死不屈、与家国同在担当精神的将领，保持与前线关羽的联系，焉能败亡？

再议关羽职务。赤壁大战后，"先主收江南诸郡，乃封拜元勋，以羽为襄阳太守、荡寇将军，驻江北；先主西定益州，拜羽董督荆州事"。"二十四年，先主为汉中王，拜羽为前将军，假节钺。"① 而荆州牧仍然为刘备。这就容易产生管理上的混乱。关羽仅仅是被授予管理权，与典留州事的荆州治中从事潘濬、南郡太守麋芳、公安将军，实际的公安太守士仁并不是垂直的领导关系。而且潘、麋、士都与刘备有千丝万缕的联系，使关羽在指挥上不畅。特别在战时会遭受不可预见的后果。例如，关羽率几万将士在前线为国拼死搏杀，麋芳、士仁竟敢在后勤物资方面"不悉相救"。试想，在粮草、军事器械、医药等方面不能及时有效得到补充，战争还怎能维持？

其二，麋芳等三人在人格上有重大缺陷。士仁开始并不与吴军谈判。而吕蒙如诈骗郝普那样，指使虞翻写信，散布"大军之行，斥候不及施，烽火不及举，此非天命，必有内应"的假消息，散布"知得知失，可与为人，知存知亡，足别吉凶。""独守孤危之城而不降，战死则毁宗灭祀，为天下讥笑。"② 进行危言耸听的恫吓，士仁读罢信，流涕而降。心理素质如此脆弱，不是马上送信给关羽，也不加强防卫动员部署，一封信就使蜀汉高级将领投降，堪称古今战争史上的奇迹。麋芳曾经与吴军谈判，"潜相和"，即与吴军讲和，吕蒙大军一到，就开城门带牛酒出降，交出妹夫的江山，委实可叹。潘濬职务也很关键，治中相当于荆州党政秘书长，协助州牧处理日常事务，潘濬还是蒋琬表弟。他开始有些骨气，但其名利观相当严重，没有家国情怀。孙权到荆州，蜀汉的投降要员都去拜见，唯独潘濬不去，而且当孙权亲自到访时，不抬头，仍卧床不起。一旦孙权开导，用职务诱惑，马上下地

---

① ［晋］陈寿撰，［南朝宋］裴松之注，卢弼集解，钱剑夫整理：《三国志集解·蜀书·关羽传》，上海古籍出版社 2009 年版，第 2512 页。

② ［晋］陈寿撰，［南朝宋］裴松之注，陈乃乾校点：《三国志·吴书·吕蒙传》注引《吴书》，中华书局 1959 年版，第 1279 页。

跪拜。孙权授以兵，疯狂镇压围剿蜀汉军队，杀死蜀汉武陵郡从事樊胄，逼迫零陵郡北部都尉、裨将军习珍自杀。清学者王懋宏评论说："按濬为昭烈治中，又典留州事，职任盖不轻矣。与士仁共守公安，士仁之叛降，濬岂得不知之？自典留州事，而听其迎降可乎？即如《江表传》所言，亦仅称疾不见而已。及权慰劳之，遽下地拜谢，更为权用。且樊胄以武陵郡从事诱导诸夷，图以武陵附备，为不失旧臣之义。而濬自请兵往斩平之，此岂有人心者？与乐毅所云终身不敢谋赵之从隶，迥乎异矣！故濬当与麋芳、傅士仁同，戏之讥贬，自不为过。"①王老先生对潘濬投降后，马上对旧主事业剿杀的行为，讥其与乐毅不忘旧主相比差距太大了！

其三，关羽的责任。蜀汉荆州后期，上层将领之间离心离德，关羽有一定责任。从麋芳、士仁认为"轻己"，到与潘濬的"不穆（睦）"，不和谐，表明关羽在凝聚属下时用心不够，措施较少。而且发挥潘濬谋才、将才不够。从潘濬投吴后率兵打仗的水平，处理重大问题的水平，谋划军国大计的水平，在三国时代属于一流。孙权常以军国大事咨询之，潘濬曾与陆逊俱驻武昌，官至九卿之首太常。其子潘秘娶孙权姐姐陈氏女，后代襄阳习温任职荆州大公平，大公平即州都。可知孙权很会用才啊！

其四，关于江陵城内流产"伏计"的一点探索。首先，历史上对潘濬荆州后期办公地交代不明。史料称，潘濬是最后投降孙权的。按照公安、江陵攻陷的时序，潘濬应在江陵办公，因关羽董督荆州驻江陵，身为治中从事的潘濬，有州务及军国大事便于商议。如果成立，城内伏计当是潘濬、麋芳的杰作。潘濬主内，直接策划指挥部队，等吴军进城，突袭围歼，才有麋芳以牛酒开城门欢迎吴军。赖虞翻谋而未成。

虞翻提出"进城持其管钥"的主张后，吕蒙采取军事措施，迅速占领重要军事布防，城内企图袭击歼灭东吴军队的计划流产。

似此，潘濬、麋芳的投降因伏计不成，顺水推舟，不得已而为之乎！

①　［晋］陈寿撰，［南朝宋］裴松之注，卢弼集解，钱剑夫整理：《三国志集解·吴书·潘濬传》注引《江表传》，上海古籍出版社2009年版，第3562页。

第十八章

关公文化的价值与时代意义

在中华民族漫长的历史上，因为一个人而形成一种文化现象，唯有蜀汉名将关羽。这种文化经久不息，为社会各界所津津乐道，肃然起敬，绵延不绝，是中华文化史上的一件盛事。

一、关公文化的形成

关羽一生特立独行，正大光明，酣畅淋漓，秉持着中华先贤确立的纲常道义，流淌着人间的至纯大爱，经过一千八百多年的发酵，成为关公文化现象。其蔓延辐射领域之广，超出人们的想象，蔚为大观。关公文化是历史发展逐渐形成的，是诸多社会力量共同作用的结果。它的形成，概括起来大略有五个渠道。

历史典籍

关羽的历史足迹是关公文化的源头，史学著作功不可没。西晋太康元年（280 年）历史学家陈寿著《三国志》，其中《蜀书》有《关羽传》，讲了三十六个历史细节；其他人物传记涉及关羽史料上百处，奠定了关羽神威、神智、神采的基础；南朝宋元嘉六年（429 年）裴松之为《三国志》作注释，为记述关羽生平补充了大量重要史料；元郝经著《续后汉书》，其中有《关羽列传》，较之陈寿所传扩大了一倍，增补了关羽史料和"羽状雄伟，岳岳尚义，俨若神人"的表述。常璩《华阳国志》、习凿齿《汉晋春秋》、范晔《后汉书》、司马光《资治通鉴》、袁枢《通鉴纪事本末》、朱熹《通鉴纲目》以及有关类书等，从不同史料的占有，使关羽历史形象更饱满，更趋于接近历史全貌。

口碑相传

口碑相传的社会评点奠定关羽超常的民意形象。关羽在世时，魏、季汉、吴三国上流社会对关羽的正面评价开创先河，"三杰""人杰""天下义士""勇而有义""熊虎将""万人敌""绝伦逸群"，诸如此类，无论从道德信条、人格特征、勇烈风范诸多方面均给予高度赞誉，当时的任何一位高级将领都无法企及。处于楚地的荆州，民间自古有浓厚而普遍的祭祀风俗，对战斗、生活、主政和"恩信大行"的旷世名将关羽的怀念弥漫阡陌民间。以至于到南北朝、唐、宋民间已经掀起对蜀汉君臣的怀顾推崇之情。初唐礼部尚书虞世南从不阿谀人，但对关羽赞叹有加，称赞关羽"利不动，色不悦；威不屈，害不折；忠耿耿，义烈烈；伟丈夫，真豪杰；纲常备，古今绝"。尤其宋代程朱理学的盛行，以蜀汉为正统逐渐在社会观念中固化，加速了关羽巨大影响力的多方位传播。

宗教推动

宗教的助推加速了关羽神格向大众扩散。据《佛祖统纪》云，最早隋开皇十二年（592 年），天台宗在佛教中国化过程中，创始人智者大师起了重要作用。他率先修建当阳玉泉寺祭奠关羽，并奏请晋王杨广，遂封关公为守护佛法的伽蓝菩萨，把关公列入佛法守护神行列，塑像供奉，使关公成为中国本土佛教神明。还有一说，《三国演义》载《传灯录》云，百年后的大唐仪凤年间，禅宗北派六祖神秀依附玉泉寺创建度门寺，封关羽为伽蓝菩萨。宋代崇奉道教，崇宁元年（1102 年），宋徽宗封关公为崇宁真君，崇宁三年（1104 年）重封关羽为崇宁至道真君。关羽走进宗教领域，既是对宗教本身社会信众的弥散吸附，也加速了人格化关羽向神格化关公的转变。

文学艺术

文学艺术作品的广泛传播，加速确立了关羽高大上的英雄形象。在人类发展历史上，文学艺术的传播作用无与伦比。对关羽事迹的传播，最早可追溯到唐、宋时期的说书人口耳相传。《三分事略》属于说书人的底本，霍四究说"三分"已是热门话题，在宋人笔记中多有记载。其次是戏剧传播，从元代起，我国杂剧、戏剧，开始把三国戏作为重要剧目。元至元十六年（1279年），关汉卿等的《关大王独赴单刀会》《虎牢关三英战吕布》在汴京上演，元杂剧以三国故事为题材的多达四十多出，其中以关公为主角的就有十二出。有关关羽绘画产生更早，于禁战败被关羽收押，荆州沦陷后，被吴遣返回国，在曹操高陵，曹丕命人画关羽水淹曹魏七军、于禁投降、庞德壮烈图羞辱于禁；唐吴道子绘关公出征图；西夏乾定四年（1226年），黑水城守将在蒙古军破城前将金人版刻《义勇武安王位》关羽神像藏匿塔内；明宣德年间（1426年），宫廷画家商喜绘制巨幅《关羽擒将图》，影响深远。伴着版刻工艺的问世，文学作品大受社会公众喜爱，影响最大的莫过于小说。元至治年间（1321年），虞氏《全相三国志平话》刊行于世；元末明初施耐庵、罗贯中著作《三国志演义》，参正史，猎传奇，七实三虚，把以蜀汉集团为核心内容的三国故事的传播推到顶峰。几乎达到人人爱三国，人人传播三国的地步。从孙楷第、郑振铎、日本学者中川渝研究可知，《三国演义》明、清刊本达三十余种。

敕封建庙

皇家敕封、建庙的巨大影响，推动关羽精神在民众意识形态中的统领作用。中华历史上有二十多位皇帝敕封过关羽。从汉献帝建安五年（200年）封汉寿亭侯，到蜀汉后主景耀三年（260年）封壮缪侯。从宋徽宗崇宁元年（1102年）封为忠惠公、大观二年（1108年）封为武安王，到明万历十八年（1590年）封为协天护国忠义大帝、万历四十二年（1614年）封为三界伏魔大帝神威远镇天尊关圣帝君。关羽实现了由侯，到公、到王、到帝、到圣的跨越。皇家带头建庙。最早是蜀汉昭烈帝刘备征吴时，在玉泉山建关羽祠。隋代，关羽故里运城建起了皇家关帝庙；唐乾宁四年（897年），涿郡刺史娄延在刘备故里建楼桑庙，后改名三义庙，又称三义宫；元海迷失后元年（1249年）在顺天府保定鸡水河畔建关帝庙，郝经撰写碑文，此是蒙古政权建关庙之始；清代朝廷所幸诏告天下，每个村都要建关帝庙。建庙之风由国内延伸到海外。关庙之多，世界之最。始自五代，盛于明清。全世界关庙达三十万座。仅北京就有关庙一百一十六座，明万历帝朱翊钧为北京地安门关帝庙撰联：午夜何人能秉烛，九州无处不焚香。清大学者王士禛惊呼：故前将军汉寿亭侯关公祠庙遍天下。

这种举国上下，延及海外几十个国家的大型关公崇拜活动，具有鲜明的民族性和丰富的文化内涵，表达了人们对关羽作为千古英雄人物的肯定、深切敬仰，流露出人民百姓对忠贞正义向往的情结，关羽忠心、忠诚、忠义、报效国家的浩然之气，是中华民族一份丰厚的文化遗产。

二、关公文化的精髓及性质

关公文化是在历史关羽基础上发展起来的。其根和主干与关公精神品格相符而更加丰满。经过文学巨匠们的加工锻造，再融入人民大众的精神寄托，其系统性、影响力更广泛，更深入人心。

关公文化在中华优秀传统文化中居重要地位，它所包含的忠、勇、仁、义，智、信、礼、廉，无一不是中华优秀传统文化的结晶。关公文化与中华优秀传统文化一脉相承，是流淌在中华民族儿女血液中的基因，打上了中华民族的烙印。关公文化的精髓大体包括：

忠，对国以忠。忠于东汉朝廷，忠于刘备，忧国而忘家，忘却身家性命。全身心投入匡扶汉室的追求和奋斗中，参与扫荡叛军，讨伐奸佞，抗击割据武装，攻伐篡逆，矢志不渝，从不畏惧，乃至父子双双血洒疆场。

勇，作战以勇。敢于直面强暴，亮剑出鞘；敢于在百万军中取上将首级，被誉为"熊虎将""万人敌"；刮骨疗毒时，仍然言笑自若；每临战阵，身冒矢石。在刘备集团中，从起步期、事业辗转期至赤壁大战，几乎所有大仗恶仗都委派关羽独当一面。仅受箭伤史料记载就有三次。《三国志·关羽传》载"羽尝为流矢所中，贯其左臂"。《三国志·庞德传》载"后亲与羽交战，射羽中额"。《太平御览》卷第三百六十六载"《吴录》曰：关羽走，孙权使虞翻筮之，曰：'必当断头伤其耳'。"关羽勇烈风姿可见一斑。

仁，待人以仁。以仁居心，当仁不让。珍视生命，宽以待人。无论行军打仗，还是执政执法，从未妄杀一人。至于庞德被擒，苦口婆心劝降，可谓仁至义尽。临难从襄樊一线退兵，乃至麦城突围，英雄末路，爱惜士卒，两次解散部队，甘与同败。

义，处世以义。义是人所恪守道德中最高的准则，其本质是正直与正义。为他人为社会，侠肝义胆。关羽从乱世斩杀地方恶霸，到参与鞭打督邮，到不忘故主千里走单骑，成为天下义士的典范。

智，智者识人。以智辩事，胸怀韬略。当智不愚，明辨真伪。曹刘联军剿灭吕布后驻屯洛阳时，向刘备提出刺杀奸雄曹操未果；孙权假惺惺派人提亲，被关羽识破阴谋而拒绝。

信，信者诚心。讲信义，守诚信。以信交友，当信不藏。诚一不二，无奸无伪。一言九鼎，掷地有声。刘备、关羽、张飞桃园结盟，发誓匡扶汉室，为了一个承诺，用一生去坚守。

礼，礼者敬人。待人接物，礼节为先。谦和恭敬，心平气和。关羽年少时投在刘备麾下，侍立终日，为刘备周旋，不避艰险。单刀赴会，以理服人。史家称，"羽善待卒伍，而骄于士大夫"。有浓厚的平民情结。

廉，廉者清欲。不奢望，不巧取。声色不迷，严以待己。挂印封金，心洁磊落。秉承远古贤皇轩辕黄帝思想，创造性地提出声禁重，色禁重，衣禁重，香禁重，室禁重，味禁重。约束部下，约束家庭成员，率先垂范。

关公文化八项精髓，是做人治事的利器。宋代大儒张载提出横渠四句：为天地立心，为生民立命，为往圣继绝学，为万世开太平，非关公忠义文化莫属。

三、关公文化的定义

一千八百多年前的关羽，叱咤风云，魏、蜀汉、吴三方数十位一流上将中，关羽可谓独领风骚，精忠报国，千古雄杰，传播久远，精神不倒。

一般讲，文化的定义是很抽象的。关羽因复杂的社会原因及中华传统文化的交互作用，在很多方面都产生巨大而深刻的影响。主要涉及历史地理、风土人情、传统习俗、生活方式、文学艺术、行为规范、思维方式。概括之：附着在历史人物关羽身上，又生发到社会有关领域的历史追寻、精神寄托、文化传承、价值取向、人格崇拜、审美情趣、理论探究、社会影响等现象的总和。

关公文化也有逆流、暗礁，主要是强加在关羽身上、与关公精神不相符的虚妄荒谬内容，以及歪曲关公精神，服务于个人或小集团私欲的语言及事迹，应当加以甄别，予以扬弃。

四、关公文化的三大魅力

关公文化虽然跨越诸多领域，其本质是关公人格和关公精神。历史上的关羽为什么受到如此众多民众的崇尚，甚至封建帝王都带头顶礼膜拜，为世代人们所仰慕。关羽身上具有三大魅力：

人格魅力

人格魅力具有磁石功能，就是对外界的巨大影响和辐射力，有天然的吸附力，突出表现为品格上的伟大崇高。历史上的关羽，所思所念，以国家为大为重。名利不能动其心，美色不能惑其志。曹操百般挽留终不留，孙权威逼利诱面不改色，对人主也敢坦露胸襟。蔑视权贵有傲骨，像泰山北斗，傲立苍穹。

人性魅力

人性是人格的基础。关羽最大的特点是善良和正义。恪守君臣之义，忠诚于东汉大一统社会；恪守朋友之义，相厮相守，如父兄，如兄弟。恪守人间之义，打抱不平，杀贪官，讨奸佞。以正义为立身之本，以追逐正义为全身之责，无论大江南北战马嘶鸣，还是黄河两岸刀光剑影，都浓缩着关公的义胆风姿。

人生魅力

关羽的一生是光彩照人的一生，一生一世都把忠正作为座右铭。无论环境多么险恶，战事多么残酷，前途多么黯淡，匡扶汉室的目标不改变。一千八百多年来，关羽为国为民、舍身舍家的伟大境界鼓励后代前赴后继。从上至高居庙堂的帝王将相，下到庶民百姓；从舞文弄墨的文人学士，到舞枪弄棒的草莽英雄；从勾栏瓦肆的艺人，到梨园演出的戏剧名伶；乃至远避尘世的僧尼道姑，都虔诚地拜服。由充满悲剧色彩的人间英雄，变为万众礼拜的神圣偶像。在一些信众心目中甚至视为神灵，中华民族五千多年历史上，唯关羽一人而已。

五、关公文化的五大价值

中华民族以崭新的姿态屹立于世界东方后，就遭到西方某些霸权霸道国家的欺凌打压，特别是改革开放加快了民族复兴的脚步，中国崛起势不可当。国际上反华仇华势力穷凶极恶，围堵中国的每一个胜利。我们国家正处于百年之大变局的关口，社会制度的冲撞，意识形态的矛盾，国际体制中强权和多元的矛盾，富和穷的矛盾，交织在一起，为我国发展提供了机遇，也遍布陷阱和各种压力。增强向心力，重塑人格国格势在必行。可以讲，经过一千八百多年传承和发展，关羽的个人形象逐渐演变为关公文化，不但融入了中华五千多年精神、情趣、道德的基因，成为中华民族不屈不挠、垦屯大自然、搏击人间风云精神的重要构成，影响着当今的价值尺度，凝聚着全球华人的向往。

圣贤价值

关羽生前为侯，死后为帝为圣，其墓称关陵、关林。皇帝之墓称陵，圣人之墓为林。就总体而言，关公文化是雅俗共赏的文化；就本质而言，是高雅高尚的圣贤文化。

历史上的关羽是一位圣贤大德之人。《三国志·魏书·武帝纪》注引《献帝传》："大圣以功德为高美，以忠和为典训。"孔子被尊为文圣，源于其学说为朝野信服，对中华文化有奠基作用；关羽被尊为武圣，则是其所作所为所论所指高标独树。历史上记载关羽的语言仅八处：

（在曹营与张辽对话），"吾极知曹公待我厚，然吾受刘将军厚恩，誓以共死，不可背之。吾终不留，吾要当立效以报曹公乃去"。

（当阳之战后，关羽与刘备在船上飘摇江渚，二人对话），"往日猎中，若从羽言，可无今日之困"。

（刘备为汉中王后，派州前部司马费诗拜关羽为前将军，愤老将黄忠同列），"大丈夫终不与老兵同列"！

（关羽单刀赴会，与鲁肃讲），"乌林之役，左将军身在行间，寝不脱介，勠力破魏，岂得徒劳，无一块壤？而足下来，欲收地邪"？

（关羽北征出军包围樊城，梦猪噬其足，与关平讲），"吾今年衰矣，然不得还"。

（关羽率军北伐，糜芳、士仁负责提供军资，不悉相救），"还，当治之"。

（水淹七军后，孙权演尽了阴谋诡计，派使臣要求帮助而淹迟），"貉子敢尔，如使樊城拔，吾不能灭汝邪"！

（徐晃与关羽开战前对话，徐晃突然下马宣令取关云长头赏金千金），"大兄！是何言邪"？

这些语言及史料记载关羽的上百个典型细节，体现了关羽的古今大英雄本色。关羽的价值观、胸襟，不为世俗所左右，与儒学崇尚的上古大贤们心相系，理相连，情相牵，为万民所敬仰。关羽是一位起于阡陌的农民，受过典型的儒家思想教育，用一生书写天下为公，在上古圣贤和《春秋》等五经熏陶中成长，也受仁君雄杰刘备感染，才成就了关羽圣贤的伟大人生。

民族信仰价值

关公信仰现象为中华民族所独有，由历史文化演进形成民族品牌，表明中华民族对关公的认可。当代著名学者苏叔阳先生为保定关帝庙题词："关公信仰文化是中华民族忠勇品格的传承和发扬光大。向以忠勇品德视为群体品德首位的保定人理应站在前列。"这种信仰主要表现在两方面：

庙宇的神奇力量。明、清时，关公庙宇遍布城乡。上至皇帝，下至臣民，聚会观瞻，顶礼膜拜。朝廷的祭祀制度化，主要庙宇的祭典，达到国家标准，形成了一整套规范。明清两朝，每年农历五月十三、九月十三祭祀关帝。清咸丰时，将关帝祀典升为中祀，乐用六成，舞用八佾，享受与文昌帝君相同的祭祀礼遇。咸丰还诏准关帝祀典行三跪九叩礼，并亲自到关帝庙祭拜，使清代对关羽祭祀礼典达到有史以来的最高规格。

民间对关公的崇拜，深入人心。适应易货贸易的需要，明清以前就有走南闯北的商队，传播关公忠义诚信精神，清代达到高峰。各地商帮建起了各种会馆，拜关公，企求保平安，交好运；南方许多家庭、经商场所供奉关公像；清代民国期间唱关公戏，演员的着装、坐姿、舞台形象都有严格要求；关公还成为许多行业的保护神；各地关庙虽然经过若干次运动遭到损坏，关公受崇敬的心灵仍然在一定人群中根深蒂固。许多电影、电视剧喜欢用关帝形象与某些情节相联系；民间的关公信仰使人们有敬畏感，自觉约束自己，不离经叛道。关公文化淡漠的地方，传统观念缺失，伤天害理的事屡屡发生，搅乱了人们的思想，社会关系、人际关系遭到蹂躏，这就是信仰的力量与抛弃信仰的重要区别。

道德价值

道德是形而上的意识形态和行动规范，起着调节社会关系的作用。关公是高尚道德的典范，他处世以善为基，以和为纲，以仁为念，以侠为用。

关羽的一生与他融入的蜀汉集团的追逐目标是一致的。寄希望于恢复大汉王朝的一统天下，寄希望于大汉的繁华盛世。他不同意东汉末年宦官的苟苟且且，不同意贪官污吏的巧取豪夺。从这个意义上讲，关羽是大汉政权的捍卫者，而且至死不悔，并走到生命的终点。

善良是关羽的禀赋，从不欺人、不害人。至公至正处理问题是其出发点，而且做到极致。在荆州大战后期，面对曹孙两大集团的围追堵截，面对部下依依不舍荆州家乡的思想感情，不是采取军纪高压手段，而是解散部队，让部下回荆州与家人团聚。以和为纲。对待东吴始终不采取战争的方式，形成湘水协议，尽力维护同盟关系。以仁为念。俘获曹魏七军三万人，从没有杀戮。以侠为用。更多的典型说明关羽是一位顶天立地的侠士。在曹营还敢说终不留，将生死置之度外。

纵观社会发展，仁人志士都是以修身为尽职的前提。关羽的修身从自身做起，从家庭做起。尽管在战争中关羽戎马倥偬，把《春秋》作为经典，常读常新，教育子女要"读好书，说好话，行好事，做好人"。

精神价值

历史上的关羽及崇祀中的关公、关帝，其伟大风范是一致的。是立体的，多方面的。诸如，忧国忘家，一诺千金，不屈不挠，手不释卷，刚烈果敢，以义为天，直率坦荡，严于律己，匡国救民，鞭挞邪恶，建功立业，等等，无论何等职业，无论高低贵贱，对关公文化的本质形成共识的还是大丈夫精神和忠义精神。

1. 大丈夫精神

孟子率先提出大丈夫的概念。《孟子·滕文公》载，"居天下之广居，立天下之正位，行天下之大道；得志，与民由之；不得志，独行其道。富贵不能淫，贫贱不能移，威武不能屈。此之谓大丈夫。

刘备、周瑜也都以大丈夫自许。纵观中华古代史，仁人志士众多，坚持正道，做到大丈夫三条的唯有关羽。

关羽在家乡为义而动，杀了欺男霸女的恶霸，亡命天涯，可谓颠沛流离，穷困潦倒，但儒学的家国情怀不能丢，公元183年与刘备、张飞桃园结盟，立下上报国家下安黎庶的誓言，此为贫贱不能移。公元200年，曹操攻占小沛、彭城、下邳，刘、关、张失散，关羽为保护刘备二位夫人，暂羁旅曹营，从关羽与张辽对话中说"终不留"原意来看，关羽肯定不是降曹，而是有条件地入曹营。曹操为笼络关羽，赏赐有加；关羽斩颜良后，重加赏赐，封汉寿亭侯。关羽仍不忘初心，不忘故主，千里走单骑寻找刘备。此为富贵不能淫。公元219年至220年，关羽北征，势如破竹，水淹曹魏七军，俘于禁、围曹仁、斩庞德，威震华夏之际，内部糜芳、士仁、潘濬叛变投敌，盟友孙吴倾全国之力偷袭，落井下石，关羽败走麦城，夹石遇伏，章乡蒙难。此为威武不能屈。历史上的仁人志士遭遇如此险恶环境的也可能有，关羽遭遇的是三次劫难，都与正义有关，与生死攸关。中国古代历史上以大丈夫自许，在生与死抉择面前，关羽无愧顶天立地的伟丈夫、真豪杰。

2. 忠义精神

忠义是关羽身上一切优秀思想的核心，也是被后世称为关公、关帝、关圣的主要精神支柱。何为忠？《说文·心部》称："忠，敬也，尽心曰忠。"《广韵·东韵》释为："忠，无私也。"曾子曰："忠者，心无二心，意无二意之谓也。"何谓义？义者利人，即人间之正道。忠义一词意为：注重公利，耻于私蔽；守身为大，公私分明；忠勤国事，浩然正气。这种精神包括两个方面：一是自身有强大的正能量。"苟非吾之所有，虽一毫而莫取。"古人贤达之士不饮盗泉之水，不受嗟来之食。关羽挂印封金是最好的注脚。二是忠诚国事，忠无二心。孔子提倡每日"三省吾身"，其中之一即对朋友谋而不忠乎。引申到对国家就是于国于民而义无反顾。关羽四十年奋斗生涯成就了忠义侯的美誉。

国际价值

凡是有华人的地方就有关帝庙，就有浓厚的关帝信仰、崇拜。华人在海外心系祖国，把拜关公作为忠于祖国的寄托，关公成为祖国的替身。海外关庙成为中华民族在海外的标志。关公成为经久不衰的一面旗帜。引导海外华人创业，融入住在国社会经济生活中，传播中华友谊，提高中华民族国际影响力。

据有关资料，世界上一百多个国家和地区有关帝庙一千余座，几千万海外华人无不崇拜他、敬奉他。逢年过节，华侨都要聚会，举行隆重的庆典活动。世界各国的华人还会在驻在国创建武馆，安置关帝像，招收洋徒弟；一些国家还建立了关公文化研究组织，定期开展祭祀活动。海内外关公文化的活动，相互促进，有力推动了各国人民的交往，有力促进了人类命运共同体建设和"一带一路"建设，推动了以贤德忠义为核心的中华文化在海外的传播。

经过一千八百多年的传承与发展，关公文化不仅融入了中华儿女的精神基因，成为中华民族精神品格的重要构成，而且影响力扩展到全世界，集合着全球华人的文化认同、情感认同、民族认同和国家认同。新的征程上，我们要深入挖掘关公文化的时代价值，弘扬中华优秀传统文化，践行社会主义核心价值观，为建设中华民族共有精神家园和中华民族现代文明贡献力量。

附录一

东汉桓、灵、献三帝及三国大事表（146—223年）

公元 146 年，丙戌年，桓帝本初元年

△ 闰六月甲申，九岁汉质帝刘缵被梁冀毒杀。是月戊子，十五岁刘志继位，是为桓帝。刘志祖父河间孝王刘开、父蠡吾侯刘翼。梁太后仍临朝听政。

△ 冬十月，桓帝尊母亲匽明博园贵人。

公元 150 年，庚寅年，和平元年

△ 春正月，梁太后将朝政大权归还桓帝。

△ 五月，桓帝尊母博园贵人为孝崇皇后。

公元 151 年，辛卯年，元嘉元年

△ 大将军梁冀入朝不趋，剑履上殿，谒赞不名，礼仪比萧何。

公元 152 年，壬辰年，元嘉二年

△ 四月甲辰，桓帝母孝崇皇后匽明去世，五月辛卯葬博陵。

公元 153 年，癸巳年，永兴元年

△ 秋七月，三十二郡国蝗灾。黄河水溢。百姓饥穷，流冗道路，达数十万户，冀州尤甚。

公元 155 年，乙未年，永寿元年

△ 曹操出生。

△ 二月，司隶、冀州闹饥荒，人相食。

公元 156 年，丙申年，永寿二年

△ 孙坚出生。

公元 159 年，己亥年，延熹二年

△ 八月，诏司隶校尉张彪将兵围梁冀弟，收大将军印绶。梁冀与妻自杀，宗亲数十人伏诛。

△ 八月，封宦官单超等五人为侯。

公元 160 年，庚子年，延熹三年

△ 长沙、太山、琅琊、日南、武陵农民暴动，被击破；烧何羌、勒姐羌扰边。

△ 关羽出生。

公元 161 年，辛丑年，延熹四年

△ 拍卖关内侯、虎贲、羽林、缇骑、营士、五大夫爵位，价钱不等。

△ 刘备出生。

公元 162 年，壬寅年，延熹五年

△ 长沙、零陵、艾县、武陵农民暴动；沈氏羌、鸟吾羌、滇那羌扰边。

公元 165 年，乙巳年，延熹八年

△ 勃海盖登暴动，称"太上皇帝"，被讨平。

公元 166 年，丙午年，延熹九年

△ 宦官教善风角张成弟子牢修上书，以"养太学游士，交结诸郡生徒，更相驱驰，共为
部党，诽讪朝廷，疑乱风俗"为由，攻击清流派李膺等。桓帝震怒，下膺等黄门北寺
狱，事涉二百余人，史称第一次党锢之祸。

△ 司隶、豫州饥荒，死者十分之四五，至有灭户者。

公元 167 年，丁未年，延熹十年，永康元年

△ 六月，大赦天下，解除党锢，改元永康。十二月丁丑，桓帝崩，年三十六岁。窦太后
临朝。

公元 168 年，戊申年，灵帝建宁元年

△ 正月，皇太后窦妙与父城门校尉窦武定策禁中，迎立桓帝堂侄、解渎亭侯刘宏继位，
是为灵帝，时年十二岁。九月，中常侍曹节等矫诏诛杀太傅陈蕃、大将军窦武，皇太
后迁于南宫。
自公卿以下尝为蕃、武所举者及门生故吏，皆免官禁锢。

公元 169 年，己酉年，建宁二年

△ 四月，皇帝御座上发现一条毒蛇，出现大风雨，皇帝下诏讨论灾异出现的原因。

△ 十月，长乐少府李膺、太仆杜密、司隶校尉朱宇等被下狱，死者百余人，连及五族。
史称第二次党锢之祸。

公元 172 年，壬子年，建宁五年，熹平元年

△ 六月，有人在朱雀门贴传单，指斥宦官幽禁谋杀了窦太后。灵帝诏司隶校尉段颎追
查，捕太学诸生千余人。史称第三次党锢之祸。

△ 十一月，会稽许昭聚众自称大将军，立父许生为越王，攻破郡县。

公元 174 年，甲寅年，熹平三年

△ 曹操举孝廉，为郎，任洛阳北部尉，迁顿丘令。

△ 孙坚以会稽郡司马助扬州刺史臧旻、丹阳太守陈寅击破许生，被任为盐渎丞。

公元 175 年，乙卯年，熹平四年

△ 卢植以文武双全拜九江太守。

公元 176 年，丙辰年，熹平五年

△ 闰五月，永昌太守曹鸾上奏章请求解除党锢，被弃市。灵帝下诏，党人门生、故吏、
父兄、子弟在位者，皆免官禁锢。史称第四次党锢之祸。

公元 178 年，戊午年，熹平七年，光和元年

△ 设置鸿都门学校。

△ 初开西邸卖官，二千石的官卖二千万钱，四百石四百万；私令左右卖公卿，公千万，
卿五百万。于西园立库以贮之。

公元 179 年，己未年，光和二年

△ 上禄县长和海上奏章，党锢连及五族，有背典训。灵帝下诏大赦天下，解除党锢。

公元 181 年，辛酉年，光和四年

△ 灵帝命后宫修建商业店铺。宫女在后宫做买卖。又于西园玩狗。驾驴车游玩，京师广
为效仿。

公元 182 年，壬戌年，光和五年

△ 曹操征拜议郎。

△ 八月，建起四百尺的楼观。

公元 183 年，癸亥年，光和六年

△ 三月二十三日，刘备、关羽、张飞桃园结盟。

公元 184 年，甲子年，光和七年，中平元年

△ 二月，黄巾军张角起义，天下骚动。十一月，金城人边章、韩遂杀太守，率先零羌
反。朝廷遣北中郎将卢植讨张角，左中郎将皇甫嵩、右中郎将朱俊讨颍川黄巾。

△ 六月，卢植破黄巾，围张角于广宗，因宦官诬奏，抵罪。遣中郎将董卓攻张角，不克。

△ 冬十月，皇甫嵩与黄巾军战于广宗，获张梁，时张角已死，戮其首，以皇甫嵩为左车
骑将军。十一月皇甫嵩又破黄巾于下曲阳，斩张宝。朱俊拔宛城，斩黄巾别帅孙夏。

△ 曹操以骑都尉讨颍川黄巾有功，迁济南相。

△ 刘备以讨黄巾有功除安喜县尉。

△ 朱俊表孙坚为佐军司马，从讨黄巾，以功拜别部司马。

公元 185 年，乙丑年，中平二年

△ 二月，博陵张牛角等十余辈并起。

△ 封宦官张让等十二人为列侯。

△ 北宫伯玉、边章、韩遂等寇三辅，遣左车骑将军皇甫嵩讨之，不克。秋七月，免皇甫
嵩；八月以司空张温为车骑将军，讨北宫伯玉等。十一月，张温破北宫伯玉于美阳。
又遣中郎将董卓讨先零羌，不克。

△ 造万金堂于西园。

公元186年，丙寅年，中平三年

△ 复修玉堂殿，铸铜人、黄钟等。

△ 长沙区星暴动；以议郎孙坚为长沙太守，讨平区星。

公元187年，丁卯年，中平四年

△ 四月，凉州刺史耿鄙讨韩遂，兵败，耿鄙司马扶风人马腾叛，寇三辅。韩遂包围汉
　阳，傅干之父、汉阳太守傅燮与韩遂交战，傅燮战死。六月，渔阳人张纯与同郡张举
　举兵反。

△ 刘备、关羽、张飞参加讨张纯。

△ 十月，孙坚讨斩零陵人观鹄，录前功，封乌程侯。

△ 十一月，太尉崔烈罢，曹操父大司农曹嵩给西园送钱一万亿，为太尉。

△ 是岁，卖关内侯，假金印紫绶，传世，入钱五百万。

公元188年，戊辰年，中平五年

△ 八月，置西园八校尉。以虎贲中郎将袁绍为中军校尉，以曹操为典军校尉。

△ 九月，遣中郎将孟益率骑都尉公孙瓒讨张纯。十一月，公孙瓒与张纯大战于石门，大
　破之。

△ 是岁改刺史置州牧。以刘虞为幽州牧，刘焉为益州牧，黄琬为豫州牧。

公元189年，己巳年，灵帝中平六年；少帝光熹元年，昭宁元年；献帝永汉元年

△ 二月，左将军皇甫嵩大破王国于陈仓。

△ 三月，幽州牧刘虞购斩张纯。

△ 四月丙辰，汉灵帝崩于南宫嘉德殿，年三十四岁。戊午，刘辩即位，年十七岁，何太
　后临朝，改元光熹。大将军何进秉政，杀上军校尉蹇硕，并谋诛宦官，何太后不听。

△ 八月戊辰，中常侍张让、段珪等杀大将军何进。于是虎贲中郎将袁术、司隶校尉袁绍
　捕宦官，无少长皆斩之。张让、段珪劫少帝走小平津。辛未还宫，改光熹为昭宁。

△ 九月甲戌，董卓废帝为弘农王。刘协即位，年九岁，改昭宁为永汉。丙子，董卓杀皇
　太后何氏。十一月癸酉，董卓自为相国。以公孙度为辽东太守。袁绍奔冀州，诏拜为
　勃海太守。袁术奔南阳。

△ 三月，刘备与毋丘毅去丹阳募兵。刘备因讨黄巾余部有功，先后任下密丞、高唐尉、
　高唐县令。

△ 九月，曹操变易姓名东归，散家财，合义兵。十二月，起兵讨董卓。

公元190年，庚午年，初平元年

△ 正月，山东州郡起兵讨董卓，计有后将军袁术、冀州牧韩馥、豫州刺史孔伷、兖州刺
　史刘岱、河内太守王匡、勃海太守袁绍、陈留太守张邈、东郡太守桥瑁、山阳太守袁
　遗、济北相鲍信、行奋武将军曹操、长沙太守孙坚、广陵太守张超、青州刺史焦和

等，推袁绍为盟主。董卓杀弘农王。二月，劫帝迁长安，自留洛阳阻击义军。是岁，辽东太守公孙度自为平州牧。刘焉使张鲁杀汉中太守，断斜谷道。

△ 是岁，孙坚举兵讨董卓，杀荆州刺史王叡、南阳太守张咨，到鲁阳投袁术，术表孙坚为破虏将军、豫州刺史。朝廷以刘表为荆州刺史。

△ 是岁，高唐县令刘备起兵讨董卓。

△ 三月，讨董卓联盟散，军阀混战开始。

公元 191 年，辛未年，初平二年

△ 二月，孙坚大败董卓部将胡轸于阳人。四月，董卓火烧洛阳，发掘洛阳诸陵，入长安。孙坚遂至洛阳，平塞董卓所发掘诸陵，还军鲁阳。又为袁术击刘表，败殁。

△ 六月，刘备在高唐县为黄巾军所破，奔公孙瓒，参与击败冀州牧韩馥，公孙瓒表其为别部司马。与青州刺史田楷拒袁绍，数有战功，守平原令。十一月，参与东光之战，刘备领平原相，关羽、张飞为别部司马。

△ 七月，袁绍胁韩馥取冀州。十一月，公孙瓒破青州黄巾于东光，拜奋武将军，封蓟侯，屯军盘河。

△ 七月，曹操击破黑山诸头目于濮阳，袁绍表其为东郡太守。

公元 192 年，壬申年，初平三年

△ 正月，袁绍败公孙瓒于界桥。夏，公孙瓒与袁绍战于龙凑，公孙瓒复败。秋，公孙瓒率刘备步骑三万追击袁绍将崔巨业于拒马水，大破其众。后刘、关、张驻泰山。四月二十三日，司徒王允与吕布诛董卓。韩遂、马腾降；六月一日，董卓将李傕、郭汜、樊稠、张济等反，攻陷长安。杀死王允，吕布败，逃出武乡，先后投袁术、袁绍。九月，李傕、张济自封为将军。

△ 四月，黄巾军杀兖州刺史刘岱、济北相鲍信，曹操击破之，降卒三十万，收其精锐者，号为青州兵。

△ 十月，刘表为荆州牧。

公元 193 年，癸酉年，初平四年

△ 袁术令孙坚攻刘表，正月七日，孙坚为黄祖士兵射杀。

△ 三月，曹操与袁绍合击袁术于陈留，大破之，术奔九江，杀扬州刺史陈温，遂据淮南。十月，公孙瓒杀幽州牧刘虞。

△ 陶谦会合阙宣取泰山郡华县、费县、任城，陶谦部下杀死曹操父亲曹嵩。秋，曹操第一次征陶谦，下十余城，陶谦走保郯城。

△ 刘、关、张与青州刺史田楷，在高唐、泰山一带与袁谭相拒。

公元 194 年，甲戌年，兴平元年

△ 春二月，刘备与田楷救陶谦，陶谦增派四千丹阳兵给刘备。刘备离开田楷归陶谦。陶谦表刘备为豫州牧，屯小沛。曹操攻郯城不下，引兵还鄄。

△ 三月，韩遂、马腾与郭汜、樊稠战于长平观，韩遂、马腾战败。七月，益州牧刘焉卒，其子刘璋袭位，张鲁遂据汉中。

△ 四月，曹操第二次征陶谦，拔五城，略地东至海。回兵过郯。陶谦部将曹豹与刘备屯郯东，拦击曹操。陈留太守张邈、曹大将陈宫及邈弟广陵太守张超等以兖州叛曹拥立吕布。曹操回师，与吕布在濮阳相持百余日，各散去。九月，回鄄城。时唯范、东阿、鄄城为曹所有，余皆属吕布。

△ 十二月，徐州刺史陶谦卒，州人迎刘备兼领徐州。

△ 孙策从袁术，术表请为怀义校尉，以孙坚部曲还之。遂渡江，击败刘繇于曲阿，孙策定江东。

公元 195 年，乙亥年，兴平二年

△ 二月，李傕、郭汜相攻，张济自陕来和解。七月，献帝车驾东归。其冬，车驾被李傕等追于曹阳；十二月，渡河幸安邑。是岁，袁绍为后将军，其将麴义与刘虞子刘和、乌桓峭王联合大破公孙瓒于鲍丘。

△ 四月，曹操击吕布于定陶，破之。吕布投奔刘备。备使布屯下邳之西。张邈留弟超将家属保雍丘。十月，拜曹操兖州牧。十二月，曹军击溃雍丘，超自杀。夷邈三族。张邈往淮南袁术处求救，为其众所杀。兖州平。

△ 东郡太守臧洪与张超有旧，向袁绍请兵不许，叛绍。绍围攻一年，杀臧洪。

公元 196 年，丙子年，建安元年

△ 七月，献帝到洛阳。张济自关中走南阳，攻穰县时为流矢所中死，其从子张绣统其众。

△ 二月，曹操击破汝南、颍川黄巾军何仪、刘辟等。七月，曹操到洛阳，驱走杨奉、韩暹，假节钺，录尚书事。八月迁都许昌，献帝以曹操为大司空行车骑将军，曹自为大将军，百官总已以听，始用韩浩议兴屯田。

△ 袁术派纪灵第一次征刘备，刘备留张飞守下邳，自带关羽等拒袁术军于盱眙、淮阴。曹表刘备为镇东将军，封宜城亭侯。吕布受袁术挑动袭取下邳，自为徐州刺史。刘备等转屯海西，旋求和于吕布，屯小沛。其间斩杨奉、韩暹。

△ 七月，孙策入会稽，太守王朗降，孙策遂领会稽太守。

公元 197 年，丁丑年，建安二年

△ 春，袁术称帝于寿春，攻吕布，被击败。袁绍自为大将军。

△ 正月，曹操征张绣，兵败淯水，丧长子曹昂及侄曹安民、大将典韦。九月，击袁术斩桥蕤于蕲阳，袁术走渡淮。

△ 刘备屯小沛，复合兵得万余人。吕布第二次攻刘备，刘备败投曹操，曹表其为豫州牧。还击吕布。

公元 198 年，戊寅年，建安三年

△ 将军段煨讨李傕，诛之，夷三族。袁绍击公孙瓒，破之。

△ 三月，曹操围张绣于穰，刘表救张绣。七月，还许。八月，布遣高顺攻刘备，夏侯惇救，亦败。九月，与刘备联合东征吕布，十二月二十四日，吕布降，杀之，遂定徐州。刘备被朝廷任为左将军，关羽、张飞为中郎将。

公元 199 年，己卯年，建安四年

△ 三月，袁绍破公孙瓒于易京，瓒自杀。袁绍出长子袁谭领青州，中子熙于幽州，甥高干于并州，将进攻许昌。

△ 四月，曹操斩眭固，以魏仲为河内太守。九月，分兵守官渡。十一月，张绣降。是岁庐江太守刘勋来降。

△ 是岁，刘备与董承受帝衣带密诏讨曹操。五月，曹操遣刘备截击袁术，袁术还走寿春死。刘备、关羽、张飞袭取徐州，打出反曹旗帜。

△ 孙策击破刘表将黄祖于沙羡，六月，遣张纮入贡，朝廷以孙策为讨逆将军，封吴侯。袭庐江拔之，太守刘勋奔许昌。

公元 200 年，庚辰年，建安五年

△ 正月，曹操杀董承，遂东击破刘备，刘备奔袁绍，张飞奔汝南，关羽诈降曹操。五月，曹操还军官渡，关羽斩颜良、文丑。七月，关羽归刘备。八月，袁绍进军官渡，求助于刘表，表不至。十月，击破袁绍，以刘馥为扬州刺史。

△ 七月，袁绍遣刘备略汝南，郡人龚都等依附之。关羽、张飞等归刘备。

△ 孙策闻曹操与袁绍相持，谋袭许昌，未发，被刺杀。孙权统领江东。

△ 是岁刘表平长沙、零陵、桂阳三郡。

公元 201 年，辛巳年，建安六年

△ 袁绍军屯仓亭，四月，曹操击破袁绍仓亭军。遂击刘备于汝南，刘备奔投刘表。刘表益刘备兵，使屯新野。

公元 202 年，壬午年，建安七年

△ 五月，袁绍卒，少子袁尚自领冀州牧，与兄袁谭屯黎阳。九月，曹操击败袁尚、袁谭于黎阳，谭、尚固守。

公元 203 年，癸未年，建安八年

△ 春三月，袁谭、袁尚为曹操击破于黎阳，夜遁退守邺。曹操五月还许，秋，谭、尚争冀州，谭败，保平原。求救于曹操。曹操救袁谭。

△ 八月，曹操佯征刘表，军至西平。

△ 孙权征黄祖于江夏，破其舟军。

公元 204 年，甲申年，建安九年

△ 四月，曹操围邺城，七月击败袁尚，入邺，领冀州牧。袁尚走中山。袁谭攻之，又走故安。十二月，曹操征袁谭。

△ 公孙度卒，子康嗣。

公元 205 年，乙酉年，建安十年

△ 正月，袁尚、袁熙为其将焦触、张南所攻，奔辽西乌丸。焦触据幽州，归曹操。

△ 正月，曹操破斩袁谭于南皮。四月，黑山张燕率众降曹操。

公元 206 年，丙戌年，建安十一年

△ 七月，武威太守张猛杀雍州刺史邯郸商。是岁，齐、北海、阜陵、下邳、常山、甘陵、济北、平原八国皆除，地归曹操。

△ 三月，曹操破高干于并州。

△ 刘表部将黄祖遣将袭入柴桑，周瑜破擒之。

公元 207 年，丁亥年，建安十二年

△ 五月，曹操征乌桓，八月破之柳城，斩蹋顿。

△ 十月，黄巾军余部杀济南王刘赟。十一月，辽东太守公孙度杀袁尚、袁熙，送首于曹操。

△ 刘备说刘表袭许昌，表不能用。刘备、关羽、张飞见诸葛亮于隆中。

公元 208 年，戊子年，建安十三年

△ 六月，罢三公官，曹操自为丞相。七月，征刘表，八月刘表卒，次子琮降曹操。十月，征孙权。

△ 刘备败逃，遣孔明结好于孙权。

△ 十二月，刘备与周瑜败曹操于赤壁。曹使曹仁、徐晃守南郡，曹操还许昌。刘备、周瑜围南郡。

△ 十二月，赤壁战后，孙权围合肥。刘备征武陵、长沙、桂阳、零陵四郡，遂有江南诸郡。

公元 209 年，己丑年，建安十四年

△ 七月，曹操驻军合肥，置扬州郡县长吏，开芍陂屯田。十二月还谯，遣夏侯渊击庐江雷绪。

△ 关羽绝江陵北道。益州牧刘璋来通好致兵。刘琦死，群下推刘备为荆州牧，治公安。庐江营帅雷绪率部曲数万口归刘备。周瑜分长江以南地区给刘备。孙权以妹妻刘备，以固同盟。

△ 周瑜取南郡。孙权由吴徙治京。

公元 210 年，庚寅年，建安十五年

△ 曹操修铜雀台。

△ 吴江陵守将周瑜卒，鲁肃代周瑜领兵，退屯陆口。

△ 交州来附，孙权以步骘为交州刺史。

△ 太原商曜据大陵，徐晃讨斩之。

公元 211 年，辛卯年，建安十六年

△ 韩遂、马超反。七月，曹操西征。九月，败之渭南，关中平。马超走凉州。十月，曹操自长安西征安定，杨秋降。

△ 孙权自京徙秣陵。迎妹还吴。

△ 刘璋遣使迎刘备。刘备引兵入益州，留诸葛亮、关羽等守荆州，为刘璋讨张鲁，遂至葭萌。

公元 212 年，壬辰年，建安十七年

△ 正月，曹操还邺。五月，诛卫尉马腾，夷三族。十月征孙权。

△ 八月，马超破凉州，杀刺史韦康。

△ 刘备与刘璋构隙，遂据涪城。

△ 孙权闻曹操将来侵，作濡须坞。

公元 213 年，癸巳年，建安十八年

△ 正月，并十四州为九州。曹操征孙权，破其江西营，乃还。五月，曹操自为魏公，加九锡。

△ 孙权、曹操开战，庐江、九江、蕲春、广陵十余万户皆东渡江，江西遂虚，合肥以南唯有皖城。

公元 214 年，甲午年，建安十九年

△ 十一月，曹操杀皇后及皇二子。

△ 南安赵衢、汉阳尹奉击马超，马超奔汉中。夏侯渊屠兴国，复讨斩宋建于枹罕，凉州平。七月，曹操征孙权，至合肥。十月，师还。

△ 四月，刘备进围雒城，庞统被流矢射死。诸葛亮、张飞、赵云等溯江而上分定郡县。关羽留镇荆州。六月，刘备攻破雒城，进围成都。九月，马超来投，刘璋降。刘备自为益州牧。任命诸葛亮为军师将军。

△ 五月，孙权征皖城。闰五月，攻克。冬，孙权夺零陵、长沙、桂阳三郡。

公元 215 年，乙未年，建安二十年

△ 立贵人曹操次女曹节为皇后。七月，曹操征张鲁，至阳平，张鲁降。师还，留夏侯渊镇汉中。孙权攻合肥，被张辽击败。

△ 春，刘备引兵下公安，争三郡。闻曹操将攻汉中，乃与孙权联合。七月，分荆州，南郡、零陵、武陵属蜀，长沙、江夏、桂阳属吴。曹操将张郃入巴中，张飞破之于宕渠瓦口。

△ 八月，孙权征合肥，败，将军陈武战殁。

公元 216 年，丙申年，建安二十一年

△ 四月，曹操自为魏王。七月，南单于来朝。曹操杀琅琊王刘熙，国除。冬，征孙权，次于居巢。

公元 217 年，丁酉年，建安二十二年

△ 正月，曹操军居巢。二月，曹操攻濡须。三月，孙权请降。曹师还，留曹仁、张辽屯居巢。四月，曹操使用皇帝专用的车和礼服，出入像皇帝一样戒严和清道。十月，立世子曹丕为太子。

△ 刘备进兵汉中，曹操派曹洪拒刘备将张飞、马超、吴兰于下辨。

△ 鲁肃卒，吕蒙代之屯陆口。

公元 218 年，戊戌年，建安二十三年

△ 正月，少府耿纪、太医令吉平、丞相司直韦晃起兵讨曹操，失败，被杀。

△ 曹洪破吴兰，三月，张飞、马超退走汉中。

△ 刘备军到阳平关，与夏侯渊、张郃相拒。

△ 曹操七月出发征刘备，九月到长安。

公元 219 年，己亥年，建安二十四年

△ 正月，刘备自阳平南渡沔，营定军山，斩曹守将夏侯渊，遂有汉中。七月，关羽出兵北伐。

△ 三月，曹操到阳平关，刘备据险守。五月，引还。七月，遣于禁助曹仁击关羽。十月，曹回到洛阳，征寿春兵救曹仁。曹操击破关羽游军于摩陂，并驻摩陂指挥南线保卫襄阳、樊城之战。

△ 三月至五月，刘备遣孟达攻房陵，杀房陵太守蒯祺，又派养子、中郎将刘封与孟达会合，攻曹操上庸守将申耽，降之。七月，刘备为汉中王。拔魏延为督，镇汉川。八月，关羽淹曹七军，掳于禁，杀庞德。游骑到郏。取襄阳，围曹仁于樊城。

△ 闰十月，孙权以偏将军右部督陆逊代吕蒙屯陆口，与曹操联络称藩，击关羽。十二月，取荆州，袭杀关羽，吕蒙卒，朱然屯江陵。

公元 220 年，庚子年，建安二十五年；魏黄初元年

△ 正月，到洛阳传关羽首于曹操，曹操死。三月十五日，农历正月二十三日，曹丕继位。十一月，受汉禅，改元黄初，奉汉献帝为山阳公。蜀将孟达降魏。曹荆州刺史夏侯尚破刘备义子刘封于上庸，平三郡九县。

△ 刘封败还成都，刘备数以不救关羽罪，斩之。

公元 221 年，辛丑年，蜀汉章武元年；魏黄初二年

△ 凉州羌大扰，刺史张既击平之。

△ 四月，刘备即皇帝位，改元章武，以诸葛亮为丞相。六月，范强、张达杀张飞，投奔吴。七月，刘备率军伐吴。

△ 四月，孙权自公安都鄂，改名武昌。八月，遣使称臣于魏。

公元 222 年，壬寅年，蜀汉章武二年；魏黄初三年；吴黄武元年

△ 九月，孙权复叛，十月，曹丕征孙权，曹仁破孙权牛渚屯。

△ 二月，刘备进军夷道猇亭。六月，军败，还永安。吴请和，许之。八月，黄权降魏。

△ 六月，孙权将陆逊大破刘备于猇亭，斩首数万。拜陆逊荆州牧。九月，魏攻濡须，围南郡。孙权自为皇帝，改元黄武。

公元 223 年，癸卯年，蜀汉章武三年，建兴元年；魏黄初四年；吴黄武二年

△ 三月，刘备病笃，托孤于丞相诸葛亮。四月，崩于永安宫，刘禅继位，改元建兴。六月，益州郡雍闿等以四郡叛。

△ 六月，吴袭魏蕲春郡，掳太守晋宗归。十一月，蜀使邓芝赴吴续盟。

附录二

关羽年谱（160—220年）

公元160年，庚子，东汉桓帝延熹三年

关羽一岁。

时处东汉末年，朝政动荡。145年，顺帝刘保驾崩，其二岁幼子冲帝刘炳继统未及十月又逝。围绕皇位继承，宫中倾轧十分残酷，大将军梁冀依仗其妹梁太后特殊地位，把持朝政，先册立继而毒杀八岁的质帝刘缵，147年，复册立十五岁的刘志继位，是为桓帝。梁冀专横跋扈引起桓帝不满。159年，桓帝依靠宦官诛杀梁冀一门，多涉牵连。梁冀故吏、宾客被罢黜达三百余人，朝廷为空，由此宦官得势。

长沙（今湖南省东部、南部，广西全境，广东省连州、阳山等地）、零陵（今湖南省永州市零陵区）、武陵（今湖南省常德市西）、九真（今越南清化、河静两省及义安省东部地区）、泰山（今山东省淄博市、长清以南，肥城以东，宁阳、平邑以北，沂源、蒙阴以西地区）等地农民反，被官军讨平。烧当、烧何、当煎、勒姐等八部羌人侵扰陇西、金城塞，被官军击溃后，余部又反，侵犯张掖，被击散。各地农民的反抗，边境少数部族的攻掠，外戚与宦官交互专权及内忧外患加剧了东汉末年军阀割据的形成和东汉王朝走向崩溃。

关羽字长生，后改为云长，蜀汉集团核心成员之一。一生征战，被誉为"万人敌"，对刘备忠贞不贰，特别其忠义品格成为后世楷模。农历六月二十四生于河东郡解县常平乡下封亭宝池里五甲一个有文化教养的殷实小康农家，即今山西省运城市盐湖区常平乡常平村。

祖父关审（90—157），字问之，时已去世；父关毅（？—178），字道远，推测为私塾先生；母亲姓氏不明，在家相夫教子，操持家务。是年关毅年龄在五十岁左右，母亲在四十八岁左右，中年得子，故取字长生。

河东郡在东汉末年属司隶校尉部。关羽故里距西都长安四百里，距东都洛阳三百里，为京畿腹地。

关羽祖宅北邻著名的山西盐池，据实地考察，关羽祖宅就在盐湖南岸堤上，南接中条山麓。这里地处晋西南，北距尧都平阳（今山西省临汾市西南）三百里，距禹都安邑（今山西省夏县西北）七十里，西距舜都蒲坂（今山西省永济市西蒲州镇）一百二十里。上古天下为公的思想、仁义礼智信的儒家伦理及祖父、父亲两辈以《易》《左氏春秋》治家的传统士大夫观念对关羽品格的形成产生了重大影响。

是年曹操六岁。

公元 161 年，辛丑，桓帝延熹四年

关羽二岁。

西部沈氏、烧吾诸羌联合起来侵扰并州、凉州，攻城略地，先后为官军击破。

刘备字玄德，西汉景帝子中山靖王刘胜之后，蜀汉创立者，一生矢志不渝，几乎每战必败，但愈挫愈奋，直至赤壁大战后，先后夺取荆州、益州，成就一番霸业。农历五月十九日生于涿郡涿县郦亭楼桑里（今河北省保定市涿州市松林店镇楼桑村）。考现涿州市松林店镇楼桑村有五个。由西向东一字排开，分别为楼桑庙、泰楼桑、黄楼桑、楼桑铺、楼桑村。五村各相距不远，楼桑村在五村最东边，位于涿州市县城东南十五里处。《三国志·蜀书·先主传》载：东汉末年，"舍东南角篱上有桑树生高五丈余，遥望见童童如小车盖"，故楼桑村亦称大树楼桑。

八月，拍卖关内侯、虎贲、缇骑、营士、五大夫钱不等。所得钱入官库。

公元 162 年，壬寅，桓帝延熹五年

关羽三岁。

长沙、零陵、艾县（今江西省修水县西）农民义军攻入桂阳（今湖南省耒阳市以南耒水、春陵水流域，北至洣水入湘处附近，南到广东省英德市以北的北江流域）、苍梧（今广西壮族自治区梧州市，辖境相当广西都庞岭、大瑶山以东，广东肇庆、罗定以西，湖南江永、江华以南，广西藤县、广东信宜以北）、南海（今广州市，辖境相当今广东瀚江、大罗山以南、珠江三角洲及绥江流域以东），郡守望风而逃。社会动荡不断，酝酿和预示着大的政治风暴的来临。

公元 163 年，癸卯，桓帝延熹六年

关羽四岁。

西部边陲诸羌反益炽，凉州几亡。时宦官得势，内外吏职，多非其人。桓帝采纳司空周景、太尉杨秉奏章，整章理政，一时天下肃然。

公元 164 年，甲辰，桓帝延熹七年

关羽五岁。

桂阳、艾县等地农民暴动被镇压。

张飞字益德，兄事关羽，蜀汉集团核心成员之一，起于草莽，"少与关羽俱事先主"，一生追随刘备，被称为"万人敌"。在蜀汉创国中发挥了重要作用。民间说张飞农历八月二十八出生在涿郡西乡县桃庄（今河北省保定市涿州市桃园街道办事处忠义店村）。桃庄北距涿县城八里，东距刘备故里十里。

公元 165 年，乙巳，桓帝延熹八年

关羽六岁。在父亲教诲下学习。

桓帝刘志恣肆骄奢，多内宠，宫女多至五六千人，供掖庭私役者兼倍于此，朝政日非。荆州兵朱盖等叛，与农民军联手攻桂阳、零陵。

张辽出生。

公元 166 年，丙午，桓帝延熹九年

关羽七岁。读书学习。

"司隶、豫州饥，死者十四五，至有灭户者。"桓帝对宦官的宠信以及宦官们的贪婪残暴引发了统治阶级内部激烈的斗争。代表清流派的世家大族司隶校尉李膺等与太学生郭泰等联合，抨击宦官集团。宦官诬他们诽讪朝廷，疑乱风俗，结为朋党。受宦官迷惑，桓帝诏令捕李膺等二百多名党人，震惊朝野。史称第一次党锢之祸。

公元 167 年，丁未，桓帝延熹十年，永康元年

关羽八岁。读书学习，初涉猎《易》《左氏春秋》等典籍。

诸羌反平定。六月，大赦天下，悉除党锢，改元永康。十二月桓帝崩。皇太后与父城门校尉窦武、中常侍曹节定策禁中，迎河间孝王刘开曾孙解渎亭侯（今河北省保定市安国市东北九里）刘宏继位，是为灵帝，年十二岁。

公元 168 年，戊申，东汉灵帝建宁元年

关羽九岁。进入少年，习农尚武崇文，勤学不辍。

中常侍曹节、王甫弄权。九月，大将军窦武、太傅陈蕃等预谋诛宦官，机谋不密，反被宦官所杀。

卢植，字子干，刘备的恩师，涿郡涿县人，被称为儒学一代宗师。少年师从马融，是年应朝廷诏为博士。

公元 169 年，己酉，灵帝建宁二年

关羽十岁。习农尚武崇文，勤学不辍。

宦官集团利用桓帝新死、新皇即位，操纵皇权，排斥异己，诬秉公执法的张俭、太仆杜密、司隶校尉朱宇、长乐少府李膺等为钩党，百余人皆被杀。因牵连而被杀、流徙、囚禁者达六七百人。史称第二次党锢之祸。宦官从此日盛，群小得志，士大夫皆丧气。

公元 170 元，庚戌，灵帝建宁三年

关羽十一岁。习农尚武崇文，勤学不辍。

公元 171 年，辛亥，灵帝建宁四年

关羽十二岁。习农尚武崇文，勤学不辍。

河东地裂，雨雹，山水暴出。

公元 172 年，壬子，灵帝建宁五年，熹平元年

关羽十三岁。习农尚武崇文，勤学不辍。

十一月，会稽郡乡民许生，起于句章（今浙江省余姚市东南，昔勾践并吴，大事修城以章霸功，故名句章），自称阳明皇帝，与其子许昭联络诸县，众以万人。

公元 173 年，癸丑，灵帝熹平二年

关羽十四岁。习农尚武崇文，勤学不辍。

公元 174 年，甲寅，灵帝熹平三年

关羽十五岁。到解梁城铁匠铺帮工，闲暇去上官里尚武巷习武。

曹操年二十，举孝廉，为郎，又被授予洛阳北部尉，后迁顿丘令。

会稽郡司马孙坚招募精勇千余人，助州郡破会稽农民义军许生，因功被授予盐渎丞（今江苏省盐城市西北），时年十九岁。

公元 175 年，乙卯，灵帝熹平四年

关羽十六岁。在解梁城铁匠铺帮工，闲暇到上官里尚武巷习武。

九江农民暴动，反抗朝廷，四部郡府推荐文武双全的卢植为九江太守，率军镇压农民起义后，因病辞官。刘备游学，与同宗刘德然、辽西公孙瓒俱拜同郡卢植为师，到卢植隐居地缑氏山（今河南省洛阳市偃师区东）中学文习武。

孙策、周瑜出生。

公元 176 年，丙辰，灵帝熹平五年

关羽十七岁。在解梁城铁匠铺帮工，闲暇到上官里尚武巷习武。

以贤臣雅士为代表的清流派与宦官势力为代表的浊流派的斗争，得到洛阳三万太学生的支持，宦官们又兴起以打击太学生为对象的党锢之狱，捕太学生千余人。闰五月，灵帝在宦官挟制下，又诏令凡"党人"门生故吏、父子兄弟，都免官禁锢，并连及五族，史称第三次党锢之祸。九江一带农民复反，朝廷复拜卢植为庐江太守。

刘备游学，拜乐隐为师，与牵招结为异姓兄弟。

法正出生。

马超出生。

公元 177 年，丁巳，灵帝熹平六年

关羽十八岁。长成，身材高大魁伟，面有七痣。娶解县湖村胡斌之女胡金婵为妻。

卢植因功被拜为议郎，转侍中，旋迁为尚书。

公元 178 年，戊午，灵帝熹平七年，灵帝光和元年

关羽十九岁。四方寻师习武。

朝政不堪一日，公开卖官鬻爵。《山阳公载记》《资治通鉴》载："是岁，初开西邸卖官，入钱各有差；二千石二千万，四百石四百万，其以德次应选者半之，或三分之一，于西园立库以贮之。""又私令左右卖公卿，公千万，卿五百万。"

吕蒙出生。

公元 179 年，己未，灵帝光和二年

关羽二十岁。疾恶如仇，秉持正义，义杀七贵，杀恶霸吕熊等七户家小数十口人。关羽惊天义举波及同族同宗，关氏亲族躲灾避难，远去他乡。父亲关毅及母亲因年迈出逃不便，官府逼迫，无奈之下，双双投家井身亡。关羽得知，推墙掩井，安葬父母后出逃。妻胡金婵已孕，避难隐居母家。

时宦官王甫、曹节弄权，二人父兄、子弟为卿、校、牧、守、长者布满天下，所在贪暴。在忠正大臣揭露下，王甫下狱死。桓帝在曹节迷惑下，又诛杀耿介忠直朝臣数名，政治愈黑暗。

司马懿出生，庞统出生。

公元 180 元，庚申，灵帝光和三年

关羽二十一岁。逃亡，过蒲津关，渡过黄河，易名关云长。又从禹门渡（今山西省河津市与陕西省韩城市之间），返回河东，迤逦东行。长子关平出生。随母胡金婵隐居湖

村及中条山麓。

朝廷诏公卿推荐通《尚书》《毛诗》《左氏》《穀梁春秋》各一人，均被封为议郎。

公元 181 元，辛酉，灵帝光和四年

关羽二十二岁。逃亡，经过西河郡、太原郡、雁门郡，至雁门关，过太行八陉之第五陉——井陉关（一说过望都关），东行逃奔至中山国卢奴高就里（今河北省保定市定州市高就村）以贩卖粮食为生。

灵帝政治荒靡，收天下所贡珍宝蓄于后宫，在后宫兴建店铺，让宫女做买卖，还穿上商人服装，混入铺店饮酒作乐。又在西园玩狗，给狗戴上官员们的帽子，系上官员们的绶带。并亲自驾驭四匹驴子拉的车四处奔走。京师官吏、富豪争相仿效。

诸葛亮出生。字孔明，蜀汉集团核心成员之一。未出茅庐已知"天下三分"，出山后为刘备军师，被司马懿称为"天下奇才"，六出祁山，大志未遂，病死军中。

朱然出生。

公元 182 年，壬戌，灵帝光和五年

关羽二十三岁。经范阳（现河北省定兴县固城镇）辗转至涿郡涿县南附近农村，贩粮为生。

关羽贩粮途中，因取走张飞井悬猪肉，在粮食集与张飞角斗，时逢刘备贩草鞋路过，一龙分二虎，三人意气相投，志向相同。

曹操以能明古学，征拜议郎。

孙权出生。

公元 183 年，癸亥，灵帝光和六年

关羽二十四岁。贩粮为生。

刘备素有大志，不甚读书，喜狗马、音乐、美衣服，善于交结豪侠，以贩履织席为业。

农历三月二十三日，刘备、关羽、张飞在张飞故里桃庄东三里之桃园，杀乌牛白马结盟，誓同生死，共扶汉室，共创大业。

刘备以中山靖王后及尚书卢植门生，加之枭雄大智，为关、张仰慕。中山国大商人张世平、苏双见而异之，赠银两马匹。刘备得以聚集队伍，关羽、张飞为之御侮。从此起关羽追随刘备，转战数郡，直至遇害。

刘备、张飞为同乡。考结盟桃园西距桃庄三里，东距刘备家大树楼桑村八里。后人为纪念刘、关、张桃园结盟壮举，隋朝始在结拜故地建"三义庙"，又称"汉昭烈帝庙"，明正德三年（1508 年）易庙为宫。现称"三义宫"，每年农历三月二十三前后举行大型祭祀活动。

公元 184 年，甲子，灵帝光和七年，中平元年

关羽二十五岁。

二月，黄巾起义爆发。巨鹿人张角、张梁、张宝兄弟三人，以治病传教为名，策动全国三十六方徒众，皆头裹黄巾，同时造反。全国民心摇荡，义军风起云涌。灵帝召集诸大臣会商，发天下精兵讨黄巾。遣北中郎将卢植讨张角，左中郎将皇甫嵩、右中郎将朱儁讨颍川黄巾。曹操以骑都尉助皇甫嵩、朱儁讨颍川黄巾义军，因功迁济南相。孙坚以佐军司马从朱儁讨黄巾，因功拜别部司马。

在围剿义军中，各州郡皆举兵。关羽、张飞追随刘备，以上报国家、下安黎民和建功立业为目的，投奔幽州校尉邹靖，参加到围剿农民起义的行列。先是在涿郡大兴山下破黄巾义军，后辗转山东，救青州太守龚景，广宗投卢植，颍川投皇甫嵩、朱儁，救董卓。关羽随刘备投朱儁期间，在阳城大破义军，并参加宛城（今河南省南阳市）争夺战。十一月，黄巾军主力被剿平。十二月己巳，朝廷大赦天下，改元中平。刘备以军功被授予中山国安喜（今河北省保定市定州市东亭镇东三里固城村）县尉。刘、关、张在战黄巾中名噪一时。

十一月，先零羌北宫伯玉、李文侯、边章、韩遂杀金城太守陈懿起事，反叛朝廷。

公元 185 年，乙丑，灵帝中平二年

关羽二十六岁。从刘备于安喜县任上，继续围剿黄巾义军余部，并协助刘备维护地方治安。

关羽故里乡人"为帝（关羽）有扶汉兴刘之举"，加之感激关羽为家乡父老除恶，在其故宅父母身亡家井上建塔一座，记述缘由。金大定十七年（1177 年）对塔重修并立碑。

灵帝惑于宦官，政治昏聩，封中常侍张让等十二人为列侯。又造万金堂于西园，将卖官之钱置于堂中。

是年各地农民起义此起彼伏。博陵（今河北省蠡县）张牛角、常山（今河北省正定县）褚飞燕等十九部，大者二三万、小者六七千，攻城池、杀官吏。

随刘备在安喜县任上。督邮以公事到县，刘备求谒不得，刘、关、张怒鞭督邮后，弃官出走。

公元 186 年，丙寅，灵帝中平三年

关羽二十七岁。刘、关、张到青州刺史部平原县避难。

二月，江夏兵赵慈反，杀南阳太守秦颉。六月，荆州刺史王敏讨斩赵慈。冬，长沙区星起义，诏以议郎孙坚为长沙太守，旬日之间，击破区星。

公元 187 年，丁卯，灵帝中平四年

关羽二十八岁。

六月，原中山相渔阳张纯与同郡原泰山太守张举及乌桓统帅丘力居等联盟起事，张举自称天子，张纯称"弥天将军安定王"，攻略青、徐、幽、冀四州。冬十月，零陵人观鹄起事，攻桂阳，长沙太守孙坚击斩观鹄，录前后功，封坚乌程侯。十一月，太尉崔烈罢，曹操父大司农曹嵩为太尉。

是年，刘备、关羽、张飞参加了讨伐张举、张纯的战斗。

公元 188 年，戊辰，灵帝中平五年

关羽二十九岁。刘、关、张三人辗转京师。

二月，黄巾军郭太起自河东郡西河白波谷，进攻太原。八月，汉廷置西园八校尉，以小黄门蹇硕为上军校尉，虎贲中郎将袁绍为中军校尉，屯骑校尉鲍洪为下军校尉，议郎曹操为典军校尉，蹇硕节制各军。十一月，骑都尉公孙瓒破张纯于石门（今河北省昌黎县西南）。是岁改刺史置州牧。

公元 189 年，己巳，灵帝中平六年；少帝光熹元年，昭宁元年；献帝永汉元年

关羽三十岁。

二月，幽州牧刘虞悬赏捉张举、张纯，三月，张纯为其幕僚王政所杀，送首于刘虞。

四月丙辰，灵帝崩，大将军何进立甥刘辩为少帝，控制朝政。

朝政动荡加剧，适大将军何进遣都尉毋丘毅往丹阳（今安徽省宣城市）募兵，刘备偕关羽、张飞俱行，至下邳（今江苏省睢宁县西北），遇义军，力战有功。刘备被授予北海国下密县丞（今山东省昌邑市东南）。复去官，后为平原国高唐县尉（今山东省禹城市西南二十五公里），迁为高唐县县令。关羽、张飞从之。

八月，何进谋诛宦官机谋不密，被宦官所杀。虎贲中郎将袁术、司隶校尉袁绍攻诸宦官，无少长皆斩杀。为剿灭宦官，应何进召，董卓入京后，以武力妄行废立，废少帝为弘农王，立灵帝次子刘协为献帝，自为相国，独揽朝政。董卓乱政加剧与原朝廷军事重臣矛盾，袁绍奔冀州，为笼络人心，董卓拜袁绍为勃海太守；袁术奔南阳；曹操变易姓名东归，十二月起兵于己吾（今河南省宁陵县西南），竖起讨伐董卓大旗。

公元 190 年，庚午，献帝初平元年

关羽三十一岁。

正月，董卓杀弘农王刘辩，关东州郡皆起兵讨董卓，共推勃海太守袁绍为盟主。二月十七日，劫帝迁长安，焚洛阳官庙及人家，并杀袁绍叔父太傅袁隗、袁术之母兄袁基，夷其族。董卓自留洛阳阻关东义军。各路诸侯集十万军马于酸枣，每天置酒高会，莫敢先进。

曹操引本部兵至荥阳，为董卓将徐荣所败。曹操与曹洪、夏侯惇等到扬州募兵，得

兵三千人，还屯河内（今河南省武陟县西南）。

孙坚举兵讨董卓。过荆州杀刺史王叡，又杀南阳太守张咨，到鲁阳投袁术，术表孙坚行破虏将军，领豫州刺史。

刘备偕关羽、张飞从平原国高唐县起兵，旋与曹操到沛国募兵，加入讨董卓联盟，会于河内，与众诸侯一起讨伐董卓。刘备、关羽、张飞又与董卓骑督吕布战于虎牢关。

公元 191 年，辛未，献帝初平二年

关羽三十二岁。

二月，袁绍、韩馥不顾曹操的反对，谋立幽州牧刘虞为帝，虞不敢受。面对反董联盟各怀异心，曹操为扩展自己势力，引兵入东郡击破黄巾军白绕部于河南濮阳。袁绍表荐曹操为东郡太守，治东武阳（今山东省莘县南）。

破虏将军、豫州刺史孙坚屯梁国都城睢阳（今河南省商丘市南）东侧，为董卓将徐荣所败。卓又遣大督护胡轸与骑督吕布击孙坚。胡、吕不和，孙坚出击，大破卓军。董卓自出，与孙坚战于诸陵间，被击败。孙坚进至洛阳，又击败吕布。董卓被迫退军长安，孙坚还军屯鲁阳。

各路诸侯互不统领。各自拥兵抢夺地盘，讨董联盟瓦解。

刘备从讨董卓战场回高唐后，为何仪、何曼领导的黄巾军攻破。刘、关、张往安平（安平在高唐西北二百四十里）投奔刘备故旧中郎将公孙瓒。公孙瓒表请朝廷封刘备为别部司马，关羽、张飞为部曲。不久，刘备试守平原县令。十一月，公孙瓒破青州黄巾于东光，刘备偕关羽、张飞从之。

时关东州郡务相兼并以图强大，兵连祸结，在此中形成不稳固的各种联盟。袁绍、袁术兄弟各怀异志且不和。袁绍与曹操联合，抗击袁术与公孙瓒形成的联盟。袁绍派周昂袭夺袁术将孙坚的根据地阳城。公孙瓒派弟公孙越率骑兵一千助术将孙坚攻周昂。越为流矢所中死。公孙瓒认为祸起于袁绍，于是军屯磐河。当时公孙瓒强盛，冀州诸城多叛袁绍归瓒，公孙瓒以其帅严纲为冀州刺史，以其将田楷为青州刺史，单经为兖州刺史，又全部配置了郡守、县令。刘备被任平原相，以关羽、张飞为别部司马，分统部曲。

公元 192 年，壬申，献帝初平三年

关羽三十三岁。

正月，袁绍亲率大军与公孙瓒大战于界桥（今河北省南宫市东南）南二十里，瓒军大败。刘备、关羽、张飞参加了是役。

董卓的残暴引起大臣们的强烈不满。王允联合吕布于四月二十三日诛董卓，夷其三族。董卓将李傕、郭汜、樊稠、张济反，陷长安，李傕、郭汜斩王允，击走吕布，控制朝政。

时青州黄巾百万众攻入兖州（汉武帝所置十三刺史部之一，约相当于今山东省西南部及河南省东部，东汉时治所在昌邑，今山东省金乡县西北），兖州牧刘岱败亡，曹操被推举为兖州牧。在曹操围剿下，冬十二月，黄巾军被迫乞降，曹操收降卒三十余万，男女百余万口，收其精锐者，号"青州兵"。

夏，公孙瓒复遣兵击袁绍，至龙凑（今山东省德州市东北，在平原界内，为古军事要地）为绍击破。刘备偕关羽、张飞、赵云参加了战斗。公孙瓒退还幽州。

袁术遣将孙坚攻刘表，刘表部将黄祖逆战于樊城、邓县间。黄祖败逃入岘山（今湖北省襄阳市西十里），孙坚追击中为黄祖部曲射杀，其子孙策统其众。孙坚女孙尚香出生。

秋，关羽从刘备协助公孙瓒参加抗击袁绍部将崔巨业围攻故安（今河北省易县）的战役。追击崔巨业部到拒马水，大破其众。乘胜南下，攻略郡县，遂至平原。继之，关羽随刘备先屯高唐，后与青州刺史田楷东屯齐（今山东省泰山以北），拒袁绍将袁谭、张郃。

北海国相孔融屯都昌（今山东省临朐县东北），为黄巾一部所围，便派太史慈到平原国向刘备求救。刘备带关羽、张飞率军三千往救，关羽斩黄巾军首领管亥。

公元193年，癸酉，献帝初平四年

关羽三十四岁。

二月，曹操与袁绍合击袁术于陈留，大破之。袁术奔九江，杀扬州刺史陈温，遂据淮南。

公孙瓒数与幽州牧刘虞冲突，十月，击溃并擒获刘虞及妻子，适朝廷封公孙瓒前将军、易侯，其胁朝廷命官斩虞及妻子于蓟市。

关羽从刘备、田楷与袁谭在泰山一线连战二年，士卒疲困，粮食并尽。双方和亲，各引兵去。

六月，曹操父亲曹嵩携妾及小儿子曹德避难琅琊，被徐州牧陶谦部下杀死，劫掠财物。秋，曹操为报父仇，率大军击陶谦，连下十余城，陶谦败逃至郯县（今山东省郯城县）固守。

公元194年，甲戌，献帝兴平元年

关羽三十五岁。

春二月，陶潜告急于青州刺史田楷，田楷与刘备前往援救，关羽、张飞、赵云等随行。曹操不能胜，值军粮又尽，于是引兵退还鄄城（今山东省鄄城县）。

时刘备有兵数千人，陶谦又拨给他丹阳兵四千人。于是刘备偕关羽、张飞、赵云等离开田楷，归陶谦。谦表封刘备为豫州牧（今安徽省亳州市），在小沛驻扎。

夏四月，曹操留荀彧、程昱等守鄄城，第二次率大军征陶谦，连拔五城，略地东至海，又在郯城东击破刘备。这时恰逢曹操朋友张邈、陈宫以兖州叛操迎吕布，曹操回师

与吕布战于濮阳，双方相持百余日，各引兵去。未几，陶谦死。依陶谦嘱托，刘备被徐州别驾麋竺、典农校尉陈登等奉迎为徐州牧。驻下邳。关羽、张飞以别部司马从之。

扬州刺史刘繇与袁术将孙策战于曲阿，繇败，孙策遂据江东。袁术表孙策为折冲校尉，行殄寇将军。

公元 195 年，乙亥，献帝兴平二年

关羽三十六岁。

正月，曹操大破吕布于巨野（今山东省巨野县）、定陶（今山东省菏泽市定陶区），五月，击溃吕布。吕布东奔，投刘备。备使其屯扎下邳（今江苏省睢宁县西北）之西。关羽协助刘备防务徐州。

七月，汉献帝车驾东归，十二月，渡河幸安邑。

是岁，袁绍将麴义联合原幽州牧刘虞从事渔阳鲜于辅、乌桓峭王，合兵十万，大破公孙瓒于鲍丘。

公元 196 年，丙子，献帝建安元年

关羽三十七岁。

七月，献帝在杨奉等护送下辗转到洛阳。镇东将军曹操自领司隶校尉，录尚书事。八月，迎献帝到许昌（今河南省许昌市），曹操自封为大司空行车骑将军，挟天子以令诸侯，开始统一和兼并战争。

六月，袁术争徐州，派将军纪灵率军击刘备，对刘备发动第一次战争。下邳守将张飞与下邳相曹豹相失，城中乱。吕布袭取下邳，尽获刘备军资并俘获了刘备妻子及部曲将吏家口。刘备、关羽听到后急北还，到下邳兵散。会合张飞及散兵，东取广陵。再与纪灵战，又败，不得已屯于海西（今江苏省东海县南），给养困难。别驾从事麋竺进妹于先主，并资助金银货币，迫于饥饿，刘备请和吕布。布使其挂名豫州刺史，屯驻小沛，自为徐州牧。九月，袁术派大将纪灵率步骑三万第二次进攻刘备，备向吕布求救。吕布辕门射戟，使双方和解。刘备深知强兵才能御敌，在小沛招兵买马，达近万人，为吕布所不容。吕布自带兵击刘备，刘备、关羽、张飞败走投许昌曹操。操格外厚待，以刘备为豫州牧。益其兵，给粮食，使屯小沛，收散兵以图吕布。司马关羽、张飞等跟随。

孙策入会稽，太守王朗降。汉廷以孙策为骑都尉，袭封乌程侯，领会稽太守，并以属将分别为丹阳、豫章、庐陵、吴郡太守。时袁术称帝，孙策与之绝。

公元 197 年，丁丑，献帝建安二年

关羽三十八岁。

春，袁术称帝于寿春，派军七路进攻吕布，争夺徐州。吕布用沛相陈珪之计，策反

韩暹、杨奉，把袁术军打得大败。杨奉、韩暹纵兵在下邳寇掠扬州、徐州之间。私与刘备联络，欲共击吕布。杨奉引军到小沛，刘备于座上命关、张二将缚奉，杨奉被杀。韩暹得知消息后，与十数骑逃归并州途中，为杼秋令张宣所杀。时关羽以别部司马随刘备驻小沛。

正月，曹操南征张绣，破走之。九月击斩袁术大将桥蕤于蕲阳。十一月，袁术渡淮败逃。同月，曹操第二次征张绣。

公元 198 年，戊寅，献帝建安三年

关羽三十九岁。

三月，曹操第三次征张绣，刘表军援张绣，七月曹操退兵还许昌。

夏四月，吕布复与袁术通，遣其中郎将高顺和北地太守张辽攻刘备，备向曹操求救。曹派夏侯惇驰援，又败。九月，破沛城，吕布掳刘备妻子及将领家眷。应刘备请托，曹操亲率大军东征吕布。刘备率关羽、张飞等在梁国地界和曹操相遇。十月，进至彭城（今江苏省徐州市），屠之。到下邳，吕布亲自带兵与刘、曹联军战，三战皆大败，还城固守。曹操决水灌城。吕布使其将秦宜禄求救于袁术，袁术将秦宜禄留下，妻以汉宫女。（一说求救于张杨）下邳临破，关羽几次求曹操，乞娶秦宜禄之妻杜氏。十二月二十四日，吕布出降，被缢死。曹操因杜氏有美色，城破自留之，关羽心不自安。

是年，将军段煨讨李催，诛之，夷三族。

公元 199 年，己卯，献帝建安四年

关羽四十岁。

三月，袁绍破公孙瓒于易京（今河北省雄县西北十五里处），公孙瓒自杀。绍出长子袁谭领青州，中子袁熙领幽州，甥高干领并州，并准备攻打许昌。

刘备偕关羽、张飞等随曹操到许昌。曹表刘备为左将军，又拜关羽、张飞皆为中郎将。曹操待刘备甚厚，出则同舆，坐则同席。在许昌期间，刘备、关羽与曹操同献帝在许田（今河南省许昌市东北五十里之许田村）射鹿，操僭越无度，关羽欲杀曹操，被刘备阻止。

袁术前为吕布所破，后被曹操所败，穷途末路，四月，投其部下雷薄、陈兰于潜山（今安徽省霍山县）被拒绝，又想从下邳过，到青州投其侄子袁谭。曹操得知后派刘备、关羽、张飞等督朱灵、路招截杀袁术。在刘备等截击下，袁术不得过，再回寿春，六月，到达江亭，忧愤成病，呕血而死。十一月，刘备偕关羽、张飞到下邳后，指使关羽斩杀徐州刺史车胄，留关羽守下邳城，担任下邳太守，自己驻扎在小沛。自此刘备与曹操彻底决裂。曹操派司空长史刘岱、中郎将王忠进攻刘备，被关羽、张飞打败。

六月，曹操表孙策为讨逆将军，封为吴侯。十二月，孙策击破刘表将黄祖于沙羡。

公元 200 年，庚辰，献帝建安五年

关羽四十一岁。

正月，董承衣带诏事暴露，曹操杀董承等，夷三族，自勒精兵征刘备。刘备望见曹操麾旌便走，曹操尽收其众，掳备妻子。进拔下邳，关羽羁留曹营。曹操表关羽为偏将军，壮其为人，待关羽甚厚。

刘备奔青州投袁谭，归袁绍。与刘备小沛失散后，张飞逃奔汝南方向，途经谯郡时，得夏侯霸从妹。

曹操带兵攻打刘备时，袁绍谋士田丰说绍偷袭曹操，不被采纳。二月，袁绍进军黎阳，遣将攻打曹操。其大将颜良围曹东郡太守刘延于白马（今河南省滑县东）。五月，曹操以张辽、关羽为先锋反击袁军，关羽策马刺颜良于万军之中，解白马之围，又于南坡杀文丑，封汉寿亭侯。七月，关羽知刘备在袁绍军中，即缄书封金辞曹，寻寻觅觅，北上南下，后刘备、关羽、张飞等相会汝南下蔡古城。

刘备到汝南后，与龚都等部联合，复振。曹操派叶县守将蔡阳击刘备、龚都，蔡阳为关羽所杀。

孙策杀吴郡太守许贡，贡家客寻机射孙策中颊而亡，孙权继统江东。

公元 201 年，辛巳，献帝建安六年

关羽四十二岁。

四月，曹操再次北上，击袁绍仓亭军，大破之。遣夏侯渊、张辽围昌豨于东海，昌豨投降曹操。

十一月，曹操自带兵击刘备、龚都于汝南。龚都部溃散，刘备率关羽等投荆州牧刘表。刘表增其兵，使屯新野，防御曹操。

徐庶北上拜见刘备，被任命为军师。

公元 202 年，壬午，献帝建安七年

关羽四十三岁。

袁绍军败，五月，呕血死，少子袁尚自领冀州牧，与兄袁谭屯黎阳。九月，曹操击败袁谭、袁尚于黎阳，连战，谭、尚数败。

刘表趁机使刘备北征。至叶（今河南省叶县西南），曹操遣夏侯惇、于禁、李典阻击。在博望坡（今河南省南阳市东北）刘备率关羽、张飞、赵云等破夏侯惇、于禁。荆州豪杰投奔刘备的越来越多。

公元 203 年，癸未，献帝建安八年

关羽四十四岁。随刘备驻守新野。关羽妻子胡金婵赴荆州。

春，袁谭、袁尚为曹操败于黎阳，退守邺城。四月，曹操进军，袁尚逆军击破曹操，五月曹操率军退还许昌，制造南征刘表假象，待袁氏兄弟反目。不久，袁谭、袁尚争夺冀州继统权，相互攻伐。九月，袁谭降曹操，复反。

公元204年，甲申，献帝建安九年

关羽四十五岁。随刘备在新野。关羽二子关兴在新野出生。

诸葛亮拜见刘备，献征录游户策，刘备部队才壮大起来。

曹操征破袁尚，平冀州，自领冀州牧。

公元205年，乙酉，献帝建安十年

关羽四十六岁。随刘备在樊城，关羽虎女关银屏出生。

正月，曹操破袁谭于青州，斩之。袁尚、袁熙为其将焦触、张南所攻，奔辽西乌丸，焦触据幽州，投降曹操。四月，黑山义军张飞燕率众十余万降曹，拜平北将军，封安国亭侯。

公元206年，丙戌，献帝建安十一年

关羽四十七岁，随刘备在樊城、襄阳间寻访人才。三月，曹操破高干于并州。是岁，济北、北海、阜陵、下邳、常山、甘陵、洛阳、平原八国皆除，其地归曹操管辖。

公元207年，丁亥，献帝建安十二年

关羽四十八岁。

五月，曹操征乌桓，八月，大破之柳城。十一月，辽东太守公孙康杀袁尚、袁熙，送首于曹操。刘备见曹操北征，建议刘表袭许昌，刘表未采纳。关羽、张飞随刘备二顾茅庐，拜访诸葛亮，均未见。刘禅出生。关羽三子关索出生。

公元208年，戊子，献帝建安十三年

关羽四十九岁。

春，关羽、张飞随刘备三顾茅庐，始有著名隆中对策。诸葛亮提出"三分天下"，出山辅佐刘备，被任命为军师。

正月，曹操破平乌桓后，回到邺城，稍事休整，对最高统治机构进行调整，自为丞相。八月，刘表病死，其少子刘琮继位，九月，曹操进攻荆州，刘琮降曹。时刘备在樊城，听到消息，率部急趋南下。到当阳时百姓达十余万人，辎重数千车。刘备命关羽乘船数百艘顺汉水南下，占据江陵。在当阳长坂，鲁肃遇刘备，达成抗曹共识。长坂坡激战后，刘备自长坂斜趋东向走汉津（今湖北省荆门市东北）遇关羽水军。赵云抱刘备子

禅，亦与关羽船相会。渡过沔水，进驻夏口（今武昌）。徐庶因母亲被执，而投奔曹操。刘备派诸葛亮随鲁肃到柴桑说孙权，联手抗曹，并驻兵樊口（今湖北省鄂城市）。孙权面对曹操大军压力，不肯受制于人，与刘备集团形成共同抗曹联盟，派周瑜、程普为左右都督，率三万军助刘备。十一月十二日甲子日（208年12月7日），赤壁鏖兵，孙、刘联军火烧曹操战船，大败曹军。曹操败走华容道。

赤壁大战时，关羽为流矢所中，射穿其左臂，疮虽愈，每到阴雨天，骨常疼痛。传华佗为之破臂作创，刮骨疗毒。当时关羽正与诸将饮食相对，臂血流漓盈于盘器，仍割炙饮酒，言笑自若。

公元209年，己丑，献帝建安十四年

关羽五十岁。

刘备、周瑜等追赶曹操到南郡（今湖北省江陵县），围曹仁于江陵。另派关羽绝曹仁北归道路。曹操将李通率众拒关羽，旋李通病死军中。十二月，刘备表刘琦为荆州刺史，并率关羽等兵临武陵、长沙、零陵、桂阳，四郡皆降。刘备既定江南，封拜元勋，以关羽为襄阳太守、荡寇将军，驻江北；以张飞为宜都太守，征房将军，新亭侯；诸葛亮为军师将军。

周瑜攻曹仁岁余，曹仁弃江陵遁走。孙权以周瑜为南郡太守，据江陵。

十二月，刘备表孙权行车骑将军，领徐州牧；刘琦病死，刘备领荆州牧。周瑜分南岸地给刘备，备立营于油口，改名公安。孙权以妹孙尚香嫁刘备。益州牧刘璋派人致意联络刘备。

公元210年，庚寅，献帝建安十五年

关羽五十一岁。

刘表故吏多归刘备，刘备以周瑜所给地少，不足容众，偕关羽去京口（今江苏省镇江市）见孙权，求督荆州。周瑜献计，羁留刘备，孙权没有采纳。周瑜死后，孙权以鲁肃代领其兵。鲁肃劝孙权以荆州的南郡借给刘备，与共拒曹操，孙权采纳鲁肃意见。于是，关羽移屯江陵，张飞屯秭归，诸葛亮据南郡，刘备自在孱陵。鲁肃退屯陆口。

公元211年，辛卯，献帝建安十六年

关羽五十二岁。

曹操欲剿除群雄，以"假道虞国以代虢"之计，借口讨伐张鲁，逼反马超、韩遂等十部，其众十万，屯据潼关。八月，曹操击破之，韩遂、马超逃往凉州。十月围安定，征降杨秋，留夏侯渊督朱灵、路招屯长安。

益州牧刘璋惧怕曹操进攻，派法正迎刘备入川，帮助讨伐汉中张鲁，防御曹操。刘

备率庞统、魏延、黄忠等西上益州。留关羽、诸葛亮、张飞、赵云共守荆州。孙权闻刘备西上，派船迎妹孙尚香还吴。当时鲁肃与关羽邻界，经常有摩擦。

孙权自京口徙秣陵（今南京市），建造石头城，做濡须坞，防御曹操。

公元 212 年，壬辰，献帝建安十七年

关羽五十三岁。

正月，曹操回军邺城。五月，因受马超牵连，曹操诛马超父卫尉马腾、弟奉东都尉马休、弟骑都尉马铁，夷三族。八月，马超破凉州，杀刺史韦康，自称征西将军，领并州牧，督凉州军事。十月，曹操欲出征东击孙权，以劝降书恫吓孙权。

关羽与曹操将乐进、文聘相拒于青泥（今湖北省钟祥市）。又战于寻口（今湖北省安陆市西南）；文聘攻关羽辎重于汉津（今湖北省钟祥市西南八十里汉水西岸）。刘备以乐进等拒关羽为名，要求刘璋增兵和辎重，加之刘璋广汉太守告发其弟张松联络刘备谋取西川之事。刘备、刘璋发生冲突，刘备攻破涪城、绵竹。

公元 213 年，癸巳，献帝建安十八年

关羽五十四岁。

正月，曹操率四十万大军攻孙权濡须，破其江西大营。孙权以七万步骑御曹，双方相持月余。曹操喟叹"生子当如孙仲谋"。夏四月还邺。五月，曹操自为魏公，加九锡，以冀州十郡为国。

公元 214 年，甲午，献帝建安十九年

关羽五十五岁。

刘备攻打雒城（今四川省广汉市），军师庞统中流矢身亡，西进受阻。诸葛亮、张飞、赵云西往助刘备攻川。关羽留镇荆州，全面加强荆州防务，加强军队建设。

南安赵衢、汉阳尹奉等击败马超，超奔汉中，旋投刘备。刘备攻克成都，刘璋出降。刘备因取得益州，大赏功臣。赐诸葛亮、法正、张飞、关羽等每人金各五百斤，银千斤，钱五千万，锦千匹。

刘备命关羽董督荆州。关羽教导关平、关兴、关银屏、关索兄妹读《左氏春秋》，告诫他们："读好书，说好话，行好事，做好人。"

是年，曹操杀伏皇后及二皇子。

公元 215 年，乙未，献帝建安二十年

关羽五十六岁。

五月，孙权以刘备已得益州，派中司马诸葛瑾向刘备求荆州数郡，备不许。孙权遂

置长沙、零陵、桂阳三郡长吏，关羽尽逐之。孙权遣吕蒙督鲜于丹、徐忠、孙规等领兵二万掩袭长沙、零陵、桂阳三郡，吕岱督孙茂等十将从取长沙三郡。蜀长沙太守廖立等委城逃跑。使鲁肃以万人屯巴丘，防御关羽。刘、孙两集团矛盾激化。

刘备率军五万，回师公安（今湖北省公安县），遣关羽以三万兵争三郡。孙权进驻陆口，为诸将节度。使鲁肃将万人屯益阳，拒关羽。孙权又急书给吕蒙，使舍零陵前来帮助鲁肃。吕蒙使诡计降零陵太守蜀将郝普后引军赴益阳。

受孙权命鲁肃与关羽谈判荆州事宜。应鲁肃之邀，关羽单刀俱会，各驻兵百步上。双方会谈无果。方时曹操将攻汉中，刘备怕失益州，求和于孙权，遂中分荆州。以湘水为界，长沙、江夏、桂阳以东属孙权，南郡、零陵、武陵以西属刘备。

七月，曹操征张鲁，至平阳，张鲁降，据汉中。曹操又遣将张郃入巴中，击刘备。张飞击破张郃于宕渠瓦口。

八月，孙权围合肥，张辽、李典以步骑八百人击破孙权十万军。

公元 216 年，丙申，献帝建安二十一年

关羽五十七岁。

五月，曹操自为魏王。冬，征孙权无果，十一月返回谯。

关羽镇守益阳，鲁肃、吕蒙、潘璋、甘宁等拒关羽于益阳。

公元 217 年，丁酉，献帝建安二十二年

关羽五十八岁。

正月，曹操率军至居巢，二月进军屯江西郝溪。孙权在濡须口筑城拒守。曹操派兵进攻，孙权退走。三月，孙权遣使请降于曹操。魏、吴修好，曹操引军还，留伏波将军夏侯惇都督曹仁、张辽等二十六军屯居巢。孙权则留平虏将军周泰督朱然、徐威驻守濡须。

刘备率众将进兵汉中。遣张飞、马超等屯下辨，曹操命曹洪拒之。十月，鲁肃卒。孙权乃以左护军、虎威将军吕蒙兼汉昌太守代之，使屯陆口。关羽书写荆州府匾"三秦雄镇"。

是岁，曹操始用天子威仪，立曹丕为太子。

公元 218 年，戊戌，献帝建安二十三年

关羽五十九岁。

曹操所行不得人心，加之刘备益盛，京兆金祎推测汉祚将移，谓可复兴。正月与少府耿纪、司直韦晃、太医令吉平起兵攻曹操长史、典兵督许昌之王必，图谋挟天子攻魏，南引关羽为援。事败，皆被杀。

刘备征汉中，与曹操大将夏侯渊、张郃等相拒阳平关。三月，曹洪破斩吴兰，张飞、马超奔回汉中。

关羽军力强盛，为讨好关羽，孙权遣使为子索羽女，关羽骂辱其使，不许婚。曹操宛城（今河南省南阳市）守将侯音及吏民反，遥应关羽。曹仁时屯樊城，曹操令曹仁回击侯音。

公元219年，己亥，献帝建安二十四年

关羽六十岁。

正月，曹仁屠宛城，斩侯音。

同月，刘备自阳平关南渡沔水，营于定军山，遣大将黄忠击斩曹军西线主帅夏侯渊。三月，曹操至汉中，与刘备相持数月退去。刘备拔魏延为督，镇守汉中。夏，刘备命孟达从秭归北攻房陵，魏房陵太守蒯祺为达兵杀。达将进攻上庸，刘备阴恐孟达难独任，乃遣刘封自汉中乘沔水下统达军，与达会上庸。魏上庸太守申耽降，封刘封为副军将军。

七月，群下推刘备为汉中王，设坛场于沔阳，拜关羽为前将军、假节钺。同月，关羽使南郡太守麋芳守江陵，将军士仁守公安，自率大军五万从江陵北下，发动了襄樊战役。八月，围曹仁于樊城，派廖化围吕常于襄阳。另派兵游于郏（今河南省郏县）一带。曹操派于禁率七军助曹仁。适八月大雨，水淹七军，关羽擒于禁，斩庞德，掳曹三万军兵。

自许昌以南，往往遥应关羽。陆浑民孙陆等杀县主簿，南附关羽。关羽授孙陆印、给其兵。曹操所置荆州刺史胡修、南乡太守傅方皆投降关羽，关羽威震华夏。

曹操与诸将商议迁都到邺城，司马懿、蒋济劝曹操联合孙吴，夹击关羽。

孙权君臣趁关羽北伐，后方空虚，密谋攻夺荆州。于是，一边与曹魏结成同盟，一边实施巧计。吕蒙对外佯装有病到建业。孙权拜陆逊为偏将军右部督代蒙屯陆口。十月，陆逊到陆口后写信迷惑关羽。关羽从后方稍撤兵以赴樊城。陆逊向孙权密陈取荆州时机已到，关羽时得于禁人马数万，粮食乏绝，擅取孙权湘关米，权知后，遂发兵击关羽。

当时，曹操派平寇将军徐晃屯宛，助曹仁，并命徐晃把孙权请讨关羽自效的消息分别射进曹仁营和关羽的营屯中，关羽不信，其围不解。曹操欲自己带兵南征，在群臣劝阻下，驻军于摩陂。还前后给徐晃派去了殷署、朱盖等十二营军队。曹操自出击破关羽游军于摩陂（今河南省郏县），节制各军。

闰十月，吕蒙到寻阳，尽伏其精兵于𦩷䑤中，使白衣摇橹，作商贾人服，到关羽所置江边屯时，全部无声无息地捉住边防将士，因此关羽不闻知。江陵、公安守将麋芳、士仁因不慎烧毁军械，在关羽北伐前受到责备，在后勤补给上不支持关羽，关羽扬言还当治之。二人惧关羽惩罚，一起投降了孙吴。吕蒙兵不血刃占领了江陵、公安。尽得关羽及将士家属。十一月，陆逊率部克宜都郡，刘备的宜都太守樊友委郡走，诸城长吏及少数民族首领也全部归降孙吴，又克房陵、南乡、秭归，对关羽形成战略包围。

就在东吴袭取荆州时，徐晃兵力也大增，趁机向关羽发起了攻击。用声东击西方法，使关羽疲于应付。羽军知后方被袭，士气已涣散，被徐晃击退。投降关羽的荆州刺史胡修和南乡太守傅方，亦被魏军杀死。关羽水军仍停留沔水，伺机攻魏。

关羽听到南郡失守，并被吴军袭取辎重，不得不立即向南撤退，驻扎在当阳，后转麦城，曹操用意让孙权去消灭关羽，从而使孙、刘势不两立。因此阻止将领们向关羽用兵。

吕蒙用掏心战术瓦解关羽军。关羽一边派人向西川刘备、上庸刘封、孟达求救，一边多次派人请和于吕蒙，而吕蒙让其使者到城内看将士家属被安置周到的情况，并让父母长兄呼儿唤弟，关羽军因此溃散。十二月二十一日，关羽派使者到孙权处请和，伪降，立幡旗，伪象人于城上。当日夜，关羽引关平、赵累等残部十余骑，突出北门，往西川退逃。孙权使朱然、潘璋断其路径。关羽等行至夹石，时五更将尽，在夹石遭遇东吴伏兵截击，战斗中关羽身负重伤，东返时，在今当阳市玉泉山失血过多昏迷，被潘璋司马马忠所获，关平、赵累等同时被擒。

依徐观海《圣迹纂要》说关羽父子被害为农历十二月初七。山西学者曲公游《关羽评传》称关羽殉难在十二月二十二日（公元220年2月13日），姑依曲说。关羽享年六十一岁，关平享年四十一岁（一说二十岁）。关羽被害当月，孙权大会宾客庆功，吕蒙突发怪病暴死。

关羽、关平遇难后，关平之妻赵云之女赵氏携儿子关樾，在安乡民家避难，改姓为门。直到西晋灭吴后，赵氏才带儿子出来恢复关姓。荆州攻陷后，关兴、关银屏、关索时在成都。荆州陷落后，荆州治中从事潘濬、将军廖化降吴。后廖化逃归蜀汉。

公元220年，庚子，献帝建安二十五年

正月，丞相冀州牧魏王曹操还至洛阳。孙权使人传关羽首于洛阳，并以诸侯礼葬其尸骸于章乡，称大王冢，即今当阳关陵，为全国重点文物保护单位。传曹操以诸侯礼葬关羽头于洛阳，即今偃师区佃庄乡关庄村"关侯之墓"，此为一说。今位于洛阳市洛龙区的关林，现存建筑始建于明万历二十年（1592年），是我国唯一一所"林、庙"合祀关羽的古代建筑群，为全国重点文物保护单位。

附录三

关公崇拜历史发展年表

公元 185 年　东汉灵帝中平二年

关羽故里乡人"为帝（关羽）有扶汉兴刘之举"，在父母身亡井上建塔一座。

公元 220 年　汉献帝建安二十五年

曹操以王侯之礼葬关羽首级和檀香木身躯于洛阳城南。

公元 221 年　蜀汉章武元年

先主刘备在玉泉山建关羽祠。

公元 260 年　蜀汉景耀三年

蜀后主刘禅追谥关羽为"壮缪侯"。

公元 568 年　南朝陈光大二年

在荆州建关庙，为全国关庙之始。内敬奉关公画像。

公元 589 年　隋开皇九年

解州建关庙。

公元 593 年　隋开皇十三年

天台宗创始人智𫖮往荆州传法，在当阳建玉泉寺，后世关羽皈依佛法事于此。

公元 676—679 年　唐仪凤年间

禅宗北派六祖神秀于玉泉寺创建度门寺，后世关羽为护佛伽蓝事于此。

公元 760 年　唐上元元年

关羽因中选武成王庙配享名将，享受国家祭祀。封姜太公为武成王，建武成王庙，选历代名将六十四人从祀，关羽排第十四位。

公元 802 年　唐贞元十八年

江陵官府重修玉泉山关庙，董侹撰《重修玉泉山关庙记》，是为现存最早的关庙碑文。

公元 897 年　唐乾宁四年

涿郡刺史娄延在刘备、关羽、张飞桃园结盟处建（楼桑里）三义庙。

公元 963 年　宋建隆四年，乾德元年

宋廷为当阳关陵设置守陵人三户。时太祖令有司条陈历代功臣烈士，分为三等，其中第一等二十三人，各置守陵者三户。蜀汉之关羽和诸葛亮在册。

公元 1014 年　宋大中祥符七年

始建关羽祠庙于其故里。

公元 1055 年　宋至和二年

释义缘在桂林龙隐岩题刻石壁，称"智者大师，擎天得胜关将军，檀越关三郎"。此为最早今存关羽崇拜的摩崖碑刻。

公元 1092 年　宋元祐七年

解州父老修缮关庙，郑咸撰成《解州城西门外关庙碑记》。

公元 1095 年　宋绍圣二年

五月，赐当阳关羽祠额"显烈"。

公元 1096 年　宋绍圣三年

赐玉泉寺额为"显烈庙"。

公元 1102 年　宋崇宁元年

追封关羽为"忠惠公""崇宁真君"。

关平祠曰东庙，赐额曰"昭贶"。

东京瓦肆伎艺中有名为霍四究者说《三分》。

公元 1104 年　宋崇宁三年

改封崇宁至道真君。

公元 1108 年　宋大观二年

加封关羽为"武安王"。

公元 1115 年　宋政和五年

修建当阳关庙和解州关王祠。

公元 1123 年　宋宣和五年

关羽再次成为武成王庙中的配享名将。时重新审定武庙从祀诸将，关羽与张飞在其中。

敕封"义勇武安王"。

公元 1128 年　宋建炎二年

加封关羽为"壮缪义勇武安王"。

孟元老撰《东京梦华录》记说三分等事。

公元 1129 年　宋建炎三年

加封"壮缪义勇王"。

公元 1133 年　宋绍兴三年

赐当阳汉寿亭侯祠额"显烈"。郑南撰成《武安英济王庙记》。

公元 1177 年　宋淳熙四年，金大定十七年

玉泉寺僧元庵真慈把绍兴洞庭渔民得到的"汉寿亭侯印"绘制成图，欲进献东宫。夜有光焰，遂留寺内，作为镇寺之宝。

王兴重修关羽父母塔，解州律学张开撰《关大王祖塔记》。

公元 1187 年　宋淳熙十四年

加封"英济王"。

公元 1188 年　宋淳熙十五年

封号为"壮缪义勇武安英济王"。

公元 1204 年　金泰和四年

金修解州西关庙。知州田德秀为西门关庙记文，称"春秋祭祀，送迎奔走，四远之人，惟恐其后"。

公元 1226 年　宋宝庆二年，金正大三年，西夏乾定四年

蒙古成吉思汗率大军攻破西夏黑水城，守将哈日巴特尔在溃城前把佛图典籍藏入佛塔，其中包括金人版刻《义勇武安王位》图。此图于 1909 年，由俄国探险者科兹洛夫发掘所得，并随大批文物偷运回当时俄首都圣彼得堡。

公元 1249 年　宋淳祐九年，蒙古海迷失后元年

张柔建顺天府城（今保定），设关庙。郝经撰《重建武安王庙记》，为现存蒙古汗国建关庙最早记载。

公元 1279 年　元至元十六年

《关大王独赴单刀会》《刘玄德独赴襄阳会》《虎牢关三战吕布》等三国戏开始上演。

公元 1294 年　元至元三十一年

《三分事略》刊行。

公元 1308 年　元至大元年

胡琦编《关王事迹》刊行。开始将关羽祖系、生平年谱、书札、身后显灵、历代封赠、碑记、题咏等汇刊一集。

公元 1313 年　元皇庆二年

玉泉寺僧宝渊撰成《钟山长老关庙镇物记》，记述钟山长老进京献宝，皇帝接见之事。

公元 1321—1323 年　元至治年间

重刊五种讲史话本：《武王伐纣平话》《七国春秋平话》《秦并六国平话》《前汉书平话》《三国志平话》。

公元 1324 年　元泰定元年冬

冀州《关氏世系碣》碑立。

公元 1328 年　元天历元年

加封关羽为"显灵义勇武安英济王"。

公元 1341—1368 年　元至正年间

元大都建武安王庙二十余处。

公元 1370 年　明洪武三年

恢复关羽原封"前将军寿亭侯",尽去宋、元追封。

公元 1387 年　明洪武二十年

建关庙于顺天府（北京）正阳门瓮城内。在成都西北建关庙。在福建省东山岛建关帝庙。

公元 1403 年　明永乐元年

扩建北京,是年十月,复建关庙于都城宛平县之东,两者都是北京较早的关庙。

公元 1426—1435 年　明宣德年间

宫廷画家商喜绘制巨幅《关羽擒将图》。

公元 1457 年　明天顺元年

英宗皇帝梦关羽骑白马至积庆坊,因敕赐重修,名为"白马关帝庙"。

公元 1467 年　明成化三年

当阳关陵始创庙。时金事沈庆始谋修关墓,当阳县令黄恕请于朝,立庙春秋祀。诏建武安王墓。周洪谟撰写《成化修庙记》。

公元 1477 年　明成化十三年

又于北京地安门外建"白马庙",内祀关公,并特颁龙凤黄纻旗一面,揭竿挂起。

公元 1478 年　明成化十四年

《花关索出身传》重刊。

公元 1479 年　明成化十五年

当阳关陵庙始建寝殿。时镇守太监韦贵来谒陵,捐金建堂于庙后。

公元 1481 年　明成化十七年

颁布祭敕关羽文。

公元 1487 年　明成化二十三年

重修刘备、关羽、张飞三义庙。

公元 1494 年　明弘治七年

有庸愚子序的《三国志通俗演义》印行。

公元 1506 年　明正德元年

嘉峪关关帝庙落成。

公元 1508 年　明正德三年

重修涿郡楼桑里三义宫。焦芳撰《重修三义宫碑记》。

公元 1509 年 明正德四年

李东阳撰北京团营关庙碑文。赐南京城北燕子矶关庙额为"忠武"。

公元 1520 年 明正德十五年

敕增修燕子矶关庙。

公元 1531 年 明嘉靖十年

南京太常少卿黄芳奏请改称"汉前将军汉寿亭侯"。明初但称"寿亭侯"。黄氏指出："以汉寿，封邑；而亭侯者，爵也。止称寿亭侯，误矣。"朝廷遂改之。还对祭祀制度进行改革。

公元 1543 年 明嘉靖二十二年

当阳地方政府督沙门重修玉泉山关庙。孙继鲁参观玉泉山关庙，见其颓废，属知府吴君惺督知县侯嘉祥维修，并撰《重修汉寿亭侯庙记》以记其事。

公元 1556 年 明嘉靖三十五年

司礼太监黄锦、都督陆炳重修当阳关庙。黄、陆共捐白金二千五百两。增建石坊及钟鼓楼，绕以垣墙。

公元 1558 年 明嘉靖三十七年

大学士徐阶撰《重建义勇武安王庙碑记》。此记陆炳、黄锦捐俸重修关庙始末，论关羽与孔子等埒，及显于张飞、孔明之由。

公元 1582 年 明万历十年

封为"协天护国忠义大帝"。

公元 1590 年 明万历十八年

加封"协天大帝护国真君"。

公元 1592 年 明万历二十年

洛阳关林坊成，赐名"义烈"。寝宫、西配殿、关林大殿等庙宇动工。

公元 1614 年 明万历四十二年

加封"三界伏魔大帝神威远震天尊关圣帝君"，于成都正阳门祠，赐九旒珍珠冠、玉带、四蟠龙袍。其亲属也得到加封，封关夫人为"九灵懿德武肃英皇后"，子关平为"竭忠王"，子关兴为"显忠王"，部属周仓为"威灵惠勇公"。关羽又替代姜太公，成为武庙崇祀的主神，与孔庙并祀，成为武圣人。

明万历皇帝为北京地安门关帝庙题"午夜何人能秉烛，九州无处不焚香"。

公元 1621 年 明天启元年

张法孔为关羽故里常平祀田撰写《祀田记》，称石磐沟有关羽祖坟。

公元 1628 年 明崇祯元年

参议张法孔在石磐沟立碑，书"关圣祖宗神道碑"。

公元 1640 年　明崇祯十三年

阁督杨嗣昌、巡抚宋一鹤倡捐重建关帝庙。皇太极敕建盛京关庙，赐"义高千古"额。

公元 1644 年　清顺治元年

毛声山、毛宗岗父子对《三国演义》重新加以修订，并逐目评论，即今通行本。

公元 1652 年　清顺治九年

敕封关羽为"忠义神武关圣大帝"。

公元 1655 年　清顺治十二年

顺治皇帝亲写《皇帝御制重建忠义庙碑记》。

公元 1661 年　清顺治十八年

钱谦益《义勇武安王集》刊行。

公元 1662 年　清康熙元年

封关羽为"协天伏魔大帝"，康熙还在解州关帝庙题"义炳乾坤"。

公元 1666 年　清康熙五年

在洛阳建《忠义神武灵佑仁勇威显关圣大帝林》敕封碑记。

公元 1676 年　清康熙十五年

安徽省亳州市建"大关帝庙"。

公元 1678 年　清康熙十七年

当阳关庙整修完成，湖广总督蔡毓荣撰《重修玉泉山汉寿亭侯关公庙碑记》。
解州士人于昌因梦而发现圹砖，州守王朱旦记其事。

公元 1679 年　清康熙十八年

山西参议张大本命解州盐池巡检王闰修复石磐沟关帝祖墓，掘得旧碑于墓所，楷书"汉寿亭侯关公祖考石磐公之墓"。

公元 1684 年　清康熙二十三年

在关羽祖宅建《创塑关圣父母金身碑》。

公元 1694 年　清康熙三十三年

解州守江闿撰写《崇宁宫碑》《常平寝殿记》，并调查、研究关羽先世及祖墓发现经过，作《汉寿亭侯父祖辨》。

公元 1695 年　清康熙三十四年

湖广督抚倡重修当阳关庙，命荆州太守魏某董其事。

公元 1719 年　清康熙五十八年

加恩关氏后裔世袭五经博士，承祀关林。

公元 1725 年　清雍正三年

追封关羽三代公爵：曾祖为光昭公，祖为裕昌公，父为成忠公，并供后殿。每岁春、秋仲月诹吉及五月十三日致祭，并颁布《关帝告祭文》《追封关帝三代祭文》。

公元 1726 年　清雍正四年

在洛阳关林、当阳关陵、解州关庙各设世袭五经博士一人。

公元 1727 年　清雍正五年

重修京城白马关庙，御书"忠贯天人"，额悬于地安门关庙中，修定祭祀关羽之仪礼。

命天下直省郡邑皆立关庙。

公元 1732 年　清雍正十年

建河北省承德皇家关庙。

公元 1733 年　清雍正十一年

御制《关帝庙后殿崇祀三代碑文》，乾隆以亲王奉命致祭，并宣读《关帝庙碑亭告成碑文》。

公元 1735 年　清雍正十三年

黑龙江省虎林县虎头镇虎头关帝庙落成。

公元 1740 年　清乾隆五年

乾隆皇帝为河南洛阳关林题"翊汉表神功，龙门并竣，扶纲伸英气，伊水同流"。

公元 1744 年　清乾隆九年

颁定关庙告祭祝文。

公元 1756 年　清乾隆二十一年

乾隆皇帝赐关林龙袍、玉带、铜圭。

当阳县令苗肇岱详请通省资助重修关庙。1759 年竣工。

公元 1760 年　清乾隆二十五年

下诏改关帝原谥为"神武"。

公元 1767 年　清乾隆三十二年

加封关羽为"忠义神武灵佑关圣大帝"。奏准"地安门外关帝庙正殿及大门，瓦色改用纯黄琉璃"。

公元 1776 年　清乾隆四十一年

乾隆因编修四库全书，诏谕改关羽谥号为"忠义"。

公元 1783 年　清乾隆四十八年

湖广布政使永度檄令黄、德、荆、襄、郧、宜、施、安陆八府州县官员捐俸重修当阳关庙。凡陵寝、戟门、马殿、春秋楼、伯子祠及博士署皆焕然一新。

公元 1804 年　清嘉庆九年

台湾宜兰县礁溪协天庙建成，供奉关圣帝君神像。

公元 1813 年　清嘉庆十八年

皇子亲祀关羽，加封"仁勇"。

公元 1828 年　清道光八年

加封"威灵"。

公元 1852 年　清咸丰二年

加封"护国"。

公元 1853 年　清咸丰三年

加封"保民"。加封三代王爵。御书庙额"万世人极"。新定祀关礼仪，行礼三跪九叩，乐六奏，舞八佾，如帝王庙仪。

公元 1854 年　清咸丰四年

咸丰帝"亲诣行礼"，极为隆重。

公元 1855 年　清咸丰五年

加封关帝曾祖光昭公为光昭王，祖裕昌公为裕昌王，父成忠公为成忠王。

公元 1856 年　清咸丰六年

加封"精诚"。

公元 1857 年　清咸丰七年

加封"绥靖"。

公元 1864 年　清同治三年

清穆宗载淳"亲诣关帝庙拈香"。

公元 1870 年　清同治九年

加号"翊赞"。

公元 1879 年　清光绪五年

颁给山西省永济县关帝庙"祈年大有"匾额，并加号"宣德"。其全称为"忠义神武灵佑仁勇威显护国保民精诚绥靖翊赞宣德关圣大帝"。

公元 1901 年　清光绪二十七年

光绪皇帝、慈禧太后到洛阳关林瞻礼拈香。光绪皇帝题匾"光昭日月"，慈禧太后题匾"气壮嵩高"。

参 考 书 目

△［战国］左丘明撰，王守谦、金秀珍、王凤春译注：《左传全译》，贵州人民出版社 1990 年版

△［西汉］司马迁撰，［南朝宋］裴骃集解，［唐］司马贞索隐，［唐］张守节正义：《史记全译》，上海古籍出版社 2011 年版

△［东汉］班固撰：《汉书》，中华书局 2012 年版

△［东汉］荀悦、［东晋］袁宏撰，张烈点校：《两汉纪》，中华书局 2020 年版

△［东汉］刘珍等撰，吴树平校注：《东观汉记校注》，中华书局 2008 年版

△［蜀汉］诸葛亮撰，［清］张澍编：《诸葛亮集》，中华书局 1960 年版

△［晋］陈寿撰，［南朝宋］裴松之注，陈乃乾校点：《三国志》，中华书局 1959 年版

△［晋］陈寿撰，［南朝宋］裴松之注，卢弼集解，钱剑夫整理：《三国志集解》，上海古籍出版社 2009 年版

△［晋］陈寿撰，杨耀坤、揭克伦校注：《今注本二十四史·三国志》，巴蜀书社 2013 年版

△［晋］常璩撰，刘琳校注：《华阳国志校注》，成都时代出版社 2007 年版

△［晋］习凿齿撰，黄忠贤校补：《校补襄阳耆旧记》，中华书局 2018 年版

△［晋］王嘉撰，［梁］肖绮录，齐治平校注：《拾遗记》，中华书局 1981 年版

△［晋］葛洪集，成林、程章灿译注：《西京杂记全译》，贵州人民出版社 1993 年版

△［晋］习凿齿著，［清］汤球、黄奭辑佚，柯美成汇校通释：《汉晋春秋通释》，人民出版社 2015 年版

△［晋］陈寿撰，陶新华译注：《三国志全译》，线装书局 2016 年版

△［晋］傅玄撰，刘治立评注：《傅子评注》，天津古籍出版社 2010 年版

△［晋］皇甫谧等撰，刘晓东、陆吉等点校：《二十五别史》，齐鲁书社 2000 年版

△［晋］张华原著，祝鸿杰译注：《博物志全译》，贵州人民出版社 1992 年版

△［南朝宋］刘义庆著，［南朝梁］刘孝标注，曲建文、陈桦译注：《世说新语译注》，北京燕山出版社 1996 年版

△［南朝宋］范晔撰：《后汉书》，中华书局 2007 年版

△［南朝宋］范晔撰：《后汉书》，线装书局 2010 年版

△［后魏］郦道元注，［清末］杨守敬、熊会贞疏，段熙仲点校，陈桥驿复校：《水经注疏》，江苏古籍出版社 1989 年版

△［后魏］郦道元原著，陈桥驿、叶光庭、叶扬译注：《水经注全译》，贵州人民出版社 1996 年版

△［后魏］郦道元著，陈桥驿校证：《水经注校证》，中华书局 2007 年版

△［唐］欧阳询撰，汪绍楹校：《艺文类聚》，上海古籍出版社 1965 年版

△［唐］李泰等著，贺次君辑校：《括地志辑校》，中华书局 1980 年版

△［唐］李吉甫撰，贺次君点校：《元和郡县图志》，中华书局 1983 年版

△［唐］许嵩撰，张忱石点校：《建康实录》，中华书局 1986 年版

△［宋］司马光撰：《资治通鉴》，中华书局 1956 年版

△［宋］杨侃撰，马怡点校：《两汉博闻》，中州古籍出版社 1991 年版

△［宋］熊方等撰，刘祜仁点校：《后汉书三国志补表三十种》，中华书局 1984 年版

△［宋］李昉编纂，夏剑钦校点：《太平御览》，河北教育出版社 1994 年版

△［宋］乐史撰，王文楚等点校：《太平寰宇记》，中华书局 2007 年版

△［宋］朱熹著，朱正清主编：《资治通鉴纲目》，泰山出版社 2008 年版

△［宋］徐天麟撰：《东汉会要》，上海古籍出版社 1978 年版

△［宋］洪迈著：《容斋随笔》，中国三峡出版社 2006 年版

△［宋］袁枢著，廖德清、廖晓晴译评：《通鉴纪事本末》，辽海出版社 2011 年版

［元］胡琦著：《关王故事》，国家图书馆藏

［元］胡琦著：《汉寿亭侯志》，国家图书馆藏

［明］吕楠著：《义勇武安王集》，国家图书馆藏

△［明］罗贯中著：《三国志通俗演义》，上海古籍出版社 1980 年版

△［明］罗贯中著，盛巽昌补证：《三国演义补证本》，上海画报出版社 1995 年版

△［明］陶宗仪等编：《说郛三种》，上海古籍出版社 1988 年版

△［清］杭世骏撰：《三国志补注》，商务印书馆中华民国二十六年版

△［清］张镇撰，宋万忠、武建华标注：《解梁关帝志》，山西人民出版社 1992 年版

△［清］梁章钜撰，杨耀坤校订：《三国志旁证》，福建人民出版社 2000 年版

［清］黄启曙汇辑：《关帝全书》，国家图书馆藏

［清］韩祖康著：《关壮缪侯事迹》，国家图书馆藏

［清］周广业、崔应榴纂辑：《关帝事迹征信编》，国家图书馆藏

△［清］卢弼著：《三国志集解》，中华书局 1982 年版

△［清］王士禛选，闻人倓笺：《古诗笺》，上海古籍出版社 1980 年版

△［清］王先谦撰：《后汉书集解》，广陵书社 2006 年版

△［清］汪云台辑：《七家后汉书》，河北人民出版社 1987 年版

△［清］何焯著：《义门读书记》，中华书局 1987 年版

△［清］陈运溶、王仁俊辑，吴庆焘著，石洪运、洪承越点校：《荆州记九种·襄阳四略》，
湖北人民出版社 1999 年版

△［清］顾祖禹撰，贺次君、施和全点校：《读史方舆纪要》，中华书局 2005 年版

△［清］赵翼撰，曹光甫校点：《廿二史札记》，凤凰出版社 2008 年版

△［清］侯康撰：《三国志补注续》，广雅书局光绪辛卯年版

△［清］严可均辑：《全上古三代秦汉三国六朝文》，中华书局 1958 年版

△［清］赵一清等撰：《三国志注补》（外四种），上海古籍出版社 2007 年版

△［民国］洪亮吉撰：《补三国疆域志》，商务印书馆 1936 年版

△杨晨著：《三国会要》，中华书局 1956 年版

△陈垣著：《二十史朔闰表》，中华书局 1962 年版

△翦伯赞、郑天挺主编：《中国通史参考资料》，中华书局 1965 年版

△谭其骧主编：《中国历史地图集》，中国地图出版社 1982 年版

△本社编：《可爱的河北》，河北人民出版社 1984 年版

△保定地区文物管理所编：《保定地区文物资料汇编》，内部资料

△鲍传华著：《长坂坡》，湖北人民出版社 1986 年版

△史凤仪著：《中国古代婚姻与家庭》，湖北人民出版社 1987 年版

△谢承仁主编：《杨守敬集》，湖北人民出版社 1988 年版

△林剑鸣著：《秦汉史》，上海人民出版社 1989 年版

△杨少山主编：《涿州碑铭墓志》，河北教育出版社 1991 年版

△李零译注：《司马法译注》，河北人民出版社 1992 年版

△陈长安著：《关林》，中州古籍出版社 1994 年版

△彭卿云主编：《中国历代名人胜迹大辞典》，上海文艺出版社 1995 年版

△王兆春著：《中国古代兵器》，商务印书馆 1996 年版

△常江著：《中华名胜对联大典》，国际文化出版公司 1996 年版

△柳春藩著：《诸葛亮评传》，中国青年出版社 1997 年版

△董乐义著：《古当阳》，湖北辞书出版社 2000 年版

△陈登原著：《国史旧闻》，中华书局 2000 年版

△侯学金、李筠霞著：《常平关帝家庙》，解州关帝庙文物保管所

△何秀兰等主编：《常平关帝祖祠》，山西经济出版社 2001 年版

△蔡东洲、文廷海著：《关羽崇拜研究》，巴蜀书社 2001 年版

△钱穆著：《先秦诸子系年》，商务印书馆 2001 年版

△ 侯学金、何秀兰著：《解州关帝庙》，山西人民出版社 2002 年版

△ 卢晓衡主编：《关羽、关公和关圣》，社会科学文献出版社 2002 年版

△ 朱一玄、刘毓忱编：《三国演义资料汇编》，南开大学出版社 2003 年版

△ 曲公游著，何秀兰、侯学友、曲百友主编：《关羽评传》，山西解州关帝庙文管所 2003 年版

△ 朱正明著：《关公圣迹》，山西科学技术出版社 2004 年版

△ 胡小伟著：《关公信仰研究系列》，科华图书出版公司 2005 年版

△ 闫爱民著：《汉晋家族研究》，上海人民出版社 2005 年版

△ [英] 迈克尔·鲁惟一著，于振波、车今花译：《汉代行政记录》，广西师范大学出版社 2005 年版

△ 何清谷撰：《三辅黄图校释》，中华书局 2005 年版

△《中国军事史》编写组编：《中国历代军事制度》，解放军出版社 2006 年版

△《中国军事史》编写组编：《中国历代军事装备》，解放军出版社 2006 年版

△ 吕思勉著：《三国史话》，中华书局 2006 年版

△ 安作璋、熊铁基著：《秦汉官制史稿》，齐鲁书社 2007 年版

△ 黄怀信、张懋镕、田旭东撰，黄怀信修订，李学勤审定：《逸周书汇校集注》，上海古籍出版社 2007 年版

△ 郭挺彩主编：《洛阳关林志》，三秦出版社 2009 年版

△ 史简编著：《三国人物外传》，中国民间文艺出版社 1989 年版

△ 余明侠著：《诸葛亮评传》，南京大学出版社 2011 年版

△ 田余庆著：《秦汉魏晋史探微》，中华书局 2011 年版

△ 丘光明著：《中国古代度量衡》，中国国际广播出版社 2011 年版

△ 吕思勉著：《秦汉史》，吉林人民出版社 2013 年版

△ 吴直雄著：《破解〈习凿齿传〉〈汉晋春秋〉千年之谜》，广东人民出版社 2013 年版

徐青山、李文和著：《关公十八刀》，河北教育出版社 1988 年版

△ 朱子彦著：《司马懿传》，人民出版社 2020 年版

△ 周天游辑注：《八家后汉书》，上海古籍出版社 2020 年版

（注：带△为自有图书）

初版后记

田福生

《关羽传》付梓之际，感慨顿生。

当今中国书刊之多，已是百目千目难以遍览。但从历史角度，写成名赫赫关羽一生的并不多。本人选择写关羽，关键是想写诞生于保定的刘备、关羽、张飞这个特殊集团，并试图有所侧重地探究事涉关羽的疑难问题。

本书撰写过程承蒙诸多领导和各界的鼓励支持，得以玉成其美。感激之情，言所难尽。

把关定向方面，中国社会科学院研究员、中国民间文艺家协会关公文化专业委员会主任胡小伟先生欣然作序，并提出系统的宝贵意见。中国文史出版社领导及同人多有指正。

世界关公文化促进会秘书长朱正明先生，山西、河南、山东、湖北、湖南等地有关领导、专家，以及刘备、关羽、张飞等祠庙、纪念地同人在资料、照片方面提供方便。

文字内容方面，河北大学艺术学院教授、河北省《三国演义》研究会副会长谢美生，原河北教育出版社社长邓子平，河北大学中文系教授洛保生，保定地方志编审孙进柱，或提供资料，或对文字润色斧正。

市政协机关诸位同行给予了指教，部分政协委员对出版给予排忧解困。

书成，凝结着诸多领导、师友的心血，同时得之于"文化大革命"结束恢复高考，在大学期间留意收集三国史料，得之于近三十年购求相关书籍。本书于2000年谋篇动笔，四五年后搭起了一个框架。为求忠实于历史，校正修订三十余遍，但仍感不尽如人意，其漏、误、粗、浅之处在所不少。如有再版，容当来日弥补提高。

　　对鼓励、支持本书撰写和出版的领导、专家、朋友鼎力相扶，铭感不胜。寸草有心，岂忘大德。

　　是为记。

2007 年 10 月

新版后记

田福生

　　关公文化的传播，适应了社会道德建设的需求，因而大众参与度热烈而广泛。一次在洛阳参加全国文联组织的关公文化研讨会期间，考察明堂时，来自台湾的"中华道教关圣帝君弘道协会"总会长陈展松先生提出，研究关公文化，目前急需了解关公真实全面的历史足迹，引起我的共鸣与思考。从表达角度、从广集博纳角度、从发行角度、从国内诸多关公文化信仰者需求角度，呼唤关公的历史形象走进千家万户、走出国门，《关羽大传》应该担当此重任。这是本人修订本书并希望再版发行的心态和心愿。

　　修改自首版发行开始，至今已十八个年头。平时读书以及阅读来自四面八方的微信讯息，处处有闪亮的宝石般的关羽历史细节，有思维的高度，有切入历史脉络的角度，获益匪浅，对修订本书有一定的启发。

　　修订一稿提交给中国文史出版社，即得到该社领导的重视和肯定，列入出版计划。王文运主任审阅后，提出十数个修订方向，特别是希望增写阐释关公文化时代价值的段落，意见十分中肯。作为本书责任编辑，他细致认真，在章节调整、史料核查、文字打磨、脚注规范、图片选配、装帧设计等诸多方面劳心费神、精益求精，令我感动和钦佩。

　　许多朋友就本书的内容提出了有价值的建议。关志杰先生提供了珍贵的照片和关公行踪情节。感谢社会各界的关心帮助，感谢众多师友的殷殷嘱托！多年心血之作即将付梓，再次与社会和读者见面，谨上寸笺，深表谢忱！诚恳希望各位方家和读者批评指正！

2024 年 5 月 1 日

图书在版编目（CIP）数据

关羽大传 / 田福生著 . —北京：中国文史出版社，
2023.1

ISBN 978-7-5205-3824-4

Ⅰ. ①关… Ⅱ. ①田… Ⅲ. ①关羽（160-219）—传记
Ⅳ. ①K825.2

中国版本图书馆 CIP 数据核字（2022）第 186003 号

责任编辑：王文运　　　　　　装帧设计：王　琳　程　跃

出版发行：**中国文史出版社**

社　　址：北京市海淀区西八里庄路 69 号　　邮编：100142
电　　话：010 - 81136606　81136602　81136603（发行部）
传　　真：010 - 81136655
印　　装：北京科信印刷有限公司
经　　销：全国新华书店
开　　本：710mm × 1000mm　1/16
印　　张：28.75　　插页：16
字　　数：456 千字
版　　次：2025 年 1 月北京第 1 版
印　　次：2025 年 1 月第 1 次印刷
定　　价：88.00 元